JN208404

齋木哲郎著

後漢の儒學と『春秋』

汲古書院

後漢の儒學と『春秋』　目　次

後漢の儒學と『春秋』

第一章　『春秋』經と孔子

はじめに

『春秋』とは、今日に傳わる儒教の經典『春秋』（以下、『春秋』經と呼ぶ）のことである。傳承に據ると、もともとは魯の史官によって書き繼がれた魯國の史書『春秋』＝『魯春秋』にすぎなかったのを、當時秩序を失って混迷の極致にあった社會狀況を憂えた孔子が、その『魯春秋』を改修し以て社會の困窮を救うべく「撥亂反正」の理念をそこに託して誕生させたという。『春秋』經に込められた孔子の理念を明らかにすることは、それ故に、それに因って未來の秩序だった社會を招來することになるとの望みを抱かせて、『春秋』經に對し後世の儒者達に様々な探求を試みさせることになった。いわゆる春秋學の誕生である。今日、その成果として眼にすることの出來るのは『春秋』三傳、すなわち『春秋公羊傳』『春秋穀梁傳』『春秋左氏傳』の三書であって、いずれもこれまで『春秋』と均し並に經書としての扱いを受けてきた。こうした經緯で春秋學の展開を考えようとするなら、何を置いても眞っ先に考究しなければならないのは孔子と『春秋』經の關係であること、疑い得ない事實である。

ところが今日、孔子と『春秋』經の關係となると一切扱おうとはせず、兩者を關係づけている『孟子』や司馬遷の話は全くの假託で虛構に過ぎないとし、一顧だに與えようともしないのが通例である。特に、我が國では「『春秋』經は……孔子とはなんの關係もなく、たかだか魯の『史記』にすぎない(1)」との日原利國氏の感情的とも思えるほどの否定の念から、果ては「『春秋』經は『竹書紀年』を以て自國の正統を主張した魏に對抗した齊人の作品で、『春秋公羊傳』は『春秋』と共に作られた『春秋』のサブテキスト」だとみなす平勢隆郎氏などの經・傳同時成立說も登場し(2)て、『春秋』よりも『春秋公羊傳』等の『春秋』三傳を優先させる『春秋』研究が優勢を占め、これに追從する研究者も後を絕たない。かく言う私も、かつては顧頡剛氏や錢玄同氏等の說を妥當として、日原利國氏の研究スタンスを正當とみなしていたのである(3)。けれども、今日『春秋』經と孔子の間には、『春秋』經が成立してくる過程で何らかの關係がなお存したことが說かれているのであって、そうした說に平心に耳を傾けた場合、孔子が『春秋』を製作していることの可能性、また春秋學は『春秋』三傳の登場から始まるのではなく、やはり孔子と『春秋』經の關係から始まることの蓋然性が思われて、その思いがいや增しに強まるのである。本章では、そうした私の改心の事情を提示して、今日では默視するのが當然となっている孔子と『春秋』の關係について再度考察を試みようとするものである。從って、論述は自己の新知見を示してその可否を問う體裁ではなく、孔子『春秋』經製作說に對する肯定論者と否定論者の說を提示してその優劣を論ずることになる。この點、あらかじめお斷りしておきたい。

一　衞聚賢氏の孔子『春秋』經製作說

『春秋』は孔子が製作したとする從來からの認識は、近年では衞聚賢氏等から強い支持を受けている。衞氏の說は『古史研究（第一集）』に載せられた「春秋的研究」の中で述べられており、『春秋』の「作期」「作者」「組織與內容」「春秋的版本」から成っている(4)。「作期」では、『春秋』中に用いられる介詞の「于」はこの一種のみで、「於」は用いられていない。この現象は甲骨文・『詩』・『書』とも共通する。それに對し介詞の「於」が用いられるようになるのは『左傳』『國語』『論語』『孟子』以後であるから、『春秋』の作期は春秋期である（こうした現象は數を表す際に用いられる「又(有)」にも認められるという）。そして衞聚賢氏は、その作者は『孟子』滕文公に「孔子懼作春秋」というように、孔子であることを認めるものの、①『春秋』經に孔子の生卒が記される。②『公羊』『穀梁』『左氏』の經文には三百以上の異文がある。③『論語』『禮記』には孔子が『春秋』を作ったことを載せていない、との三點から、今一度『春秋』の孔子製作說に對して疑義を差し挾み、その一つ一つを檢證しようとするのである。

①については襄公二十一年に「十有一月庚子、孔子生」とあるのが問題となる。ところで、その同じ年の十月に「冬、十月庚辰朔、日有食之」と見えている。庚辰が朔日であれば、次の庚子は十月二十一日であって、十一月ではあり得ない。ましてや孔子が自らを「孔子」と記すはずもないと。かくて、孔子の誕生日は誤って記されたのであり、それは、『公羊』『穀梁』の妄加による、とみなされることになる。②については、『春秋』を作った孔子は、當時通行していた一種の官話で各地からやって來た門下生に話したから、門下生達は均しく言語上の困難を感じなかった。孔子が用いた官話もまた通行の文字によって著わされたため「邾」の字は「邾」と書かれ、山東方言によって「邾婁」と書かれることはなく、「捷」の字も山東方言によって「接」と書かれることはなかった。孔子の死後、『公羊』『穀梁』の前輩は魏の西河に移った孔子の弟子子夏の下で『春秋』を抄錄し（『史記』仲尼弟子列傳に「子夏居西河教授、爲魏文公師」という）、齊・魯へ歸ってからそれを彼等の本國の方言で書き改めることになった。そのせいであるとする。そこで③『論語』『禮記』に孔子が『春秋』を作ったことを言わないのに『孟子』に至ってなぜそれを言うのかということであるが、孟子は東方學者の一人で、梁（魏を指す）に住むことが久しかった。だが、孟子が梁に來た時には、子夏は既に亡くなって七八十年が經っていたが、子夏に從って『春秋』を學んだ弟子、ないし再傳の弟子はなお存命していた。孟子は彼等によって孔子が『春秋』を作ったことを知ったのである、という。かく說いて、衞聚賢氏は孔

子の『春秋』製作説をやはり是認するのである。

孔子が『春秋』を製作したことを是認した衞聚賢氏であるが、ならばその孔子が製作した『春秋』はどの様に見るべきかというと、『左氏傳』昭公二年に韓宣子が魯で「見易象與魯春秋」と見えることから、「春秋」の名は孔子以前から既に存し、その『春秋』は「百國春秋」（「隋の李德林「重答魏牧書」引）・「周之春秋……燕之春秋……宋之春秋……齊之春秋」（『墨子』明鬼下篇）等から見れば各國に存し、「春秋」の名そのものは、今日の「歷史」というのと同様である。孔子の『春秋』はその名を繼承したに過ぎない。またその體裁が提要風の編年體の史書となっているのは、孔子が『春秋』を作った際、「約其辭文、去其煩重」（『史記』十二諸侯年表序）る作業を施し、事實の不明瞭なものや後人の鑑戒となりえないものはこれを廢棄したためである、という。

また『春秋』が隱公から始まることについても、平王以降各國の歷史書はようやく出そろい始め、魯は惠公が周の桓王に要請して史角を差し向けて貰ったときに、詳細な歷史書を得ることになった（史角の魯への派遣は『呂氏春秋』當染篇に見える）。惠公の中頃である。この時に魯は新しい國史を編修しようとしたが、惠公の中頃より始めるよりは、公の初年から始める方がよほどましであることが思われて、それで隱公から始まった。また『春秋』が哀公十四年で終わるのは、『春秋』中四分の一が魯史であり、他は他國の歷史である。孔子はその他國の歷史の搜集を弟子等を通じ早くから行っていたが、哀公十四年の時には史料の搜出が間に合わず、筆を止めていた。その時に「獲麟」の事件があって、それ以後の『春秋』の執筆が途絶えたからである、とする。

また、『春秋』の一字褒貶説に對しては、孔子が改める以前の『春秋』に一字褒貶の作爲があろうはずがなく、孔子が以後の『春秋』を書き繼いだのも、專ら事實を直書することでそこに鑑戒の機能を托そうとしたのであって、やはり一字褒貶はありえないといい、このレベルで傳統的な孔子の『春秋』製作説に加擔するのである。こうした衞聚賢の説は、それまでの護教的な孔子『春秋』製作説の容認から抜け出て、『春秋』經の分析的研究となっている分、當時の『春秋』研究に畫期をもたらし、孔子と『春秋』の關係を肯定するにせよ、はたまた否定するにせよ、以後の『春秋』研究者に對して新たな視座を提供し、『春秋』研究の基礎となった。

二　孔子『春秋』製作説の批判——戴晉新氏の説——

衞氏の孔子『春秋』製作説が出ると、孔子と『春秋』の關係を巡って相次いで贊否兩論が提出されることになった。けれどもその概ねは、顧頡剛氏や錢玄同氏以來の孔子非『春秋』製作説の追認であって[5]、そうした傾向は、特に戴晉新氏に極まっていよう[6]。以下には孔子は『春秋』の製作に何ら關與はしていないとする戴氏の説を鳥瞰し、孔子が『春秋』を製作したとする見解のどこに問題があるかを見てゆきたい。

戴氏の立論は、孔子が『春秋』を製作したと傳える、ないし示唆する資料を逐一分析し、そこに見出される孔子の作業は「作春秋」と「修春秋」の二種類であるとして、そのおおよそを以下の十二例に分類する。

（1）『左氏傳』僖公二十八年：是會也、晉侯召王、以諸侯見、且使王狩。仲尼曰、以臣召君、不可以訓。故書曰、天王狩於河陽。

（2）『左氏傳』成公十四年：君子曰、春秋之稱、微而顯、志而晦、婉而成章、盡而不汚、懲惡而勸善、非聖人、誰能脩之。

（3）『公羊傳』莊公七年：不脩春秋曰、雨星不及地尺而復。君子脩之曰、星霣如雨。何以書。記異也。

（4）『公羊傳』哀公十四年：君子曷爲爲春秋。

（5）『孟子』滕文公下：世衰道微、邪説暴行有作。臣弑其君者有之。子弑其父者有之。孔子懼、作春秋。春秋、天子之事也。是故孔子曰、知我者其惟春秋乎。罪我者其惟春秋乎。
（6）『孟子』滕文公下：昔者禹抑洪水而天下平。周公兼夷狄、驅猛獸而百姓寧。孔子成春秋而亂臣賊子懼。
（7）『孟子』離婁下：王者之迹熄而詩亡。詩亡然後春秋作。晉之乘、楚之檮杌、魯之春秋、一也。其事則齊桓・晉文。其文則史。孔子曰、其義則丘竊取之矣。
（8）『莊子』天運：丘治詩・書・禮・樂・易・春秋六經。
（9）『史記』孔子世家：子曰、弗乎。弗乎。君子病沒世而名不稱焉。吾道不行矣。吾何以自見於後世哉。乃因史記、作春秋。上至隱公、下訖哀公十四年、十二公。據魯、親周、故殷、運之三代、約其文辭而指博。
（10）『史記』十二諸侯年表序：是以孔子明王道、干七十餘君、莫能用。故西觀周室、論史記舊聞、興於魯而次春秋。上記隱、下至哀之獲麟、約其辭文、去其煩重、以制義法、王道備、人事浹。
（11）『史記』自序：上大夫壺遂曰、昔孔子何爲而作春秋哉。
（12）『史記』匈奴傳贊：太史公曰、孔氏著春秋、隱・桓之間則章、至定・哀之際則微、爲其切當世之文而罔褒、忌諱之辭也。

の通りである。（1）は仲尼曰以下の文が孔子による自書自解の文であることの指摘。（2）は「聖人」を孔子とみなすことから孔子と『春秋』の關係が生じていることの指摘。（3）は『春秋』には孔子が修めた『春秋』とまだ修めていない『春秋』すなわち『魯春秋』との二種類があり、かつ孔子が『春秋』に對して爲したのは「修」であることの指摘。（4）の「爲春秋」は（3）の『公羊』の立場でいけば「修春秋」になることの指摘。（5）は孔子が『春秋』に對して爲したのは「作春秋」であり、（6）の「成春秋」は「完成春秋」の意で「作春秋」に等しいことの指摘。

（7）も「作春秋」の立場に立つが、ここに見える「魯の春秋」は孔子が作った『春秋』とは異なることをいう。（8）には「六經」という漢代の概念が見え信憑性がない。（9）は孔子が『春秋』を作ったことを認めるものであるが、その行爲が「因史記、作春秋」であれば、製作ではなく修訂であることの指摘。（10）も「次」とは「編次」の意であるから、孔子の作業は編訂・修改である、とする。（11）は「作」である（が別に解釋を有す）。（12）の「著」も「作」の意である、というのである。

併せて注意すべきは、『史記』孔子世家には「弟子受春秋」といい、『漢書』藝文志に「有所褒諱貶損、不可書見、口授弟子」といって、『春秋』が孔子によって弟子に口授（口傳え）されたとする説の存在である。假に口授されたことが事實であれば、『春秋』のテキストに關しまた新たな問題が出來しよう。口授である以上その對象は、「作」『春秋』であれば、使用されるテキストは孔子が著作（創作）した『春秋』となり、「修」『春秋』であれば、孔子が修改した『春秋』となる。けれども「修」『春秋』であれば、修改したところのテキスト、すなわち底本としての『春秋』の存在が想定されなければならないが、それは『魯春秋』でなければならない。

さて、孔子が『春秋』を著作したとみなすのは、上述の分析から見れば、ほぼ孟子だけである。けれども、この説はほとんど成立しがたい。以下にはこの點についての議論を試みたい（この後の議論も勿論戴晉新氏のものである）。

【『論語』中の状況】孟子は孔子より時代を隔てること百年强、兩人の家鄕もさほど遠く隔たっていない。だから、孟子が『春秋』を著作したというのは信ずべきだという説がある。けれども『論語』を見る限り、孔子が『春秋』を著作した事實は、その片鱗すら見えていない。例せば

（1）述而篇：子曰、述而不作、信而好古、竊比於我老彭。

である。孔子自身は「述而不作」ることを述べているが、孟子は『春秋』著作の任を孔子に歸す。「述而不作」るが

孔子のいつの時を言ったものか不明であるが、生涯を名状したものであれば、孟子の説は信じがたいことになる。また

（2）子罕篇・吾自衞歸魯、雅頌各得其所。

である。この語は孔子の晩年の事業を傳えたものであるが、『春秋』には及んでいない。『春秋』は晩年の作とされるが、もし孔子が本當に『春秋』を著わしたのであれば、そのことが『論語』に觸れられてしかるべきである。

そもそも、『論語』の中には詩・書・禮・樂・易の全てに言及しながら『春秋』にだけは言及がない。これは極めて怪事である。いったい、『論語』と『孟子』の間には間々異なる言述が認められ、齊の宣王が齊桓・晉文のことを尋ねた折、孟子は「仲尼之徒、無道桓文之事者」と答えているが、『論語』中には齊桓・晉文のことが幾度と見えている。また、公孫丑が「管仲・晏子之功、可復許乎」と尋ねた折（公孫丑上）、孟子は曾西の話を引用し「（管仲）功烈如彼其卑也」と答えているが、『論語』では「仁」を以て許し、「微管仲、吾其被髮左衽」（憲問篇）とさえ述べている。孔子が『春秋』を著作したとの孟子の言述も信用できない。

【資格の有無】もし孔子が『春秋』を著わしたとするならば、孔子は史書を著作（創作）するための資格を備えていなければならない。

中國の古代では早くから政府の機構内に國家の大事と君王の言行を記錄する專屬の部署があって、その部署員は一様に「史官」と總稱できる。「史官」の職掌は記錄を擔當するばかりではなく文獻の典藏をも掌り、いわゆる「唐虞三代、詩書所及、世有史官、以司典籍」（『後漢書』班彪傳）がごとき情況である。史官は專業となって父子相傳を常とし、世世その業を守り、晉國の籍氏と董氏（『左氏傳』昭公十五年）、齊國の太史（『左氏傳』襄公二十五年）から西漢の司馬遷に至るまで、いずれも代々史官を家學とした。このような狀況下では、史官でなければ史書を著しえなかった。

孔子の當時、周王に史官があったばかりでなく、各國の政府にも史官があった。また彼等によって著わされた史書もあった。『周春秋』『齊春秋』『燕春秋』『百國春秋』『晉乘』『楚檮杌』『魯春秋』等はその例である。史官でなければ史書を著わせない道理は各國でも同じい。けれども孔子は、魯の司寇となったことはあっても、史官となったことはなかった。「不在其位、不謀其政」（泰伯篇）る孔子が、職分を犯してまで史官の職をなし、『春秋』を著わすことなどあり得ない。

【資料について】同様なことは、撰史の際の資料の管掌についても言える。孔子は史官でない以上、資料の管掌もできなかった。けれども、司馬遷は自己の『史記』を著わした經驗を元にしてこの問題を考え、巧妙な解釋を下した。一つは「乃因史記作春秋」（『史記』孔子世家）であり、もう一つは「故西觀周室、論史記舊聞、興於魯而次春秋」（『史記』十二諸侯年表序）すであって、これによって孔子が『春秋』を著作したプロセスを明確化した。これに據り後人は「（孔子）使子夏求周史記、得百二十國寶書」（『公羊傳』疏、引閔因序）と唱え、この「百二十國寶書」こそが孔子が『春秋』を著作するときに見た「百國春秋」である、とみなすことになった。

けれども、この説には無理がある。當時、各國には自前の史書があって、大事は互いに赴告し、周室に藏される副本は見ることができなかった。周室にあっても、周室以外のどれだけの國史を見得たか、疑問である。且つ、今本『春秋』には周史に關する記載は非常に少なく、周王の崩葬でさえその多くを缺いている。もし本當に、孔子が大量の周室の藏書を參考にしたなら、この現象はあり得ない。しかも、孔子が周へ出向いたのは彼が三十歳以前のことであり、その目的は禮を問うことであった。その後、『春秋』を作るまではなお三・四十年の隔たりがある。そうした狀況下で孔子が周室の資料を驅使して『春秋』を作れたなどとは、ありえぬことである。

【知識について】史官となった經驗を有せぬ孔子が、史官が具備すべき専門的知識を有し得たか否か、これも問題である。

孔子の學問の來源は、『論語』『史記』等の書はいずれもその全てを傳えていない。けれども、文獻中に孔子の史學方面の師承關係を傳えたものがないからといって、孔子の史學的素養を否定するのは誤りである。彼が「信而好古」み「敏以求之」(『論語』述而篇）める人物であったことには留意すべきである。事實、孔子の史學的素養は非常に高く、そのことは彼が說く「文獻不足徵」「雖百世可知也」「其損益可知矣」「周監於二代」等の語に徵して明らかである。これは、一面孔子が「好古」「敏以求之」める人であることにより、他面古代の貴族教育は歷史教育を包括していたことによる。孔子は官位にあった期間が短かったとはいえ、彼は列國を周遊し、生涯各國の貴族と往來したのであり、それで彼が廣汎な知識に觸れたとしても異とするには足らない。同時に、孔子の時代は政治や社會動向が激變したのであって、史官の中の一部の者はその業を世襲することを止め、衰亡し民間に流入し、それによって歷史知識は民間にも廣まった。かくして孔子は、「吾猶及史之闕文也」と說いたのである。要するに、孔子は僅かな史書は見たことがあり、それなりの歷史知識も有していた。優れた歷史知識は持ち合わせていたが、必ずしも史官になろうとしたわけではない。「文獻不足徵」ことを慨嘆したことはあっても、「蓋有不知而作之者、我無是也」(述而篇）とも言っている。もし十分な資料を手に入れられなければ、彼は妄りに史書を作ることはしなかったのである。

孔子が『春秋』を作ったか否かは、知識上の難度と史實上の廣がりにあるのではなく、彼が資料を手に入れ得たか否かにこそある。

【著作の時期】もし、孔子が『春秋』を作ったのなら、その作業はいつ始まったのか、またどれほどの時間を要したのか、も當然問題となる。問題點を列記するとほぼ以下のようになろう。

（1）孟子は孔子が亂臣賊子の登場を懼れて『春秋』を作ったというが、孔子の時代、亂臣賊子の橫行は生涯認めることができた。この語だけに據ったのでは、孔子が『春秋』を作ったのがいつか、推斷がつかない。

（2）『史記』十二諸侯年表序には、孔子が「干七十餘君、莫能用。故西觀周室、論史記舊聞、興於魯而次春秋」という。孔子が『春秋』を編次したのが晩年のことで、衞より魯に歸った時であることを示す。「干君」後のことではない。

（3）『史記』自序に董仲舒の語を引いて「孔子知言不用、道之不行也、是非二百四十二年之中」という。その時期は、前の二條と同樣、「道不行」してまだ「乘桴浮於海」（『論語』公冶長篇）ぶという孔子の發言の前のこと。『春秋』を作ったのは魯に歸って以後のこと。

（4）『史記』孔子世家では、孔子が『春秋』を作ったのは魯の哀公十四年の「西狩獲麟」以後であることを明言する。

（5）杜預の『春秋經傳集解』序には「今麟出非其時。虛其應而失其歸、此聖人所以爲感也。絕筆於獲麟之一句者、所感而起、固所以爲終也」という。獲麟が前で、『春秋』を作ったのはその後のこととなる。

（6）『公羊』隱公元年前半部の徐彥の疏に、「問曰、左氏以爲魯哀十一年、夫子自衞返魯、十二年告老、遂作春秋。至十四年、經成」という。孔子は哀公十二年より十四年にかけて『春秋』を作ったとみなす。

（7）前條の疏は續けて「答曰、公羊以爲哀公十四年獲麟之後、得端門之命、乃作春秋、至九月而止筆。春秋說具有其文」という。獲麟が前で『春秋』を作ったのは後となる。

（8）杜預の『春秋左氏傳集解』序の孔穎達疏に「臧林引晉人孔元舒本公羊傳曰、十有四年春、西狩獲麟。何以書。記異也。今麟、非常之獸。其爲非常之獸奈何。有王者則至、無王者則不至。然則孰爲而至。爲孔子之作春秋也（臧林が引ける晉人孔元舒本の公羊傳に曰はく、十有四年春、西に狩して麟を獲たり。何を以て書する。異を記すなり。今麟は、非常の獸なり。其の非常の獸と爲すは奈何。王者有れば則ち至り、王者無ければ則ち至らず。然らば則ち孰が爲に至れるや。孔子の春秋を作れるが爲なりと）」という。『春秋』は獲麟の前に作られたとする。

假に、孔子が『春秋』を作ったのが獲麟の後であるとすれば、その期間は孔子が死去するまでの僅か二年間となって、二百四十二年間の史書を編纂するには餘りに短い期間である。また獲麟以前から著作していたというのであれば、孔子が衞から魯に歸って以後の三・四年間に著作されたことになるが、慌ただしい。加えて、『史記』孔子世家に據れば「弟子受春秋」けたことが知られるが、假にこのようであれば、孔子が『春秋』を作りながら弟子に講じたのか、作った後に講じたのかの違いはあるにせよ、著作の期間が一段と短くなることは自明であろう。孔子が『春秋』を著作したと主張するのは困難となろう。

【動機について】孔子が『春秋』を作った動機であるが、いうところの動機とは、先秦期、各國には多くの國史があって、魯にもあった。にも拘わらず何故に孔子は『春秋』を作らなければならなかったのか、ということを指す。

孟子によると、孔子が『春秋』を作ったのは亂臣賊子を懼れさすためであったという。けれどもこの說は、餘りに誇大であるとして否定されることも屢々であった。劉知幾の『史通』惑經篇には「孟子云、孔子成春秋、亂臣賊子懼。無乃烏有之談歟（孟子云ふ、孔子春秋を成し、亂臣賊子懼ると。乃ち烏有の談（根も葉もない談）無からんや）」といい、錢大昕（『潛研堂文集』巻七）も「孟子言、孔子成春秋而亂臣賊子懼。愚嘗疑之。將謂當時之亂賊懼乎。則趙盾崔抒之倫。史臣固以直筆書之、不待春秋也。將謂後代之亂賊懼乎。則春秋以後、亂賊仍不絕於史册、吾未見其能懼也。孟子之言、毋乃大而夸乎（孟子言ふ、孔子春秋を成して亂臣賊子懼ると。愚嘗て之を疑ふ。將に當時の亂賊懼るるを謂はんとするか。則ち趙盾・崔抒の倫には、史臣固より直筆を以て之を書す、春秋を待たざるなり。將に後代の亂賊懼るるを謂はんとするか。則ち春秋以後、亂賊仍ほ史册に絕えず、吾未だ其の能く懼るるを見ざるなり。孟子の言、乃ち大にして夸ること毋からんや）」という。ただ、これで行けば『春秋』の機能が根こそぎ否定されるところから、なお調停案とも呼ぶべき解釋が皮錫瑞から提示され「孔子成春秋、不能使後世無亂臣賊子而能使亂臣賊子不能無懼（孔子春秋を成して、後世をして亂臣賊子無からしむる能はざるも、能く亂臣賊子をして懼るる無き能はざらしむ）」（『經學通論』「論春秋不能後世無亂臣賊子而能使亂臣賊子不能無懼」）のごとき機能は、『春秋』中『春秋』の效能としてなお留保されることになった。

ならば、亂臣賊子を懼れさすことのできたのは、『春秋』だけか。

『左氏傳』文公十五年に

宋華耦來盟……公與之宴。辭曰、君之先臣督得罪於宋殤公、名在諸侯之策。臣承其祀。其敢辱君。

という。魯の文公からの宴席の誘いを斷った華耦は、その理由として自己の祖先宋督が主君宋の殤公を弑殺した事實が諸侯の簡策の上に記されていることを擧げ、それが罪人宋督の子孫としての自己を苛んでいる事實を傳えるのである。その簡策の文は桓公二年の『左氏傳』に見えていて、「宋督弑其君與夷」という。そうであれば、『春秋』に限らず、史書に悪しき様が記されること自體に、悪人を懼れさす機能があることになる。

また『左氏傳』襄公二十五年に

太史書曰、崔杼弑其君。崔子殺之。其弟嗣書、而死者二人。其弟又書、乃舍之。南史氏聞太史盡死、執簡以往、聞既書矣、乃還。

というエピソードが見えている。齊の太史が記したのは、恐らくは『齊春秋』であろう。『齊春秋』に自身の弑君の悪行が記されて後世に檢證されることへの危惧が、崔杼には認められる。史書に悪行が記されて後世に傳わることへの畏怖が、この場合の懼れさす機能に相當しよう。

『左氏傳』襄公二十年にも

衞甯惠子疾、召悼子曰、吾得罪於君、悔而無及也。名藏在諸侯之策。曰、孫林父・甯殖出其君。君入則掩之。若能掩之、則吾子也。若不能、猶有鬼神、吾有餒而已、不來食矣。悼子許諾、惠子遂卒。

というエピソードが載せられている。衞甯惠子（甯殖）は死を直前にして息子の悼子を呼び寄せ、嘗て追放した主君を衞に納れて自身の贖罪を果たすよう依賴する。そうした依賴をする甯殖には、先君を追放した自己の行爲が諸侯の策に「孫林父・甯殖出其君」と記されていることにいたたまれなかったからである。とすれば、諸侯の策に自己の悪名が記されることの醜聞が、この場合懼れを抱かせる機能を持とう。『春秋』でなくとも、亂臣賊子を懼れさす機能が史書には備わっているのである。「亂臣賊子を懼れしめんとする」意欲が孔子の『春秋』著作の意圖であるとの説は、なお説得力を缺いていよう。

また、孔子は「筆削」によって當時の史書の記述が華美に陷っていた弊害を是正しようとしたとする説がある。その可能性を示唆するのは『論語』衞靈公篇の

子曰、吾猶及史之闕文也。有馬者借人乘之、今亡矣夫。

なかんずくその「吾猶及史闕文」の部分である。胡適氏に據ると、「闕文」の文は「文采・文飾」を指し、「闕文」それ自體は「文藻や塗飾が無い」こと。全文は「孔子が言った。私は嘗て官吏が煌びやかな振る舞いをせずに、馬を人に借して騎乘させたのを見たが、今はなくなったと」ということである。問題は、『論語』中「史」と「文」が併用された場合「文」は文飾を指し、「文字」の意ではないことである。そこでこの解釋を『孟子』の「晉之乘、楚之檮杌、魯之春秋、一也。其事齊桓晉文、其文則史」に應用すれば、「其文則史」の意味は、「晉の『乘』、楚の『檮杌』、魯の『春秋』等の史書はともに文飾に過ぎている」となり、孔子の『春秋』著作は筆削によってその是正を目論んだ

ものだ、というのである。けれども、『竹書紀年』等と較べて見る限り當時の史書の記載が文飾に過ぎていたとは思われず、その解釋が成立する可能性は低い。他にも幾つか説があるがいずれも印象批判に止まるものである。

今本『春秋』の書法中には、當時の史書の慣例が多く認められる。が、（孔子が『春秋』に込めた微言大義の創出とそれによる社會道義の確立が、孔子による『春秋』製作の動機であるとの説が『公羊傳』『穀梁傳』では顯著であるが、『春秋』に込められた孔子の微言大義を）、もしも『公羊』『穀梁』の傳義によって解釋しなければ、特殊な「微言大義」を論ずることはできないというのであれば、今本『春秋』の内容と孔子が抱懐した特殊な理念を創作しようとした動機とは符合しないことになり、『春秋』經が孔子によって作られたとは思われない。

【『春秋』と『魯春秋』】　飜って、「孔子修春秋」説について検討したい。

『禮記』坊記篇に「魯春秋」の記載が見え

　故魯春秋記晉喪曰、殺其君之子奚齊及其君卓。

という。この文章は『春秋』僖公九年の「冬、晉里克殺其君之子奚齊」と同僖公十年の「晉里克弑其君卓及其大夫荀息」の二文を兼ねていて省略があるが、『魯春秋』と『春秋』とは同様であることが明らかである。また坊記篇には

　魯春秋猶云、夫人之姓曰吳、其死曰孟子卒。

という。『春秋』哀公十二年にも「孟子卒」といい、同年の『穀梁傳』ではそれを「孟子者何也。昭公夫人也。其不言夫人何也。諱娶同姓也」と解説する。『魯春秋』と『春秋』は共に魯と吳が同姓でありながら婚姻を結んだ事實を諱み、「吳姬卒」とも、「吳孟子卒」とも記さずに、ただ「孟子卒」と記したことが窺えよう。

また坊記篇では『論語』の語を引いているから、坊記篇の作者は孔子よりもかなり後の人であり、もし孔子が『春秋』を修めていたならば、彼がそれを知らないわけがない。しかし彼は、『魯春秋』ばかりか『春秋』も引いた。「春

秋不稱楚越之喪」のように。こうであれば、當然以下のような疑問が湧こう。坊記篇の作者が引いた『春秋』と『魯春秋』は同一本か別本か。もし同一本であれば、孔子が修めた『春秋』が誤って「魯春秋」と記されたのか。あるいは『魯春秋』が誤って「春秋」と記されたのか。

私（戴晉新氏）はこう考える。坊記篇中の『春秋』と『魯春秋』とは同一本である。なぜなら、坊記篇が『春秋』を引用したときに、「春秋不稱楚越之王喪」といっているが、これは『公羊傳』宣公十八年に「甲戌、楚子旅卒。何以不書葬。吳・楚之君不書葬、避其號也」というのに通じ、坊記篇が引く『春秋』と今本『春秋』、ないしやはり坊記篇が引く『魯春秋』は、書法上一致して、同一本とみなすべきだからである。

かつ、名を異にする二つの『春秋』はともに『魯春秋』であって、孔子が修めたものではない。何故かというと、（1）韓宣子と（吳）孟子とは共に『魯春秋』を見るか、讀むかしていて、韓宣子の方は孔子以前の、孟子の方は孔子より後の人である。そうであれば、『魯春秋』は孔子を挾んでずっと存在していたことになる。（2）坊記篇の作者が『論語』を知っていれば、『春秋』も知っていたはず。その彼が「魯春秋」といえば、指すのは自ずと孔子が修めた『春秋』ではない。（3）『魯春秋』が存續し、その書法もいわゆる『春秋』と同じであれば、孔子が『春秋』を修めた道理はなく、『春秋』とは『魯春秋』のことと考えられるからである。孔子が『春秋』を修めたはずがない。

また「趙盾弒其君光」というのは明らかに『晉乘』の書法であり、「崔杼弒其君光」というのもまた明らかに『齊春秋』の書法であって、今本『春秋』と同じ。晉の太康年間汲冢出土の『竹書紀年』の書法も極めて『春秋』に近いことから考えて、この時代の史書には共通の淵源のあったことが考えられる。

【書法の統一】『春秋』が孔子によって修められて完成したのであれば、ロジックの上で書法や義例は統一されるべきである。少なくとも、同類の事例に対し同一の書法を用いることはなされるべきである。けれども、『春秋』はそうはなっていない。

こうしたことについては早くから指摘があり、孔穎達は

推尋經文、自莊公以上諸弑君者皆不書氏。閔公以下皆書氏。亦足以明時史之同異。非仲尼所皆貶也。

（經文を推尋するに、莊公より以上の諸々の君を弑する者は皆氏を書せず。閔公以下は皆氏を書す。亦以て時史の同異を明かにするに足る。仲尼の皆貶する所に非ざるなり。）（『左傳疏』隱公四年・莊公十二年・文公九年）

と指摘し、劉知幾もまた同様に指摘する。

『春秋』の記載が時期によって異なる場合について見ると、

（1）莊公二十二年に「齊高傒盟于防」と見えるのが、外國の卿と盟を結んで名を記す始め。ここ以前は卿大夫の名は記さない。文公八年になって、盟會の折りに魯と外國の卿の名を記す。

（2）外國の大夫が獨り師を帥いた場合、名を記すのは、文公三年の陽處父から始まる。二國の大夫が兵を帥いた際名を連ねて記すのは、宣公六年の晉の趙盾、衞の孫免より始まる。鞌の戰いに至って始めて本國及び外國の大夫の名はこれを歷書する。

（3）魯の僖公以前は多く某國の君を謀人と稱し、僖公以後はただ秦・楚兩國の君のみ間々秦人・楚人と稱す。宣公五年以後は秦・楚の君であっても人と稱しない。

の通りである。書法が不統一であることは、『春秋』が一人の手になったのではないことを意味し、孔子が『春秋』を修めたとする說は成立しがたい。

【書法と孔子の思想の矛盾】 書法と孔子の思想の矛盾について見る。『左傳』襄公二十年に衞甯惠子（甯殖）が死に臨んで彼の子悼子に、彼に代わって彼が嘗て追放した衞の獻公を改めて衞へ迎え入れ、自らの罪狀を雪いでくれるよ

う依頼した。獻公を追放した事件が「名藏在諸侯之策」のごとく諸侯の史書に記されて、そこに「孫林父・寧殖出其君」との罪狀が科せられたことによる。悼子は了承し、襄公二十六年に衞の殤公を殺し、再び衞の獻公を立てたのであった。

ところで、『春秋』は襄公十四年、衞の獻公が寧殖等に放逐されたことを「衞侯出奔齊」と記していて、「諸侯之策」に「孫林父・寧殖出其君」と書かれたのとは異なっている。『春秋』の記載がなぜ「衞侯出奔齊」と改められているのかは、悼子が獻公を衞に迎え入れて後、各國に赴告して、これまでの「孫林父・寧殖出其君」との記載を改めてもらったとみて、始めて納得がゆく。この事件が出來したのは孔子以前であるが、『左傳』の作者がこの事件を知っているのであれば、孔子もまたこの事件を知っていたはずである。知りながら誤った記載を殘したというのであれば、孔子の筆削の義はどこにあるのか。

孔子の思想と『春秋』との乖離はまた『論語』を通じても確認できる。齊の陳恆が齊の簡公を弑した折の孔子について、『論語』憲問篇には「陳簡子弑簡公、孔子沐浴而朝、告于哀公曰、陳恆弑其君。請討之」というが、『春秋（左氏經）』哀公十四年には却って「齊人弑其君壬于舒州」という。『春秋』の義例に據れば、「××弑其君」というのは、國君が無道で國人に弑されたの意である。孔子が君を弑した陳恆を討とうとする一方で、『春秋』では弑された齊君を貶絶するというのは矛盾に外ならない。もし孔子が『春秋』を修めたことが事實なら、この矛盾はありえない。

【『春秋』內の矛盾】孔子と『春秋』間に存する矛盾はこれのみに止まらない。『春秋』中には、孔子がそのようにしたとは思われない部分、ないし孔子は筆削を施してはいないことを思わせる部分が存するのである。『公羊』『穀梁』の襄公二十一年に「孔子生」と記されるが、孔子がその樣に書けるはずはない。また『左氏傳』の哀公十六年には「孔子卒」と自らを「孔子」と呼びその卒去を記しているが、孔子のなせるところではない。いずれも後人の增入であろう。また、『公羊傳』昭公十二年に次のような文章が載せられる。

十有二年、春、齊高偃帥師納北燕伯于陽。伯于陽者何。公子陽生也。子曰、我乃知之矣。在側者曰、子苟知之、何以不革。曰、如爾所不知何。

何休の注に據ると、孔子はこの時二十三歳。この事件についてははっきりと認識していたにも拘わらず、公子陽生の誤りである「伯于陽」を、孔子は正しく改めることをしなかった。大義には關係ない姓名の説明についてさえ、誤りを知りながら改めなかったというのであれば、孔子が筆削しようとしたのは何なのか。

また僖公十九年の『穀梁傳』に

梁亡。鄭棄其師。我無加損焉。正名爾已矣。

という。孔子自身既に「無加損焉」といえば、孔子は『春秋』に筆削を施したことがないことになる。かくまでの矛盾が『春秋』中には認められるのである。

【講述の問題】近年、孔子は『春秋』を作ったでも修めたでもなく、講述しただけだという説がぶり返されている。この點についても檢討しておきたい。

講述説は作『春秋』説と修『春秋』説を否定してもなお『春秋』と孔子の關係が殘ることからその調停説としてにわかに興ることになった。けれどもその濫觴は『史記』の孔子世家・『漢書』藝文志に見えている。

至於爲春秋、筆則筆、削則削、子夏之徒、不能贊一辭。弟子受春秋。孔子曰、後世知丘者以春秋、而罪丘者亦以春秋。（『史記』孔子世家）

有所褒諱貶損、不可書見、口授弟子、弟子退而異言。（『漢書』藝文志）

『史記』が「弟子受春秋」というのは「講述を受けた」ということで、口授の意味を含む。それが『漢書』に至ると、

「口授弟子」のごとく口授したことが明確化される。けれども、今の場合、問題は口授そのものではなく、孔子が講述した『春秋』は孔子自らが著作した『春秋』か、ないし修めた『春秋』か、あるいは魯史の舊文、すなわち『魯春秋』か、ということである。假に『魯春秋』であるとすれば、更に次の三點が問題となろう。（1）孔子は魯以外の地で過ごした時間が比較的長い。にも拘わらず、講じられたのがどうして『魯春秋』で、『墨子』のように『百國春秋』『燕春秋』『宋春秋』『齊春秋』『周春秋』でないのか。また、どの様にして『魯春秋』のテキストを手に入れたのか。（2）孔子はいつから『春秋』を講じたのか。『史記』に據ると孔子が『春秋』を作るか修めるかしたのは晩年のこと。もし講じたのが本當であれば、その期間は晩年に限られるのではないか。（3）もし孔子が『春秋』を講じたのであれば、そのことがなぜ『論語』に見えないのか。逆に孔子が作るか修めるかした『春秋』を講じたとするならば、著作（修訂）後の講述となり著作・修訂期間は極めて短いことになる。あるいは著作・修訂しながら弟子に講述したとしても、その作業は老年の孔子になしえたか否か、確實性に乏しい。結局、孔子が『春秋』を講述したというのは「意を以て之を度り、當に然るべきを想ふのみ」に過ぎない。

以上が戴氏の孔子非作『春秋』説、ないし非修『春秋』説の骨子である。ただし、戴氏の立論は全てが氏の見解によるという譯ではなく、先賢、なかんずく楊伯峻氏の見解を踏襲するものである。[7] また戴氏の立論は、それ以前の錢玄同や顧頡剛氏等の見解とも同軌であって[8]全てが氏の獨創というわけではないが、林義正氏によれば孔子非作春秋説に關しては最も詳密であるとのことで、[9]それ故にここでは敢えて孔子と『春秋』の關係を否定する見解の一例として紹介させていただいたまでである。

三　趙生群氏の「孔子『春秋』製作說」肯定論について

戴晉新氏の見解が今日の孔子非『春秋』製作說を統合し、概括的に孔子と『春秋』の關係を斷ち切ろうとした點を特色とするものであるとすれば、それにも拘わらず、なお孔子と『春秋』の間になにがしかの交涉のあったことを想定し、乏しい證據を集めながら確實性のある議論を展開するのは、趙生群氏である。趙氏の見解は、『春秋』經と『春秋』經に改造する基になったと言われる『魯春秋』とは、今日指摘されるような同一物ではなく本來別物であるとし、『魯春秋』を『春秋』經に改造している經緯の中に孔子の作爲とその意圖とを見出そうとするもので、(10) いかに孔子の非『春秋』製作說を奉ずる研究者であれ、必ずや一讀し、省察すべき內容を有している。以下は趙生群氏說の概略である。

【孔子非『春秋』製作說の批判】從來、孔子と『春秋』の關係を否定する根據となったのは「『論語』中に孔子が『春秋』を作ったという記載がなく、また戰國時の諸子の中では、『孟子』以外のどの書籍にも孔子が『春秋』を作ったことに言及しているものはない」ということである。けれども『公羊』『穀梁』『左氏』の『春秋』三傳は一樣に『春秋』は孔子が作ったといい、『荀子』における『春秋』の議論もそれが前提となっている。また『論語』に『春秋』の語が見えていないことは確かだが、『論語』に載せられる事件が孔子の平生の全てではない。例えば、孔子が大司冦となって齊・魯の夾谷の會に出席し、禮を以て齊の景公を却けた話や、相の事を攝行し、三都を墮ちたことが『論語』に見えていないのと同樣である。或る者は「春秋時代、各國の歷史を記した書籍はいずれも『春秋』と稱された。魯にあっては孔子以前にすでに『魯春秋』があって、その『魯春秋』中の文字を見ると、おおよそ今日傳わる『春秋』

と同じから、我々が今日見る『春秋』は、實質『魯春秋』である」と說き、從って、「『春秋』には他の史書と同樣、微言大義といったものは存在しない」とみなされることにもなった。けれども、この樣に考えることも誤りで、以下にはもっぱら『魯春秋』と『春秋』、卽ち『魯春秋』と儒教の經典『春秋』經の關係について考察する（以下には、儒教の經典としての『春秋』は『春秋』經として記し、『魯春秋』と區別する）。

【『魯春秋』について】ところで、『魯春秋』の書名が文獻の上で見えるのは『春秋左氏傳』昭公二年の次の文である。

春、晉侯使韓宣子來聘、且告爲政而來見。禮也。觀書於大史氏。見易象與魯春秋。曰、周禮盡在魯矣。吾乃今知周公之德與周之所以王也。

晉侯の命で魯に使わされた韓宣子（韓起）は、『周易』の象と『魯春秋』を見せて貰い、周の禮が魯に完備し、魯の始封周公の德の偉大さと周が王となった理由を知ったと感嘆した、というのが文意である。この文章を根據にして『魯春秋』がどの樣な書物であるかを推測すれば、どうしても楊伯峻氏の以下の指摘の樣にならざるを得ない。

魯春秋卽孟子離婁下魯之春秋。春秋爲列國史之通名。墨子明鬼下篇有周之春秋・燕之春秋・宋之春秋・齊之春秋。故魯史曰魯春秋。下言吾乃今知周公之德與周之所以王、則韓起所見魯春秋、必自周公姬旦以及伯禽敍起。今春秋起隱公、訖哀公、自惠公以上皆無存。公羊傳又有所謂不修春秋、卽未經孔丘所改定之春秋。萬一其言可信、韓起所見必魯春秋簡策原本。

（魯春秋とは卽ち孟子離婁下の魯の春秋なり。春秋は列國の史の通名と爲す。墨子明鬼下篇に周の春秋・燕の春秋・宋の春秋・齊の春秋有り。故に魯史には魯春秋と曰ふ。下に吾乃ち今にして周公の德と周の王たる所以とを知ると言へば、則ち韓起の見る所の魯春秋は、必ず周公姬旦と伯禽とより敍し起こさん。今春秋は隱公に起こり、哀公に訖はり、惠公より以上は皆存する無し。公羊傳に又所謂不修春秋有り、卽ち未だ孔丘の改定する所を經ざるの春秋なり。萬一其の言信ず可くんば、韓起の見る所は必ず魯春秋の簡策の原本ならん。

（『春秋左傳注四』一二二七頁）

つまり、楊氏は、ここに言う『魯春秋』は魯國の歴史書で、これを見た韓起が「周公の德と周が王となった理由を知った」と言えば、『魯春秋』の記載は周公旦とその子伯禽の時から始まっていたはずだ。ところが今に傳わる『春秋』（『春秋』經）は隱公から始まり哀公で終わっていて、惠公以前は存在しない。『公羊傳』には「不修春秋」といって孔子が改定する以前の『春秋』が見えているが、假にこれが事實であれば、韓起の見た『魯春秋』とは簡策に記されたままのその原本である、というのである。

同様の推測はすでに顧炎武にもあって楊氏の推測は極めて蓋然性が高いであろう（後述）。『左氏傳』の記述に『竹書紀年』を併せて考察すると、この說の蓋然性は更に增そう。杜預は「春秋經傳集解後序」で『竹書紀年』の內容を其紀年篇、起自夏・殷・周、皆三代王事。無諸國別也。唯特記晉國起自殤叔、次文侯・昭侯以至曲沃莊伯。莊伯之十一年十一月、魯隱公之元年正月也。……晉國滅、獨記魏事、下至魏哀王之二十年。蓋魏國之史記也。

（其の紀年篇は、夏・殷・周より起こり、皆三代の王の事。諸國の別無きなり。唯だ特に晉國を記して殤叔より起こり、次いで文侯・昭侯にして以て曲沃の莊伯に至る。莊伯の十一年十一月は、魯の隱公の元年正月なり。……晉國滅べば、獨り魏の事を記して、下りて魏の哀王の二十年に至る。蓋し魏國の史記なり。）

と簡潔に述べる。『竹書紀年』は晉の『乘』の類のもので、夏・殷・周の三代の王事を追溯した體裁をとる。韓起は晉人であるから、その『竹書紀年』を見ていたはずだ。その韓起が『魯春秋』を見て羡んだということは、周公以來の『魯春秋』の記事が晉國の史書（『竹書紀年』）よりも詳細を盡くしていたことを示し、『魯春秋』が元來豐富な記述を持っていたことを推測させる。『春秋經』と比較した場合、假に『魯春秋』が三代から始まらなく、周公・伯禽から始まっていたとしても、隱公までの間には考公・煬公・幽公・魏公・厲公・獻公・眞公・武公・懿公・伯御・孝公・惠公の十二公が存在している。にも拘わらず、今日の『春秋』經が隱公から始まっているということは、誰かが隱公の所で切ったためとしか考えられない。明らかに『魯春秋』を裁斷して今日の『春秋』經に仕立てた人物が介在するのであって、それを爲しえるのは、傳聞上から言えば、孔子より外にあるまい。

【孔子の裁斷】『春秋』經の今日の情況は隱公元年から始まり哀公十四年（『左氏傳』は哀公十六年）で終わっているが、なぜ『春秋』經は隱公元年から始まっているか。『論語』里仁篇に「子曰、能以禮讓爲國乎。何有。不能以禮讓爲國、如禮何」との孔子の發言が見えている。この語は孔子が「禮讓」を以て國を治めることを理想としていたことを示す。孔子が堯・舜・呉の太伯・伯夷・叔齊等をしばしば贊嘆するのは、彼等がいずれも禮讓の精神の體現者であったからであった。ところで、『公羊傳』や『穀梁傳』に據ると、隱公も弟の桓公に位を讓ろうとした禮讓の精神の持ち主である。『春秋』經が隱公から始まるのは、孔子が禮讓の精神の持ち主としての隱公を顯彰してのことで、それはまた孔子が『尙書』を刪定した時に「堯典」を首篇に掲げたのと同じ意圖による。

ならば、なぜ哀公十四年で『春秋』經は終わるのか。哀公の治世はなお續いているのであるが、その記載を十四年で中止にしたというのは、明らかに特定の人の意圖に基づく。孔子はこの年「獲麟」の事件に遭遇し、その二年後に亡くなっている。孔子は晩年『春秋』を弟子教育の教科書として用いたのであって、その執筆は獲麟を境に終えることになった。けれども杜預は「春秋止于獲麟……自此以下至十六年、皆魯史記之文、弟子欲存孔子卒、故幷錄以續孔子所修之經」（『春秋左傳集解』哀公十四年）という。孔門の弟子が「孔丘卒」を以て『春秋』を終わらせたいと思ったのは、『公羊』『穀梁』が「孔子生」を『春秋』に加えたのと同様の心情によろう。これらはいずれも『春秋』と孔子の不可分の關係を物語る。

【『春秋』經の特徵】『春秋』經が孔子の改造によって備えることになった特徵は、『魯春秋』と比較することで一層明確になろう。

『春秋』經の特異性の一つとして最先に掲げるべきは、「以四時冠日月」との獨特な記年法である。『春秋』の記年法が「時」に併せて「日月」記す點、他の書と異なることについては朱子にも指摘があって「春秋正朔事、比以書考之、凡書月皆不著時。疑古史記事例只如此。至孔子作春秋、然後以天時加王月、以明上奉天時、下正王朔之義。而加春於建子之月、則行夏時之意、亦在其中（春秋の正朔の事は、比《みな》書を以て之を考ふるに、凡そ月を書せば皆時を著けず。疑ふらくは古史の事を記すの例は只だ此くの如くならん。孔子春秋を作るに至り、然る後に天の時を以て王の月に加へ、以て上は天の時を奉じ、下は王朔を正すの義を明らかにす。而して春を建子の月に加へば、則ち夏の時を行ふの意も、亦其の中に在り）」（「與張敬夫」『朱文公文集』巻第三十一）という。『書經』は月を記す場合、時を記すことがないが、これが記事の通例であろう（『竹書紀年』『春秋事語』も時に併せて月を記すのは極めて稀である）。ところが、『春秋』が時を記すことについては極めて嚴格で、一年の内、事件があろうとなかろうと、必ず全てに時を擧げようとする。この點を摑まえて、これまで多くの學者は『春秋』が四時を日月に冠しているのは、孔子が「行夏之時」（『論語』顏淵篇）の主張を體現したものであるとみなしてきた。

次に『春秋』經が『魯春秋』の記述を刪削した情況であるが、『春秋』經は『魯春秋』が記す事件の發生・展開については省略し、僅かに結果だけを殘したと思われる、ということを指摘したい。當時の各國の『春秋』が事件を記載する情況については、『墨子』明鬼下篇に見える「燕之春秋」「周之春秋」「宋之春秋」「齊之春秋」を見ることによってつぶさに了解できよう。試みに「燕之春秋」についてみると

昔者燕簡公殺其臣莊子儀而不辜。莊子儀曰、吾君王殺我、而不辜。死人毋知、亦已。死人有知、不出三年、必使吾君知之。期年燕將馳祖。燕之有祖、當齊之有社稷、宋之有桑林、楚之有雲夢也。此男女之所屬而觀也。日中燕簡公方將馳於祖塗。莊子儀荷朱杖而擊之、殪之車上。當是時、燕人從者莫不見、遠者莫不聞。著在燕之春秋。

（昔者、燕の簡公其の臣莊子儀を殺して、而も辜あらず。莊子儀曰はく、吾が君王我を殺すも、辜あらず。死人知る毋くんば、亦已まん。死人知る有らば、三年を出ですして、必ず吾が君をして之を知らしめんと。期年にして燕將に祖に馳せんとす。燕の祖有るは、齊の社稷有り、宋の桑林有り、楚の雲夢有るが當《ごと》きなり。此れ男女屬《つらな》りて觀る所なり。日中に燕の簡公方に將に祖塗に馳せんとす。莊子儀朱杖を荷《ふる》って之を擊ち、之を車上に殪す。是の時に當たり、燕人の從ふ者見ざる莫く、遠き者聞かざるは莫し。著けて燕の春秋に在り。）

という。これによれば「燕之春秋」の記載は事件の經過を包括的に記す、首尾一貫した形態を採っていたことが明らかで、この點は「周之春秋」「宋之春秋」「齊之春秋」の三書も同樣である。『隋書』李德林傳では墨子の言葉を引用して「吾見百國春秋」という。これらの書はこの『百國春秋』の一部であろうが、『春秋』と呼ばれる書物の記述形式は、本來こうしたものであっただろう。

『春秋』が本來事件の經緯を辿る、首尾一貫した記述形式を特徵とする編年史であるとすれば、『左氏傳』や『國語』にもこの形式は確認でき、また外ならぬ『竹書紀年』においてもこの形式は認められる。『竹書紀年』では、每年一つの事件を記すか記さないかの記錄內容であるが、幽王十一年には「春正月、日暈。申人鄫人及犬戎入宗室、弑王及鄭桓公、犬戎殺王子伯服、執褒姒降。申侯魯公許男鄭子立宜臼于申、虢公翰立王子餘臣于攜」と繼起する事件を逐次記述して、事件の全容を書き傳えようとする（こうした例は『竹書紀年』中、しばしば認められる）。

こうであれば諸侯の『春秋（史記）』が事件の經緯を忠實に記そうとするのは、その當時の通例に外ならない。『呂氏春秋』愼行論の察傳に次のような話が見えている。子夏が晉に出向いた折、衞を通過したところ『史記』を讀む者がいて、「晉の師と三匹の豚が黄河を渡った」と言った。子夏はすぐに「それは違う。『三豕』は『己亥』の誤りだ」と指摘した。子夏が晉に到着して確認すると、やはり「己亥」の誤りであったと。

　子夏之晉、過衞。有讀史記者曰、晉師三豕涉河。子夏曰、非也。是己亥也。夫己與三相近、豕與亥相似。至於晉而問之、則曰、晉師己亥涉河也。

このエピソードは、晉の『史記』が、ある事件の經過の中で晉の師が己亥の日に黄河を渡った事實を記していたことを傳えるもので、晉の史記も「燕之春秋」等と同様に、事件の經緯を主眼に記されていたことが明らかである。けれども『春秋』經には事件の經過が記されることはなく、結果のみが記されているが、こうであるのは、事件の經緯に關しては、『魯春秋』を改造して『春秋』經を製作した者の手によって刪削されたからに外なるまい。

これと關連してなお注意を要することは、『春秋』經には會話を記した部分が一箇所もないということである。

春秋時期の史記の類には大量の會話文を含んでいる。前引の『墨子』明鬼下篇中の「燕之春秋」「周之春秋」「宋之春秋」「齊之春秋」や『春秋事語』、更には『左氏傳』『國語』も全てそうである。これ等以外、『韓非子』備内篇に見える

　桃左春秋曰、人主之疾死者、不能處半。

や、『戰國策』楚策四に見える

　虞卿謂春申君曰、臣聞之、春秋於安思危、危則慮安。

等の『春秋』は、いずれも言論の域に含まれるもので、當時の『春秋』は記言の部分と記事の部分の雙方を一體化するのが通例である。にも拘わらず、『春秋』經には記言の部分が無く、記事の書として存在するのであって、『春秋』

本來の面目はない。

『春秋』經について更に意外であるのは、本來『魯春秋』にはあったはずの史實が删去されて、片言雙句も留めていない形跡が認められることである。

『國語』魯語上には「莊公如齊觀社。曹劌諫曰、……臣不聞諸侯相會祀也。祀又不法。君擧必書。書而不法、後嗣何觀。公不聽、遂如齊」（『左氏傳』莊公二十三年にも同文有り）との文が見えているが、これは君主の重大行爲は後世に對する垂法の作用がなくとも全てを史書に記すことを示すもので、史記の原則に外ならない。けれども、『春秋』經はそのようにはなっておらず、例えば君主の重大行爲である卽位については隱公・莊公・閔公・僖公の四公が記されず、喪葬についても隱公・閔公の二公が記されていない。このことから見れば、『春秋』經は魯史が記すべき全ての事件を記したものではないことになる。

【齊桓・晉文について】　ところで、『孟子』離婁下篇には

　晉之乘、楚之檮杌、魯之春秋一也。其事則齊桓晉文。其文則史。

との文が見えており、その意味する所は、晉の乘、楚の檮杌、魯の春秋といった諸侯の史記の記載は（趙氏はここでの「魯之春秋」を文字通り「魯春秋」と見なしている點を注意されたい）、齊の桓公・晉の文公に關する事件が詳細になっていて、その様にすることがまた三國の史記の共通の目的となっていたことを窺わせる。ところが『春秋』經では齊の桓公（在位四十三年）に關するものが三十回、晉の文公（在位九年）に關するものが七回にすぎず、この數量は『春秋』經が記す隱公（在位十一年）が十一回、桓公（在位十八年）が二十九回、莊公（在位三十二年）が三十回、閔公（在位二年）が二回、僖公（在位三十三年）が四十回、文公（在位十八年）が十九回、宣公（在位十八年）が二十二回、成公（在位十八年）が三十八回、襄公（在位三十一年）が五十一回、昭公（在位三十二年）が三十五回、定公（在位十五年）が二十三回、

哀公（哀公十四年まで）が十回であるのに較べれば、決して突出した數値ではない（この點は『竹書紀年』との比較からも言える。『竹書紀年』には晉文に關する記載が『春秋』經より詳しい。それに對し『春秋』の齊桓・晉文に對する扱いは、他の諸侯と等しなみである）。また、齊桓・晉文の主要な功業は盟を主って覇を稱したことであるが、『春秋』經から見ると、盟は魯が主った書きぶりになっていて、諸侯の會盟でも魯が參加した場合には魯公が前に記され、他の諸侯は後に記される。『春秋』經に關する限り、魯が中心となっていて、『孟子』離婁下篇が傳えるような齊桓・晉文の覇業を意圖した痕跡は伺えないのである。こうであれば『春秋』經と『晉之乘』『楚之檮杌』『魯之春秋』とは、內容や扱い方の輕重・詳細について大きな差があることは明らかである。

【「天王狩于河陽」】『春秋』經が著わされた際に、魯の史記に改造が加えられた部分があることも確認できる。『春秋』經の僖公二十八年に見える「天王狩于河陽」がそれである。

城僕の戰いで楚に勝利した晉の文公は、勢いをかって周の襄王を河陽の踐土に招き、諸侯を率いて會盟を行った。だから『竹書紀年』はこの事實を「周襄王會諸侯于河陽」と記している。けれども『春秋』經は「天王狩于河陽」と記し、それが襄王が文公に率いられた諸侯との會盟であった事實を伏せている。『左氏傳』は「是會也、晉侯召王、以諸侯見、且使王狩。仲尼曰、以臣召君、不可以訓。故書曰、天王狩河陽、言非其地也」といい、『史記』は「孔子讀史記至文公曰、諸侯無召王。王狩河陽者、春秋諱之也」（晉世家）・「晉文公召襄王、襄王會之河陽・踐土、諸侯畢朝。書諱曰、天王狩于河陽」（周本紀四）というが、『左氏傳』と『史記』の記載から言えば、孔子が讀んだ『史記』には文公が襄王を召いた內容が記されていた譯であり、その『史記』は『魯春秋』の可能性が高い。にも拘わらず、『春秋』經が「天王狩于河陽」となっているのであれば、孔子を含む第三者の手によってこの樣に改められたことは明らかである。

【『禮記』坊記篇中の『魯春秋』】『春秋』經と『禮記』坊記所引『魯春秋』との相違にも注意する必要がある。

『禮記』坊記篇には『魯春秋』の文が二箇所引用されている。一つは

子云、升自客階、受弔於賓位、教民追孝也（注云、謂反哭時也。既葬矣、猶不由阼階、不忍即父位也）。未沒喪、不稱君、示民不爭也。故魯春秋記晉喪曰、殺其君之子奚齊、及其君卓（注云、春秋傳曰、諸侯於其封內、三年稱子。至其臣子、踰年則謂之君矣。奚齊與卓子、皆獻公之子也。獻公卒、其年奚齊殺、明年而卓子殺矣）。

がそれである。『魯春秋』が記す奚齊・卓の弑殺事件は、『春秋』經で言えば、僖公九年の

冬、晉里克弑其君之子奚齊。

と、僖公十年の

晉里克弑其君卓、及其大夫荀息。

がそれに該當する。兩者を比較すると、（1）坊記篇の『魯春秋』は凶手が誰かを記していないのに對し、『春秋』經は里克であることを指摘する。（2）坊記篇の『魯春秋』は奚齊と卓を殺したことを一つにして書いているが、『春秋』經は二年に分けている。（3）坊記篇の『魯春秋』では殺された臣が前に記され、君が後に記されているが、『春秋』經では弑された君が前に來て、臣は後になっている（僖公十年の場合）。（4）坊記篇の『魯春秋』では「殺」の字を用い、『春秋』經では「弑」の字を用いている。（5）坊記篇の『魯春秋』では荀息を殺したことを載せていないが、『春秋』經は載せている、等の差異が確認できるのであって、このことは、『春秋』經の記載は決して坊記篇が引用している『魯春秋』の文章ではないことを物語る。假に『春秋』經桓公二年の「春、王正月戊申、宋督弑其君與夷及其大夫孔父」の『穀梁傳』「孔父先死、其曰及何也。書尊及卑、春秋之義也」を、『魯春秋』の「殺其君之子奚齊、及其君卓」に比較すれば、『魯春秋』の文は『穀梁』傳義の逆となり、『魯春秋』と『春秋』經は本來別物であることを思

わないわけにはいかない。このことはまた誰かが『魯春秋』の記述を『春秋』經のように改めたことを推測させよう。『禮記』坊記篇に引用される『魯春秋』の二つめは、

子云、取妻不取同姓、以厚別也。故買妾不知其姓則卜之。以此坊民、魯春秋猶去夫人之姓曰呉、其死曰孟子卒（注云、呉、大伯之後。魯同姓也。昭公取焉。去姫曰呉而已。至其死亦略云孟子卒、不書夫人某氏薨。孟子蓋其且字）。

である。「孟子卒」については『春秋』經哀公十二年に見えているが、『魯春秋』が云う「去夫人之姓曰呉」というようなことは『春秋』經には見えてない。そこで孔穎達は「魯春秋去夫人之姓曰呉。春秋無此文。坊記云然者、禮、夫人初至、必書于策。若娶齊女、則云夫人姜至自齊。此孟子初至之時、亦當書曰夫人姫氏至自呉。同姓不得稱姫、舊史所書、蓋直云夫人至自呉。是去夫人之姓、直書曰呉而已。仲尼修春秋、以犯禮明著、全去其文。故今經無其事」（『春秋左傳正義』哀公十二年、夏五月、甲辰、「孟子卒」の條）と說き、孟子が魯の昭公の下に嫁いできたときには、『魯春秋』には呉が魯と同姓の國であることを避けて「夫人至自呉」とだけ記された（つまり、本來の『夫人姫氏至自呉』という書き方がされなかったということ）。けれども、孔子が『春秋』を修めたときには魯が禮を犯していたことが明らかとなっていたから、その全文を刪ってしまった。だから、今日の『春秋』經には『魯春秋』が指摘する事實が認められず、その卒時には「孟子卒」とだけ記された、とするのである。この孟子については『論語』の述而篇に「呉孟子」として

陳司敗問、昭公知禮乎。孔子曰、知禮。孔子退、揖巫馬期而進之、曰、吾聞、君子不黨。君子亦黨乎。君取於呉、爲同姓。謂之呉孟子。君而知禮、孰不知禮。巫馬期以告。子曰、丘也幸。苟有過、人必知之。

のように見えている。これに據れば、昭公の夫人は當時「呉孟子」と呼ばれていて、同姓の女を娶ったことは庇いようのない事實であった。そこで『春秋』經の方は、呉孟子が魯と同姓であることを死角にするため「呉」の字を刪削

して敢えて「孟子」とだけ記したのである。

ところで、孟子が卒したのは哀公十二年の時であり、この時に『魯春秋』には「夫人姫氏至自呉」の文があったとすれば、それが删去されて「夫人至自呉」となったのは哀公十二年以降のことに違いない。注意すべきは、孔子が衞から魯へ歸ってきたのは哀公十一年のことであるから、假に『魯春秋』を修めて『春秋』經を製作したのが孔子であれば、それは歸國した年の哀公十一年以後のこととなり、『春秋』を修めた年代と孔子の經歷とが見事に符合する、という點である。孔子と『春秋』の結びつきを想定して然るべきところである。

【『春秋』と列國『春秋』】『春秋』經が『魯春秋』ないし先行する列國『春秋』を改變して成立していることは、なお他證によっても確認できる。劉師培氏はその著「春秋左氏傳傳注例略」（『劉申叔先生遺書（一）』）の中で

經出孔脩、弗以史文爲據、亦與赴告之詞不同。本傳所詮、至爲昭悉。①襄二十年傳曰、名藏在諸侯之策、曰、孫林父・寧殖出其君。②宣十四年、衞殺孔達。傳曰、遂告於諸侯。寡君有不令之臣達、構我敝邑于大國、既服其罪矣。③僖二十四年、天王居鄭。傳曰、王使來告難。不穀不德、得罪於母弟之寵子帶、鄙在鄭地氾。敢告叔父。此均經異告詞之證、亦卽經殊舊史之徵也。

（經は孔の脩めしより出づるも、史文を以て據と爲さず、亦赴告の詞と同じからず。本傳に詮《そな》はる所、至って昭悉と爲す。①襄二十年の傳に曰はく、名は藏して諸侯の策に在り、曰はく、孫林父・寧殖其の君を出だすと。②宣十四年に衞孔達を殺すと。傳に曰はく、遂に諸侯に告ぐ。寡君不令の臣達有り、我が敝邑を大國に構へしめ、既に其の罪に服すと。③僖二十四年に、天王鄭に居りと。傳に曰はく、王來りて難を告げしむ。不穀不德にして、罪を母弟の寵子帶に得、鄭地の氾に鄙在す。敢へて叔父に告ぐと。此れ均しく經告詞に異なるの證にして、亦卽ち經舊史に殊なるの徵なり。）

という。少しく解説を加えよう。まず①襄公二十年の件であるが、『左氏傳』には

衞甯惠子疾。召悼子曰、吾得罪於君、悔而無及也。名藏在諸侯之策、曰、孫林父・寧殖出其君。

という。衞の甯惠子、すなわち甯殖が病厚しきおり息子の悼子、すなわち甯喜を呼び寄せ、かつての自身の誤りを糾してくれるよう委囑したのである。その誤りとは自身がかつて主君の獻公を衞から追放したことであり、劉師培が提示する「名藏在諸侯之策、曰、孫林父・寧殖出其君」とは、その悪行が諸侯の策（記錄）に「孫林父と寧殖がその君を追い出した」と記されていることをいう。孫林父と寧殖が獻公を追い出したのは襄公十四年のことであり、『春秋』經にもその事件が記されている。けれども『春秋』經の記載は『左氏傳』がいうような「孫林父・寧殖出其君」ではなく

夏、四月乙未、衞侯出奔齊。

となっている。このことは、『春秋』經がもともと「孫林父・寧殖出其君」とあった記錄を「衞侯出奔齊」と改めたことを物語る。

②宣公十四年の「衞殺孔達」についてであるが、『春秋』經には「衞殺其大夫孔達」と記される。衞が孔達の罪科を問うて殺した書きぶりである。けれども『左氏傳』はこの事實を記して

春、孔達縊而死。衞人以說于晉而免。遂告于諸侯曰、寡君有不令之臣達、構我敝邑于大國、既伏其罪矣。敢告。

という。これに據れば孔達の死は罪に伏した自殺であって、それがそのまま諸侯に通達されたのである。そうであれば『春秋』經が「衞殺其大夫孔達」となっているのは、『春秋』經がそのように改めたことになる。

③僖公二十四年の「天王居鄭」は、『春秋』經には「天王出居于鄭」と記される。襄王が自發的に鄭に出た、との意である。ところが、『左氏傳』はこの折の襄公の發言を載せ

冬、王使來告難曰、不穀不德、得罪于母弟之寵子帶、鄙在鄭地氾。敢告叔父。

という。事實がこうであれば、『春秋』經の記載は天王が帶に都を追われた不祥を諱んで改めていることが明らかである。

劉師培氏の說は『春秋』經の記載が諸侯間で取り交わされる赴告の辭と異なっていることの指摘に止まるが、赴告の辭の內容は諸侯の『史記』に記される形で確認されることから、ここでは『魯春秋』の記載として扱ったのである。劉氏の指摘もまた儒者の『春秋』經が『魯春秋』（あるいはこれ以外の諸侯の『史記』を含むかも知れない）を改變して成っていることを明らかにしたものとみなし得る。

以上の論證によって、『春秋』經と『魯春秋』は本來二物であり、『春秋』經は『魯春秋』を改變してなったことが明らかであろう。『春秋』經は『魯春秋』の改變であるが故に、そこに認められる改變の實情分析を通じ、改變者の作爲やその意圖を『春秋』經の特質として把握することも可能となる。以下には、『春秋』經の特質に繫がったと思われる改變の情況を窺うこととする。

【正名思想】　正名思想に關するものである。ここで扱われるのは（1）王號、（2）「葬」、（3）「弑」、（4）隱諱の四點である。まず王號について。

言うところの王號とは、具體的には、諸侯の中でも王號を僭稱するのは楚と吳であるが、『春秋』經はその僭稱を容認することがない、ということである。『左氏傳』宣公四年には

（莊）王使巡師曰、吾先君文王、克息獲三矢焉。伯棼竊其二。盡於是矣。

という。楚の莊王が軍中に觸れを出し、先君の文王の故事を傳えた件であり、そこでは楚は諸侯であるにも拘わらず、王號が用いられている。けれども、『春秋』經はこの折のことを

冬、楚子伐鄭。

と記し、荘王を楚子と呼び、五等爵の子爵の稱號によって周王朝の秩序に從屬させている。同様な事は昭公元年にも見えている。『左氏傳』には

楚公子圍將聘于鄭……未出竟。聞（共）王有疾而還。……十一月己酉、公子圍至、入問王疾、縊而弑之。

と、楚の公子圍が君主を弑した折り君主のことを「（共）王」と呼んでいるが、『春秋』經の方はやはり

冬、十有一月巳酉、楚子麇卒。

と子爵の稱號で記し、周王朝の秩序に從屬させている。諸侯がいかに王號を僭稱したとしても、『春秋』經は決して王號で記すことはない。

次に「葬」について。具體的には、『春秋』經には吳・楚の君に對して一度も「葬」を記さない華夷觀念のことである。宣公十八年の『春秋』經には

甲戌、楚子旅卒。

と記した後に、楚子を埋葬した事實は記されていない。これに對し、『公羊傳』は「何以不書葬。吳楚之君不書葬、辟其號也（その僭號を避ける、の意。つまり、生前僭稱していた王號の使用を避けること）」と說くが、こうした原則が『春秋』經には存在する。この原則が徹底化している情況は、襄公二十八年に卒去した楚の康王について見ることができる。

襄公二十八年、楚の康王が卒した。『春秋』經はその事實を「楚子昭卒」と記して、もちろん康王とは記さない。また康王の葬も記されていない。けれども、『左氏傳』では、二十九年の四月に「葬楚康王」が記されて、なおかつ魯の襄公が他の諸侯とこれに會葬しているのである。この時、魯の襄公が楚に居たことは『春秋』經の襄公二十九年

に「公在楚」と記される通りである。魯の襄公が會葬した以上、「葬楚康王」の事實は魯の『春秋』にも記さるのが當然。けれども『春秋』經にはやはり康王＝楚子昭の埋葬は記されていない。こうであるのは楚君の僭號を載せまいとする強い意欲が『春秋』經に存するからである。この事情を「吳・楚・越の三國の君は自ら『王』と稱していた。もし、彼等の埋葬を記すなら、必ずや襄公二十九年の『左氏傳』が『葬楚康王』と記したように『葬某某王』と記さざるをえない。この様に記すのは坊記篇に見えている『土無二王』の原則に反することであるから、『春秋』經の全所で楚・吳・越の君の葬は記されない」と說く楊伯峻氏（『春秋左傳注』前言）の說は妥當である。

要するに趙氏は、『春秋』經が王號を僭稱する吳・楚の君に對してその埋葬を記さずに公・侯・伯・子・男の五等爵によって諸侯を指稱するのは、その「正名思想」によるというのである。

三つ目の「弑」について。具體的には臣下が君を弑した場合、『國語』『竹書紀年』『春秋事語』等は一樣に「殺」といったり「賊」といったりしているが、『春秋』は二十六箇所全ての所で「弑」字を用いてその記載を統一している、ということである。例えば、臣下が君を弑して「殺」という場合、『國語』では

魯人殺懿公。（周語上）

晉人殺厲公。（魯語上）

武公伐翼、殺哀公。（晉語一）

のごとく見えており、また臣下が君を弑して「賊」という場合は、『竹書紀年』と『春秋事語』とに各々

共中(仲)使卜奇賊閔公于武諱。（『春秋事語』）

夫人秦嬴賊君公于高寢之上。（『竹書紀年』）

のように見えている。ところが『春秋』經は一律に「弑」と書いて、「殺」「賊」等の字は用いていない。いったい、

天子・諸侯が大夫に對して殺というのは構わないし、大夫間ないし大夫が天子・諸侯に對してまた殺と稱するのは構わない。正義を非正義に施すときも、その逆の場合も、殺と稱することは構わない。要するに、一切の暴力的手段によって人を死なせるような行爲は皆「殺」と稱することができる、とするのである。賊の場合もこれと同じ。けれども、臣が君を弑し、子が父を弑した場合に殺や賊で表現したならば、上下の等級關係や是非曲直は區別できなくなる。だが、それを「弑」で表せばそうした事態は避けられるのであり、弑殺の行爲は上を犯した亂となり、弑殺者はもはや臣でなく、子でないことになる。弑の使用はこうした倫理的な膺懲をも可能とする。

孔子が「弑君弑父」の沒義を不道の極致として忌避していた事實は、『論語』の憲問篇に

陳成子弑簡公。孔子沐浴而朝、告於哀公曰、陳恆弑其君。請討之。

のように記されている。また先進篇には季子然が孔子に、孔子の弟子仲由・冉求が大臣かどうかを尋ねられて

所謂大臣者、以道事君、不可則止。今由與求也、可謂具臣矣。曰、然則從之者與。子曰、弑父與君、亦不從也。

と答えている。具臣にすぎない仲由と冉求でさえ、父と君を弑することには決して從わないというのである。『春秋』經中に弑が記されて父君を殺した者への膺懲の念が顯著であるのは、『論語』に認められる孔子の弑殺を忌避する意識と重なるであろう。「弑」字を使用してことの重大性を露わにさせる『春秋』經の記載法は、弑殺を忌む孔子の意欲によって採用されたとさえ思わせるところである。

四の隱諱について。具體的には、『春秋』經には魯を庇う記述の偏向性が認められるということである。

劉知幾の『史通』惑經篇には

汲冢竹書晉春秋及紀年之載事也、如重耳出奔、惠公見獲、書其本國、皆無所隱。

（汲冢竹書の晉春秋及び紀年の事を載するや、重耳の出奔、惠公の獲へらるるが如きは、其の本國を書し、皆隱

す所無し。）

といい、同疑古篇には

魯史之有春秋也、外爲賢者、内爲本國。事靡洪纖、動皆隱諱。

（魯史の春秋有るや、外は賢者の爲にして、内は本國の爲なり。事洪纖と靡く、動もすれば皆隱諱す。）

という。

『春秋』經が他國の史書に較べて隱諱するところが多いことの指摘である。その『春秋』經が隱諱するところは特に魯の弑殺に關して顯著であって、隱公十一年の『左氏傳』に「壬辰、羽父使賊弑公于寪氏」といわれる隱公の弑殺が、『春秋』經では

冬、十有一月壬辰、公薨。

と病死の扱いで記される。同様に閔公二年の『左氏傳』に「秋、八月辛丑、共仲使卜齮賊公于武闈」と記される閔公の弑殺が、『春秋』經では

秋、八月辛丑、公薨。

と。また、莊公三十二年の『左氏傳』に「冬、十月己未、共仲使圉人犖人賊子般于黨氏」と記される莊公の弑殺が、『春秋』經では

冬、十月己未、子般卒。

と、やはり通常の卒去のごとく記されるのである。尤も、子般の場合は、先君莊公の埋葬がまだ濟んでいなかったことから、正式に卽位した君とはみなされず、「薨」と記されることはなかったが。このことは、『春秋』經は他國の亂臣に對しては直書してその事實を明らかにする一方、本國の内亂に對しては尊者・親者のために諱む書法を採ってい

ることを示し、『論語』子路篇の孔子の語「葉公語孔子曰、吾黨有直躬者、其父攘羊、而子證之。孔子曰、吾黨之直者異于是。父爲子隱、子爲父隱。直在其中矣」と、揆を一にしよう。

かくして趙氏は、『春秋』經と孔子の間には、孔子がその著作者としての關係していることが否定しきれないまま殘るとし、孔子の『春秋』製作説を主張するのである。

四　總　括——『魯春秋』と『春秋』經——

趙氏と戴氏の兩説の間には、雙方共通に用いながら、その解釋を異にする資料が少なくない。またその解釋の違いが、なかんずく『魯春秋』に對する解釋の仕方が、孔子の『春秋』製作説の可否を分けているようにも思われるので、ここではこの點について檢討を加えたい。

戴晉新氏は『禮記』坊記篇所引の『魯春秋』を見る限り、『魯春秋』と『春秋』經とは書法上同樣であることは明らかで、從って『魯春秋』と『春秋』經は同一物であり、孔子が『春秋』を修訂したとみることは不可能である、とする。同樣の説は楊伯峻氏にもあることから、ここでは楊氏の見解を見ながらこの説の概略を再確認する。以下は楊氏の見解である。

『禮記』坊記篇に見える「故魯春秋記晉喪曰、殺其君之子奚齊及其君卓」は『春秋』僖公九年の「冬、晉里克弑其君之子奚齊」と同十年の「晉里克弑其君卓及其大夫荀息」とを併せ掲げたことから、兩者間には省略が認められる。坊記篇が引く『魯春秋』はもともと魯の史記のことで、今日の『春秋』に同じ。そこに「殺其君之子奚齊」といい、「及其君卓」と言えば、魯史の原文は今日の『春秋』經と同じことが分かる。また坊記篇は『魯春秋』の「孟子卒」

を引用するが、それは哀公十二年の『春秋』と同じ。從って、孔子は『春秋』の製作には關與していないことが明らかだ。坊記篇ではまた「論語曰、三年無改於父之道、可謂孝矣」とも言うが、このことは坊記篇の作者が「論語」の名が定まった後『春秋』を引いて「魯春秋」と記したということで、當時彼は魯の『史記』だけは見ることができた。すなわち、「春秋」という名の經籍＝『春秋』經は見ることができなかったということで、このことは、彼自身（すなわち坊記篇の作者）が、孔子が『春秋』を製作したとは考えていなかった可能性を物語る、というものである。けれども、この説明は戴晉新氏と同様、坊記篇所引の『魯春秋』の記述が『春秋』とは異なっていて、『魯春秋』と『春秋』經とは全くの別物であることを説く趙生群氏の詳說に及ぶものではなく、外見的な印象批判であるとの批判は免れまい。

『魯春秋』と『春秋』經との關係、すなわち『魯春秋』から『春秋』經が作られた經緯である。趙生群氏は、『左氏傳』昭公二年に「晉侯使韓宣子來聘……見易象與魯春秋曰、周禮盡在魯矣。吾乃今知周公之德與周所以王也」と見える『魯春秋』が、周公の徳と周の王たる所以を傳えたものであれば、その書き出しは必ずや周公旦や伯禽の時からであってそれが昭公の當時に及んでいたはずだ。にも拘わらず今日の『春秋』が隱公から始まるのは『魯春秋』をそこで裁斷した者がいたからで、『春秋』經は韓宣子が見た『魯春秋』ではない、とした。趙氏のこの說は、前節でも見たようにもともとは楊伯峻氏の說であり、更に溯れば清朝の顧炎武に立ち至ることになる。顧炎武はその著『日知錄』卷之四「魯之春秋」の項で、「春秋不始於隱公。晉韓宣子聘魯、觀書於太史氏、見易象與魯春秋曰、周禮盡在魯矣。吾乃今知周公之德、與周所以王也。蓋必起自伯禽之封、以洎於中世、當周之盛、朝覲會同征伐之事皆在焉。故曰周禮。而成之者、古之良史也。自隱公以下、世道衰微、史失其官。於是孔子懼而修之、自惠公以上之文、無所改焉。所謂述而不作者也。自隱公以下、則孔子以己意修之、所謂作春秋也（春秋は隱公に始まらず。晉の韓宣子魯に聘し、書を太史氏に觀、易象と魯春秋とを見て曰はく、周禮盡く魯に在り。吾乃ち今にして周公の德と、周の王たりし所以とを知るなりと。蓋し必ず伯禽の封より起こり、以て中世に洎び、周の盛んに當たり、朝覲・會同・征伐の事皆焉に在らん。故に曰はく周禮と。而して之を成す者は、古の良史なり。隱公より以下、世道衰微し、史其の官を失ふ。是に於いて孔子懼れて之を修むるも、惠公より以上の文は、改むる所無し。所謂述べて作らざる者なり。隱公より以下は、則ち孔子己が意を以て之を修む、所謂春秋を作るなり）」（趙氏所引）と說き、孔子の『春秋』製作說を是認し、その狀況をすでにかく分析していたのである。顧炎武・楊伯峻氏が指摘したように、『魯春秋』は確かに儒教の經典として今日に傳わる『春秋』とは異なったものであり、そのことは否定できない事實であろう。そうであれば、さしずめ『魯春秋』は魯の『史記』の完本、『春秋』經はそのダイジェスト本ということになろう。

そこで改めて『禮記』坊記篇に見える『魯春秋』の「殺其君之子奚齊及其君卓」についてであるが、この書法は趙氏が說くように『春秋』の書法とは異なる。『春秋』の場合は桓公二年「宋督弑其君與夷及其大夫孔父」の『穀梁傳』に「孔父先死、其曰及何也。書尊及卑、春秋之義也」というように尊者を記してから卑者に及ぶ配意に從ったまでで、『魯春秋』の書法はこの逆をゆくものなのである。

また坊記篇の「魯春秋猶去夫人之姓曰吳、其死曰孟子卒」である。戴晉新・楊伯峻氏はここでいう「孟子卒」が『春秋』經と同じであるから、はやり孔子による『春秋』修訂の作業はなかったとする。けれども趙氏が注目したのはその前段の「魯春秋猶去夫人之姓、曰吳」の部分であって、これが事實であれば當然『魯春秋』には吳から夫人が嫁いできた來た時に「夫人姬氏至自吳」と記されたはずである。にも拘わらず、この記載は今日の『春秋』經には見えていない。それは『春秋』經が製作（或いは修訂）された折、同姓を娶った魯の恥辱を隱すために削られたからに外ならない。また、哀公十二年の「孟子卒」も本來は「夫人姬孟子卒」と書かれるはずであり、夫人が當時吳孟子と呼ばれていたことよりすれば、「夫人吳孟子卒」と記さなければならなかったのを、孟子が同姓の吳國から嫁いできた夫人であったことを死角にするために、「吳」や吳の姓「姬」を削除した表現であって、『論語』述而篇に見える陳の司敗と孔子のやり取りから考えれば、吳孟子が魯に來嫁した事實を「夫人至自吳」と删去したのも、また吳孟子の卒去を「孟子卒」と書き改めたのも、孔子であって初めて納得がゆこう。しかも吳孟子が卒したのは孔子が衛から魯に歸った哀公十一年の一年後以後のことであるから、吳孟子の卒去に關する『春秋』經の記載は、時間的にも魯が同姓不婚の禁を犯したことに對する孔子の隱諱の意識の表出とみなしえるのである。とすれば『魯春秋』から『春秋』經を製作した人物は孔子を置いて外にないことになり、『春秋』の孔子製作説はここに有力な證據を得ることになる。

『春秋』經は確かに『魯春秋』とは異なっていて、『魯春秋』は魯の史記の完本、『春秋』經はそのダイジェスト本であるとすれば、そのダイジェスト本としての『春秋』が製作されたときに、『魯春秋』にはどの様な改造が施され、それはまた孔子のどの様な意欲を反映したか。それも趙氏の指摘を逐次檢證することで、ある程度了解できよう。例えば周の襄王の二十一年、『竹書紀年』では「周襄王會諸侯河陽」と記される踐土の會が、『春秋』經の僖公二十八年では「天王狩于河陽」と記され、晉の文公によって出座を要請された襄王の屈辱が隱蔽されている。こうした操作はもちろん史官の通常の記載方法に基づくものではなく、史官以外の第三者の作爲（改造）を想定しなければ通じまい。その場合、その第三者とは天王の尊嚴を傷つけまいとする正名の理念の遵法者であって、こうした意欲を强烈に有するのは、儒者の中では孔子より他に居らないであろう。『論語』子路篇に見える孔子の意欲「必也正名乎……名不正則言不順、言不順則事不成、事不成則禮樂不興、禮樂不興則刑罰不中、刑罰不中則民無所措手足」がこれを裏附けよう。また『春秋』襄公十四年に見えている「己未、衛侯出奔齊」という事件。これは『左氏傳』襄公二十年の記載に據れば、もともと「孫林父・寧殖出其君」と「諸侯の策」に記された事件が後に「己未、衛侯出奔齊」と書き改められたものであり、この操作もやはり『春秋』が製作（或いは修訂）されたときに君主を追放する臣下の不忠を蔽い以て君主の尊嚴を保たんとする第三者の尊王の意思によることを思わせるのであって、やはり强烈な正名の意欲に裏打ちされていよう（戴氏はこの變更を、寧殖の子が父の遺言に從って追放した衞の獻公を衞に復歸させた後、諸侯に連絡し追放を出奔に改めさせた、とみなすが、そのような依賴を各國の史官が了承するとは思えない）。また、當時、諸侯は王を號して僭越の極みにあったが、『春秋』中には王號を用いて諸侯を呼ぶことはしていない。逆に臣下が君を弑殺した場合、必ず「弑」と記し弑殺者の惡逆を際立たせ、これを膺懲している。こうした書法は『春秋』の製作時、『春秋』を製作した第三者の正名の意欲をよく物語るもので、そのような意欲を持って『春秋』と繫がり得るのも、もはや孔子より外にあるまい。そう考えざるを得ない時に、『論語』中に留意すべき一節がある。先進篇中の

　魯人爲長府。閔子騫曰、仍舊貫、如之何。何必改作。子曰、夫人不言。言必有中。

がそれである。『左氏傳』中「長府（長府、藏名也。藏財貨曰府）」が見えるのは、昭公二十五年の、昭公が季氏を討って政權を自らの手に取り返そうとし、敗退して却って魯から逃亡せざるを得なくなった時であり、『論語』中に見える「魯人」とは、魯の昭公のことであるという。淸儒劉寶楠はこうした魯のお家騷動を背景にして『論語』のこの文を解釋し、次のように說く。

　昭公伐季氏、在二十五年。孔子時正居魯、則知魯人爲長府、正是昭公居之。因其毀壞、而欲有所改作、以爲不虞之備。但季氏得民已久。非可以力相制。故子家羈力阻其謀。宋樂祁知魯君必不能逞、而閔子亦言仍舊貫。言但仍舊事、略加繕治。何必改作。以諷使公無妄動也。論語書之曰魯人、明爲公諱、且非公意也。

（昭公季氏を伐つは、二十五年に在り。孔子時に正に魯に居れば、則ち魯人長府を爲るは、正に是れ昭公之に居るを知る。其の毀壞に因りて、改作する所有らんことを欲するは、以て不虞の備へと爲せばなり。但だ季氏民を

得ること已に久し。力を以て相制す可きに非ず。故に子家羈力めて其の謀を阻む。宋の樂祁魯君の必ず逞しくする能はざるを知り、而して閔子も亦舊貫に仍ると言ふ。但だ舊事に仍りて、略ぼ繕治を加ふるを言ふ。何ぞ必しも改めて作らん。以て諷して公をして妄動無からしむるなり。論語之を書して魯人と曰ふは、明らけし公の爲に諱むこと、且つ公の意を非るなり。）

（『論語正義』巻十四）

と。季氏の專横に業を煮やした昭公は長府を作って萬が一の備えとし、季氏を糾彈しようとした。が、いかんせん季氏の力は強く、長く民の信頼を得ていて、昭公のよく糾彈し得るところではなかった。子家羈（魯の大夫懿伯）はその無謀を阻止しようとし、樂祁や閔子騫は長府を作ろうとした昭公の妄動を戒めた。それが『論語』の「仍舊貫」ることの提言である。そこで『論語』が長府を作った昭公を、「昭公」ではなく「魯人」と記したのは、『論語』が昭公の爲に諱んだ操作である、というのである。假に劉寶楠のいうように、「魯人」と記されるのが『論語』が昭公であることを諱む書法であるとすれば、それは『春秋』中頻見の、一字褒貶説としての「（某國）人」の書法とも共通するもので、『春秋』の書法が『論語』中にも見出し得ることになる。このことは『論語』の作者、すなわち孔門の弟子達の中にすでに『春秋』の書法が胚胎していることを物語り、溯って孔子と『春秋』とが密接な關係を有することの蓋然性を高めるであろう。(11) であれば、『論語』を通じても、孔子と『春秋』の關係は――いかにこれを否定しようとも――否定しきれないまま殘りつづけるのである。

ならば、孔子は『春秋』に對し、どのような意欲を以て臨んだか。『論語』中、『春秋』に對して一言の言及もないことは確かである。けれども衞靈公篇には「子曰、吾猶及史之闕文也」との語が見えていて、孔子は生來史學に對しひとかどの興趣と造詣を有していたことを傳えている。しかもその孔子は哀公十一年衞より魯に歸った後、『詩』に對して「雅・頌各々其の所を得」るまでの改編をほどこしているのであって、その目的は『詩』の教材としての適正化のように思われる。陽貨篇には「子曰、小子何莫學夫詩。詩可以興、可以觀、可以羣、可以怨、邇之事父、遠之事君、多識於鳥獸艸木之名」という。「可以興、可以觀、可以羣、可以怨」というのは詩が有する教育上の効能をいい、人との情緒交歡、世態・人情の觀察、連帶意識の共有、訴えを通じた鑑戒の提示等がその內實をなそう。そうした機能を併せ持つのが『詩』であるとすれば、爲政者たる者は『詩』を聞いてそれを自らへの教訓として奉承すべしとの主張も、そこから生まれてこよう。『國語』周語上に「民を爲むる者は之を宣ばして言はしむ。故に天子政を聞くに、公卿より列士に至るまでをして詩を獻ぜしむ」とか、『詩』大序に「上は以て下を風化し、下は以て上を風刺す。文を主として譎諫す。之を言ふ者は罪無く、之を聞く者は以て戒しむるに足る。故に風と曰ふ」というのは、『詩』の諷諫の機能を政治の領域にまで擴大させて確定するもので、その場合の『詩』は社會全域の鑑戒としての意義を擔うであろう。そうした『詩』の機能をより尖鋭化して有するのが『春秋（史書の意）』であった。

やはり『國語』晉語七に「（悼）公曰はく、何をか德義と謂ふと。對へて曰はく、諸侯の爲は、日に君の側に在りて、其の善を以て行ひ、其の惡を以て戒む。德義と謂ふ可きなりと。公曰はく、孰れか能くすと。對へて曰はく、羊舌肸春秋に習ふと。乃ち叔向を召し、太子彪に傅たらしむ」という。『春秋』が早くから鑑戒の書として意識されていたことを窺わせるであろう。『詩』と同じく鑑戒としての機能を有し、かつその效能を一層增幅させる『春秋』であれば、弟子教育の教材として眼をつけない方がおかしい。發憤しては食を忘れるほどの孔子であれば尙更のことであろう。道理としてはこう考えられるが、ただ史官が管掌する史書をそうたやすく見、かつそれをもとにダイジェスト本を作るというようなことが、果たして爲しえたのか。孔子『春秋』製作說を肯定した場合、孔子と魯が所管した史書がどのような關係にあったのかの解明がアポリアとして立ちはだかることになる。

尤も、『春秋』ではないが、『詩經』に關して孔子は、晩年編集を行って今日の『詩經』の體裁に整えたことは確かである。その可能性を指摘して今日一般的な認識にまで高めたのは屈萬里氏であるから、しばらく屈氏の見解を追いながら、孔子が儒教の經典に對してどのような態度を持していたかを窺うこととする。[12]

『論語』中、『詩』についての記述はほぼ十八條ほど見えていて、孔子が『詩』に對して強い思い入れを有したことは明らかである。ところで、『左氏傳』襄公二十九年には、呉の季札が魯を訪れて樂（歌舞）を見た折の次第を述べているが、これを今日の『詩經』の編次と比較して表にすると

『毛詩』の次序	周南・召南・邶・鄘・衞・王・鄭・齊・魏・唐・秦・陳・曹・檜・豳・小雅・大雅・周頌・魯頌・商頌
季札所見の『詩』の次第	周南・召南・邶・鄘・衞・王・鄭・齊・豳・秦・魏・唐・陳・鄶（曹）・小雅・大雅・頌

の通りである。この時、違いは國風の篇次に一部異同があるのと、季札の見た頌は今日のように周頌・魯頌・商頌の區分がないことである。すると、襄公二十九年、すなわち孔子八歳の折の『詩（經）』の體裁は、魯頌と商頌についてはまだ「頌」のジャンルには屬していなかったことになる。鄭玄が魯頌と商頌は孔子が『詩』の中に編入したというのは推測にすぎないが、しかし孔子が新たに魯頌と商頌とを『詩』に編入したか、もしくは一部の「詩」を他の箇所から抽出して改めてそれを魯頌と商頌に仕立てたか、のいずれかであることは確かである。一體、魯は侯國であり、宋は亡國の末裔であって、本來彼等の「詩」が王朝の頌（周頌）と同列に扱われることなどあり得ない。しかも、魯頌の駉篇と有駜篇は全然頌に似ず、むしろ國風を思わせるもので、魯頌の泮水・閟宮篇、商頌の殷武篇は時君に阿諛

する詩で、その型式も雅に近くて頌には類しない（商頌の他の篇も體は雅に近い）。そうして、これらの詩篇がついに全て頌中に編入されていることは人に奇異感を與えずにはおかない。ところで、『春秋』の僖公三十一年には魯の僖公が初めて「郊をトし」たことを記しているが、これは大功を好む癖のある僖公に魯を王と稱したいとの願望があったことを示している。すると、魯詩を頌の中に編入し、周頌と同等の觀を與えているのは、さながら春秋公羊家の「周を新とし、宋を故とし、魯を王とする」意旨に合することになろう。また、商頌についても、商頌が正孝父（孔子七世の祖）に作られたという說は信じがたいものであっても、それらが殷の後裔の宋人の作品であることには、疑いの餘地がない（この宋人の作品が商頌として周頌と同等の地位を得ているのもやはり先に見た春秋公羊學の意旨に合する）。そうである時に、「丘や殷人なり」（『禮記』檀弓上篇）といわれ、『論語』に「吾衞より魯に反り、然る後樂正しく、雅頌各々其の所を得たり」（子罕篇）といわれるのであれば、頌に魯頌と商頌を加えたのは、すなわち季札の見た『詩』を今日のような形に編集したのは、孔子その人に外ならない（「雅・頌各々其の所を得たり」という限り、その操作は、音樂ではなく詩篇の編次をいうことは明らかである）、と。

『詩經』の編次をかくまでに大膽に改編せしめた孔子であれば、『春秋』に關してはこれを見逃したまま何ら手を加えなかったというようなことはあるまい。孔子は魯に歸って以後、大夫の末席を汚していたということであるから（『論語』憲問篇「孔子曰、以吾從大夫之後、不敢不告也」等）、孔子自身爲そうと思えば、大夫の職責によって『魯春秋』を見、それを抄寫することはできたであろう。『論語』に記される孔子は多くの場合、弟子と生活や行動を共にしていた時のもので、大夫としての孔子が記されるのはごく稀である。それ故に、大夫となった孔子が『魯春秋』を使って『春秋』經を製作したとしても、その作業が『論語』に記されることはなかったのではないか。『春秋』經製作の事業が『論語』に見えていないからといって、孔子と『春秋』經とは無關係だとはいえないのではないか。現實の混亂した社會を正名の理念によって糾正せんとするほどの強い意欲を滾らせる孔子が、その不可能を悟った反動として、正名の理念によって過去の歴史（『魯春秋』記載の史實）を檢證し、後世に示し得る社會秩序の理想を模索したとしても、何ら不思議なことはない。

孔子が受業生に對してとった教授法もまた春秋學の基礎となる類推力を鍛錬するもので、春秋學の素養を陶冶する點では、打って附けであった。『史記』孔子世家には孔子の教學の特色を指摘して

子罕言利與命與仁。不憤不啓。舉一隅不以三隅反、則弗復也。

を掲げているが、なかんずく「舉一隅不以三隅反、則弗復也」は、一つの事實に着目し、そこから導かれる必然性に基づいて事實の全容に逼る啓發型の思考法を、孔子は學生達に求めていたことを示すもので、この種の教育方針は『論語』中「子曰、賜也始可與言詩已。告諸往而知來者」（學而篇）「（子貢）對曰、回也聞一知十、賜也聞一知二。子曰、弗如也。吾與女弗如也」（公冶長篇）「子曰、……抑亦先覺者、是賢乎」（憲問篇）等にも十分確認できよう。孔子が受業生達に對し、類推力を働かせて事の眞實に覺醒する啓發力の增大を以て學問の進歩と見なしていた事實が浮かび上がってくる。こうした日常を孔子と共に過ごした受業生達が、孔子の死後、この孔子の啓發型の指導法を念頭に置いて孔子と『春秋』の關係を模索したら、孔子の寓意を類推によって『春秋』中に讀み取ろうとすることになりはしまいか。假にそうであれば『春秋』學の濫觴はすでに孔子の弟子教育の中に胚胎していたことになろう。

とにもかくにも、孔子が製作したとされる『春秋』經は儒教の經典として今日に傳わっているのであるが、かたや『魯春秋』のほうはどうなったかというと、秦代に滅んで以後は傳わらなかったであろう。『史記』六國年表序には「秦既得意、燒天下詩書、諸侯史記尤甚。爲其有所刺譏也。……而史記獨藏周室、以故滅」という。司馬遷に據れば周代諸侯の歴史書はその副本が周で所藏されるのが習わしであったという（『史記』「六國年表序」）。その戰國諸侯の歴

史書を始皇帝は天下統一を果たすや早々に「其の刺譏する所有るが爲に」周都洛陽へ兵を派遣し悉く焼いたのであった。『魯春秋』と雖も、それが魯の史記である限りいかに副本であれその厄難からは逃れ得るものではなかった。[13] けれども、孔子の『春秋』經は免れて今日に傳わっている。とすれば、このこと自體、『春秋』經は秦代以後、魯の史記である『魯春秋』とは別個の、儒教の經典として改造されて（それ故に史書として焼却されることは免れて）、今日に及んでいる事實を物語っていまいか。

注

（1）日原氏、『春秋公羊傳の研究』創文社、昭和五十一年三月、「一　春秋學の成立」三頁。

（2）平勢氏『「春秋」と「左傳」』中央公論新社、二〇〇三年二月、「第二節　『春秋』と『公羊傳』の編纂」四四頁以降。

（3）拙稿「『春秋穀梁傳』の基礎的研究（一）――成立篇――」『鳴門教育大學研究紀要（人文・社會科學編）』第七卷、一九九二年三月。

（4）衞氏「春秋的研究」『古史研究（第一集）』商務印書館、民國二十年十一月、所收。

（5）錢氏「論春秋性質書」『古史辨』第一冊。顧氏「答書」『古史辨』第一冊、及び『春秋三傳及國語之綜合研究』中華書局、一九八八年、「二　春秋經論、乙　作者」。

（6）戴氏「孔子與《春秋》關係考辨」「故宮學術季刊」第六卷第四期。第二節の戴晉新氏論文、第三節の趙生群氏論文の紹介において、私は檢索の便を考えて【　】で括った小見出しをつけておいた。けれどもこれ等の小見出しは、原著者の論文には本來なかったものである。

（7）楊氏『春秋左氏傳注（一）』中華書局、一九八一年三月、前言「（二）　春秋和孔丘」。なお、楊氏は孔子非春秋製作説を説かれるが、趙生群氏（注（9）研究書）も指摘するように、『左氏傳』を解釋する中では却って孔子『春秋』製作説を傍證するような見解を示しておられる。

（8）注（5）に同じ。
（9）林氏『春秋公羊傳倫理思惟與特質』國立臺灣大學出版中心、二〇〇三年十二月、二頁。
（10）趙氏『春秋經傳研究』上海古籍出版社、二〇〇〇年五月、「第一章　《春秋》的作者」。
（11）諸橋轍次氏も『論語』が昭公を「魯人」と記した所に『春秋』と同樣の「避嫌」の意欲を讀みとっておられる。諸橋氏『如是我聞孔子傳』大法輪閣、一九六九年、二七八頁。
（12）屈氏『詩經釋義（一）〈現代國民基本知識叢書第一輯〉』中華文化出版事業社、一九八二年、「敍論」。なお、趙氏にも孔子が『詩經』を編集した經緯を考察した論がある（注（10）研究書、附錄「論孔子刪詩」）。
（13）本書第三章第五節「『秦紀』の記錄法――もう一つの春秋學――」參照。なお、『史記會注考證』は、『史記』は秦代を通過した著述に基づく以上、史書が殆ど始皇帝によって根絶やしにされたとは言えないとして、更に次のように說く。「梁玉繩曰、史公言秦盡滅史記、固也。然考漢書律歷史引六國春秋藝文志載世本十五篇・青史子五十七篇。……史公嘗讀而著之、則諸侯之史、當時猶有存者。安得以爲盡滅不見耶。」（「六國年表序」）と述べる。『青史子』や『世本』が「諸侯の史記」である筈はなく、『諸侯の史記』とまで言えないこうした書物が泯滅の暴擧からは免れていたのであろうことは想像に難くない。けれども、各國の「史記」と目される書物を今日に於いて見ることの出來ない事實は、始皇帝が各國の「史記」を燒き拂ったのが事實であり、それが史學史上においてもたらした大打擊であったことは否めない。

第二章　『春秋』傳義の成立

――『穀梁傳』に關するその學說史的展開――

はじめに

『春秋穀梁傳』、いな『春秋公羊傳』『春秋左氏傳』を加えたいわゆる『春秋』三傳の成立ほど、これまで研究の俎上に上がった問題もあるまい。これら三傳の成立を一様に戰國の中期に比定して、孔子と『春秋』の關係の深さを積極的に證明しようとする論考がその成立時期を最も古く見ようとする說[1]であるとすれば、三傳のうち『公羊傳』が最初で『左氏』『穀梁』の二傳は前漢末の劉歆の僞作であるとするのが最も遲く見る見解[2]であろう。その間の隔たりは三・四百年ほどにもなる。思想の眞正理解はその思想のよって來った社會的背景を考えることなしには不可能であること言うを俟たないが、すると、これら三傳はいったいいつの時代思想を反映したものであろうか。幸い、三傳の中で『公羊傳』の成立時だけはほぼ戰國末から漢初にあることが指摘され、異論のないところである。そこで、『穀梁傳』の成立を考える時に特に問題となったのは、この『公羊傳』と『穀梁傳』とはいかなる關係にあり、兩者の成立の先後關係はどのようであるか、ということであった。實際、今日通常的に說かれるのは、『公羊』の方が先に成立し、『穀梁』は『公羊』を模倣して成って、その時期も前漢の後期（武帝期以後）にある[3]、である。確かにそのようにみることはそれなりの根據があって首肯せざるを得ない部分を含んでいるが、しかしそうであるとすれば、戰國末から秦漢にかけての諸書に『穀梁』の傳文が引用されている事實とそぐわない、重大な矛盾が生ずることにもなる。本章はそれ故にそれらの諸說を逐一檢討し、戰國から秦漢にかけての諸文獻をも勘案し、最も整合性のある結論を見出すことを目的とする。けれども、それにも拘わらず、その試みは同時に『春秋』を媒介にして秦漢期の思想がいかに展開しているかを跡づけることにもなろう。

一　孟子と『春秋』――『春秋』傳說の成立――

孔子が『春秋』を製作した、すなわち魯の史記に外ならない諸國史の『春秋』を、隱公元年を以て始まり、哀公十四年を以て終わる儒教の經典『春秋』に改訂した事實はほぼ認めるべきであろうが、なお推測の域を出づるものではない。これを眞っ向から肯定し、その眞實を唱道したのは、外ならぬ孟子であった。『孟子』離婁下篇に

孟子曰、王者之迹熄而詩亡、詩亡然後春秋作。晉之乘・楚之檮杌・魯之春秋、一也。其事則齊桓晉文、其文則史。孔子曰、其義則丘竊取之。

といい、滕文公下篇に

世衰道微、邪說暴行有作。臣弑其君者有之、子弑其父者有之。孔子懼作春秋。春秋、天子之事也。是故孔子曰、知我者其惟春秋乎。罪我者其惟春秋乎。……孔子成春秋而亂臣賊子懼。

というのがそれである。この時、訓詁上から特に問題となるのは後揭擧例の「孔子懼作春秋」の「作」が「つくル」＝「著作」の意味か、「おこス」＝「作興」の意味か、ということであり、著作の意味に解するのであれば孔子は『春秋』を著作したことになり、作興の意味に解せば、孔子はそれまでさほど重大に扱われることのなかった『春秋』の意義

を振興し、これを天下に宣揚したことになる。前者のように解することは、孔子の『春秋』製作說を奉ずる學者にとっては絕對的な根據となっていて、孟子の意圖もそのようであったに違いない。「作」にはおそらくその兩義が込められていよう。けれども、『孟子』滕文公下篇にあっては、『春秋』を「作《おこ》ス」と訓じてこそ、彼の意に適うものであっただろう。

すでに日原利國氏(4)によって詳細に論じられたところであるが、『孟子』の修辭法にあって「つくル」と訓じられるのはむしろ「爲」の字であって、「作」は「おこス」と訓じられるのが常であり、假に孔子が『春秋』をつくったというのであれば、その表現は「爲春秋」でなければならない。そこで問題の滕文公下篇の文意は「世が亂れるとともに道義も頽れ、逆に邪說が橫行して下克上の風習も生まれるようになった。そのような社會情勢の行く末を危惧した孔子は『春秋』を作し、『春秋』の『撥亂反正』の意義を宣揚した」ということになろう。孔子が自身の著述『春秋』に託した撥亂の念の强さを、彷彿とさせていよう。そして、こうした意味での孔子と『春秋』との關係づけは、實は前揭擧例の離婁下篇の「孟子曰はく、王者の迹熄みて詩亡び、詩亡びて然る後春秋作る」においてより明確に伺うことができるのである。

「孟子曰はく、王者の迹熄みて詩亡び、詩亡びて然る後春秋作る」の解釋については從來「王者とは聖王を謂ふ。太平の道衰へ、王迹止熄し、頌聲作らず。故に詩亡ぶ。春秋の撥亂は衰世に作る」（趙岐注）とか、「王者の政は巡守・述職より大なるは莫し。巡守すれば則ち天子風を采り、述職すれば則ち諸侯俗を貢す。太史之を述べて以て其の得失を考えて慶讓行はる。……東遷に洎んで、天子方を省せず、諸侯入りて覲せず、慶讓行はれず、陳詩の典廢る。所謂迹熄みて詩亡ぶなり。孔子之を傷み、已むを得ずして春秋に托して以て衮鉞を彰にす。王迹を筆削の文に存する所以なり」（顧陳「虞東學詩迹熄詩亡說」『孟子正義』所引）といって、「詩亡ぶ」を宮廷雅樂の頌聲もしくは巡守采詩の典禮が滅んだと解するが、『春秋』が撥亂反正の書とされる限りは、『春秋』に對置される『詩』は決して「頌聲」や「采詩の典禮」の類ではない。むしろ、『詩』が政治上に及ぼす所の「贊美」「譏刺」の作用でなければならない。その意味で、太田錦城が「王者巡狩の禮廢れて陳詩・采詩の事止み、詩の美刺廢れて春秋の襃貶興る」(『孟子精蘊』)というのは全くの適解で、これにより『孟子』の當該箇所は「爲政者の政治を風刺してこれを矯正する詩の働きはかつての聖王の治とともに滅び去ってしまったが、それに代わって今度は『春秋』が爲政者の政治を矯正する役割を擔って登場した」と解すべきである。前章でも述べたが、孔子が『詩』の編次に關わっていたことは紛れもない事實であり、『論語』の中で孔子が『詩』に言及し、その教育に資する效果を述べる件は隨所に見えている。そして、『詩』が孔子教團の教科書となっていたことも「子曰はく、小子何ぞ夫の詩を學ぶ莫きや。詩は以て興る可く、以て群す可く、以て怨む可し。之を邇くしては父に事へ、之を遠くしては君に事ふ。多く鳥獸草木の名を識る」(陽貨篇)等によって一般的に知られていることであり、孟子の當時においては、『詩』は孔子を經て今に至るものであった。ただし、その時の『詩』は、人格の陶冶に資する教育上の效果を有すると共に、その效果はむしろ社會的に見て「民を爲むる者は之を宣べて言は使む。故に天子政を聽くに、公卿より列士に至るまでをして詩を獻ぜしむ」(『國語』周語上)や「上は以て下を風化し、下は以て上を風刺す。文を主として譎諫す。之を言ふ者は罪無く、之を聞く者は以て戒むるに足る。故に風と曰ふ」(『詩』大序)のように、王者の政治に對する民の風諫とそれによって民意を反映した優れた政治を現出させることに重きが置かれたのであって、「詩亡ぶ」の慨嘆は『詩』のこのような作用が用をなさなくなってしまったことへ向けられているのである。

ならば、それに續く「詩亡びて然る後春秋作る、……孔子曰はく、其の義は則ち丘竊かに之を取る」という發言は、孟子のどういう意識によってなされたか。『詩』が「諷諫」によって社會監正の意義を擔っているときに、『春秋』は

「撥亂反正」の、『詩』よりは一段強い意味での社會矯正の作用を持つとされる。そして『春秋』は、『詩』の諷諫が間接的に爲政者の政治を揶揄するのとは對蹠的に、直截的に爲政者の行爲を是非判斷するものであった。有名な話ではあるが、『左氏傳』襄公二十五年に見えている「崔杼其の君光を弑す」には、戰國時代の史官が歴史の記述に當たっていかに忠實であろうとしたかが如實に現れていよう。ことの經緯は、齊國王室の血を引く崔杼という男が女性關係のもつれから時の君主莊公を殺してしまったことに始まる。ことは下克上であるから歴史官、すなわち太史はこれを「崔杼其の君光を弑す」と記録した。崔杼は莊公を弑した後、實質的には齊の國王としての地位を得ているから、自分を謀反人のように歴史に留めようとする太史の記録の仕方は容認できない。怒った崔杼は太史を殺しその記録の抹消を圖った。しかし後を繼いだ太史の弟もやはり兄と同樣「崔杼其の君光を弑す」と記録に留め、崔杼はこの弟も殺してしまった。更に太史を繼いだ三番目の弟も筆を枉げずにやはり殺された兄たちと同樣臆することなく「崔杼其の君を弑す」と記し、とうとう崔杼は手を拱かざるを得なかった。そして、この時、太史の補佐役の南史は、太史の一族が殺されたと聞き、簡策を持って出向いてきたが、すでに「崔杼其の君光を弑す」の記録がなったことを聞くと引き返していった、と。このエピソードには、歴史の記録には公明正大であることが何よりも求められていて、私情を差し挾んで事實を歪曲してはならない、とする史官の正義感が横溢していよう。この時、史官は明らかに時代に對する正義の提言者としての任務を擔う者であり、決して體制に迎合して筆を枉げることはない。あるがままの眞實をあるがままに後世へ傳えることを己が使命とし、その態度を頑なに守り通そうとする者である。『國語』魯語上に「君作して順なれば則ち之を故（故事、すなわち先例）とし、逆なれば則ち亦其の逆を書す」というのは、そのような史官の在り方を表明するものであり、『左傳』莊公二十三年に「君の擧は必ず書す。書して法ならずんば、後嗣何をか觀ん」というのは、彼ら史官の記録が後世において鑑戒の役目を持つことを示すものである。そうであれば、簡策に己が行爲の善し悪しを如實に記される爲政者は、勢い後世からの非難を憚ってその倨傲を愼まざるを得ないことになり、「亂臣賊子」でなくとも『春秋』の記錄には懼れ竦むことがあっただろう。孟子は當時の歴史書が持つこのような作用に着目し、魯の『春秋』を『詩』と繫いで、武力ではなくて、文墨による社會矯正の歴史（もしくは傳統）を形成しようとしたのであろう。この時孟子は、『詩』が己が私淑する孔子によって傳えられている事實から、『春秋』中に『詩』との疎通を圖る孔子の作爲を豫想して、『詩』から『春秋』に至る社會矯正の歴史を、孔子の理想的社會の模索として見出したといって不可はあるまい。かくて、最後に「孔子曰はく、其の義は則ち丘竊かに之を取る」と結ばれることにより、『詩』から『春秋』に至る社會矯正の歴史觀は完成し、それが以後の儒者による『春秋』解釋の方向を指針することになったのである。

二 『春秋穀梁傳』の成立

孟子以後、『春秋』經に對する解釋書、すなわち『春秋公羊傳』『春秋穀梁傳』『春秋左氏傳』、それに今日に傳わらない『春秋鄒氏傳』『春秋夾氏傳』等が作られ、戰國末から秦・漢期にかけて、當時の政治・社會に絶大な影響を及ぼしたことは周知に屬す。ただし、それらの各傳がどのような經緯を辿って成立し、傳承したのかというと不明に近く、それ故にその解明をめざす多くの研究がこれまで成されてきた。私もかつて『春秋公羊傳』について成立の經緯を窺い、孟子以後の『春秋』解釋の展開を考えたことがあった。(5) 今回もまた私は同樣の試みを今ここで行おうとする。だが、今回は對象を『公羊傳』ではなく『春秋穀梁傳』に求め、穀梁傳が成立した經緯の中にまた孟子以後の『春秋』の解釋や、それが儒學として儒教教義に根附いてゆく情況を確認したいと思う。

（一）『穀梁傳』古文說

『春秋穀梁傳』が漢代において學官に立てられる經緯を詳細に記すのは『漢書』儒林傳である。『穀梁傳』の成立を考えるに際しまず依據すべき資料とされることから、いささか長くなるがその全文を以下に擧げておく。

瑕丘の江公穀梁春秋及び詩を魯の申公より受け、子に傳へ孫に至りて博士と爲る。武帝の時、江公董仲舒と並ぶ。仲舒五經に通じ、能く論を持し、善く文を屬す。江公口に吶にして、上仲舒と議せしむるに、仲舒に如かず。而して丞相公孫弘本公羊學を爲め、其の議を比輯し、卒に董生を用ゐる。是に於いて上因りて公羊家を尊び、太子に詔して公羊春秋を受けしむ。是れに由り公羊大いに興る。太子既に通じ、復た私かに穀梁を問いて之を善くす。其の後浸や く微に、唯だ魯の榮廣王孫・皓星公の二人、焉を受くるのみ。廣盡く能く其の詩・春秋を傳へ、高材捷敏にして、公羊の大師眭孟等と論じ、數々之を困しむ。故に學を好む者頗る復た穀梁を受く。沛の蔡千秋少君・梁の周慶幼君・丁姓子孫、皆廣より受く。千秋又皓星公に事へ、學を爲むること最も篤し。宣帝位に卽き、衞太子の穀梁春秋を好むを聞き、以て丞相韋賢・長信少府夏侯勝及び侍中樂陵侯史高に問ふ。皆魯人なり。穀梁子は本魯學、公羊氏は本齊學なり。宜しく穀梁を興すべし、と言へり。時に千秋郎と爲り、召見せられ、公羊家と並び說き、上穀梁說を善みし、千秋を擢で諫大夫給事中と爲せり。後、過有りて、平陵の令に左遷せらる。復た能く穀梁を爲むる者を求むるに、千秋に及ぶ莫し。上其の學の且に絕へんとするを愍へ、乃ち千秋を以て郎中戶將と爲し、郎十人を選んで從ひ受けしむ。汝南尹更始翁君本自ら千秋に事へ、能く說けり。會たま千秋病死し、江公の孫を徵して博士と爲す。劉向故《もと》の諫大夫にして通達なるを以て、詔を待ち、穀梁を受け、之を助けしめんと欲す。江博士復た死し、乃ち周慶・丁姓を徵し、詔を保宮に待たせ、授くること十人を卒へしむ。元康中に初めて講ぜしより、甘露元年に至るまで、積むこと十餘歳、皆明習せり。迺ち五經の名儒太子太傅蕭望之等を召し、大いに殿中に議せしめ、公羊・穀梁の同異を平かにし、各々經を以て是非を處す。時に公羊博士嚴彭祖・侍郎申輓・伊推・宋顯・穀梁議郎尹更始・待詔劉向・周慶・丁姓並び論ず。公羊家多く從はれず。侍郎許廣を內れんことを願請し、使者も亦並びに穀梁家の中郎王亥を內れ、各々五人、三十餘事を議せしむ。望之等十一人各々經誼を以て對へ、多く穀梁に從ふ。是れに由り穀梁の學大いに盛んなり。

これによると、『穀梁傳』は魯の申公から瑕丘の江公を經て漢代に傳えられているのであって、武帝の時には一時『公羊傳』におされその命脈を保つに過ぎなかったが、宣帝の代になるとまた勢力を盛り返し、蔡千秋や劉向等の活動によって一世を風靡するまでに至っている。儒林傳が『穀梁傳』の傳授について魯の申公（秦・漢初の人）から始まるのは、それ以前の傳授が不明であるのとともに（この間の經緯は後に詳述する）、『漢書』が漢代だけを記す斷代史であるとの時代的制約を蒙り、その上代の展開に遡及することができなかった一因によるのかもしれない。

ところで、『漢書』藝文志には「穀梁傳十一卷、穀梁子、魯人」といって、『春秋穀梁傳』の著者が穀梁子なる人物であることを傳えているが、この穀梁子なる人物については全く判然としない。顏師古はその注に名は喜であるといい、桓譚『新論』・應劭『風俗通義』・陸德明『經典釋文』敍錄では「赤」である、という。この外、錢大昭は閩本『漢書』により名は「嘉」であるといい、王充の『論衡』（安書篇）では「穀梁寘」に作り、阮孝緒の『七錄』及び『元和姓纂』では『尸子』の語を引き「穀梁俶」に作り、楊子勛の疏では「淑」に作っている(6)。通常は「穀梁赤」の名で呼ばれることが多いので、ここでも一應「穀梁赤」の名を用いておくが、その穀梁赤について靡信は「穀梁赤は秦の孝公と同時なり」（『經典釋文』敍錄所引）といい、宋の王應麟は「穀梁子は、或いは以て名は赤と爲し、或いは以て名は叔、秦の孝公の時の人と爲す。今按ずるに、傳に尸子の語を載す。尸佼は商鞅と時を同じくす。故に穀梁子を以て秦の孝公の時の人と爲す。然れども考ふ可らず」（『困學紀聞』巻九）という。このうち、王應麟の指摘する『穀梁傳』が『尸子』の語を引用することに補足を加えると、「尸子」とは「尸佼」のことであって、『漢書』藝文志に見えている『尸子』二十篇の著者である。班固はそこに注を施して「名は佼、魯人なり。秦相商君之を師とし、鞅死し、佼逃れて蜀に入る」といい、王應麟自身も『漢書藝文志考證』の中で、「今尸子の書を案ずるに、晉人なり。名は佼、秦相衞鞅の客たり。鞅事を謀り計を畫し、法を立て民を理むるに、未だ當に佼と規らざるべからず。商君誅せられて、佼並び誅せられんことを恐れ、乃ち逃れて蜀に入る。二十篇の書を造り、凡て六萬餘言」という。この場合、班固が魯人であるというのを、王應麟がなぜ「晉人」であるとするのかは不明であるが、ただ尸佼の生きた時代がほぼ秦の孝公時であることだけは兩者一致し、確かなことである。すると尸佼の語を引用する『穀梁傳』の著者穀梁赤その人は尸佼の影響（學風）を蒙る人で、その生卒時代も尸佼と同時か、尸佼よりやや遲れた時の人となる、というのである（ただし、張西堂氏の指摘するように尸子著としての『尸子』は宋初に散佚し、今日に傳わる『尸子』には任兆麟輯・章宗源輯・孫星衍輯・汪繼培輯の四種類の輯本があって、汪輯本が最良とされているが、そこには二人以上の人の手が時代を隔てて加わっており、眞僞のほどには極めて問題がある）[7]。すると、穀梁赤の生きた時代は戰國の中期に相當し、應邵の『風俗通義』に「穀梁名は赤、子夏の弟子なり」といわれる子夏と穀梁赤の師弟關係が或る程度信憑性を持つことになる。楊子勛の序疏の「魯人……經を子夏に受け、經の爲に傳を作る。故に穀梁と曰ふ。孫卿へ傳へ、孫卿魯人申公に傳ふ」というこれまでさほど信じられなかった記載もまた、それなりに可能性を持つことになろう。すでに本田成之氏[8]によって指摘されたように、『穀梁傳』と荀子（孫卿）の間には思想的に見て極めて近い關係にあり、穀梁赤→荀子→魯人申公へ至る系譜の存在することは一應想定されてよい（後に詳述する）。ただ、今の段階ではその詳細に觸れることは避け、これまでの考論から、先秦から秦漢期へ至る『穀梁傳』の展開に以下のような事情のあったことだけを容認しておきたい。――『春秋穀梁傳』はおそらく戰國の中期から末期にかけて穀梁赤なる人物によって著わされた（もしくはその頃に成立した『春秋』の傳が穀梁赤なる人物に假託された）が、それが漢代までは「口授」、すなわち口傳えで傳えられ、中公以後は先に見た『漢書』儒林傳に記されるような展開を辿るようになったと。從って、この立場は今古文論爭の觀點から言えば明らかに今文であって、古文の立場でありえない。

ところが、近年『春秋穀梁傳』は古文であって、劉歆によって僞造されたものであるという見解が出され、一時學界を騒然とさせたことがあった。『春秋復始』の著者崔適氏がその人である。崔適氏がこのような見解を抱くに至った直接の契機は前引『漢書』儒林傳に見える『穀梁傳』立學の經緯に信じられない部分が含まれるためで、その考論はほぼ次の四點からなる。（1）『漢書』儒林傳では董仲舒と江公が『公羊傳』と『穀梁傳』の優劣を巡り武帝の前で互いに論難しあったとされるが、『漢書』董仲舒傳や公孫弘傳にはその事實が記されていない。『後漢書』光武帝の建武二年（西暦二四年）に韓歆が左氏博士を立てようとした時に范升と陳元が論難し合ったことが『後漢書』儒林傳にはもちろん、二人の傳中にも見えているのに較べれば、極めて奇異な感じを抱かせる。（2）『漢書』儒林傳では、宣帝が即位すると、『穀梁傳』について韋賢・夏侯勝・蕭望之・劉向らに尋ねたことになっているが、その事實はこの四人の傳にはいずれも觸れられていない。（3）『漢書』儒林傳では、衞太子が『穀梁春秋』を好んだとされるが、江公の穀梁學はさきに丞相公孫弘に用いられることなく終わっており、武帝も『公羊』を尊んで衞太子には『公羊』を學ぶよう命じているのであるから、衞太子が『穀梁』を學んでいるはずがない。（4）『漢書』儒林傳では韋賢・夏侯勝・蕭望之等が皆『穀梁傳』を尊んだとされ、尹更始や劉向に至っては『穀梁傳』の專家として扱われているが、韋賢の子の玄成は少きより父の業を修め、後に丞相となって尹更始らと郡國廟廢止問題で議論を戰わせた時には、『公羊』

に基づいて議論を立てていれば、韋賢の學も『公羊』であって始めて筋が通る。また、蕭望之の「雨雹對」、劉向の「上封事」に引用される『春秋』の文も全て『公羊傳』であって、『穀梁傳』の文は一つもない。この意味からは、韋賢等の四人はむしろ公羊家とみなされることこそ妥當である、と[9]。崔適氏はこれらに併せ、この『穀梁傳』立官學の經緯を記す『漢書』儒林傳の文章が「七略」（『漢書』藝文志）とほぼ同一であるところから、その『穀梁傳』立學の經緯は劉歆によってでっち上げられたのであり、その目的は劉歆が『左氏傳』を僞造した際、「春秋の（正）統」としての地位を奪うために『穀梁』を僞造し、『左氏傳』のための「驅除（ここでは先拂いほどの意）」とした、と結論したのである。

『穀梁傳』を劉歆の僞作とみなさないまでも崔氏と同じく漢代の成立であるとして、それは『公羊傳』に遅れ、各種傳記を雜取して完成したと說く者に張西堂氏がいる。張氏の立論は、『穀梁傳』には（1）該當する經文がないにも拘わらず、傳だけが單獨に存在する場合（成公元年、冬十月の傳）がある。（2）經文を解釋したものではない傳文が多く插入されている（桓公十八年冬十月・莊公三年五月「葬桓王」等）。（3）『穀梁』の義例には自家撞着が認められる。（4）『穀梁』の文詞には繁重が認められる。（5）『穀梁傳』には『公羊傳』を踏襲するかもしくは反駁する部分が存在する。（6）魯學といわれる『穀梁傳』には魯語に合しない部分がある。（7）『穀梁』の說は孔子の說と乖離すること、等を說く[10]もので、博引旁證を極めている。今その中でも眞僞の問題もさることながら、『穀梁傳』の成立の仕方と關わって特に傾聽すべき部分を擧げれば、體例に關する（2）と思想・表現方法に關する（3）（5）（6）についてであろう。まず（2）の「經文を解釋したものではない傳文が多く含まれる」ということについては、たとえば桓公十八年の「冬、十有二月己丑、我が君桓公を葬る」の傳「知者は慮り、義者は行ひ、仁者は守る。此の三者の備はること有りて然る後に以て會す可し」が經と應じないことは一目瞭然。莊公三年の經「五月、桓王を葬る」の傳に

「近ければ崩を失はず。崩を記さざるは天下を失へばなり。獨陰には生ぜず。獨陽には生ぜず。獨天には生ぜず。三合して然る後生ず。故に曰はく、母の子や可なり。天の子や可なり。尊者は尊稱を取り、卑者は卑稱を取る。其の王と曰ふは、民の歸往する所なればなり。」というのも、廖平が「此、王の崩を志さざるを釋くの傳なるも、傳繫かる所無し。故に此處に附錄す。」（『穀梁春秋古義疏』）というように、この經とは無關係。さらに成公五年の「梁山崩」の傳で伯尊と輦者の問答を記すのは、『穀梁』が經を解するものではないことの鐵證であって、これらはいずれも傳記を雜取して造られた證據である。（3）の『穀梁』の義例には自家撞着が認められることについては、莊公元年に王姫が齊に歸いだ時には、「之が中と爲る者之を歸《とつ》がしむ」（桓公九年の范注に「中とは婚事に關與するを謂ふ」と）というのを翌年「秋七月、齊の王姫卒す」においては「之が主と爲る者は之に卒いふ」という齟齬をきたし（雙方とも「之が主と爲る者」とすべきである、の意か）、また桓公十一年の傳に「其の人と曰ふは何ぞや。之を貶するなり」、莊公二十八年の傳に「其の人と曰ふは何ぞや。之を微にするなり」等と「人」を貶詞・微詞とするのを、莊公三十年で「其の人と曰ふは何ぞ。……之を善みするなり」と說くのは乖戾の極みであって、この種の撞着は枚擧に遑がない。（5）の『公羊』と『穀梁』の關係については、桓公六年の「春正月、寔れ來る」の『穀梁傳』に「其の之を是れ來ると謂ふは何ぞ。其の我を畫《よぎ》れるを以ての故に、之を簡言す」というが、この時の「我を畫る」の「畫」の用法は、鄒魯の諸書、たとえば『論語』や『孟子』には全く見えず、明らかに『公羊』の「我を化す」（齊語）をまねたものである。また、莊公二年「公子慶父、師を帥ゐて於餘丘を伐つ」の『穀梁傳』には「國にして伐つと曰ふ。於餘丘は邾の邑なり。其の伐つと曰ふは何ぞ。公子貴し。師重し。……其の一に曰はく、君在りて之を重んずればなり」というが、この「其の一に曰はく」以下の文は『公羊』の「於餘丘とは何ぞ。邾婁の邑なり。……曷爲れぞ之を國にするや。君存すればなり」をいい、文公十二年「子叔姬卒す」の『穀梁傳』には「其の子叔姬と曰ふは、貴ければなり。公子の母姉妹なり。其の一傳に曰はく、許嫁すれば以て之に卒いふと」というが、この時の「其の一傳に曰はく」は『公羊』の「此、未だ人に適かず。何を以て卒いふ。許嫁すればなり」をいう。いずれも『穀梁』が『公羊』を見てこれを「傳」とか「一傳」として引いた例である。さらに、宣公十五年「冬、蝝生ず」の『穀梁傳』「蝝は災に非ず。其の蝝と曰ふは、畝に稅するの災に非ざるなり」（張氏の讀み。原文は「蝝、非災也。其曰蝝、非稅畝之災也」である）というのは同所の『公羊傳』の「上、古を變へ常を易ふれば、是に應じて天災有り」（舊來の收穫高に稅を課すやり方を止め、この秋から畝に稅す＝土地面積に稅を課すやり方を採用したことにより「蝝」という天災が生じた）という說を否定するもので、『穀梁傳』の成立は明らかに『公羊傳』の後である。許桂林氏は「『公羊傳』と『穀梁傳』との間には、たとえば『穀梁』が「宋の繆公を葬る」（隱公三年）や「翬師を帥ゐて鄭を伐つ」（隱公四年）の傳において詳細な記述を施しているのに反し、『公羊』はこれを簡略な記述で濟ませ、逆に『穀梁』が簡略に記す「莒人繒を滅ぼす」（襄公六年）の經緯を、『公羊』は「叔孫豹」「鄫世子巫」の傳（襄公五年）で詳細に記すというように一が他の缺を補うように詳細を記そうとする傾向がある」（許氏はこのことから『公羊』も『穀梁』も本來は同一人によって書かれたのではないか、と疑っている）というが、このことこそ『穀梁』が『公羊』を見てその不足を補う形で成立した證明である。（6）の『穀梁』に魯語に相當しない部分があることについては、僖公十六年の「春、王の正月戊申朔、宋に隕つる石あり五。是の月、六鷁退飛して、宋の都を過ぐ」の『穀梁傳』に「是月者、決不日而月」というが、「是の月」の「是」は文字通りの意味ではなく、「隄」に讀むべきであって、魯人の語である（張氏によると「月を是《ひつさ》ぐは日いはずして月いふを決するなり」と讀むことになろう）。魯人である穀梁がこの字の讀みを知らないのであれば、『穀梁』の作者は魯人でなく、おそらくは遠く六國の後に出た人であろう、という。

張氏の說はこれらの證明において微に入り細に入り、優に一冊の書を編むほどの內容となっているが、要はほぼ右に紹介したところによって窺い知れよう。この後、張氏は『穀梁』が雜取したとする傳記について、（イ）『公羊傳』（ロ）『禮記』『禮經』（ハ）『左氏』『國語』（ニ）『荀子』（ホ）『毛詩傳』（ヘ）『管子』等の書を數え上げ、『穀梁傳』そのものの著成年代については先に見た崔適氏の說を援用して漢代であるとして、崔氏と同樣古文であることを主張するのである。

（二）『穀梁傳』成立の經緯

以上の古文說は今日において容認されないまでも、なお樣々な形で『春秋穀梁傳』の成立情況やその信憑性に疑義を與え、『穀梁傳』の持つ思想的な價値を減じさせている。そこでまず、『穀梁』古文說の是非について檢討し、『穀梁傳』がその成立の過程で胚胎することになった樣々な問題を浮かび上がらせることから改めて『穀梁傳』の成立を考えることとする。

崔適氏といい、張西堂氏といい、その考論は異なるものの、『穀梁傳』が古文であることを認めるのは共通して劉歆の僞作說を前提にするか、その影響を蒙っていることから、まず劉歆の僞作說そのものの檢討から始めたい。劉歆の古文經僞作說は主として今文經學者の間から起こり、それは劉歆が王莽の新に加擔した一人であり、彼による『左氏傳』『周禮』等の立官學運動はあげて王莽の新の體制に奉仕せんとする劉歆等の意欲によるもので、それら一連の古文と見られる諸經はそのような劉歆の目的意欲によって編まれた僞書である、という觀點から生じていよう。劉歆の僞作說を奉じて世になった驍將はいうまでもなく淸末の康有爲であり、その著『新學僞經考』であろう。けれども、この康有爲等による劉歆の古文經僞作說には何のいわれもないことが、今日錢穆氏によって證明されているのであって、その要旨を列擧すると以下のようである。（ア）劉向は成帝の綏和元年（紀元前八年）に沒し、劉歆が續いて五經を管領したのは翌年のことである。古文經を博士官に立てようと爭ったのは哀帝の建平元年（紀元前六年）で、父劉向の沒後二年を越えないばかりか、劉歆の五經校合後わずかに數ヶ月のことである。すると劉歆があまねく諸經を僞作したというのは、劉向の生前のことであろうか。また死後のことであろうか。向の生前であれば劉向はなぜ劉歆の僞作を知らなかったのか。また、死後のことであるとすれば、劉歆は五經を管領してまだ數ヶ月にもならない。そんな僅かな日數で僞作が可能か。（イ）もし劉歆の諸經の僞作が一時のことでなく建平より王莽の師となるまでの間に逐次なされたというのであればその都度僞經を作って世に示していたことになるが、天下がなぜそんなにやすやすと欺かれていたのか。（ウ）もし諸經の僞作が劉歆一人になったというのであれば、當時の竹簡の繁重は劉歆一人の手に負えるものではないことは明らかであるし、また數人に命じて僞作させたというのであれば、なぜ僞作者はそれほどまで劉歆の僞作に忠實であって、その事實を一言も外へ漏らさなかったのであろうか。王莽は曾て天下の逸經・小記小學に通ずる諸生數千人を徵し廷中でその說を記させているから、劉歆の僞作に加擔し得た者があったとすれば彼らである。けれども、彼らの僞經製作への參加が、劉歆の推挽によって朝廷へ採用されんことを期待してのことであれば、彼らが歸鄉して後、なぜ僞經のことを漏らさなかったのか。光武の中興後は劉歆とは緣がなくなったのであるから、僞經のことを周りに傳えて構わない。なのに、劉歆の僞經說を傳えている者は一人もいない。（エ）劉向と時を同じくして班斿も校書に從事して、朝廷は彼に祕書の副本を與えている。もし、劉歆が祕書において諸經を僞作したというのであれば、彼は班斿に與えられた副本についても僞作せざるを得ないことになるが、そんなことができたであろうか。蘇竟は劉歆とともに書を校した人物で、東漢時に至っても存命であった。その蘇竟は一言も劉歆の僞作について述べることがない。（オ）揚雄が校書した天祿閣というのは劉歆が校書したところでもある。劉歆が諸經に對しほしいままに妄竄したとしても、どうして故簡を盡く書き改めることができよう。假に、劉歆がそうしたというなら、僞作の痕跡は殘っていよう。なのに、揚雄はその僞作の跡をついに見ることはなかった。（カ）桓譚や杜林は劉歆と同時の人、皆博通洽聞の士であり淸靜を旨として世に希うところがなかった。東漢に至って彼らは朝廷に名を明らかにしたのであるが、劉歆が諸經を僞作したことについては一言も述べることがない。（キ）少し前の師丹・公孫祿、やや後の范升はいずれも激しく古文の諸經を迎えようとした人物であるが、彼らは一言も劉歆の僞作について觸れていない。（ク）劉歆が古文經を學官に立てようとした時は、王莽は一時職を退いていて、漢を奪う兆候はみじんもなかった。これでは、劉歆が諸經を僞作したのは王莽の簒奪を助けるためだと言えるわけがない[11]等々。錢穆氏はこのほか劉歆の周禮僞作說はありえないこと、劉歆の禮學が今古文學を折衷していること等の全て二十八證を掲げ、劉歆の古文經僞作說が何の言われもないことを、餘すところなく證明している。『穀梁』を劉歆の僞作と見る崔適氏の說で特に注意を惹くのは、おそらく『漢書』儒林傳に見える『穀梁傳』立官學の經緯がそこに登場する各人の列傳には見えていないことや、その記述が劉歆の七略とほぼ同じという點であろうが、けれどもそれは劉歆の僞作說を決定づける積極的な證據などではありえない。たとえば、崔適氏の『穀梁』僞作說の第一・第二證明「董仲舒と公孫弘の各傳には『公羊』と『穀梁』の爭辨のことが記されていない」「宣帝が韋賢等に『穀梁』について尋ねたことが、彼等の傳には見えていない」に對しては、すでに陳槃氏が言われるように[12]、その事實が儒林傳に詳細に記されていれば、各人の傳で再び取り上げられる必要はない、ということで充分説明がつくであろうし、崔適氏の第三・第四證明の「衞太子が讀んだとすれば、『穀梁』ではなく、『公羊』のはず」「韋賢の春秋學についても、父の業を修めた子の韋玄成が『公羊傳』に精通していたことからは『公羊傳』であったはず」というのも、石渠閣で『公羊』と『穀梁』の優劣が鬪わされた對立圖式で捉える發想で、一面的である。というのも、實に漢代春秋學の領袖的存在である董仲舒は『公羊傳』を奉じて儒教を國教としたことで有名であるが、その彼の著書『春秋繁露』には『春秋穀梁傳』の傳義・傳文を豊富に見いだせるのであって、董仲舒その人が『公羊』『穀梁』兼採の春秋學者であったことは明白な事實である（後に詳述する）。このように、董仲舒その人にしてその表面を『公羊』で蔽いながらその内に『穀梁』を含むというのであれば、衛太子・韋賢・韋玄成等が『公羊』『穀梁』を兼ね學んでいたとしても一向に不思議ではなく、崔適氏の疑念は何等疑念ではない。むしろ、崔適氏にそのような疑義を生じさせることになったのは、『公羊』の陰に隠れて『穀梁』が次第に臺頭してきた事情の複雑さであって、その複雑な事情の解明こそが、『春秋穀梁傳』成立の正確な理解を導くことになろう。そしてその端緒が、崔適氏と同じく『穀梁』古文説を採らざるを得なかった張西堂氏の考論[13]の中に認められるのである。

今、張西堂氏の所論の中から『穀梁』の成立を考える上で、特に留意すべきは『穀梁』が『公羊』を踏襲した形跡が顯著である、という指摘であろう。この點に關する議論は古く宋の劉敞より以來清儒の陳澧に至るまで連綿として唱えられてきたのであり（日本においてもそのように考えることはもはや定説となっているかの觀がある）、ここに改めて張氏の主張を確認しておけば、『穀梁』の議論はそれを踏襲すると否とに關わらず、『公羊』の傳義を意識して立てられることが甚だ多く、もし『公羊』の傳義がなかったならば『穀梁』の立場を標榜できなかった、従って『穀梁傳』は『公羊傳』を踏まえてその後に成立した、というのである。先に掲げた張氏の論證を見る限り、この説はある程度妥當性を有するかに思われるが、しかしそのままでは容認しづらい所もある。というのは、もし『穀梁』が『公羊』の成立を俟ってその後に成立したというのであれば、通常『公羊傳』の成立＝口授によって傳えられた『公羊傳』が竹帛に著わされたのは、漢の景帝時の胡毋生によるのであるから、『穀梁傳』の成立はそれ以後のこととなる。すると、『穀梁傳』の一部が『荀子』大略篇・陸賈『新語』の中に見えていることや、董仲舒の『春秋繁露』の中にもしばしば引用されている事實と齟齬を來すことになり、『漢書』儒林傳の記述ともそぐわない、ということになる。そこで、張氏の説は『穀梁』の傳文が『荀子』以後の諸文獻にも見えていることを前提にして修正を要することになるが、その意味で極めて示唆的な見解を示されたのが、ほかならぬ陳槃氏であった。陳槃氏は(14)『公羊』と『穀梁』とはもともと同源異流の關係にあり、上古は口授によって傳えられていたために參錯を免れないこともあって、兩者に共通の傳義のあることもまたやむを得ないことであった、それ故に兩者に共通の傳義があることは兩者の交渉を物語ったとしても、『穀梁』が『公羊』をことさらに抄出したことを示すものではない、といい、特に『穀梁』の『公羊』に對する獨自性を力説された。すなわち、(1)文公十一年「冬、十月甲午、叔孫得臣狄を鹹に敗る」の『穀梁傳』「傳に曰はく、長狄なり。兄弟三人、佚《かわるがわ》る中國を宕《ほしいまま》にし、瓦石も害ふ能はず」以下の文は『公羊傳』の説明に較べて極めて詳密であり、分量も多い。それに對し、『公羊』は僅かに首尾を備えるのみにすぎない。であれば、『穀梁傳』の基づく「傳に曰はく」は『公羊』を襲ったのではない。(2)昭公元年「六月、晉の荀吳師を帥ゐて狄を大原に敗る」の『穀梁傳』「傳に曰はく、中國には大原と曰ひ、夷狄には大鹵と曰ふ。號は中國に從ひ、名は主人に從ふ」は、『穀梁傳』桓公二年の「孔子曰はく、名は主人に從ひ、物は中國に從ふ」によると孔子の説に從ったのであり、『公羊』に從ったのではない。(3)『公羊』と『穀梁』とは互いに兩者の説を「或曰」として引用することがある。たとえば、桓公八年「冬、十月、蔡公來り、遂に王后を紀に逆ふ」の『穀梁傳』「或ひと曰はく、天子は外無し。王之を命ずれば則ち成る」は、同年同所の『公羊傳』「王者は外無し。其の辭成る」によるものであり、逆に僖公三十三年「夏、四月辛巳、晉人姜戎と秦を殽に敗る」の『公羊傳』「或ひと曰はく、襄公之を親らす。襄公之を親らすれば、則ち其の人と稱するは何ぞ。貶するなり。曷爲れぞ貶するや。君殯に在りて師を用ゐる。葬るを得ざるを危ぶむなり」は、同年『穀梁傳』「其の人と曰ふは何ぞ。之を微にするなり。何爲れぞ之を微にする。其の殯を釋きて戰を主るを正とせざるなり」による。これらは『公羊』が『穀梁』を見たとか、『穀梁』が『公羊』を襲ったとかいうものではなく、いずれも成書以前の口授の段階で舊師間に交渉のあったことを示すものである、と。また陳槃氏は、『穀梁』が『公羊』を意識して、これに殊更に反駁しているとされる宣公十五年「蝝、非災也。其曰蝝、非稅畝之災也」を范注の「宣公の畝に稅するに緣る。故に此の災を生じ以て之を責む。非は責なり」によって「蝝は非むるの災なり。其の蝝と曰ふは畝に稅するを非むるの災なり」と訓み、『公羊』とほぼ同解であるとして、『穀梁』が『公羊』を意識してこれを反駁したとする説を否定するのである。

陳氏のこの論は、『穀梁傳』が『公羊傳』を襲って成立したのではないことを指摘した點では畫期的な論考で、極めてありうべき見解であろう。張西堂氏が『穀梁』には該當する經文がないのに傳文が存する、經文と無關係な傳文が存する、『穀梁』の義例には自家撞着が認められる等々と述べる背後には、『公羊』と『穀梁』の傳文を比較して、『公羊』の完成度の高さに比し『穀梁』の未熟を『穀梁』による『公羊』の模倣と見なす意識があり、そのことが先入觀となっている嫌いがある。けれども、よくよく『公羊』の傳文について見れば、そこには『穀梁』が諸書を雜取してなったとされた證據の一つ「或曰」の用法が意外に多く見出されるのであって、例えば成公元年「秋、王の師、貿戎に敗績す」の『公羊傳』「或ひと曰はく、貿戎之を敗る」は『左氏傳』の「劉康公……遂に茅戎（公・穀は「貿戎」に作る）を伐つ。三月癸未、徐吾氏に敗績す」（この事件が『春秋』で秋に記されるのは、この時に周の使者の報告があったことによる）を指すであろうし、[15] 成公十七年「九月辛丑、用て郊す」の『公羊傳』「或ひと曰はく、用ひて然る後に郊す」は兪樾によると「卜中りて而る後に郊す」ることをいったのであり、それは『穀梁傳』哀公元年の「郊は正月より三月に至るまで郊の時なり。我十二月下辛を以て正月上辛をトす。如し從はざるときは則ち正月下辛を以て二月上辛をトす。如し從はざるときは則ち二月下辛を以て三月上辛をトす。如し從はざるときは則ち郊せず」と同意であるから『穀梁』を指す（『群經平議』巻二十三。なおこの點は陳槃氏擧例の僖公三十三年の例と同様のことがいえよう）ことになる。また莊公二十五年「六月辛未朔、日之を食する有り。鼓して牲を社に用ゐる」の『公羊傳』「或ひと曰はく、之を脅かすなりと。或ひと曰はく、闇きが爲に、人の之を犯さんことを恐る。故に之を營むと」、閔公二年「冬、齊の高子來り盟ふ」の『公羊傳』「或ひと曰はく、鹿門より爭門に至る者是なりと。或人曰はく、爭門より吏門に至る者是なりと」襄公十九年「春、王の正月、公齊を伐つより至る」の『公羊傳』「或ひと曰はく、其の驕蹇にして、其の世子をして諸侯の上に處らしむが爲なりと」等々は、いずれも何の書によったかは不明であるが、けれどもこれらはいずれも『公羊』も傳義を形成してゆく上では『穀梁』と同様にその當時の諸書（まだ口傳の段階で、書の體裁をなしていないものも含む）を雜取していたことを物語っていよう。決して、『公羊』が『穀梁』に先だって成立し、『穀梁』が遲れ、『公羊』を模倣して成った、というようなことではない。それにも拘わらず、なお『公羊』と『穀梁』の成立の先後關係に固執する説が存在するのは、先にも述べたように、『公羊』傳文の完成度の高さに比し『穀梁』傳文が未熟であって、その未熟性は『公羊』を模倣した際の不手際に由來する、とみなされるためであろう。けれども、その『穀梁』傳文の未熟性というのも、畢竟『春秋』に託された孔子の理想を闡明し、これを『穀梁傳』として定着させていった穀梁學派の——公羊學派に比しての——劣勢や、傳承組織の不完全さから來るものではなかったか。

いったい、『公羊』や『穀梁』に限らず、孟子が孔子の『春秋』削定説を唱えてより後は、『春秋』に對する多くの解釋＝釋義が生み出されるようになったであろう。『漢書』藝文志には『公羊』と『穀梁』のほかに『鄒氏』『夾氏』の『春秋』傳があったことを傳えているが、そのことはまず『公羊』だけが『春秋』の釋義書として存在し、それを後に『穀梁』や『鄒氏』『夾氏』がまねたのではなく、『春秋』を『公羊』や『穀梁』『鄒氏』『夾氏』等の學匠、もしくはその學派の人々や後學達が各々の立場から多角的に考究していた事實を示していよう。孟子の後には、このようないくつもの『春秋』學派が存在した。そして彼らにより、『春秋』がその後に學的展開を辿る端緒が開かれることになったのである。ただし、彼らが各々の『春秋』の釋義を考える上では、おそらく自己の釋義の優越性を唱え、他の釋義に對してはこれを排斥する狭隘な解經方法は採られなかったはずである。なぜなら、孟子より後の荀子においては「禮の敬文や、樂の中和や、詩書の博や、春秋の微や、天地の間に在る者畢く」（勸學篇）・「禮樂は法にして説かず、詩書は故にして切ならず、春秋は約にして速ならず」（同上）のように、『春秋』は經書の一つに數えられ、その後ほどなく「萬物の散聚、皆春秋に在り」（『史記』太史公自序）といわれるほどの權威を有することになるが、このような『春秋』の價値增大（運動）の進む過程にあっては、いかなる釋義が提出されたにせよ、それらは全て『春秋』の有する絶大な價値の一端を闡明したことになり、一義的な解釋によっては『春秋』全體の價値を規定し得ないほどに、『春秋』の意義の多樣性が擴大していたからである。それで、場合によっては『春秋』に新たな價値を附與するために、當時の高邁な教説が意圖的に盛り込まれることにもなったであろう。『公羊傳』に「子公羊子曰」（桓公六年・宣公五年）・「子沈子曰」（隱公十一年・莊公十年・定公元年）・「子司馬子曰」（莊公三十年）・「子女子曰」（閔公元年）・「子北宮子曰」（哀公四年）・「魯子曰」（莊公三年）・「高子曰」（文公四年）等々、『穀梁傳』に「穀梁子曰」（隱公五年）・「尸子曰」（隱公五年・桓公九年）・「子貢曰」（桓公三年）・「孔子曰」（桓公三年・同十四年・定公十年）。「沈子曰」[16]（定公元年）等と孔子や當時の賢哲とおぼしき人々の意見がそこに附されたり、『公羊』や『穀梁』さらには『禮記』『左氏』『國語』『荀子』等の意見が「或曰」「一傳曰」として援用されていることはその證據である。従って、こと『春秋』に關する限り、『公羊』と『穀梁』の間に傳文の一致や解釋の同一性が見られたとしても、それは恐らく『春秋』が春秋學に膨張し、發展していく過程においてはやむを得なかったことに違いない。

けれども、賢哲のそのような引用の仕方には『公羊』と『穀梁』の間に少しく違いのあるのは、見落としてはならない重要な事實の一つである。それは、『公羊』が「子公羊子曰」等と、引用する賢哲の姓名の上に「子」の一字を冠していることである。何休によれば、「子」が姓名の上につくのは自己の經師であることを示し、他の經師と區別するためだという。何休說にいかほどの信憑性があるかはひとまず置くとしても、『公羊』の引く賢哲はその全てが史上に存在を確認できず、その意味では『公羊』學派專屬の經師たちであったとみられよう。『公羊』の傳義が時代を繼いで彼らの手によって發明され、擴充整備されていったであろうことは想像に難くない。(17) 日原利國氏は『公羊』傳文の特異性として傳文の累層的構造を指摘しておられるが、(18) それは

莊公十年〔經〕三月、宋人遷宿。〔傳〕遷之者何。不通也。以地還之也。子沈子曰、不通者、蓋因而臣之也。

桓公六年〔經〕九月丁卯、子同生。〔傳〕子同生者孰謂。謂莊公也。何言乎子同生。喜有正也。未有言喜有正者、此其言喜有正何。久無正也。子公羊子曰、其諸以病桓與。

等のように、まず始めに基幹となる傳文（傍線部分）が存在し、それに「子沈子」「子公羊子」等の經師の說が附け加えられことによって傳意が一層明白となり、別義が加えられることによって『春秋』の持つ意義がより多角的に提示される、というものである。従って、『公羊』の賢哲たちはいずれも『公羊』傳義の確立のために『春秋』の價値增大運動と揆を一にして、もしくはその推進に參加して經義の解明に努めてきた者達にほかならず、そのような經師の存在はそのまま公羊學派の學團としての組織がいかに充實していたかを示して餘りある。『公羊』傳義の形成は、いわばこのような學團としての組織力を得て、その組織內で進められていったのであろう。

これに對し、『穀梁』の經師は史上にその名や足跡を殘す著名人が殆どである。「孔子」「曾子」が登場して傳義の權威化を圖るのは『左氏傳』とも共通する現象であり、「尸子」についてはすでに觸れた。「穀梁子」はおそらくは『穀梁傳』の學祖に祭り上げられた穀梁赤その人であろう。「沈子」については、『公羊』の「子沈子」である可能性

が高い。このように、『穀梁』の經師は『公羊』のように專屬の經説家であるのではなく、『穀梁』の權威附けのために借用された聖賢であるといった方がよほど事實に近い。そのことは、『公羊』が專屬の經師により時を逐って傳義の擴充整備を進めていったのに對し、『穀梁』の方はある一時期に特定の人物もしくは集團によって極短い時間で完成されるか修改されて、そのまま後世に傳えられている事實を示していまいか（このほか、先にも見たように『穀梁傳』には「或曰」「一傳曰」として戰國以來の諸書を『公羊』に比してよほど多く引用しているが、それは『穀梁』獨自の傳義の不足、すなわち穀梁學派の經師の不足を示すものである）。なるほど、『穀梁』の方にも『公羊』と同様に、

桓公十四年〈經〉夏五。鄭伯使其弟禦來盟。〈傳〉諸侯之尊、弟兄不得以屬通。其弟云者、以其來我、擧其貴者也。來盟、前定也。不日、前定之盟不日。孔子曰、聽遠音者、聞其疾而不聞其舒。望遠者、察其貌而不察其形。

のような累層的な解釋法を採っているが、しかしそれらはいずれも基幹的傳文の敷衍解釋といった性格のものではなく、やはり『穀梁』の提出する傳文の確實性を增大するための權威附けとして引用されるにすぎないであろう。決して多くの經師の手を經て漸次的に成立しているというものではない。穀梁學派の解經のための組織力は明らかに見劣りのするものであって、『穀梁』が『公羊』を模倣したとみなされるに至ったのもまた萬やむを得ないことであったかも知れない。

（三）秦・漢初の『穀梁傳』

さて、『公羊』と『穀梁』さらには「鄒氏」「夾氏」の各傳は孟子以後の『春秋』の價値增大運動を背景に、各々の立場に立って『春秋』に託された孔子の理想を推尋し解釋した表明である。その作業も『公羊』が漢代に至るまで繼續的に行われたのに對し、『穀梁』の方はそこに至るまでの一時期に成ったと考えざるを得ない。そして、漢代に入っ

て眞っ先に行われたのは、『公羊傳』であったという。しかしながら、戰國から秦漢にかけての諸文獻に引用されるのは、むしろ『穀梁傳』の方がよほど多いのである。

まず、『荀子』に見える『春秋』説についてであるが、これには五條ほどあり、そのうち『穀梁』についての言及であろうと思われるのは大略篇の「春秋胥命ずるを善しとし、詩屢々盟ふを非とするは、其の心一なり。」の一文である。これに該當する『穀梁傳』の文は、桓公三年〔經〕「夏、齊侯・衞侯蒲に胥命ず」の「胥の言爲る猶ほ相のごときなり。相命じて信諭し、言を謹みて退く。是を以て古に近しと爲すなり。是れ必ず一人先にす。其の相を以て之を言ふは何ぞや。齊侯を以て衞侯に命ぜざればなり」であるが、『公羊』にも「胥命ずるを善しとす」についての見解が見えているから、この場合、『公羊』を意識したとみられなくもない（外に大略篇は「春秋穆公を賢とするは、以て能く變ずと爲せばなり」の語が見えていて、これは『公羊』文公十二年の傳文を踏まえたものである）。けれども、大略篇には「詰誓は五帝に及ばず、盟詛は三王に及ばず、質子を交ふるは五伯に及ばず」といい、それが『穀梁』隱公八年の傳文と一致することからは、『荀子』においては『公羊』も『穀梁』もいずれが意識されるでもなく、『春秋』の解説として雙方が等質に理解されていた、と見る方がむしろ正鵠を射ていよう。そしてこのことは、裏から言えば、明白にはならないにせよ、荀子は『公羊』や『穀梁』の成立や傳承上に積極的に關與していたことを物語るであろう。

『荀子』の後に『穀梁傳』の文が見えるのは陸賈の『新語』である。『新語』道基篇に「穀梁傳に曰はく、仁者は以て親を治め、義者は以て尊を利す」といい、至德篇には「故に春秋穀（以下斷缺）」の四字が見えている。ただし、道基篇中の『穀梁傳』の文は今日の『穀梁傳』には見當たらず、至德篇所引の「故に春秋穀」も篇末に置かれていることから後人の竄入であるとして、今日これを等閑に附すのが一般的である。(19) しかしながら、『穀梁傳』の文章は『新語』中の隨所に見えており、そのことはすでに余嘉錫氏の指摘するところである。氏に據れば、（1）『新語』辨惑篇中の魯の定公が齊侯と夾谷で會した記事は『穀梁傳』のそれと殆ど同じで、そのことが『左氏』にも『公羊』にも見えていないことからは、『新語』は『穀梁』に基づいている。（2）『新語』至德篇に「魯の莊公一年の中三時を以て築作の役を興し、山林草澤の利を規固し、民と田漁薪採の饒を爭ふ。桷に刻し楹を丹にし、眩曜靡麗にして十に二の税を收むるも、以て回邪の欲に供するに足らず、不用の好を繕りて、以て婦人の目を快くす。財は驕盈に盡き、人力は不急に罷る。上は用に困しみ、下は食に饑う。乃ち藏孫辰を遣はして齊に請はしむ。倉廩空匱にして、外人之を知る。是に於いて宋・陳・衞の伐つ所と爲る」というのは全く『穀梁傳』の「山林草澤の利は民と共にする所以なり。之を虞するは正に非ず。」・「國に三年の畜無きは、國其の國に非ずと曰ふ。古者は什に一にして税す。豐年には敗を補ひ、外に求めずして上下足る。凶年を累ぬと雖も、民病しからず。一年艾らずして、百姓饑う。君子之を非る」（以上、莊公二十八年）・「民を三時に罷らしめ、山林草澤の利を虞するを正とせず。且つ財盡きるときは則ち怨み、力盡きるときは則ち懟《うら》む。君子之を危ぶむ。故に謹んで之を志す」（莊公三十年）の三文に由來するもので、『公羊』『左氏』にはこのような記述は見えない。（3）『新語』明誡篇には「聖人は物を察するに遺失する所無し。上は日月星辰に及び、下は鳥獸草木昆蟲に至る。鷁の退飛（原缺三字）、五石の隕つる所を治めしは、纖微を失はざる所以にして、鴝鵒來り、冬麋多きに至りては、鳥獸の類（原缺三字）を言ふ。十有二月に李梅實り、十月霜を殞すも菽を殺さずとは、寒暑の氣其の節を失ふを言ふ。鳥獸草木すら尚各々其の所を得んと欲し、之を綱するに法を以てし、之を紀するに數を以てす。而るを況や人に於いてをや」というが、このような文章は『公羊』や『左氏』にはなく、『穀梁』僖公十六年の傳に「子曰はく、石は知無きの物なり。鷁は微かに知有るの物なり。石は知無し。故に之に日いふ。鷁は微かに知有るの物、故に之に月いふ。君子の物に於ける、苟もする所無きのみ。石・鷁すら且つ猶ほ其の辭を盡くす。而るを況や人に於いてをや。故に五石・六鷁の辭設けざれば、則ち王道亢がらず」と見えるだけであれば、陸賈のこの文章は確かに『穀梁』に基づいたことが明らかである、等と陸賈の『新語』がその著述の材料を『穀梁傳』に求めていることが明白である、という（氏はこの時、道基篇に見える「穀梁傳に曰はく、仁者は以て親を治め」以下の文章が原行本『穀梁傳』に見えていないことについて、鍾文烝が「此の語は乃ち漢志に稱する所の穀梁外傳・穀梁章句の語にして、通じて之を傳と謂ふ」〈『補注』、巻首論傳篇〉というのを是認して、『新語』の『穀梁傳』文所引説を一層確實にする）。しからばなぜ陸賈の『新語』にこのように『穀梁』の傳義が反映されているかというと、余氏は陸賈は浮邱伯を介して『穀梁傳』の傳義を受容したという。すなわち、『漢書』儒林傳には「瑕邱の江公、穀梁春秋及び詩を魯の申公より受く」というのみで、申公から瑕邱の江公に至る『穀梁』經傳の傳授に陸賈の介在は確認できないが、しかし申公は浮邱伯の弟子であるから、申公の『穀梁傳』はまず浮邱伯より傳わったと考えるべきである（『穀梁』の序疏は申公を荀子の弟子としてその『穀梁傳』が荀子より傳わったとするが、申公が荀子に事えることは時代的に無理。浮邱伯こそは荀子の弟子である）。『漢書』儒林傳に「申公少くして楚元王と交々倶に齊人浮邱伯に事へ、卒に詩・春秋を以て授け、瑕邱の江公盡く能く之を傳ふ」（傍點筆者）といえば、申公は詩だけではなく『春秋（穀梁傳）』も浮邱伯より學んでいたに違いない。ところで、『漢書』儒林傳には「漢興り、高祖魯を過りしとき、申公弟子を以て師（浮邱伯であるという）に從ひて魯の南宮に見ゆ」というが、この時陸賈は高祖の食客としてその幕下に居ったのであり、また呂太后の時には、浮邱伯は長安において楚元王の子郢客と申公に業を授けており、陸賈の方もその時長安に在って陳平のために絳侯との交驩の策を畫策していれば、二人は同時代人であって、同一の處で過ごしたことになる。であれば、陸賈は浮邱伯より『穀梁春秋』を學ぶことは十分あり得た。『新語』中、浮邱伯は「鮑邱」の名で見えているが、その鮑邱に對し陸賈は口を極めて賞贊し、時として鮑邱を漢の朝廷へ推そうとする意圖も覗かせている。そのことは、浮邱伯と陸賈の間に厚い親交があった證明にほかならない。陸賈の『穀梁春秋』は明らかに浮邱伯より傳わったのであると。[20]

余氏の所論は極めて明解で、これにより『新語』中に見えている『春秋穀梁傳』義は紛れもなく漢代以前から傳わるもので、『新語』の『穀梁』の傳承上における資料的價値はいささかも減ずるものではあるまい。

さらに『新語』の後に『春秋穀梁傳』の傳文が見えるのは、漢代景・武帝時の儒者董仲舒の著述『春秋繁露』である。『春秋繁露』中、『春秋穀梁傳』からの引用と思われるものにおおむね五條ある。今その内の二つを擧例すると

晉伐鮮虞、其曰晉、狄之也。其狄之何也。不正其與夷狄交伐中國、故狄稱之也。

（『春秋穀梁傳』昭公十二年）

春秋曰、晉伐鮮虞。奚惡乎晉而同夷狄也。……今晉不以同姓憂我、而強大厭我、我心望（蘇輿曰、望猶恨）焉。故言之不好、謂之晉而已。是婉辭也。

（『春秋繁露』楚莊王篇）

人之於天也、以道受命、於人也、以言受命。不若於道者、天絶之、不若於言者、人絶之。臣子大受命。

（『春秋穀梁傳』莊公元年）

人於天、以道受命、其於人、以言受命。不若於道者、天絶之、不若於言者、人絶之。臣子大受命於君。

（『春秋繁露』順命篇）

の通りである。これに對して重澤俊郎氏は『春秋繁露』が『穀梁』を襲ったとは考えられないとして故意に無視しておられるが、[21]しかし『穀梁傳』が先秦より傳わっていることはこれまでの論證で十分明らかなことであり、氏は氣づいておられないが、實は『春秋穀梁傳』の傳義が董仲舒春秋學の一部根幹をなしている事實がある。『春秋繁露』三代改制質文篇に見える「魯を王とし、周を親とし、宋を故とす」の説がそれである。これが董仲舒によって發明され、後漢に至り何休によって三科九旨説の「一科三旨」「周を新とし、宋を故とし、春秋を以て新王に當つ」に整備され

ることは周知の通りであるが、(22)しかし、この場合の「宋を故とす」というのは『春秋公羊傳』には見られない主張で、それが明らかに見えているのは『春秋穀梁傳』である。桓公二年の經「春、王の正月、戊申、宋の督其の君與夷を弑し、其の大夫孔父に及ぶ」の『穀梁傳』に「或ひと曰はく、其の名を稱せざるは、蓋し祖の爲に諱む。孔子は故宋なり」といい、襄公九年「春、宋に災あり」の『穀梁傳』に「外災は志さず。此、其の志すは何ぞや。宋を故とすれば なり」というのは、その濫觴が『穀梁傳』にあることを示していよう。董仲舒の「魯を王とし、周を親とし、宋を故とす」の說は紛れもなく『春秋穀梁傳』の傳義によって成立しているのである。(23)このほか、『春秋繁露』と『春秋穀梁傳』の間になお別の共通項を見出そうとすれば、兩者は陰陽說によって『春秋』を解し（例えば、前掲莊公三年の『穀梁傳』「獨陰には生ぜず、獨陽には生ぜず、獨天には生ぜず、三合して然る後に生ず」や、隱公九年の『穀梁傳』「八日の間、再び大變有り、陰陽錯行す。故に謹んで之に曰いふ」等）、そのことはまた『春秋公羊傳』には見えていないことを指摘できるであろう。『漢書』五行志上に「景武の世、董仲舒……始めて陰陽を推し、儒者の宗と爲る」といわれるような陰陽說の儒家思想への導入も、實は陰陽說と儒家を結びつける契機がなければおいそれとはできるものではないが、董仲舒は『穀梁傳』中に陰陽說のあることによって、何の躊躇いもなく陰陽（五行）說を大幅に儒教のドグマの中に流入させることができたのではないか。このように、董仲舒の春秋學（『春秋繁露』）の中には、明らかに『穀梁傳』に據ると思われるものがあって、それは董仲舒もまた『春秋穀梁傳』を兼習していた明證に外ならない。

結語

以上の考論によって『春秋』學、及び『春秋穀梁傳』の成立について概括的な結論を與えるとほぼ以下のようになろう。

春秋學とは、本來魯國の編年史に過ぎなかった『魯春秋』に孔子が修訂を加えそこに撥亂反正の社會秩序の理念を隱微な形で託し、人類社會のあるべき姿を模索したという認識を前提にして成立し、『春秋』の一つ一つの事件に示されたその孔子の理念＝微言大義とはいかなるものかを發明しそれを現世に活かそうとするところに以後の學的展望が開かれることになるのであるが、そのような孔子と『春秋』の關係づけは孟子の作爲にほかならない。孟子はそれまで孔子教團のテキストとして使用されていた『詩』が、本來は「上は以て下を風化し、下は以て上を風刺する」社會監正の役割を擔うものでありながら孟子の頃にはその作用が失われていたことから、代わって當時の史官の事實を直書して筆を曲げることの一切なかった歷史記述の態度の中に改めてその社會監正の作用を發見し、彼等の記錄の集大成である『春秋』に『詩』がそうであったようにそこに孔子の作爲を豫測して、これを『詩』から『春秋』に至る文墨による社會矯正の傳統として提示して、孔子延いては儒教そのものの社會との積極的な關わりを標榜することに成功したのである。

一度、『春秋』と孔子の間にこのような認識が生じてしまうと、その後の儒者達は『春秋』の無記中立的な記錄の中に様々な理念の介在を主張して、『春秋』の持つ社會的意義を一擧に擴大させることになった。そのような『春秋』の價値增大運動の一端は、孟子の沒後まもない荀子の頃においてはすでに確認でき、この荀子を前後するあたりから、後に公羊學派・穀梁學派等と呼ばれる儒家集團によって『春秋』の持つ様々な價値の解明が試みられるようになった。わけても、公羊學派の解經作業は群を拔き、その規模においても、完成度の高さにおいても他を凌駕して、しかもその作業は漢初に至るまで連綿と進められたもののごとくである。この公羊學派の優勢の陰に隱れ、ほぼ時を同じくして穀梁學派の解經作業も進められていた。ただし、穀梁學派の場合は公羊學派のような專屬の經師に乏しく、しかもその成立の期間はわりに短く、それ故に傳義の不足は他の諸書からの引用によってまかなわれることにもなった（ただし、このような側面は穀梁一派に限ったわけではなく、公羊學派にも共通に認められる現象である）。『穀梁傳』に孔子・尸子等の世に著名な賢聖の意見が附されるのはそのためであろう。そして、『穀梁傳』のその後について言えば、戰國末までにはすでに今日のような體裁に纏め上げられていたであろう。陸賈の『新語』中には荀子の弟子浮邱伯を介して『穀梁』の傳文が豐富に現れており、その後の董仲舒に至っては『穀梁』傳文そのものの引用のほかに、公羊學派最大の春秋說といわれる「三科九旨說」の一部に『穀梁』の傳義を應用させるなど、『穀梁傳』はまさに漢初の春秋學の展開の上で極めて重大な足跡を殘している。これによっても『春秋穀梁傳』の成立はすでに戰國の末にあり、とされるべきであって、一部論者のいうような『穀梁』の古文說や漢代成立說、さらには劉歆僞作說には一分の道理も存しないことが明らかであろう。

ただ、その傳義の成立についてはそれでいいとして、それが竹帛に著わされたのはいつかということになると、また不明であるといわざるを得ない。『公羊』については通常漢代の景帝時の胡毋生によったとされるが(24)、上來の考察からは、『穀梁』の方もほぼこの頃か、これを前後する時期であるとみなすのが允當であろう。竹帛に著わされた時の『公羊』と『穀梁』の先後關係についても中國では喧しい議論が存するが(25)、しかしそれは、思想史上からいえばさほど重要ではあるまい。一度思想が形成されればそれが文獻の上に定着してゆくのは自然の成り行きで、成り行きの追究は思想形成の究明に較べればさほど意味を持たないからである。いずれ、中國の新獲出土文物の中に秦漢期の『春秋穀梁傳』もしくは『春秋公羊傳』が含まれることもあろうから、その文獻學的な解明はその時を俟って一層深まるに違いない。

注

（1）徐復觀氏『中國經學史的基礎』臺灣學生書局、一九八二年、一八二頁以下。趙群生氏『《春秋》經傳研究』上海古籍出版社、二〇〇〇年、第一章「《春秋》的作者」等。

（2）崔適氏、『春秋復始』序。

（3）張西堂氏『穀梁眞僞考』直隷書局、一九三一年（本稿は周何氏『春秋穀梁傳傳授源流考』［兼論張西堂穀梁眞疑考］國立編譯館、民國九一年七月刊、による。）・重澤俊郎氏「春秋穀梁傳の思想と漢代の社會」『支那學』十―二、一九三九年等。

（4）日原利國氏『春秋公羊傳の研究』創文社、一九七六年「春秋學の成立」。

（5）拙稿「董仲舒と『春秋公羊傳』――漢初における『春秋公羊傳』流傳の形態――」「東洋古典學」第五集、一九九八年。後『秦漢儒教の研究』汲古書院二〇〇四年、所收。

（6）なお吳承仕氏はこれらの「赤」「淑」「俶」「寘」「喜」の五文は「轉聲通作」であって、同一人物であるという。『經典釋文敍錄疏證』中華書局、一九八四年、一一七頁。

（7）張氏、注（3）研究書、附錄「尸子考證」。

（8）本田成之氏「經學史上に於ける穀梁家の地位」『內藤博士祝賀支那學論叢』一九二六年。

（9）崔氏、注（2）研究書。

（10）張氏、注（3）研究書。

（11）錢氏『兩漢經學今古文平議』三民書局、一九七一年「劉向歆父子年譜」自序。

（12）陳氏「春秋穀梁傳論」『孔學論集（二）』（現代國民基本知識叢書、第五輯、中華文化出版事業委員會、一九五七年）。

（13）張氏、注（3）研究書。

（14）陳氏、注（12）研究論文。

（15）この箇所については山田琢氏にも同様の指摘がある。『春秋學の研究』明德出版社、一九八七年、一〇八頁。

（16）「沈子」について『公羊』の「子沈子」と同一人物であろうことは『穀梁傳』定公元年の「沈子曰、正棺於兩楹之間、然後卽位」が『公羊傳』では「……正棺乎兩楹之間、然後卽位。子沈子曰、定君乎國、然後卽位」と見え、この場合の『公羊傳』文には錯簡があって本來は『穀梁』のようになっていたのではないか、との推測が生まれるからである。

(17) 漢の戴宏の「解疑論」(『玉函山房輯佚書』春秋類)序には「子夏傳與公羊高、高傳與其子平、地傳與其子敢、敢傳與其子壽」といって、その傳承が公羊一族という極めて特殊な狹域で進められたことを傳えているが、その眞僞はともかくとして、このように一族による傳承が說かれるところに公羊學派の組織としての牢固性を露呈していまいか。

(18) 日原氏、注(4)研究書三一頁以下。

(19) 重澤氏、注(3)論文。

(20) 余氏、『四庫提要辨證』中華書局香港分局、一九七四年、卷十、子部一。なお、余氏は浮邱伯の名が『新語』中「鮑邱」の名で見えていることについて、以下のように說く。『新語』資質篇に「鮑邱之德行、非不高於李斯・趙高也。然伏隱蒿廬之下、而不錄於世。利口之臣害之也」というが、この鮑邱・李斯のことは『鹽鐵論』毀學篇に「李斯與包邱子不免於壅廬蒿廬」「方李斯之相秦也、始皇任之、人臣無二。而荀卿爲之不食。覩其罹不測之禍也。包邱子飯麻蓬藜、修道白屋之下、樂其志、安之於廣厦芻豢。無赫々之勢、亦無戚々之憂」という李斯・包邱子のことと同一である。包邱は鮑邱のことであり、古字通用する。「包」がまた「浮」と通ずることは『左氏』隱公八年の『經』の「浮來」を『穀梁』が「包來」に作ることによって證される。鮑邱子とは浮邱伯のことに外ならない、と。

(21) 重澤氏、注(3)論文。

(22) 拙稿「董仲舒の春秋學——その解釋法の特質——」「東方學」第七十五輯、一九八八年。後、『秦漢儒教の研究』汲古書院、二〇〇四年、所收。

(23) 拙稿「董仲舒と『春秋穀梁傳』——西漢穀梁學の一斷面——」「日本中國學會報」第四四集、一九九二年。後、『秦漢儒教の研究』汲古書院、二〇〇四年、所收。

(24) 戴宏「解疑論」序に「……景帝時、壽乃共弟子齊人胡毋子都著竹帛」と。

(25) 陳槃氏、注(12)論文等。

第三章　雲夢秦簡『編年記』と『秦記』

――秦代春秋學の一斷面――

一　雲夢睡虎地秦墓竹簡『編年記』

一九七五年の冬、中國の湖北省雲夢縣睡虎地に點在する戰國末から秦代にかけての十二の墓葬が發掘された(1)。そのうち第十一號墓からは、一千片あまりもの竹簡が出土して人々の注目を惹くことになったが、その大半が秦律に關わるものだと分かると、それまで唐律以前の成文法の發見がなかったことや、當時盛行していた儒法闘爭史觀の影響から一躍脚光を浴び、その他の出土竹簡の研究と併されて、それまでの歷史や思想上の缺落を補うことになった。そして、今日の秦漢史や秦漢思想史の研究は、大なり小なりこれらの竹簡の研究を踏まえており、この雲夢秦簡の發現こそはこれまでの研究を大きく修正し、進展させることになったのである。

さて、私がこれらの出土文物の中でも特に興味を覺えるのは『編年記』と呼ばれるごく短い簡策である。今その全文を擧げると次の通りである。

昭王元年（紀元前三〇六）

二年、攻皮氏。

三年、
四年、攻封陵。
五年、歸蒲反。
六年、攻新城。
七年、新城陷。
八年、新城歸。
九年、攻析。
十年、
十一年、
十二年、
十三年、攻伊闕（闕）。
十四年、伊闕（闕）。
十五年、攻魏。
十六年、攻宛。
十七年、攻垣・枳（軹）。
十八年、攻蒲反。
十九年、
廿年、攻安邑。

廿一年、攻夏山。
廿二年
廿三年、
廿四年、攻林。
廿五年、攻茲氏。
廿六年、攻離石。
廿七年、攻鄧。
廿八年、攻□。
廿九年、攻安陸。
卅年、攻□山。
卅一年、□。
卅二年、攻啓封。
卅三年、攻蔡・中陽。
卅四年、攻華陽。
卅五年、
卅六年、
卅七年、□寇剛。
卅八年、閼輿。

卅九年、攻懷。
卌年、
卌一年、攻邢丘。
卌二年、攻少曲。
【卌三年】
卌四年、攻大(太)行、□攻。
卌五年、攻大壄(野)王。十二甲午鷄鳴時、喜產。
卌六年、攻□亭。
卌七年、攻長平。十一月、敢產。
卌八年、攻武安。
【卌九年】□□□。
【五十年】、攻邯單(鄲)。
五十一年、攻陽城。
【五十二】年、王稽・張祿死。
【五十】三年、吏誰從軍。
五十四年、
五十五年、
五十六年、後九月、昭死。正月、遬(速)產。

孝文王元年（紀元前二五〇）立卽死。
莊王元年、
　二年、
　三年、莊王死。
今　元年（紀元前二四六）喜傅。
　二年、
　三年、卷軍。八月、喜揄史。
【四年】□軍。十一月、喜□安陸□史。
　五年、
　六年、四月、爲安陸令史。
　七年、正月甲寅、鄢令史。
　八年、
　九年、
【十年】
　十一年、十一月、獲產。
　十二年、四月癸丑、喜治獄鄢。
　十三年、從軍。
　十四年、

十五年、從平陽軍。
十六年、七月丁巳、公終。自占年。
十七年、攻韓。
十八年、攻趙。正月、恢生。
十九年、□□□□南郡備敬（警）。
廿年、七月甲寅、嫗終。韓王居□山。
廿一年、韓王死。昌平君居其處、有死□屬。
廿二年、攻魏梁（梁）。
廿三年、興、攻荊。□□守陽□死。四月、昌文君死。
廿四年、□□□王□□。
廿五年、
廿六年、
廿七年、八月己亥廷食時、產穿耳。
廿八年、今過安陸。
廿九年、
卅年（紀元前二一七）

『編年記』は初め「大事記」とも呼ばれ、棺內頭骨下部より發見された、全て五十三枚の竹簡の上に上下二段にわたって書かれていた、戰國末から秦代にかけての年代記である。それは、昭王（『史記』では昭襄王に作る）元年（紀元前三〇六年）に始まり、始皇三十年（紀元前二一七年）に終わる、その間八十九年の間に起こった様々な事件を年數の下に書き連ねたものであり、併せて「喜」と呼ばれる人物を中心にその家族の生卒をも記す、性格上からはむしろ喜なる人物の「閱歷史」とも思えるものである。それによると、喜は昭王の四十五年に生まれ、始皇元年に「傅」、すなわち成年としての登錄を濟ませ、「揄史」等の役職をへ、始皇の十五年に平陽の討征に加わっていることになるが、その後は彼に關する記錄は見えていない。そこで、『編年記』の終わる始皇三十年を以て彼の卒年とみると、彼の生涯はほぼ四十五歲となり、それは第十一號墓の墓主、すなわち被埋葬者の遺骸測定年齡「四十五歲前後の男子(2)」と一致して、この墓主こそが『編年記』に見えている喜であることが判明する。

　ところで、この段階でまず確認しておきたいのは、ならばこの『編年記』を書いたのは誰か、ということである。が、私も今日大方に認められているように、やはりこの第十一號墓の墓主「喜」であろうと考える。というのは、睡虎地秦墓竹簡整理小組の鑑定によると、「『編年記』は字體の上から見ると二度にわたって書かれた」もののようであり、「昭王元年より秦王政（始皇帝）十一年に至るまでの大事は、一度に書かれたものである。このうち、喜及び彼の家事に關する記載と始皇十二年以後の簡文は、字跡は粗いがそれは後に續けて補われたためであろう(3)」とのこと。すると、まず公文書としての秦の記錄があって、次にその上に喜自身の經歷と家族のことが書き加えられた、ということになるが、それをなし得る立場にあるのは喜をおいて外にないからである。おそらく、すでに指摘されているように、『編年記』の中で喜の死亡が確認されないのは、著者が喜であったからこそ自分の死をそこに書き加えることができなかったためであろう。

二　『編年記』の作者「喜」に關する論爭

それでは『編年記』はいかなる簡策とみるべきかということに課題を移すと、まだ一致した見解を見るに至っていない。というのは、この喜と呼ばれる者がどういう人物かはっきりしないために、彼によって書かれた『編年記』という簡策の性格も曖昧となっているからである。それで喜については彼の出自が取り分け問題にされることになったのであり、研究者間では喜を楚人と見るか、秦人と見るかに二分されることになった。まず楚人と見る説についていうと、

一　『編年記』中には喜の經歴の中に「安陸」という地名が二度にわたって見えており、また喜の副葬品の土器六點には「安陸市亭」の印が捺され、また同じく睡虎地四號墓から出土した木簡には安陸に住む母親に宛てた兵士の手紙が含まれていたことから、喜はもちろんのこと睡虎地秦墓に葬られている全員が安陸の住民である可能性が高く、その安陸（今の安陸縣）は戰國時代には楚に屬していたから、喜やその一族は本來楚人である。

二　『編年記』は全體として秦の歴史を記しているように見えるが、しかし記述される内容には意圖的な偏向性が認められ、例えば始皇帝の天下統一には同時代であるにも拘わらず一切觸れられず、また始皇帝に對しては「今王」「今上」と呼ぶべきところを單に「今」と呼び捨てにし、逆に楚や他の戰國列國の滅亡については鄭重にこれを記している。

三　同じく第十一號墓出土『語書』と呼ばれる簡策には明確に秦の始皇帝の諱を避けて「正」を「端」に改めているのに對し、『編年記』は始皇帝の諱「正」を避けることをせず、始皇帝に對しては大不敬を働いている。

四　『編年記』は秦の各王の死に對しこれを「薨」「卒」とはせず、單に「死」と記し、庶人の扱いで濟ませている。等により、この『編年記』の著者「喜」は秦に仕えながらも反秦感情を滾らせる面從腹背の楚人である、というのであり、これに對し秦人説は次のように説く。(4)

一　睡虎地秦墓は楚人の住居であった戰國聚落を破壞しており、その副葬品も「釜・盂・甑」等の日常生活器が主で、それは秦墓の典型的な特徴である（これに對し、楚墓には通常「禮器・樂器・鎭墓獸」等が副葬される）。

二　睡虎地秦墓から出土した「鍪・蒜頭壺・繭形壺」は秦文化の典型的な器物である。

三　「喜」の埋葬法は屈肢葬で、これは秦の習俗で楚の習俗ではない。

四　『編年記』に見られる戰爭記事はそのほとんどが秦軍の軍事行動の記録であるとみられ、『編年記』中、始皇帝の諱を避けていないのは、「秦初め諱を避くる、其の法尚ほ疏なり」（『史諱擧例』）である社會狀況による。

こうした秦人説は、言わば考古學的な視野から唱えられるものであり、(5)今日においてはむしろこの秦人説の方が勢力を得ているように思われるが、實は私も『編年記』の記述形式からこの喜なる人物を秦人と認める一人である。

三　『編年記』の記述形式

これまであまり人々の注意を惹かなかった資料の一つに、『史記』始皇本紀末尾に附載される得體の知れない秦國の年代記がある。本節ではこれからその書を「史記年代記」と呼ぶことにするが、その「史記年代記」なるものは、秦の襄公より二世皇帝胡亥に至る六百十年間の歴史を、主として各王の生卒を中心に極めて簡單に記している。今その中から最も特徴のある記録方法を拾い上げるとすれば、それは各王の「死去」についてのものでなければならない。

例えば『史記』始皇本紀において

五十年、文公卒す。西山に葬る。

と記される文公の死は、「史記年代記」はこれを

文公立つ。西垂宮に居り。五十年にして死す。西垂に葬る。

と、文公の生前の事業に一切言及しないばかりか、その死亡を「卒」とはせず「死」とする。もう一・二例を擧げると、續く靜公・憲公の二王に對してもやはり、

靜公國を享けずして死す。憲公を生む。

憲公國を享くること十二年、西新邑に居り。死す。

と、「卒」に代えて「死」と書いている。そして、「史記年代記」は各王に對しては一度も「某公卒」や「某公薨」と書くことはない（ついでに言えば、始皇帝の箇所において秦が天下を統一したことや始皇帝が皇位に卽いたことを特筆することもない）。

この各王の死亡を「死」と記錄することは、實は雲夢秦簡『編年記』の場合も同樣で、『編年記』の方でも各王の死を、

昭死す。

孝文王……立ちて死す。

莊王死す。

のように記している。そうすると、この兩者は同じく秦國の年代記として存在し、いずれも共通の記述方法によって記されている、ということになろう。しかも、もう幾つか兩者間の共通性を指摘するならば、兩者はいずれも年數の

下にいきなり事件を記し、その間に日月を記すこともなく、その記録の仕方も極めて簡潔である、ということを擧げることもできるのである。

ならば、『編年記』といい、「史記年代記」といい、その兩者に共通する歴史の記述方法は一體何に由來するのか、ということが改めて問われなければならないことになるのであるが、實は「史記年代記」劈頭の司馬貞の『索隱』には、

此已下、重ねて秦の先君の立年、及び葬る處を序列するに、皆當に秦記に據りて說を爲すべし。正史と小しく同じからざる有り。

と、『秦記』によって今一度秦の諸王の生卒・墓處を序列したものだという。これに對し梁玉繩は「史は以て信を傳ふ。一事兩書の理無し」（『史記志疑』）と批判し、改めて

此の篇は是れ秦記……此の記は簡なれども古へ法有り。先秦の文字多く見る可からず。他の附益する者の比に非ず。故に取りて之を校せり（同上）。

とする。梁玉繩說に理を認めるべきであろうが、ならば司馬貞が『秦記』によったとみ、梁玉繩が『秦記』そのものだと見た『秦記』とは、一體いかなる書か。『秦記』が今日に傳わっていないことはいうまでもないが、その亡佚は普通司馬遷が『史記』を著わすに際し「太史公秦記を讀む」（「六國年表」序）といい、しかし「七略」（今日の『漢書』藝文志）に載せられていないことから、ほぼ漢の武帝時から哀帝時に至る間だといわれている。そして、その內容であるが、そのおおよそが『史記』六國年表の序文に見えていて、そこには

獨り秦記有り。又日月を載せず。其の文略にして具わらず。

といわれている。すると、『秦記』の書式は事件の起きた月日を記すことも、その詳細を記すこともない、いたって

簡潔な書きぶりであったことが知られるのであり、この書式こそはまさに今し方見てきた「史記年代記」や雲夢秦簡『編年記』の日月を記さない、至って簡潔な記載方法であって、「史記年代記」や雲夢秦簡『編年記』は畢竟、『秦記』の記録法で書かれたことが判明するのである(6)。

これに對し、喜と彼の家族に關する記録に至ると様式は一變する。今度は『編年記』の中から喜とその家族に關する記事を拾い集めてその記述方法を見ると、

（昭王）四十五年、十二月甲午、鷄鳴の時、喜產まる。

（始皇）七年、正月庚寅、鄢の令史たり。

十六年、七月丁巳、公終はる。

二十年、七月甲寅、嫗終はる。

二十七年、八月己亥、廷食の時、穿耳を產む。

のように、出生・死亡に際しては日月を具えており、かつ出生時には「鷄鳴の時」「廷食の時」と時刻までも記し、家族の死亡については「終」と記している。この「終」と記すことについては諸侯と喜の家族を區別するもので、そうすることがよしんば『秦記』の書法から來るものであったとしても、しかし「正月庚寅、鄢の令史たり」等の記述は明らかに「日月を載せざる」『秦記』の書法を破るものであろう。また、出生時に「鷄鳴の時」「廷食の時」と時刻まで記されることについてよくよく調べてみると、同じく睡虎地秦墓第十一號墓より出土した『日書』という簡策の中には「生子」に關する規定が設けられていて、そこには六十干支と生まれてくる子供の運命の相關が記されている。例えば、

凡そ己巳に生まるるは、擧ぐる勿れ。父母に利あらず。男子たらば人臣と爲り、女子たらば人妾と爲らん。庚子

に生まるるは、三日を出でずして必ず死せん。（『日書』乙種）

のように、子供の生時の干支がその家族や子供の將來の不吉を決定づけるとされ、その子供を取り上げてはならないことさえ指示するのである。『編年記』に「十二月甲午、鷄鳴の時、喜産まる」「八月己亥、廷食の時、穿耳を産む」と記されるのも、『日書』に見えるような當時の因習や迷信に沿った記載であるらしく、すでにこのような因習に支配される意識が『編年記』中に窺えるのであれば、いくら『秦記』の書法を以て當初書かれたものであるにせよ、もはや公文書ではありえず、著者の關心が國から家族へと退行していること、より積極的に言えば、秦の天下統一の事業を背後にしてその中に自己や自己の家族の生き様を描述せんとする意識の現れ、とさえ見受けられるのである。この著者「喜」は『秦記』という公的な歴史に並行して、明らかに個人の歴史というものを意識しているのである。

そこで、この段階でひとまず喜と『編年記』の關係について整理すると

一　喜は秦に從軍し、秦人として終わっており、その埋葬法が秦式でかつその副葬品に夥しい秦律を伴っていることからは、秦人とみることこそ當然である。

二　一見疎略な書きぶりで、秦に對しては極めて不敬を働いているように見える『編年記』の記述は、實は『秦記』の「其の文略にして具はらず」といわれる記述法のしからしむるところであって、他意あってのことではない。決して楚の滅亡を傷んで、秦に對して祕めやかな掣肘を示したものではない。

三　喜は天下統一という歴史の一大局面に自己や家族の存在を位置づける意識を持っていた。

ということになろう。そして、ここで注意しておきたいのは、おそらく『秦記』というのは、秦の中央にあって王國の唯一の歴史書として存在したのではなく、各地方においてそこに起きた様々な事件が擔當の役人によって記録された公文書をも含むものであり、當時は秦の勢力の擴大に伴い各地方に存在したのではないか。そしてその意味から言

えば、『秦記』とは秦國の特定の歴史書であるというよりは、秦國が自國の各地で歴史（事件）を記録するために用いた史實の記載法の名ではなかったか、ということである。だから、『編年記』の記述はまたおそらく秦の中央での様々な國際關係や政治劇とは別途に、喜が知見に及んだ範圍内のことが書き記されたに止まったのであって、中央での秦・楚の外交史と同談に論ずることはできないのではないか、ということである。

四　喜の生涯

以上、雲夢睡虎地秦墓第十一號墓出土の『編年記』は、喜なる人物が『秦記』の記錄法によって自己の見聞した事件を記した上に、更に自己の家族の消息をも記す個人史に終始したもので、そこに反秦感情のごとき特殊な感情を讀み取ることは無理であることを指摘したのであるが、ならば喜やその一族がいかにしてこの雲夢安陸の住民となり、どのようにしてこの激動の時代を生き抜いたかを、推測も交えて描述してみようと思う。

まず、喜の先祖がどのようにして安陸の住民となったかというと、秦は、滅ぼした相手國には必ず自國の領土の民を移しており、秦が安陸の一帶を手中にした時にも「大良造白起、楚を攻め、鄢・鄧を取る。罪人を赦して之を遷す」（『史記』秦本紀）ということをやっているから、このような形（この例でいえばおそらくは罪人を連れて）で秦の故地から楚の安陸に移り住んだものと思われる。そして同じく睡虎地秦墓の第四號墓からは、出征兵士が安陸の母に宛てた手紙の木簡が出土しているから、喜の先祖は、今度はこの安陸を據點に秦の天下討征に參加していたものと思われる。そして喜の代になると、喜は一族の中でも特に出世したらしく『編年記』に見えているような經歷をたどるのであるが、始皇十八年の趙の攻擊に參加したのを最後に、その後の消息が途絶えている。恐らく喜は、多くの論考が指摘するように、翌年の「南郡備警」のために安陸に戻ったものと思われる。そして、喜のその後のポストであるが、やはり第十一號墓より出土している『語書』と呼ばれる簡策は、南郡主騰の「縣・道の嗇夫」に宛てた告文であるから、その告文を受取り携えていた喜は「縣の嗇夫」の地位についたと思われる。ただし、この「縣の嗇夫」の地位がいかほどのものであるかは不明であるが、その『語書』の後半部には吏たる者の心構えが記されていることから、「吏」クラスのそれほど高い地位の者ではなかったとみてよいであろう。(7)

五　『秦記』の記録法について——もう一つの春秋學史——

最後に『秦記』について、とりわけその「日月を載せず、其の文略にして具はらず」という記述法について考えてみたい。

天下を我が物とした秦は、ほどなく周室の存する洛陽に出撃し、その地に存する各國の歴史書を焼き拂った。その蠻行を『史記』「六國年表」序は、

秦既に意を得て、天下の詩・書を燒く。諸侯の史記尤も甚だし。其の剌譏する所有るが爲なり。

と傳える。いわゆる焚書抗儒の際に燒かれた『詩』『書』よりも、この時に燒かれた戰國諸侯の史記、すなわち戰國諸侯各國の歴史書が蒙った被害の方がよほどよ壞滅的であって、その原因は、偏に戰國諸侯の歴史書には「剌譏する所」が多かったからだ、というのである（なお、當時戰國諸侯の史記が周室にのみに藏された事實を、司馬遷は「史記は獨り周室に藏さるのみ。故を以て滅ぶ。惜しいかな」〔同上〕と記している）。

一體、春秋・戰國時代の歴史官には、歴史の記述に際しては正義を貫こうとする高踏的態度があり、その例は前章

でも觸れたが、『春秋左氏傳』襄公二十五年の「崔杼其の君光を弑す」という事件の中に端的に認めることができる。ことの經緯は、齊國王家の血を引く崔杼という男が女性關係の縺れから時の君主莊公を殺してしまったことに始まる。ことは下克上であるから時の歴史官、すなわち太史はこれを「崔杼其の君光を弑す」と記録した。崔杼は莊公を殺した後、實質的には齊の國王としての地位を得ているから、自分を謀反人のように歴史に留めようとする太史の記録の仕方は、容認することができない。怒った崔杼は太史を殺し、その記録の抹消を謀る。しかし、後を繼いだ太史の弟はやはり兄と同樣「崔杼其の君光を弑す」と記録に留め、崔杼はこの弟も殺してしまう。更に太史を繼いだ三番目の弟も筆を枉げず、やはり殺された兄たちと同樣、臆することなく「崔杼其の君光を弑す」と記し、とうとう崔杼は手をこまねかざるを得なかったのである。そしてこの時、太史を補佐する任の南史は、太史の一族が殺されたと聞き、簡策を持って出向いて來たが、すでに「崔杼其の君光を弑す」の記録が完成したことを聞くと、引き返していったという。

このエピソードには、歴史の記録は公明正大であることが何よりも求められていて、私情を差し挾んで事實を歪曲してはならない、とする史官の正義が横溢していよう。同樣のことは『國語』魯語上に「君作して順なれば則ち之を故（故事、すなわち先例）とし、逆なれば則ち其の逆を書す」といわれ、『新書』保傅篇に「太子過有れば史必ず之を書す。史の義、過を書するを得ざれば則ち死す」といわれる中にも確認できよう。この時、史官は正義の提言者としての任務を擔う者であり、決して體制に迎合して筆を枉げることはしない。逆に、體制の不正に對してはこれを直書して、その糾正を意圖することさえある。例えば、魯の國の歴史書『春秋』——これには『公羊傳』『穀梁傳』『左氏傳』との三つの解釋書があり、その解釋の成立はほぼ戰國から秦漢期にかけてのこととされる——そこには、

『春秋公羊傳』隱公三年

〔經〕　癸未、宋の繆公を葬る。

〔傳〕葬るには曷爲れぞ或いは日いひ、或いは日いはざる。時に及ばずして日いふは、葬を渴《すみや》かにせり。時に及ばずして日いはざるは、葬を慢《うす》うせり。時を過ぎて日いふは、之を隱《いた》めるなり。時を過ぎて日いはざるは、之を葬る能はずと謂ふ。時に當たりて日いはざるは正なり。時に當たりて日いふは、葬るを得ざるを危ぶむなり。

『春秋公羊傳』莊公二十三年

〔經〕十有二月甲寅、公齊侯に會し、扈に盟ふ。

〔傳〕何を以て日いふ。之を危ぶむなり。

『春秋穀梁傳』莊公十年

〔經〕二月、公宋を侵す。

〔傳〕侵すには時いふ。此、其の月いふは何ぞや。乃ち其の怨みを齊に深くし、又退きて宋を侵し、以て其の敵を衆くす。之を惡む。故に謹んで之に月いふ。

のように日月の有無、すなわち日月を書くか書かないかによって記録される事件の善惡が示されているが——それが意圖的な作爲であれば——このような價値判斷は、當然魯の『春秋』を書いた歷史官に委ねられた筈のものであろう。もっとも、儒者においては、この魯の國の『春秋』には後に孔子の手が入ってそこに孔子の理想が盛り込まれているという立場を取るから、儒者が『春秋』の日月に讀み取ろうとするのは孔子の意圖である。しかし、孔子が『春秋』に修訂を加え、そこに人類の理想を託したという傳說は、そのまま歷史の記述というものは、人類全體の正義に資するものでなければならない、という認識を增大させたはずである。この時點において、歷史は當時の爲政者の政治を是非・判斷する倫理の書としての性格を併せ持つことになり、歷史官の任務は歷史の正確な記述によって世の正義を確立させることである、という意識を一層昂揚させていたに違いない。

すでに歴史は正義の實現を企圖する倫理の書であり、『春秋』の場合のように、そこに記されるはずの日月の有無が君主の悪しき政治を糾彈するものであれば、それは支配の一元化をきたし、これによって自國の强大化を謀ろうとする君主にとっては、とうてい容認できるものではありえない。爲政者にとって歴史は自己の正義を明らかにしそれを後世へ傳えて始めて有用となるものであるが、逆に歴史官が爲政者の政治の全てにわたって是非・判斷するというのであれば、それは――爲政者にとっては――一轉して身内の中に己の批判者を養うことにほかならない。そこで己を批判する歴史はこれを廢棄し、歴史官からは爲政者の政治を是非するその判斷形式を奪い取る必要が出てくることになる。秦が天下統一の後に、「秦既に意を得て、天下の詩書を燒き、諸侯の史記尤も甚だし」（前出）と戰國諸侯の歴史書を狙い撃ちにして燒いてしまい、かつ自國の歴史書である『秦記』の記錄に日月を書き入れることを許さなかったのには、おそらくこのような事情があったからだろう。そうした意識は端なくも「其の刺譏する所有るが爲に」（前出）洛陽に藏する諸侯の史記を燒かざるを得なかった始皇帝の行爲に現れていよう。そうであれば、また次の點は改めて認識しておく必要がある。當時『春秋』學者が行っていた日月を記載することによって君主の執政の善し悪しを判定する褒貶説はある程度一般的に認められていたことで、始皇帝が秦の歴史書『秦記』から日月の記載を許さずこれを奪い取ったのは、そうしたことへの反撃であったことを物語る、と。

もっとも、『春秋公羊傳』『春秋穀梁傳』には爲政者の政治を日附法と共に文公十一年の「冬、十月甲午、叔孫得臣狄を鹹に敗る」の『公羊傳』「狄とは何ぞ。長狄なり。其の敗ると言ふは何ぞ。之を大ぶなり。其の日ふは何ぞ。之を大ぶなり」のごとく、稱贊する場合もあるから、史官の記錄法は必ずしも爲政者からは疎まれるべき性格のものではなかったのではないか、とも思われよう。しかし、始皇帝は臣下が上の政治に對して口を挾む僭越は、極力これを途絶しようとした。その端的な表れは、彼の名「始皇帝」の由來に見ることが出來よう。『史記』始皇本紀には「朕聞く、太古號有り、死しては行を以て謚と爲す。此の如くんば則ち子父を議し、臣君を議す。甚だ謂れ無し。朕取らず」という始皇帝の發言を載せているが、これは臣下が君主を量る一切の行爲を認めまいとする始皇帝の意欲を表明したものに外ならない。

始皇帝はかくまでに臣下が皇帝の權限やその政治に容喙することを拒否したのであって、その理由は擧げて彼の特異な素性に歸さなければならないであろう。始皇帝の父は世系の上では莊襄王とされるが、『史記』呂不韋傳に據れば趙に人質として出されていた子楚（後の莊襄王）を庇護し、彼を秦國に戻して王位に就けた陽翟の大賈、呂不韋であったという。趙の都邯鄲で舞姫を身請けしてその女を孕ませていた呂不韋の居宅へたまたま訪れた子楚は、舞姫を見るや、その舞姫に一目惚れをした。子楚はすぐにその女を呂不韋に請い、呂不韋はやむなく與えたが、彼女が妊娠している事實はひた隠しにした。そしてこの女は無事男子を出産したが、それが政、後の秦の始皇帝であるという。一部學者からは、この話は虚誕に過ぎるとして無視されているが(8)、私は事實であろうと考える。始皇帝が法制の强化に務め、それによって秦の、ひいては秦帝國の强大化や絶對化を果たしたことは周知に屬そう。けれども、始皇帝にそのような政策を推進させた最大の要因は、やはり彼が呂不韋の子であって、秦の血筋を繼ぐ正統な秦國の王ではなかったという一事であったに違いない。始皇帝は、王としての自身の正統性を血縁に求められなかった分、より多く制度に依存して、自身の王としての地位を保全しなければならなかったのであり、實際そのようにしてその支配力を强めていたのであった。その意味では、彼は好むと好まざるとに拘わらず、自身を絶えず制度の頂點に位置づけて、その地位の安泰を圖らなければならなかったのである。從って、それがいかに臣下の忠誠心に基づく行爲であったにせよ、君主の理性に依存して臣民の報恩や服從を勝ち得ようとする德治主義、もしくは制度とは無關係に、施策上の一切の成果を君主の優れた道徳性に歸してその治績を稱贊するだけの政權高揚化等の提言は、始皇帝には、自身の失脚を畫策する策謀でしかなく、提言者はすぐさま始皇帝から誅殺を蒙ることとならざるを得なかったのである。(9)『秦記』の記載から月日を取り除いた意識の深層には、始皇帝のこうした心情が作用したとみて、大過あるまい。

注

（1）この墓葬の概略は、（a）湖北孝感地區第二期亦工亦農文物考古訓練班「湖北雲夢睡虎地十一號秦墓發掘簡報」（『文物』一九七六年第六期）（b）同「湖北雲夢縣睡虎地十一號墓發掘簡報」（『文物』一九七六年第九期）に報告されている。それ以後當地においては一九七六年に六基、一九七八年に二十五基と二度にわたる再發掘が行われ、それらは（c）雲夢縣文物工作組「湖北雲夢睡虎地秦漢墓發掘簡報」（『考古』一九八一年第一期）、（d）湖北省博物館「一九七八年雲夢秦漢墓發掘簡報」（『考古學報』一九八六年第六期）として報告されている。また、本稿の執筆に當たっては、（e）睡虎地秦墓竹簡整理小組『睡虎地秦墓竹簡』（文物出版社、一九七八年刊）、及び雲夢睡虎地秦墓編寫組『雲夢睡虎地秦墓』（文物出版社、一九八一年刊）によっている。

（2）注（1）（e）著、二頁。

（3）注（1）（e）著、一頁。

（4）商慶夫氏「睡虎地秦簡『編年記』的作者及其思想傾向」（『文史哲（山東大學）』一九八〇年第四期）、同氏「再論『編年記』作者的思想傾向」（『文史哲（山東大學）』一九八七年第六期）、古賀登氏「喜を考える」（『漢長安城と阡陌・鄕亭里制度』雄山閣、一九八〇年）、松崎つね子氏「睡虎地第十一號秦墓『編年記』より見た墓主「喜」ついて」（『東洋學報』第六十一卷三・四號）、同氏「湖北における秦墓の被葬者について——睡虎地十一號秦墓、被葬者「喜」と關連して——」（『駿臺史學』第七十三號）等。

（5）陳平氏「淺談江漢地區戰國秦漢墓的分期和秦墓的認別問題」（『江漢考古』一九八三年第三期）、楊劍虹氏「睡虎地秦簡『編

年記』作者及其政治態度」（「江漢考古」一九八四年第三期）、間瀬收芳氏「雲夢睡虎地秦漢墓被葬者の出自について」（「東洋史研究」第四一巻第二號）等。なお、秦人・楚人をめぐる論争にはもう何人かの參加者があるようであるが、それは注（4）松崎つね子氏後掲論文に詳しい。

（6）饒宗頤氏も『編年記』の記年方法が『秦記』の「日月を載せざる」書式によるものであることを指摘しておられる（「出土資料から見た秦代の文學」「東方學」第五十四輯）。

（7）雲夢秦簡中には「田嗇夫・官嗇夫・新嗇夫・故嗇夫・倉嗇夫・大嗇夫」等様々な嗇夫が見えていて、秦代の嗇夫の官位・職掌を一様に規定することは困難である。このために、高敏氏は、嗇夫はその多くが大官の助手である、とし（『雲夢秦簡初探』河南人民出版社、一九四頁）、錢劍夫氏は秦漢の嗇夫は一般の小吏の名稱である、といい（「秦漢嗇夫考」「中國史研究」一九八〇年第一期、未見。朱大均氏の「有關嗇夫的一些問題」（『秦漢史論叢（二）』河南人民出版社、一七九頁に據り知る）、朱大均氏は秦漢の嗇夫は下層の各種機構の主管者の一種の通稱であるという（同上論文）。また、これに關して『漢書』百官表中の「有秩嗇夫」の部分を鄭實氏は、「有秩嗇夫」は異名同一の官であるから分讀してはならない、といい（「嗇夫考——讀雲夢秦簡札記——」「文物」一九七八年第二期）、高敏氏は鄭實氏の證據に逐一反論を加え、畢竟「有秩」と「嗇夫」の間にはその配される地區が大郷であるか小郷であるか、また任權機關が郡であるか縣であるかの違いの存することを指摘する（「有秩非嗇夫辨——讀雲夢秦簡札記兼與鄭實同志商榷——」「文物」一九七九年第三期）。ところで、秦律中には「縣嗇夫」の語が多く見え、今の「語書」の「縣（道の）嗇夫」というのもこれに屬するものであるが、高敏氏は「縣令の助手」（前掲書、同頁）と解され、錢劍夫氏は「縣嗇夫は縣の主管であるが、ただ秦は小縣であって始めて嗇夫を置き、大縣の場合は令と呼んで嗇夫と呼ぶことはない」（前掲誌、一八九頁）といい、更に朱大均氏は「縣の主管であって、縣令そのものである」（同上誌、一八九頁）という。しかし、錢氏や朱氏の言われるように「縣嗇夫」が縣令に相當する地位なら、秦律中により多く見えている「官嗇夫」や「大嗇夫」というのは縣令以上の地位に相當すること疑いないが、一體それらの嗇夫はいかなる地位に相當することになるのか。また、もし錢・朱兩氏の説く通りであるとすれば、秦制を踏襲した漢が嗇夫の地位を「有秩は郡の署する所、秩百石、一郷を掌る。其の郷の小なる者は縣に嗇夫一人を置く」（『後漢書』百官志注）とあるように、なぜ「有秩」以下の地位に配するのか、という疑問が生じよう。本論でも述べたように、「縣（道の）嗇夫」に宛てられた「語書」の後半部は、吏の心構えについて述べたもので、このことは吏の心構えが説かれる「縣嗇夫」の身分が吏クラスであることを表明するものであろう。従って、小論は従前通り『漢書』百官表中の嗇夫を以て「語書」の嗇夫を解し、その身分は高敏氏の説くように「縣令の助手」とみておく。

（8）例えば郭沫若氏、『十批判書』。同書邦譯『郭沫若　中國古代の思想家たち（下）』「呂不韋と秦王政の批判」一六七頁以下、岩波書店、昭和四十八年等。

（9）この部分を補足する。自身の皇帝の地位を制度によって守り通す以外にその永續の道を見い出せない始皇帝にとっては、いかにそれが皇帝への忠義に根ざした行動であれ、臣下の職分を越えた働きは制度を瓦解させ、自身の破滅を招きかねない背任に外ならない。ましてや、儒者が唱える德治主義者のような臣下が臣民に親われる君主の治績をめざして君主の政治を補佐した場合には、それが人格や血縁を媒介とする信頼關係によって培われるものである以上、始皇帝の依存する制度面からの臣民の統制は不可能となろう、というのである。

第四章　『白虎通義』と後漢の儒學

はじめに

後漢に入って、章帝時の白虎観會議以前に、經義の是非なかんずく今古文經學の優劣を巡って、朝廷を舞臺にして二度の討議が持たれている。

一度目は光武帝時における『春秋左氏傳』を學官に立てることの是非を巡っての討議であって、もともとはという と建武の初年、陳元・桓譚・杜林・鄭興等の間で『左氏傳』を學官に建てることが協議され、それを聞きつけた范升が『公羊傳』を奉ずる立場から『左氏傳』の「淺末」を言い立てて反對したことに起因し、光武帝をも卷き込んだ朝廷全體の論爭にまで發展した。雙方の言い分は平行線を辿り、光武帝がみまかった後『左氏傳』は一時學官に立てられ司隷従事の李封が博士に任ぜられた。朝廷では儒生や公卿等の官僚が激しく非難し合って騒然としたが、李封が亡くなると『左氏』博士は廢されてまった（『後漢書』陳元傳）。

二度目は明帝の永平元年（西暦五八年）に開催された經義の是非を正すための討議で、會場は章帝時の白虎観會議と同じく京師洛陽の殿中白虎観であった。『東観漢紀』巻二本紀二（明帝紀）には

長水校尉樊鯈奏言、先帝大業、當以時施行。欲使諸儒共正經義、頗令學者得以自助。于是下太常、將軍・大夫・博士・議郎・郎官、及諸王・諸儒會白虎觀、講義五經同異。

（長水校尉樊儵奏言すらく、先帝の大業は、當に時を以て施行すべしと。諸儒をして共に經義を正さしめ、頗る學者をして以て自ら助くるを得しめんと欲す。是に於いて太常に下し、將軍・大夫・博士・議郎・郎官、及び書生・諸王・諸儒を白虎觀に會し、五經の同異を講義せしむと。）

といい、同内容の記述が『後漢書』肅宗孝章帝紀第三（後述）や『後漢紀』章帝紀にも見えている。[1]諸儒が共に經義を正し、それによって學生達も獨力で經義を學べるようにするというのが、會議の目的であったことが窺えよう。ただ『東観漢紀』（巻二帝紀二）がこの前條で「永平元年帝（明帝）即阼、長思遠慕、至踰年正月、乃率諸王侯・公主・外戚・郡國計吏、上陵、如會殿前禮（永平元年、帝卽阼し、長く思ひ遠く慕ひ、年を踰えて正月に至り、乃ち諸王侯・公主・外戚・郡國の計吏を率ゐ、陵に上ること、殿前に會するの禮のごとし）」といえば、卽位したての明帝が樊儵の奏言に從ってこの討議を催したのは、奏言中の「先帝大業、當以時施行」との語が、亡父光武帝を慕う明帝の心を突き動かしたためであったかもしれない。また、そうすることは經學に對して人一倍の造詣を有した明帝の御心にかなった措置でもあった。

こうした經過を前段の經緯として、章帝時建初四年（西暦七九年）の經學討論會、世に言う白虎觀會議は開催された。いったい、漢王朝は後漢のみに限らず國家經營の正統を絶えず儒教經典の教義に求めてきたのであって、經義の闡明は常に皇帝が重視するところであった。その意味では、漢代における儒教教義の展開の擔い手は、ほかならぬ漢王朝そのものであるとみなせなくもない。それ故に、經義を巡る協議の開催には、皇帝自身が直接ないし間接に關與して、その結論を王朝經營の軌道へ導こうともしたのである。後漢に入ってすぐに開催された前述の二會議も巨視的に見ればこうした潮流に沿ったものであろう。

もっとも今回の章帝による白虎觀會議の開催は、明帝時の白虎觀會議の課題を繼承する一面もあるが、その規模を擴大させ、章帝自身が臨席して決斷を下す異例の體裁を採ったという點では、これまでには見られない破格の議論が、經義を巡って戰わされたことを物語るであろう。それだけに、そこに提示され、承認された經義は、章帝の後漢王朝とも緊密した問題意識を孕んで、我々に對し、當時の朝廷が儒教に求めた教義とは何か、また儒教はそれに對してどのように答えようとしたのか、といった事情をも示してくれるはずである。それはそのまま白虎觀會議を經て漢代儒教がどのように變容し、時代と相卽したいかなる教義が創出されているかをも、併せ示していよう。こうした觀點に立って、後漢の儒學史上における白虎觀會議の意義やその思想的特質を――會議の狀況を記した『白虎通義』(2)によって――見定めようとするのが、本章の意圖である。

一 『白虎通義』とその周縁

(一) 『白虎議奏』と『白虎通義』

『白虎通義』が著わされることになった經緯には些か解しがたい部分が認められる。『後漢書』孝章帝紀には、建初四年冬

十一月壬戌、詔曰、蓋三代導人、教學爲本。漢承暴秦、褒顯儒術、建立五經、爲置博士。其後學者精進、雖曰承師、亦別名家。孝宣皇帝以爲去聖久遠、學不厭博。故遂立大・小夏侯尚書、後又立京氏易。至建武中、復置顏氏・嚴氏春秋、大・小戴禮博士。此皆所以扶進微學、尊廣道蓺也。中元元年詔書、五經章句繁多、議欲減省。至永平元年、長水校尉(樊)儵奏言、先帝大業、當以時施行。欲使諸儒共正經義、頗令學者得以自助。孔子曰、學之不講、是吾憂也。又曰、博學而篤志、切問而近思、仁在其中矣。於戲、其勉之哉。於是下太常、將・大夫・博士・議郎・

郎官、及諸生・諸儒會白虎觀、講議五經同異、使五官中郎將魏應承制問。侍中淳于恭奏、帝親稱制臨決、如孝宣甘露石渠故事、作白虎議奏。

（十一月壬戌、詔して曰はく、蓋し三代の人を導くは、教學を本と爲す。漢は暴秦を承け、儒術を褒顯し、五經を建立し、爲に博士を置く。其の後學者精進し、師に承くと曰ふと雖も、亦別に家を名づく。孝宣皇帝以て聖を去ること久遠にして、學は博きを厭はずと爲す。故に遂に大・小夏侯の尙書を立て、後に又京氏の易を立つ。建武中に至り、復た顏氏・嚴氏の春秋、大・小戴の禮博士を置く。此れ皆微學を扶進し、道藝を尊び廣むる所以なりと。中元元年の詔書に、五經章句は繁多なれば、議して減省せんと欲すと。永平元年に至り、長水校尉儵奏言すらく、先帝の大業は、當に時を以て施行すべしと。諸儒をして共に經義を正さしめ、頗る學者をして以て自ら助くるを得しめんと欲す。孔子曰はく、學の講ぜざるは、是れ吾が憂なりと。又曰はく、博く學んで篤く志し、切に問いて近く思はば、仁は其の中に在りと。於戲、其れ之を勉めよやと。是に於いて太常に下し、將・大夫・博士・議郎・郎官及び諸生・諸儒を白虎觀に會し、五經の同異を講義せしめ、五官中郎將魏應をして制を承け問はしむ。侍中淳于恭奏し、帝親ら制と稱して臨み決すること、孝宣の甘露の石渠の故事の如くにし、白虎議奏を作る。）（一部重複）

という。引用される中元元年（西暦五六年）の詔書に據れば、後漢光武帝の最晩年には、五經の章句が繁多を極め、その削減が企圖されていたのであり、永平元年（西暦五八年）長水校尉樊儵の「先帝の大業は時に應じて施行すべきであるから、諸儒に共に經義を正させ、今の學生に獨力で經義に通じ得るようにさせるべきである」との奏言もあって、かくして建初四年（西暦七九年）の時に、章帝は太常に詔を下し、五官中郎將・大夫・博士・議郎・郎官・諸生・諸儒を白虎觀に會して五經の同異を議せしめたのであり、その際章帝は五官中郎將の魏應に命じて自身の制問を參加者に述べさせ、侍中の淳于恭に參加者各々の意見を集めて奏上させた後、自身で稱制して結論を下された。かくて出來上がったのが『白虎議奏』であるというのである。唐の李賢はその『白虎議奏』に注して「今の白虎通なり」と説明する。

けれども、今日では通説になっているように、この際作られた『白虎議奏』は今日に傳えられる『白虎通義』ではない。そのことを例えば章權才氏は以下のように述べる。史書を考えた場合、いわゆる『白虎議奏』が指すものは經學討論會で奉った奏章で、經學中の經義に關する問題に對して發せられた彼等の意見である。これらの奏章は章帝に呈送されると、章帝は中から幾つかの問題を選んで參加者に討論させたのである。『後漢書』章帝紀にいう「五官中郎將魏應をして制を承けて問はしめ、侍中淳于恭奏す」とは、彼等二人がこの間の作業に從事したことをいう。學者達が奉った奏章を一冊に編んでこれを『白虎義奏』と呼んだ譯である。しかし、『白虎通義』はこれとは別である。『白虎通義』の方は「帝親ら制を稱して臨み決し」た内容が盛り込まれているのである。つまり經學會議で討論された問題に對し、章帝が自らの立場を示し是非を決定したのである。後に班固等の史臣が章帝の意向に沿って一書を撰定したが、その本のことを『白虎通義』と呼ぶのであって、『白虎議奏』と混同してはならない、と。[3]極めて明解で、『白虎通義』著成の經緯を

（班固）遷玄武司馬。天子會諸儒講論五經、作白虎通德論、令固撰集其事。

（玄武司馬に遷る。天子諸儒に會して五經を講論し、白虎通德論を作り、固をして其の事を撰集せしむ。）

と説く『後漢書』班彪傳や、また

建初中、大會諸儒於白虎觀、考詳同異、連月乃罷。肅宗親臨稱制、如石渠故事。

（建初中、大いに諸儒を白虎觀に會し、同異を考詳し、連月にして乃ち罷む。肅宗親ら臨み制を稱すること、石

渠の故事の如くにす。）

と説く同儒林傳に徴しても一致し、從うべきであろう。

とすれば、『白虎通義』とはもともと白虎觀會議の折り參加者より提出された經義に對する疑念を章帝が一つ一つ選んで討議の課題として議論させ、議論の是非についてはまた章帝自身がそこに自身の判斷を盛り込んで裁定して成ったもので、會議後に章帝は會議でのやりとりを改めて系統立てて纏め『白虎通義』として編集させたが、その事業を史臣、すなわち玄武司馬に遷っていた班固に當たらせた、ということになろう。であれば、『白虎議奏』は班固が『白虎通義』を著わした際の資料として用いられたのであろう。その後、『白虎通義』は『舊唐書』經籍志に「白虎通六卷、漢章帝撰」と記され、章帝の著述とみなされることになっているが（但し、『舊唐書』經籍志以後は班固となっている）、これなどは、當時の經義を總覽することになつた『白虎通義』という書物が、全て章帝自身の經義に對する理解の反映とみなされていたことを思わせよう。『白虎通義』編纂の經緯が上述の通りであるとすれば、それはむしろ當然の成りゆきであろう。

（二）　章句の學

なぜ、白虎觀において五經の異同を講議しなければならなかったのか。

前節所引の章帝建初四年冬十一月の詔敕には、光武帝の中元元年（西曆五六年）の詔書を引用して

中元元年詔書、五經章句繁多、議欲減省。

という。それが功を奏しなかったことから、改めて永平元年に長水校尉の樊鯈が

先帝大業、當以時施行。欲使諸儒共正經義、頗令學者得以自助。（前出）

ことを奏請し、かくて白虎観會議を招集させたのであった。だとすれば、繁多に過ぎた五經章句の減省は、光武帝以來の課題が解決を見ないまま、章帝時に持ち込まれていた政策上のアポリアであったことを思わせるであろう。

『後漢書』楊終傳にはやはり白虎觀會議開催の經緯について、次のように述べている。

終又言、宣帝博徵羣儒、論定五經於石渠閣。方今天下少事、學者得成其業。而章句之徒、破壞大體。宜如石渠故事、永爲後世則。於是詔諸儒於白虎觀論考同異焉。

（終又言ふ、宣帝博く羣儒を徵し、五經を石渠閣に論定せしむ。方今天下事少くして、學者其の業を成すを得。而れども章句の徒、大體を破壞す。宜しく石渠の故事の如くにし、永く後世の則と爲すべしと。是に於いて諸儒に詔し白虎觀に於いて同異を論考せしむ。）

と。これに據れば、白虎觀會議の開催は、章句の徒が章句の學の大體を破壞せしめていたことが原因であって、白虎觀會議開催の眞正理解はその大體を破壞した實情の確認にこそ求めなければならないことになろう。もちろん、それを今日に傳える資料は現存しないが、ただ『漢書』夏侯勝傳の以下の記述には注目すべきである。

勝從父子建、字長卿、自師事勝及歐陽高、左右采獲。又從五經諸儒、問與尙書相出入者、牽引以次章句、具文飾說。勝非之曰、建所謂章句小儒破碎大道。建亦非勝、爲學疏略、難以應敵。建卒自顓門名經。

（勝の從父の子建は、字は長卿、自ら勝及び歐陽高に師事し、左右に采獲す。又五經の諸儒に從ひ、尙書と相出入する者を問ひ、牽引し以て章句に次ぎ、文を具へ說を飾る。勝之を非りて曰はく、建の所謂章句は小儒にして、大道を破碎すと。建も亦勝を非り、學疏略なれば、以て敵に應じ難しと爲す。建卒に自ら門を顓らにして經に名づく。）

夏侯勝の叔父の子建は、かつて夏侯勝と歐陽高に師事して『尙書』を學んでいたが、後に五經の諸儒に從って『尙書』

と關係のあるものを尋ね、それを『尙書』の章句に順次書き入れて、說を飾り立てた。その行爲を咎めた歐陽勝は建を「章句の小儒であって、大道を破碎した者」と評したのであった。これに據れば、章句の繁多というのは、經書を解說する儒者が自己の主觀や發明によって經書の解釋を限りなく增幅させ、それを舊來の解釋に盛り込むことによって生じた現象であって、その弊害は、增幅した解釋が經書本來の意味を覆い隱して、理解不能の情況に追いやることであろう。これに對して、建も「學統が粗略であれば、論敵に勝つことはない」とやり返しているが、こうした情況はまさに『後漢書』鄭玄傳の論に說かれる「守文の徒、滯くる所に滯固し、異端紛紜として、互に相詭激し、遂に經ごとに數家有り、家ごとに數說有らしむ」がごとき章句の繁多に加え、學說の對立までも惹起していたことを物語るであろう。

こうした情況が經書の教義を施策の理念と仰ぐ後漢王朝にとっては打開すべき、焦眉の急を要する課題となって、憂慮されていたのであろう。

尤も、このことは必ずしも章句の學の害毒性を意味するものではない。現に『後漢書』桓郁傳には

帝（顯宗）自制五家要說章句、令郁校定於宣明殿。

（帝自ら五家要說章句を制し、郁をして宣明殿に校定せしむ。）

と、明帝自身が『五家要說章句』なる書を著わしていたことが見えているのであって、そうであれば章句の弊害はやはり多くの人が人ごとに自說を唱え經文の解釋を增幅させ、經書の眞意を曖昧にさせている點に見出されていよう。それ故に、章句の學は後漢に入って、經旨の鮮明を旗幟に、その削減が進められたのである。

今幾つかそうした作業を『後漢書』中から拾い出せば、まず明帝期の樊儵。

初、儵刪定公羊嚴氏春秋章句、世號樊侯學。教授門徒前後三千餘人。

（初、絛公羊嚴氏春秋章句を删定し、世に樊侯學と號す。門徒に教授すること前後三千餘人なり。）

（『後漢書』樊絛傳）

と、侍中の丁恭より受けた『公羊嚴氏春秋章句』を删定してその學は「樊侯學」と呼ばれることになったが、それでもその樊絛が删定した『公羊嚴氏春秋章句』はなお繁辭であるとして、彼の弟子張霸、字伯饒によって削減されることになる。

初、霸以樊（絛）删嚴氏春秋猶多繁辭、乃減定爲二十萬言、更名張氏學。

（初、霸、樊の嚴氏春秋を删りしは猶繁辭多きを以て、乃ち減定して二十萬言と爲し、更めて張氏學と名づく。）

（『後漢書』張霸傳）

と。

章・和帝期の桓郁である。先にも述べたように、桓郁は章帝の著わした『五家要説章句』の校定を命じられた者で、父の桓榮とともに、章・和帝の二代に仕えて恩寵を得ている。ともに『尙書』を以て鳴った家柄で、『後漢書』はこの兩人の「章句の學」上の功績を

初、榮受朱晉學、章句四十萬言。浮辭繁長、多過其實。及榮入授顯宗、減爲二十三萬言。郁後删省定成十二萬言。由是有桓君大・小太常章句。

（初、榮朱晉の學を受け、章句四十萬言あり、浮辭繁長にして、多く其の實を過ぐ。榮入りて顯宗に授くるに及び、減じて二十三萬言と爲す。郁後に删省し定めて十二萬言と成す。是れ由り桓君大・小太常章句有り。）

（『後漢書』桓郁傳）

と記す。前漢九江の朱晉が傳えた『尙書』學に對し、桓榮は章句四十萬言を著わしていたが、彼は參內して章帝に教

授した際、二十三萬言に減らし、その子桓榮は更に十二萬言に減らし、かくして「桓君大・小太常章句」と稱せられる二種類のテクストが誕生したという。

章句書削減の趨勢はその後も續き、桓帝の御世になっても止むことはなかった。張奐である。張奐、字は然明。敦煌、淵泉の人。大尉の朱寵に師事して歐陽尚書を學んだ。その折り、たまたま牟卿が『尚書』を張堪より學んで博士となっていたことから『牟氏章句』四十五萬言が行われていた。それを張奐は

初、牟氏章句浮辭繁多、有四十五萬餘言。奐減爲九萬言。後、辟大將軍梁冀府、乃上書桓帝、奏其章句。詔下東觀。

（初、牟氏章句は浮辭繁多にして、四十五萬餘言有り。奐減じて九萬言と爲す。後、大將軍梁冀の府に辟され、乃ち桓帝に上書し、其の章句を奏す。詔ありて東觀に下る。）（『後漢書』張奐傳）

と、九萬言に減らし、大將軍の梁冀の府に辟されたのを契機に、上書して桓帝に獻上したのであった。

章句の學における言辭の繁多は、かくまでにその刪定が求められていたのである。そして、その言辭の繁多とは往往「浮辭」と表現され、經書の本質を見誤らせる虛言と目されていることから言えば、早急に一掃さるべき誤讀や誤解釋にほかならない。ならば、章帝の建初四年に開催された白虎觀會議は、正しく朝廷による章句の學の猥雜を一掃して經書の理解を純化し、以て經書の志向する理念の下に正しく後漢王朝の行く末を見定める目的で擧行されていたことが想像されよう。

ところで、後漢王朝の行く末ということになれば、そこでの議論は經義の詮釋と王朝内の各種制度との相即、すなわち經義に裏打ちされた後漢王朝の新たな體制の創出も、課題として含まれてしかるべきであろう。いな、後漢が禮教國家としてその維新を標榜する限り、それに相應しい新漢儀とも目される行政經典の制定は、重要課題の一つとして上程されていなければなるまい。けれども、この度の白虎觀會議では、新たな漢儀の制定は何ら企圖されていなかっ

たように思われる。

父曹充の「漢再び命を受け、仍りて封禪の事有れども、禮樂崩れ闕け、後嗣の法と爲す可からず。五帝も樂に相沿はず、三王も禮を相襲はず、大漢當に自ら禮を制し以て百世に示すべし」（『後漢書』曹褒傳）との意向を年來素志とした曹褒は、章帝の元和二年（西暦八七年）、すなわち白虎観會議の八年後に發せられた詔敕「尙書旋機鈐に曰はく、堯を述《おさ》め世を理め、平かに禮樂を制し、唐の文に放《なら》はん。予末小子、數の終に託す。曷を以てか纘ぎ興り、崇《さかん》に祖宗を弘め、元元を仁濟せん」（同上）を見て、章帝の意中に漢儀制定の意欲のあるのを讀み取って、すかさず「今皇天祉《さいわい》を降し、嘉瑞並びに臻り、制作の符、言語より甚し。宜しく文制を定め、著かに漢禮を成し、丕いに祖宗の盛德の美を顯かにすべし」（同上）と上疏した。章帝は曹褒一人の能くするところではないとの衆議に配慮しつつも、彼に前漢叔孫通の著わした『漢儀』十二篇を手渡して、新たな『漢儀』の製作を命じた。かくして、曹褒は「禮事を次序し、舊典に依準し、雜ふるに五經讖記の文を以てし、天子より庶人に至るまでの冠婚吉凶終始の制度を撰次す」る（同上）百五十篇の大著を撰修したが、章帝はこの書を朝廷に納めこそすれ、漢朝の制度として施行することは避けた。章帝がみまかって和帝が卽位すると、曹褒はその書の章句を撰して上呈するが、和帝はその書に「新禮二篇」の名を賜わるだけで、やはり曹褒一人の著書であることを憚って、施行するまでには至らなかった。

章帝の意識裡には早くから新『漢儀』制定の意欲が存したこと明らかであるが、白虎觀會議でそれが議題とならなかったのは、まだ期が熟さず、尙早の感が當時なお存したためであろう。

二　『禮記』王制篇から『白虎通義』へ――緯書說の流入――

『白虎通義』とほぼ同趣旨で著わされ、且つ『白虎通義』に先行する書として想起されるのは、『禮記』王制篇であろう。『史記』封禪書には、文帝が趙人新垣平の進言によって建立した五帝廟落成の祭典の折り、博士・諸生に命じて「六經中に刺《と》（小顔云、刺謂采取之也）り、王制を作らしめ」たという。この「王制」が今日『禮記』の一篇として傳えられている『禮記』王制篇である。後漢の盧植が「漢孝文皇帝博士諸生をして此の王制の書を作らしめ」た（『禮記訓纂』巻五所引）といえば、王制篇の一篇がこの時の文帝の命になるとみなされるのは、既に漢代においてであった。清儒王懋竑はこの說を敷衍して

　王制乃漢文帝令博士諸生作、其時去先秦未遠、老師宿儒猶有一二存者、皆采取六經・諸子之言。如班爵祿取之孟子、巡狩取之虞書、歲三田及大司徒・大司馬・大司空三官、取之公羊、諸侯朝聘、取之左氏。古書今不可盡見。蓋皆有所本也。

（王制は乃ち漢の文帝博士・諸生をして作らしむるに、其の時先秦を去ること未だ遠からず、老師・宿儒に猶ほ一・二の存する者有りて、皆六經・諸子の言を采取す。爵祿を班つが如きは之を孟子に取り、巡狩は之を虞書に取り、歳ごとの三田及び大司徒・大司馬・大司空の三官は、之を公羊に取り、諸侯の朝聘は、之を左氏に取る。古書は今盡くは見る可からず。蓋し皆本づく所有らん。）　（同上）

といい、やはり清儒の孫希旦も

　愚謂、史記言漢文帝令博士刺六經作王制、謀議封禪巡守事。則此篇作於漢時明矣。其中言封建・授田・巡守・朝

覲・喪祭・田獵・學校・刑政、皆王者之大經大法……漢人採輯古制、蓋將自爲一代之典、其所採以周制爲主、而亦或雜有前代之法。又有其所自爲損益、不純用古法者。

（愚謂へらく、史記に言ふ、漢の文帝博士に令して六經に刺りて王制を作り、封禪・巡守の事を謀議せしむと。則ち此の篇漢時に作られしこと明らかなり。其の中に封建・授田・巡守・朝覲・喪祭・田獵・學校・刑政は、皆王者の大經・大法なりと言ふ……漢人古制を採輯せしは、蓋し將に自ら一代の典と爲さんとし、其の採る所は周制を以て主と爲し、而して亦或いは雜へて前代の法有り。又其の自ら損益を爲し、純らは古法を用ゐざる所の者有り。）

（『禮記集解』巻十二）

と説く。特に孫希旦の場合は、王制篇の著作が「將に自ら一代の典と爲さんとす」との意欲を抱懷したものであることを指摘して、『白虎通義』の著作の意圖とも一脈通ずることを示唆しよう。(4)

今、王制篇と『白虎通義』が説くところの制度の概略を比較すれば、ほぼ以下のようになろう。

〔王制篇〕

爵祿・授田・封建・官職・巡狩・朝覲・會盟・訟獄・學制・田獵・刑政・喪祭・祭祀・恤民・致仕

〔『白虎通義』〕

爵・號・謚・五祀・社稷・禮樂・封公侯・京師・五行・三軍・誅伐・諫諍・鄉射・致仕・辟雍・災異・耕桑・封禪・巡狩・攷黜・王者不臣・蓍龜・聖人・八風・商賈・瑞贄・三正・三教・三綱六紀・情性・壽命・宗族・姓名・天地・日月・四時・衣裳・五刑・五經・嫁娶・紼冕・喪服・崩薨

と。『禮記』王制篇からの擧出は記述内容を私自身が假に概括した稱謂であって、王制篇にはこうした區分は存しない。それに對し、『白虎通義』の場合は全十一巻の記載を仕分けした總目の一覽であるから、兩者を比較する對照項目として用いるには曖昧性の殘る點は否めない。それにしても兩者が周王朝の古代像に向ける視野には偏りのあることは容易に氣づかされる筈である。それというのも、王制篇は周王朝の國家構造を概括的に描き出そうとしたのに對し、『白虎通義』の方は同じく周王朝を視座に取りながら、その古代王朝の構造を制度面から詳細に、そして全體的に規定しようとし、王制篇が漢文帝時の儒教と國家體制との相卽がなお中途であった情況を反映させているのに對し、『白虎通義』は儒教の教義によって國家體制の全てが營まれ、意義づけられている後漢の章帝期の事情をみごとに反映させるからである。その意味では、儒教の理念による王朝の支配を目論む後漢王朝であれば、やはり前節で見た曹褒のように新たな『漢儀』を製作し、漢王朝の現狀に見合った儒教の應用をそこに模索すべきが筋である。それもまた、儒教國家の搖籃から儒教國家の完成化が進んだ後漢章帝期の漢王朝で、周王朝の古代國家の理想像を媒介に、帝國の明日とその更なる發展を展望する營みにほかなるまい。

けれども、古代國家の經驗を教訓として提示するのが儒教の五經であるとすれば、そこから抽き出される現實的な有效性は、その古代國家を環境とする社會に限られよう。漢は中央集權體制を敷いて漢土の全てを皇帝の權力によって一元的に支配する國家體制を採る。であれば、儒教の有り樣も漢帝國の求めに應じて變更があってもいいようなものであるが、それを妨げるのはやはり儒教特有の尙古主義であろうか。孔子によって編輯された五經は周代の產物で、そこに記される內容も周代が中心である。儒教は周代を土壤にして胚胎した聖人孔子の教えであるという固定觀念が各時代の儒教の有り樣を拘束し、新たな儒教展開の可能性は、周代と現在を重ね合わせ、そこから當代に役立つ主張を見出すところに誕生する。ましてや、それが國家觀の有り樣を問うのであれば、なおさらのことである。こうした樣相が漢代の儒教の展開にもあるとすれば、それが『禮記』王制篇の儒教であり、この『白虎通義』のそれであろう(5)。そうした儒教がどの樣なものかは『白虎通義』に顯著で、その詳細は後節に詳しく窺うところである。

王制篇から『白虎通義』に至る過程で、両者の價値を分けることになった現象の一つとして、讖緯思想の導入が進められた事實は見落としに出來ない。

周知のように、漢王朝からの禪讓を受ける形式で新王朝を打ち立てた王莽政權の實質は、天命に依存したカリスマ的權力の行使であった。その際、その支配やそうした支配を支えるためのシステムは、經書と稱される一連の儒教經典からだけではなく、緯書と呼ばれるカリスマ的經典からの理念の供給も受け、新王朝の政治體制に神祕の影を色濃く落としたのであり、その新を打倒して後漢王朝を復興せしめた光武帝劉秀も――王莽と同樣に――自身の正統を圖讖に求めたことから、「圖讖を天下に宣布」(『後漢書』光武帝紀)する措置を講じて、以後の政策決定に、經書に併せ緯書の理念も最大限活用することに道を開いたのである。

そうした緯書が後漢に入っても連綿として作られ續けてきたかというと、そうではない。このことは、後漢の經學史を考える上で特に留意しておく必要があると思われるので、その事情を陳蘇鎭・趙伯雄氏[6]に從って說明しておきたい。

順帝の初年、太史令に復職した張衡は、光武帝以來各皇帝が讖緯の文を尊崇していることに、「圖讖は虛妄にして、聖人の法に非ず」(『後漢書』張衡傳)とみなす立場から反對し、上疏して

立言於前、有徵於後。故智者貴焉、謂之讖書。讖書始出、蓋知之者寡。自漢取秦、用兵力戰、功成業遂、可謂大事。當此之時、莫或稱讖。若夏侯勝・眭孟之徒、以道術立名、其所述書、無讖一言。劉向父子領校祕書、閱定九流、亦無讖錄。成・哀之後、乃始聞之。……往者侍中賈逵摘讖互異三十餘事、諸言讖者皆不能說。至於王莽簒位、漢世大禍、八十篇何爲不戒。則知圖讖成於哀・平之際也。

(言を前に立て、後に徵有り。故に智者は焉を貴び、之を讖書と謂ふ。讖書始めて出でしとき、蓋し之を知る者

寡し。漢秦を取るより、兵を用ゐて力戰し、功成り業遂げしは、大事と謂ふ可し。此の時に當たり、讖を稱する或る莫し。夏侯勝・眭孟の徒の若きは、道術を以て名を立て、其の述ぶる所の書には、讖の一言も無し。劉向父子祕書に校するを領し、九流を閱定するも、亦讖の錄無し。成・哀の後、乃ち始めて之を聞く。……往者侍中賈逵讖の互に異なる三十餘事を摘むも、諸々讖を言ふ者皆說く能はず。王莽の位を簒ふに至っては、漢世の大禍なるに、八十篇何爲れぞ戒めざる。則ち知る、圖讖は哀・平の際に成るを。）（同上）

と述べている。讖緯の書は孔子と何の關係もなく、前漢の哀・平帝の時に造られたものにすぎず、その記述は互いに矛盾して蕪雜を極める。もし讖緯の作者が王莽の簒奪を知っていれば、その重大性からは、「八十篇」の書には西漢王朝に對する事前の箴戒が記されていなければなるまい。にも拘わらず、讖緯書の中には、そうした箴言は見あたらない。そうであれば、讖緯書は王莽以前の、哀・平帝の世に成ったのである、というのが大意である。この場合、問題となるのは、箴戒が記されていなければならない「八十篇」書が何を指すかである。李賢の注には「（張）衡集上事云、河洛五九、六藝四九、謂八十一篇」と說かれ、「河洛」（5×9）四十五篇、「六藝」（4×9）三十六篇、合計八十一篇の書であるという。してみれば、「八十篇」は「八十一篇」の概數にすぎず、正確には當時存在した八十一篇の讖緯書の總稱に外ならない。この「八十一篇」の讖緯書群は後漢を通じて存在し續けたようで、後漢末荀悅の『申鑒』嫌俗篇に引く荀爽の語に「八十一篇は皆孔子に托す」と見えている。

ところで、この八十一篇の讖緯群書は、『隋書』經籍志にも

其書出於前漢、有河圖九篇、洛書六篇。云自黃帝至周文王所受本文。又別有三十篇、云自初起至於孔子、九聖之所增演以廣其意。又有七經緯三十六篇、幷云、孔子所作。幷前合爲八十一篇。

（其の書前漢に出でて、河圖九篇、洛書六篇有り。云ふ、黃帝より周の文王に至るまでの受けし所の本文なりと。

又別に三十篇有り、云ふ、初めて起こりしより孔子に至るまで、九聖の增演し以て其の意を廣むる所なりと。又七經緯三十六篇有り、幷びに云ふ、孔子の作る所なり。前に幷はせ合して八十一篇と爲すと。〉

（中華書局本『隋書』九四一頁）

と紹介されている。ここでは『後漢書』張衡傳李賢注の「六藝三十六篇」が「七經緯三十六篇」に改められているが、同じものを指そう。「七經緯三十六篇」ということであれば、その內容が『後漢書』方術傳樊英傳の李賢注に詳細に記されて

七緯者、易緯稽覽圖・乾鑿度・坤靈圖・通卦驗・是類謀・辨終備也。書緯琁機鈐・考靈耀・刑德放・帝命驗・運期授也。詩緯推度災・記歷樞・含神霧也。禮緯含文嘉・稽命徵・斗威儀也。樂緯動聲儀・稽耀嘉・汁圖徵也。孝經緯援神契・鉤命決也。春秋緯演孔圖・元命包・文耀鉤・運斗樞・感精符・合誠圖・考異郵・保乾圖・漢含孳・佑助期・握誠圖・潛潭巴・說題辭・【命曆序】也。(7)

という。これらは讖緯書群八十一篇の中に收められて、利用者の閲覽に供されていたのである。このことは、後漢の時代では讖緯書が新たに作られることがなく、從ってその篇數「八十一」に增減がなかったことを物語っていよう。陳蘇鎭氏は明帝時、楚王劉英・濟南王劉康・淮陽王劉廷が謀叛を起こして處刑された折、彼等に「造作圖讖」の罪狀が科せられたことを根據にして、後漢王朝では光武帝劉秀が中元元年（西暦五六年）に「是の年……圖讖を天下に宣布し」た時、讖緯「八十一篇」だけが定本として認められ、これ以後新たに讖緯書を造作した者は死刑を以て斷罪された、と推測している。(8)肯綮に當たっていよう。閑話休題。

こうした措置によって緯書は經書と同等の資格を得て經義の一翼を擔うことになり、今回の白虎觀を會場にした御前會議でも早速、經義に互して緯書の教義が新たな儒教教義の創出に資することになって、用いられたのであった。

その場合、緯書の學説は――訓詁學上から見た場合に――どの様なところに特徴があるか。經書の教義をカリスマ的世界觀によって檢證しようとする意欲が緯書説出現の理由であるとすれば、それが神祕的な傾向を帶びることになるのはやむを得まい。けれども、緯書の教義の神祕的な部分には陰陽・五行等の數理といった原理的な究明を企圖する意欲が汪溢する。金春峰氏はこうした現象を「讖緯は文字と名に關する思想において、往往實情とはかけ離れて一つの基本モデルを形成する。すなわち、全てを陰陽と五行の面から論じ直し、牽强附會的な、象數學的な解釋へ組み入れようとする」と説明し、これが緯書の名稱解釋の特質であることを强調される(9)。

稱謂の解説に應用された緯書説は、『白虎通義』においては經義の細部に亙って多角的に應用され、新しい經義に資されることになる。

性所以五、情所以六何。人本含六律・五行之氣而生。故内有五臟・六府。此情性之所由出入也。樂動聲儀曰、官有六府、人有五臟。

(性五なる所以、情六なる所以は何ぞ。人は本より六律・五行の氣を含んで生まる。故に内に五臟・六府有りと。此れ情性の由りて出入する所なり。樂動聲儀に曰はく、官に六府有り、人に五臟有りと。)(性情篇)

性情者、何謂也。性者陽之施、情者陰之化也。人稟陰陽氣而生。故内懷五性・六情。情者靜也。性者生也。此人所稟六氣以生者也。故鉤命決曰、情生于陰、欲以時念也。性生于陽、以就理也。陽氣者仁、陰氣者貪。故情有利欲、性有仁也。

(性情とは、何の謂ぞや。性は陽の施にして、情は陰の化なり。人は陰陽の氣を稟けて生まる。故に内に五性・六情を懷く。情は靜なり。性は生なり。此れ人は六氣を稟けて以て生きる所の者なり。故に鉤命決に曰はく、情は陰に生じ、欲は時を以て念ふなり。性は陽に生じ、以て理に就くなり。陽氣は仁、陰氣は貪なり。故に情に利

欲有り、性に仁有るなりと。）　（同上）

等は、陰陽・五行説が緯書説に取り込まれて、儒教の情性説として再生している一例であろう。

また、王が受命して制作を改める際、天の瑞應を受けて初めて行うことについては、

王者改作、樂（陳立云、樂字疑衍）必得天應而後作何。重改制也。春秋瑞應傳曰、敬受瑞應而王、改正朔、易服色。（王者の改作は、必ず天應を得て而る後に作すは何ぞや。改制を重んずるなり。春秋瑞應傳に曰はく、敬しんで瑞應を受けて王たりて、正朔を改め、服色を易ふと。）　（三正篇）

と、瑞祥を降した天命に愼むことが受命者の當爲であることを傍證し、逆に

天所以有災變何。所以譴告人君、覺悟其行、欲令悔過修德、深思慮也。援神契曰、行有點缺、氣逆于天、情感變出、以戒人也。（天に災變有る所以は何ぞ。人君に譴告し、其の行を覺悟し、過ちを悔ひ德を修め、深く思慮せしめんと欲する所以なり。援神契に曰はく、行に點缺有らば、氣は天に逆ひ、情感變出して、以て人を戒むるなりと。）　（災變篇）

と、天に災變が現れた場合には、王がそれを己に降された天の譴責であることに思いを致す、省悟の心構えを要請する。

王朝を維持する上で最も缺かすことのできない「三綱」の倫理説にも、その擁護の意欲を向ける。

三綱者、何謂也。謂君臣・父子・夫婦也。六紀者、謂諸父・兄弟・族人・諸舅・師長・朋友也。故含文嘉曰、君爲臣綱、父爲子綱、夫爲婦綱。又曰、敬諸父兄、諸父有善。諸舅有義。族人有序。昆弟有親。師長有尊。朋友有舊。

（三綱とは、何の謂ぞや。君臣・父子・夫婦を謂ふなり。六紀とは、諸父・兄弟・族人・諸舅・師長・朋友を謂ふなり。故に含文嘉に曰はく、君を臣の綱と爲し、父を子の綱と爲し、夫を婦の綱と爲すと。又曰はく、諸父兄を敬ひ、諸父善有り。諸舅義有り。族人序有り。昆弟親有り。師長尊有り。朋友舊有りと。）

（三綱六紀篇）

日行遲、月行疾何。君舒臣勞也。日日行一度、月日行十三度十九分度之七。感精符曰、三綱之義、日爲君、月爲臣也。

（日の行くは遲く、月の行くは疾きは何ぞ。君は舒やかにして臣は勞するなり。日は日ごとに行くこと一度、月は日ごとに行くこと十三度十九分度の七なり。感精符に曰はく、三綱の義は、日を君と爲し、月を臣と爲すなりと。）

（日月篇）

君臣・父子・夫婦の主從の關係は、天地の道理として更なる絕對化が圖られているのである。

また郊祀に關しても、

五帝・三王祭天、一用夏正何。夏正得天之數也。天地交、萬物通、始終之正。故易乾鑿度云、三王之郊、一用夏正也。

（五帝・三王の天を祭るに、一へに夏正を用ゐるは何ぞ。夏正は天の數を得たればなり。天地交はり、萬物通ずるは、始終の正しきなり。故に易乾鑿度に云ふ、三王の郊は、一へに夏正を用ゐるなりと。）

（闕文、郊祀篇）

との郊祭の補說や

歲再祭之何。春求秋報之義也。故月令仲春之月、擇元日、命民社。仲秋之月、擇元日、命民社。援神契曰、仲春祈穀、仲秋獲禾、報社祭稷。

（歳ごとに再び之を祭るは何ぞ。春は求め秋は報いるの義なり。故に月令に仲春の月、元日を擇び、民に命じて社せしむと。仲秋の月、元日を擇び、民に命じて社せしむと。援神契に曰はく、仲春に穀を祈り、仲秋に禾を獲りて、社に報じて稷を祭ると。）（社稷篇）

のごとき、「社稷」の祭の再定義に用いられている。

緯書說における經義の再解釋（定義）は多岐にわたるのであるが、ここでは特に圖讖を用いた新たな經義の創出の事例として、次の二つを示しておきたい。

月有閏餘何。周天三百六十五度四分度之一、歳十二月、日過十二度。故三年一閏、五年再閏。明陰不足、陽有餘也。故讖曰、閏者陽之餘也。

（月に閏餘有るは何ぞ。周天三百六十五度四分度の一、歳は十二月にして、日は（一年で）十二度を過ぐ。故に三年にして一閏、五年にして再閏。陰足らずして、陽餘り有るを明らかにするなり。故に讖に曰はく、閏は陽の餘りなりと。）（日月篇）

論語讖曰、五帝立師、三王制之。

（論語讖に曰はく、五帝師を立て、三王之を制すと。）（辟雍篇）

圖讖の說が、等しく經義の確定に用いられているのである。

以上は讖緯の說がその出典を伴って明示された例であるが、『白虎通義』中にはそれが緯書とは示されないままその說が地の文にとけ込んでいる場合が壓倒的に多い。

まず諫諍篇で「臣待放於郊、君不絕其祿者、示不合耳。以其祿參分之二與之、一留與其妻長子、使得祭其宗廟。賜

之環則反、賜之玦則去。明君子重恥也（臣は放たれるを郊に待ち、君其の祿を絶たざる者は、合はざるを示すのみ。其の祿の參分の二を以て之に與へ、一は留めて其の妻長子に與え、其の宗廟を祭るを得しむ。之に環を賜はば則ち反り、之に玦を賜はば則ち去る。君子は恥を重んずるを明らかにするなり）」というのは、陳立[10]が指摘するように、禮緯『援神契』の文である。また、爵篇で「爵有五等、以法五行也。或三等者、法三光也。或法三光、或法五行何。質家者據天。故法三光。文家者據地。故法五行（爵に五等有るは、以て五行に法るなり。或いは三等なる者は、三光に法るなり。或いは三光に法り、或いは五行に法るは何ぞ。質家は天に據る。故に三光に法る。文家は地に據る。故に五行に法ると）」と説かれる場合、

元命苞云、質家爵三等者、法天之有三光也。文家爵五等者、法地之有五行也。

（元命苞に云ふ、質家の爵三等なる者は、天の三光有るに法るなり。文家の爵五等なる者は、地の五行有るに法るなり[11]。）

との春秋緯元命苞の緯書説が念頭に置かれているのである。同様に號篇に見える「或稱天子、或稱帝王何。以爲接上稱天子者、明以爵事天也。接下稱帝王者、明位號天下至尊之稱以號令臣下也（或いは天子と稱し、或いは帝王と稱するは何ぞ。以爲へらく、上に接して天子と稱するは、爵を以て天に事へるを明らかにするなり。下に接して帝王と稱するは、位天下至尊の稱を號し以て臣下に號令するを明らかにするなり）」には、孝經緯『鉤命決』の

鉤命決云、接上稱天子、明以爵事天。接下稱帝王、明以號令臣下也。

（鉤命決に云ふ、上に接して天子と稱するは、爵を以て天に事へるを明らかにす。下に接して帝王と稱するは、以て臣下に號令するを明らかにするなりと。）

の文が[12]、また社稷篇に見える「祭社稷以三牲何。重功故也（社稷を祭るに三牲を以てするは何ぞ。功を重ずるが故な

り)」には孝經緯『援神契』の

報社稷以三牲何。重功故也。

(社稷に報ずるに三牲を以てするは何ぞ。功を重ずるが故なり。)

の文[13]が、更には辟雍篇に見える「天子立明堂者、所以通神靈、感天地、正四時、出教化、宗有德、重有道、顯有能、襃有行者也。明堂上圓下方、八窗四達、布政之宮、在國之陽(天子明堂を立つるは、神靈に通じ、天地を感ぜしめ、四時を正し、教化を出だし、有德を宗び、有道を重じ、有能を顯らかにし、有行を襃むる所以の者なり。明堂は上圓下方、八窗四達にして、政を布くの宮、國の陽に在り)」には、禮緯『含文嘉』の

含文嘉云、明堂、所以通神靈、感天地、正四時、出教令、崇有德、章有道、襃有行也。

(含文嘉に云ふ、明堂は、神靈に通じ、天地を感ぜしめ、四時を正し、教令を出だし、有德を崇び、有道を章らかにし、有行を襃むる所以なり。)

の文や[14]、『援神契』の

援神契云、明堂者、天子布政之宮。上圓下方、八窗四達、在國之陽。

(援神契に云ふ、明堂は、天子政を布くの宮。上圓下方、八窗四達にして、國の陽に在りと。)

の文が[15]、各々念頭に置かれているのである。

とすれば、緯書の説(圖讖の説も含む)は『白虎通義』のあらゆる領域に汪溢し、それが『禮記』王制篇以來の經義を修正していること、否めない事實である。

三　白虎観會議の判定方式（一）――『春秋公羊傳』義の優位――

白虎観會議は章句の學の煩瑣を糾正して經義の統一を圖ることを旗幟に、建初四年の冬、北宮の白虎観を會場にして開催された。會議は章帝の臨席を仰ぎ、數箇月間に及んだという。形式は、改めて『後漢書』丁鴻傳に據って記すと、章帝の信任を一身に集めた五官中郎將の魏應が章帝からの詔を受け取って諸儒に問難を課し、侍中の淳于恭が得られた諸儒の意見を章帝に奏上し、それを受けて章帝自身が臨決する、というものであった。從って、會議の結論は、參加者たちの意見もさることながら、臨決した章帝の意向や好尚が反映されやすい、特異な一面を有したのである。そこで、章帝の經學に對する偏向性如何ということになるが、刮目すべきは『後漢書』賈逵傳の次の記載であろう。

肅宗立、降意儒術、特好古文尚書・左氏傳。建初元年、詔逵入講北宮白虎觀・南宮雲臺。帝善逵說、使發出左氏傳大義長於二傳者。逵於是具條奏之云々。……帝嘉之、賜布五百匹、衣一襲、令逵自選公羊嚴・顏諸生高才者二十人、教以左氏、與簡紙經傳各一通。

（肅宗立ち、意を儒術に降し、特に古文尚書・左氏傳を好む。建初元年、逵に詔し入りて北宮白虎觀・南宮雲臺に講ぜしむ。帝逵の說を善しとし、左氏傳の大義の二傳より長ずる者を發出せしむ。逵是に於いて具に之を條奏す云々。……帝之を嘉みし、布五百匹、衣一襲を賜はり、逵をして自ら公羊の嚴・顏の諸生の高才者二十人を選び、教ふるに左氏を以てせしめ、簡紙の經傳各一通を與ふ。）

儒術に意を置く章帝は、とりわけ『古文尚書』と『左氏春秋』を好む癖があり、章帝の古文學に對する傾倒ぶりが窺えよう。『左氏傳』に對する傾倒ということであれば先代の明帝にも言えることで、やはり賈逵が『左氏傳』『國語』

の『解詁』五十一篇を著わしてそれを朝廷へ獻上すると、明帝はその書を重んじて、複寫した後それを祕館に收藏したことが、賈逵傳に見えている。その賈逵は勿論この會議の參加者であった。

賈逵と並んで、やはり古文學を代表したのは楊終である。楊終は石渠閣會議の故事に倣って白虎観會議の開催を提唱した人物であるが、その楊終は白虎観會議の開催が決まった折には、獄に繫がれていた。博士趙博・校書郎班固・賈逵等が「楊終は『春秋』に通曉し、異説についても詳しい」と上奏し、その參加を奏請したため釋放されて會議への參加が認められたのである。古文學に造詣を有する班固や、古文學を奉ずる賈逵等の推挽を受けた楊終であれば、彼の春秋學は賈逵同様、古文の『左氏傳』を奉ずるものであっただろう。賈逵や楊終によって白虎観會議の場に古文派の言説が持ち込まれていること、想像に難くない。

かたや、今文學の驍將してこの會議に臨んだのが誰かと言えば、博士の李育に指を屈するのほかはない。その李育は若くして『公羊春秋』を習い、班固によって驃騎將軍の東平王劉蒼に推擧されたことから各郡が擧って彼を招請したが、李育はそれを斷って學生への教授に專念した。今文だけではなく古文にも涉獵したことから「通儒」の評判も博していたが、『左氏傳』を讀んだ折にはそれが「聖人の深意を得ざ」ることを思い、またかつて陳元と范升が互いに論難を應酬した折には圖讖を引用するだけで、『左氏』の論理や文體に據らなかったことを思い、「難左氏義四十一事」を著わした經歷の持ち主でもある。その李育の會議における有り様は、「育公羊の義を以て賈逵を難じ、往返皆理證有り」（『後漢書』儒林、李育傳）であったという。漢代春秋學史上の典型的な『公羊』對『左氏』の抗爭がここでも演じられた譯である。當時、官學といえば、學官に立てられたのは『公羊傳』であり、その博士は李育であった。『白虎通義』の春秋學説中、幾度と散見するのは『公羊傳』の傳義にほかならない。それはそのまま、春秋博士として優位に立った李育の優勢を驅った主張が、會議を導いたことを示していよう。

この外、魯詩を學んだ魯恭は經學に明らかであったことから特に招かれ會議に加わったのであり、魯詩を學んだという點では魏應もまた同様であった。こうした人々が中心となって會議は進められたのであり、彼等は學者としての自己の威信を懸けて白熱した議論を交わしたのである(16)。

議論の對象となったのはいうまでもなく經書の内容、なかんずく、周王朝を視座とした國家の有り様やその制度、また政治の理想とその理念、更には古代にあってそれらが遂げた經緯や意義についても活發な議論が展開された。その際、交わされた議論が結論として承認される過程で大きく作用したのは、勿論經書や緯書の各種經典であって、その援用に當たっては文獻實證主義とも目される公平さを保っているが、その實、それらの典籍をどのように利用するかということになると、自説を有利に導こうとする偏向性が少なからず働いたようである。

例えば、『春秋』ないし『春秋傳』『春秋』説である。會議には「特に古文尚書・左氏傳を好み」、章帝より左氏説の顯彰と普及を命じられていた賈逵も參加していたのだから當然『左氏傳』の説は認められるべきであろう。けれども、『白虎通義』中、『春秋左氏傳』からの引用は見あたらず、採用される『春秋』説は『公羊』『穀梁』の今文説に限られる。

まず、引用される『春秋』説が『公羊傳』義を念頭に置く場合である。王者不臣篇には、

不臣妻父母何。妻者與己一體、恭承宗廟、欲得其歡心、上承先祖、下繼萬世、傳于無窮。故不臣也。

(妻の父母を臣とせざるは何ぞや。妻は己と一體にして、恭しく宗廟を承け、其の歡心を得んと欲し、上は先祖を承け、下は萬世を繼ぎ、無窮に傳ふ。故に臣とせざるなり。)

ことを提言した後、その傍證として直ちに、

春秋曰、紀季姜歸于京師。父母之于子、雖爲王后、尊不加於父母。知王者不臣也。

（春秋に曰はく、紀の季姜京師に歸ぐ。父母の子に于ける、王后爲りと雖も、尊父母に加へず。王者は臣とせざるを知るなり。）（同上）

と、『春秋』桓公九年の記事を引用してそれをいかに王后となったにせよ、その尊位を父母に及ぼし、父母を臣として扱うことのできない證據として提示する。かくて、王后の父母は天子にとっても臣下とみなされることはないのであるが、この紀姜の王后へのお輿入れを父母にとっては飽くまでも娘の婚嫁にすぎないとする發想は、『左氏』でも『穀梁』でもなく、『公羊傳』のみに存するのであって、

父母之于子、雖爲王后、猶曰吾季姜。（桓公九年）

（父母の子に于ける、王后爲りと雖も、猶ほ吾が季姜と曰ふがごとし。）

の通りである。ここでの『白虎通義』の立場は、『春秋公羊傳』に基づいている。

もう一例を擧げることにする。封公侯篇では、『春秋』が太子を「弑」したことを記す場合、それはその罪が弑君と同罪であることを説く。その際、『白虎通』は僖公九年の「晉里克弑其君之子奚齊」を引き、

春秋之弑太子、罪與弑君同。春秋曰、弑其君之子奚齊。明與弑君同也。

（春秋の太子を弑するや、罪は君を弑すると同じ。春秋に曰はく、其の君の子奚齊を弑すと。君を弑すると同じきを明らかにするなり。）

という。この場合、「春秋曰、弑其君之子奚齊」というのは僖公九年の『公羊傳』の經文であって、『左氏』『穀梁』の經文はいずれも「弑」ではなく「殺」に作る。その意味からは、『白虎通義』がここで引用する『春秋』が『公羊』説に基づくことが豫想されよう。事實、『左氏』は「書して其の君の子を殺すと曰ふは、未だ葬らざればなり」と説くにすぎず、『穀梁』も「其の君の子と云ふは、國人子とせざるなり」とするにすぎない。これに對し『公羊傳』

は

此未踰年之君。其言弑其君之子奚齊何。殺未踰年君之號也。

（此は未踰年の君なり。其の、其の君の子奚齊を弑すと言ふは何ぞ。未踰年の君を殺すの號なり。）

と説き、未踰年であるにせよ、奚齊を君とみなした書法であることを明らかにする。

こうした例以外、『春秋』を引用した後、直ちに「傳曰」といって『公羊傳』義を用い、『春秋』を解釋する場合もある。誅伐篇では「諸侯有三年之喪、有罪且不誅何（諸侯三年の喪有らば、有罪すら且つ誅せざるは何ぞ）」との問いに對して「君子恕己、哀孝子之思慕、不忍加刑罰（君子己を恕し、孝子の思慕を哀み、刑罰を加へるに忍びず）」と答えるが、かく解答する根據となったのは、

春秋曰[17]、晉士匄帥師侵齊、至穀、聞齊侯卒、乃還。傳曰、大其不伐喪也。

（春秋に曰はく、晉の士匄師を帥ゐて齊を侵し、穀に至り、齊侯の卒するを聞き、乃ち還る。傳に曰はく、其の喪を伐たざるを大とするなり。）

との『春秋』經襄公十九年の記載と、その傳義「大其不伐喪也」である。「大其不伐喪也」の文は勿論『公羊傳』襄公十九年の當該事件の傳「還者何。善辭也。何善爾。大其不伐喪（還るとは何ぞ。善辭なり。何をか善とする。其の喪を伐たざるを大とするなり）」からの引用である。齊侯の喪を傳え聞いた晉の士匄がその齊討伐の軍を止めて、喪に服する齊を伐たなかった」との『春秋』の記載に服喪の國を伐たなかった士匄の義擧を稱揚する意欲を見出す『公羊』の解釋に法って、白虎觀會議は服喪の國はこれを伐つことのない原則を見出して、これを結論とした譯である。

やはり、誅伐篇である。「討」の字義を巡って「討者、何謂也。討猶除也。欲言臣當掃除弑君之賊也（討つとは、何の謂ぞや。討つとは猶ほ除のごときなり。臣は當に弑君の賊を掃除すべきを言はんと欲するなり）」との議論が張

られた。「討」とは本來、臣下たる者が弑君の殘賊を掃除すべきことの意であることを示そうとするのであるが、「討」をこの意味で確定する根據に用いられたのが、また『春秋』であった。

春秋曰、衞人殺州吁于濮。傳曰、其稱人何。討賊之辭也。

（春秋に曰はく、衞人州吁を濮に殺すと。傳に曰はく、其の人と稱するは何ぞや。賊を討つの辭なり。）

と。『春秋』の經文は隱公四年に見え、引用される傳はその條の『公羊傳』に外ならない。白虎觀會議は「人」と稱して殺すのが弑君の殘賊を掃討する書法であるとの『公羊傳』義に逢着し、「人」を臣下の行爲に狹め、そこに弑君の殘賊はこれを掃討せねばならぬ臣下の當爲を明らかにして、その强制を課すのである。『白虎通義』における『春秋』は例外なく、かく『公羊傳』義によって意味づけられている。

また、『春秋』ではなく『春秋公羊傳』もしくは『春秋穀梁傳』と斷った上で、この二書が引用される場合もある。『春秋公羊傳』については五條、『春秋穀梁傳』については四條である。いずれも

大夫不世位何。股肱之臣、任事者也。爲其專權擅勢、傾覆國家。是又慮子孫庸愚、不任輔政、妨塞賢路。故不世位。故春秋公羊傳曰、譏世卿。世卿非禮也。

（大夫位を世々にせざるは何ぞ。股肱の臣は、事に任ずる者なり。其の權を專らにし勢を擅にし、國家を傾覆するが爲なり。是れ又子孫庸愚にして、輔政に任ぜざれば、賢路を妨塞せんことを慮る。故に位を世々にせず。故に春秋公羊傳に曰はく、世卿を譏る。世卿は非禮なりと。）（封公侯篇）(18)

四時之田、總名爲田何。爲田除害也。春秋穀梁傳曰、春曰田、夏曰苗、秋曰蒐、冬曰狩。

（四時の田は、總名を田と爲すは何ぞ。田の爲に害を除けばなり。春秋穀梁傳に曰はく、春を田と曰ひ、夏を苗と曰ひ、秋を蒐と曰ひ、冬を狩と曰ふと。）（闕文、田獵篇）

といった類で、經義を確定するための傍證として用いられる。『公羊』『穀梁』というのはその際の出據を意識したにすぎず、それ以外の理由は特段見あたらない。ただ、『穀梁傳』の場合、爵篇に

大夫功成、未封而死、不得追爵賜之者、以其未當股肱也。春秋穀梁傳曰、追賜死者、非禮也。

（大夫功成るも、未だ封ぜられずして死せば、追爵して之を賜はるを得ざるは、其の未だ股肱に當たらざるを以てなり。春秋穀梁傳に曰はく、死者に追賜するは、非禮なりと。）

というのが見える。追賜を非禮とみなすのは、すでに陳立が指摘しているように[19]、何も『春秋穀梁傳』に限ったことではない。『通典』引『五經異義』に據れば

春秋公羊・穀梁說、王使榮叔錫魯桓公命、追錫死者、非禮也。死者功可追而錫、如有罪、又可追而刑耶。春秋左氏說識其錫篡弑之君、無譏錫死者之文也。

（春秋公羊・穀梁の說に、王榮叔をして魯の桓公に命を賜はらしむるも、死者に追錫するは非禮なり。死者の功追ひて錫はる可くんば、罪有るが如きは、又追ひて刑す可きやと。春秋左氏說は其の篡弑の君に賜はるを譏るも、死者に賜はるを譏るの文無きなり。）

のようであって、『公羊』『穀梁』とも共通の認識であり、『穀梁』の方はその認識を明文化している點だけが異なっている。『左氏傳』については弑君の桓公へ追錫した桓王の行爲を譏ることに意が注がれ、死者への追錫に關しては――それが否定されることの見當たらない事實に意を置きながら――その是非の判定は留保する。そういうことであれば、「春秋穀梁傳（春秋公羊傳も含む）曰」として徵引するのは、その典據となる主張の獨自性を典據の固有性に歸そうとする――そしてそれを自己の學派の優位と見なそうとする――強い意欲が働いているものとみるべきであろう。

四　白虎觀會議の判定方式（二）――『春秋公羊傳』と「春秋傳曰」――

『公羊』と『穀梁』を標目しての引用は以上の通りである。けれども、『白虎通義』中、『春秋』說を引用する際壓倒的に多いのは、「春秋傳曰」との形式であり、そこに示される『春秋』傳義とは、社稷篇に見える「春秋傳曰、天子有大社也。東方青色、南方赤色、西方白色、北方黑色、上冒以黃土、云々」が『春秋大傳』である一條、更には聖人篇に引く「春秋傳曰、湯以盛德、故放桀」が『論語』泰伯篇の文章である一條以外、例外なく『公羊傳』義、もしくはその釋義である。[20]『公羊傳』が當時學官に立てられていた經緯からすれば、「春秋傳」といえば『公羊傳』を指すようになるのは、勢いの赴くところ、やむを得ないことであった。

まず、「春秋傳曰」が『春秋公羊傳』義である場合である。

始封諸侯無子死、不得與兄弟何。古者象賢也。弟非賢者子孫。春秋傳曰、善善及子孫（昭公二十年「夏、曹公孫會自鄸出奔宋」『公羊傳』）。不言及昆弟。

（始封の諸侯子無くして死せしとき、兄弟に與ふるを得ざるは何ぞ。古者は賢に象るなり。弟は賢者の子孫に非ず。春秋傳に曰はく、善を善とするは子孫に及ぶと。昆弟に及ぼすを言はざるなり。）（封公侯篇）

誅不避親戚何。所以尊君卑臣、强幹弱枝、明善善惡惡之義也。春秋傳曰、季子煞其母兄、何善爾。誅不避母兄、君臣之義也（莊公三十二年「公子牙卒」『公羊傳』）。

（誅親戚を避けざるは何ぞ。君を尊び臣を卑しめ、幹を强くし枝を弱くし、善を善とし惡を惡とするを明らかにする所以の義なり。春秋傳に曰はく、季子其の母兄を煞《ころ》せしに、何ぞ善みするや。誅母兄を避けざるは、君臣の義なりと。）

大夫將兵出、不從中御者、欲盛其威、使士卒一意繫心也。故但聞軍令、不聞君命。明進退在大夫也。春秋傳曰、此受命于君。如伐齊則還何。大其不伐喪也。大夫以君命出、進退在大夫（襄公十九年「晉士匄帥師侵齊、至穀、聞齊侯卒、乃還」『公羊傳』）。（誅伐篇）

（大夫兵を將ゐて出づれば、中從り御せざるは、其の威を盛んにして、士卒をして意を一にして心に繫けしむるを欲せばなり。故に但だ軍令を聞くのみにして、君命を聞かず。進退大夫に在るを明らかにするなり。春秋傳に曰はく、此は命を君に受く。如し齊を伐たば則ち還るは何ぞ。其の喪を伐たざるを大とするなり。大夫君命を以て出づれば、進退大夫に在りと。）（三軍篇）

等の通りである。一見して明らかなように『公羊傳』の文章をそのまま引用するか、斷章取義的に『公羊傳』の文章を引用し、典據とするのである。

また、『公羊傳』釋義によるとみなされる場合である。禮樂篇に

王者始起、何用正民。以爲且用先代之禮樂、天下太平、乃更制作焉……春秋傳曰、曷爲不修乎近而修乎遠。同己也。可因先以太平也。

（王者始めて起これば、何を用ゐて民を正す。以爲へらく、且く先代の禮樂を用ゐ、天下太平なれば、乃ち更めて制作す……春秋傳に曰はく、曷爲れぞ近きを修めずして遠きを修む。己に同じくすればなり。先に因り以て太平す可きなり。）

という。王朝興起の當初は先代の禮樂を用いて民を治め、太平の世の到來後に初めて自己の禮樂を制作しなければならないことの道理を、『公羊傳』義によって說く。すなわち、先王の禮樂の中でも自王朝の統治法に適う同一の手段

を用い、自王朝興起の當初から太平を實現することだと言うのである。けれども、提示される『春秋傳』には該當する傳文が見あたらなく、むしろ『公羊傳何休解詁』の

王者治定制禮、功成作樂。未制作之時、取先王之禮樂宜於今者而用之。

（王者は治定まれば禮を制し、功成れば樂を作す。未だ制作せざるの時は、先王の禮樂の今に宜しき者を取りて之を用ゐるなり。）（隱公五年「初獻六羽」[21]）

や、

大夏、夏樂也。周所以舞夏樂者、王者始起、未制作之時、取先王之樂與己同者、假以風化天下。天下大同、乃自作樂。

（大夏は、夏の樂なり。周夏の樂を舞ふ所以の者は、王者始めて起こり、未だ制作せざるの時は、先王の樂の己と同じき者を取り、假りて以て天下を風化す。天下大いに同くすれば、乃ち自ら樂を作る。）

（昭公二十五年「齊侯唁公于野井[22]」）

に一致しよう。何休のこの解釋は白虎觀會議の席上では、恐らく顏安樂ないし嚴彭祖の說に基づいて、李育の口から發せられたのであって、『公羊傳』義に限らず、後に何休『解詁』に示されることになる『公羊傳』の演繹義までが、『春秋公羊傳』義を形成しているのである。

顏・嚴二氏の『公羊傳』釋義以外、董仲舒の『公羊傳』釋義が「春秋傳」と斷らないで用いられる場合もある。號篇中、「夏・殷・周の號有る所以は何ぞ」と發問し、その答えを

以爲王者受命、必立天下之美號以表功自克（陳立云、自克・表克、疑皆見之誤）、明易姓爲子孫制也。夏・殷・周者、有天下之大號也。百王同天下、無以相別。改制天下之大禮、號以自別于前、所以表著己之功業也。必改號者、所

以明天命已著、欲顯揚己于天下也。己復襲先王之號、與繼體守文之君、無以異也。不顯不明、非天意也。故受命王者、必擇天下美號、表著己之功業、明當致施是也。所以預自表克于前也。

（以爲へらく、王者命を受くれば、必ず天下の美號を立て以て功の見はるるを表はし、姓を易へ子孫の爲に制するを明らかにするなり。夏・殷・周は、天下の大號を有つ。百王天下を同じくすれば、以て相別つ無し。天下の大禮を改制し、號以て自ら前に別つは、己の功業を表著する所以なり。必ず號を改むる者は、天命已に著らかなるを明らかにする所以にして、己を天下に顯揚せんと欲するなり。己復た先王の號を襲はば、繼體守文の君と、以て異る無きなり。顯らかならず明らかならざるは、天意に非ざるなり。故に受命の王者は、必ず天下の美號を擇び、己の功業を表著し、當に施を致すべきを明らかにする、是なり。預め自ら前に見はるる所以なり。）

のごとく示す。この說明は、董仲舒『春秋繁露』三代改制質文篇中の

王者必改正朔、易服色、制禮樂、一統於天下。所以明易姓非繼人、通以已受之於天也。

（王者は必ず正朔を改め、服色を易へ、禮樂を制し、天下を一統す。易姓を明らかにする所以は、人を繼ぐに非ず、通じて已之を天より受くるを以てなり。）

また、同楚莊王篇中の

今所謂新王必改制者、非改其道、非變其理、受命於天、易姓更王。非繼前王而王也。若一因前制、修故業而無有所改、是與繼前王而王者無以別。受命之君、天之所大顯也。事父者承意、事君者儀志、事天亦然。今天大顯己、物襲所代而率與同、則不顯不明、非天志。故必徙居處、更稱號、改正朔、易服色者、無他焉。不敢不順天志而明自顯也。

（今の所謂新王必ず制を改むとは、其の道を改むるに非ず、其の理を變ふるに非ず、命を天より受け、姓を易へ

王を更む。前王を繼ぎて王たるに非ざるなり。若し一へに前制に因り、故業を修めて改むる所有る無ければ、是れ前王を繼ぎて王たる者と以て別つ無し。受命の君は、天の大いに顯らかにする所なり。父に事ふる者は意を承け、君に事へる者は志を儀はし、天に事ふるも亦然り。今天大いに己を顯はすに、物代はる所を襲いて率ね與に同じければ、則ち顯らかならず明らかならずして、天志に非ず。故に必ず居處を徙して、稱號を更へ、正朔を改め、服色を易ふるは、他無きなり。敢えて天志に順ひて、自ら顯はるるを明らかにせずんばあらざるなり。）

と同揆の內容であり、それが董仲舒の說に淵源することは明らかである。王者改制說は何休の「三科九旨說」の提唱にも多大な影響を與え、漢代公羊學の展開上においては一大潮流をなそう。白虎觀會議においてはそれが公羊學の一つであることの表示を要しないほどに、董仲舒の王者改制說は一般に浸潤しているのであって、この時期における公羊學の優勢を餘すところなく示していよう。

ことほどさように、公羊學の傳義が章帝期の經學を蔽う勢いを示すのであれば、『公羊』の傳義が公羊學との限定性を撤廢して經學の全域に溶け込んでいることも想像されよう。爵篇の「世子」を巡る議論にそれが窺える。

父在稱世子何。繫于君也。父歿稱子某者何。屈于尸柩也。

（父在せば世子と稱するは何ぞ。君に繫くるなり。父歿すれば子某と稱するは何ぞ。尸柩に屈すればなり。）

は、莊公三十二年「冬、十月乙未、子般卒」の『公羊傳』「君存稱世子、君薨稱子某（君存せば世子と稱し、君薨ずれば子某と稱す）」とその釋義「明當世父位爲君（當に父の位を世々にして君と爲るべきを明らかにす）」「名者尸柩尚存、猶以君前臣名也（名いふは尸柩尙ほ存せば、猶ほ君前には臣は名いふを以てするなり）」（同上『解詁』）が意識されているのであり、續く

既葬稱小子者、卽尊之漸也。踰年稱公者、緣民臣之心、不可一日無君也。

（既に葬らるれば小子と稱するは、卽ち尊の漸なり。年を逾ゆれば公と稱するは、民臣の心、一日も君無かる可からざるに緣ればなり。）　（爵篇）

には、同上の『公羊傳』「既葬稱子、逾年稱公」とその釋義「不名者、無所屈也。緣終始之義、一年不二君。故稱子也（名いはざるは、屈する所無ければなり。終始の義に緣れば、一年に君を二にせず。故に子と稱するなり）」（同上『解詁』）・「君薨稱子某、既葬稱子、明繼體以繫民臣之心（君薨ずれば子某と稱し、既に葬らるれば子と稱す。體を繼ぎ以て民臣の心を繫ぐを明らかにするなり）」（文九年「春、毛伯來求金」『解詁』）が。その後の

緣終始之義、一年不可有二君。故逾年卽位。所以繫民臣之心也。

（終始の義に緣れば、一年に二君有る可からず。故に年を逾えて卽位す。民臣の心を繫ぐ所以なり。）　（爵篇）

にも前文の釋義が。結びの

三年然後受爵者、緣孝子之心、未忍安吉也。

（三年にして然る後に爵を受くるは、孝子の心、未だ吉に安ずるに忍びざるに緣る。）　（爵篇）

には、文公九年の『公羊傳』「緣孝子之心、則三年不忍當也（孝子の心に緣れば、則ち三年當たるに忍びざるなり）」とその釋義「孝子三年志在思慕。不忍當父位。故雖卽位、猶於其封內三年稱子（孝子は三年志思慕に在り。父の位に當たるに忍びず。故に卽位すと雖も、猶ほ其の封內に於いては三年子と稱す）」（同上『解詁』）が、濃厚に影響しているのである。かくして、これを受けて『白虎通義』は

故春秋魯僖公三十三年十二月乙巳、公薨于小寢。文公元年、春、王正月、公卽位。四月丁巳、葬我君僖公。

（故に春秋魯の僖公三十三年十二月乙巳、公小寢に薨ず。文公元年、春、王正月、公卽位す。四月丁巳、我が君

僖公を葬る。）　（爵篇）

と、魯の僖公が薨去した翌年、年が改まるとすぐに世子の文公が即位して、父僖公の尸柩は沒して五ヶ月後の、文公元年の四月に墓所に埋葬され、そうすることが禮制に適った處置であることを記す。そうであれば、文公の即位の妥當性は、それが禮制に適った正しい行爲であったことよりも、そのように行動した文公の心情、すなわち民心によっては君主不在の情況が一日たりとも出來してはならないことへの配慮と、それでいてなお父君の位を踏襲する僭越を苦痛としながら享受する、文公の子としての忍從性に見出されているのである。とすれば、白虎觀會議に臨んだ儒者たちはまた端なくも亡き父君の君位を踏んで魯公となったばかりの文公の日常に、「子」として臨朝する公君の當爲を望見してもいよう。

これに對して、古文學は寥寥たる情況で、『白虎通義』中、『周禮（官）』からの引用は

凶服不敢入公門者、明尊朝廷、吉凶不相干。故周官曰、凶服不入公門。

（凶服敢へて公門に入らざるは、朝廷を尊び、吉凶相干さざるを明らかにす。故に周官に曰はく、凶服は公門に入らずと。）　（喪服篇）

嫁娶必以春何。春者、天地交通、萬物始生、陰陽交接之時也……周官曰、仲春之月、令會男女、令男三十娶、女二十嫁。

（嫁娶は必ず春を以てするは何ぞ。春は、天地交通し、萬物始めて生じて、陰陽交接の時なり……周官に曰はく、仲春の月、男女を會せしめ、男をして三十にして娶り、女をして二十にして嫁がしむ。）　（嫁娶篇）

等の六篇[23]にすぎない。假に崩薨篇に見える

禮曰、冢人掌兆域之圖。先王之葬居中、以昭穆爲左右。羣臣從葬、以貴賤序。

（禮に曰はく、冢人は兆域の圖を掌る、先王の葬中に居り、昭穆を以て左右と爲す。羣臣葬に從へば、貴賤を以て序す。）

を『周禮』冢人職の「掌公墓之地、辨其兆域而爲之圖。先王之葬居中、以昭穆爲左右。凡諸侯居左右以前、卿大夫士居後、各以其族（公墓の地を掌り、其の兆域を辨じて之が圖を爲る。先王の葬中に居り、昭穆を以て左右と爲す。凡そ諸侯は左右の以前に居り、卿大夫士は後に居り、各々其の族を以てす）」に照合して「冢人職」に基づくと判斷すれば、都合七條となるが、それでも極めて少ない。また『左氏傳』は前にも觸れたようにその引用は認められず、わずか『左氏傳』義に基づくであろうと思われる『春秋』古文説が二條認められるに過ぎない。一條は嫁娶篇の「適夫人死、更立夫人者、不敢以卑賤承宗廟（適夫人死せば、更めて夫人を立てて、敢へて卑賤を以て宗廟を承けざらしめばなり）」（陳立云、今之春秋説）、すなわち適夫人が亡くなると右媵か左媵、もしくは姪・娣を昇格させて夫人とすることはなく、夫人は夫人として改めて冊立するとの説を受け、それを否定する形で

自立其娣者、尊大國也。春秋傳曰、叔姬歸於紀。叔姬者、伯姬之娣也。伯姬卒、叔姬升於嫡、經不譏也。

（自ら其の娣を立つる者は、大國を尊べばなり。春秋傳に曰はく、叔姬紀に歸ぐと。叔姬は、伯姬の娣なり。伯姬卒し、叔姬嫡に升るも、經譏らざるなり。）

と説くのである。『春秋』が伯姬の卒後、伯姬と共に嫁いできていた叔姬が夫人となったことを非難していない事實を根據に、姪・娣の夫人への昇格を容認する議論である。これは隱公五年『左氏傳』の杜注「諸侯始娶、則同姓之國以姪娣媵。元妃死、則次妃攝治内事、猶不得稱夫人（諸侯始めて娶れば、則ち同姓の國姪・娣を以て媵る。元妃死せば、則ち次妃内事を攝治し、猶ほ夫人と稱するを得ず）」と一致し、ために陳立は「杜氏説經、雖無家法、然必劉・賈・鄭・服相傳之精義（杜氏の説經は、家法無しと雖も、然れども必ず劉（歆）賈（逵）鄭（玄）服（虔）相傳の精義

なり）」と說き、『左氏傳』に基づくことを認めている。(24)また崩薨篇に

諸侯薨、使臣歸瑞珪於天子者何。諸侯以瑞珪爲信。今死矣、嗣子諒闇、三年之後、當乃更爵命。故歸之。推讓之義也。故禮曰、諸侯薨、使臣歸瑞珪於天子。

（諸侯薨ずれば、臣をして瑞珪を天子に歸さしむるは何ぞ。諸侯は瑞珪を以て信と爲す。今死せば、嗣子諒闇にして、三年の後、當に乃ち更めて爵命すべし。故に之を歸す。推讓の義なり。故に禮に曰はく、諸侯薨ずれば、臣をして瑞珪を天子に歸さしむと。）

という一條がある。諸侯が亡くなった後、臣下は天子より賜った瑞珪を直ちに天子に返還し、次君が三年の喪を終えた後、改めて天子より諸侯の爵命を受け、瑞珪を賜わる古制を述べたものであるが、この制度は陳立に據ると『左氏』說によったものであるらしく、『通典』所引の『五經異義』には「左氏說、諸侯逾年卽位、天子賜以命珪（左氏說に、諸侯年を逾へて卽位すれば、天子賜はるに命珪を以てすと）」と見えている。これを受けて陳立は「是則諸侯薨、以所受圭璧還於天子、嗣君卽位、天子賜之（是れ則ち諸侯薨ずれば、受けし所の圭璧を以て天子に還し、嗣君卽位すれば、天子之を賜ふ）」ことをこの崩薨篇の文章に確認し、兩者の一致を是認する。(25)正鵠を射ていよう。

この外、陳立に據れば、攷黜篇に見える以下の二條、すなわち

諸侯所以攷黜何。王者所以勉賢抑惡、重民之至也。尙書曰、三歲考績、三考黜陟。

（諸侯の攷黜する所以は何ぞ。王者は賢を勉め惡を抑ふる所以にして、民を重んずるの至りなり。尙書に曰はく、三歲にして考績し、三考して黜陟すと。）

の「尙書曰、三歲考績、三考黜陟」、及び

百里之侯、一削爲七十里侯、再削爲七十里伯、三削爲寄公。七十里伯、一削爲五十里伯、二削爲五十里子、三削

地盡。五十里子、一削爲三十里子、再削三十里男、三削地盡。五十里男、一削爲三十里男、再削爲三十里附庸、三削地盡。所以至三削何。禮成於三、三而不改、雖反無益矣。尙書曰、三考黜陟。先削地後絀爵者何。爵者、尊號也。地者、人所任也。今不能治廣土衆民。故先削其土地也。故王制曰、宗廟有不順者、君絀以爵。山川神祇有不擧者、君削以地。明爵土不相隨也。

（百里の侯は、一たび削られて七十里の侯と爲り、再たび削られて七十里の伯と爲り、三たび削られて寄公と爲る。七十里の伯は、一たび削られて五十里の伯と爲り、二たび削られて五十里の子と爲り、三たび削られて地盡く。五十里の子は、一たび削られて三十里の子と爲り、再たび削られて三十里の男と爲り、三たび削られて地盡く。五十里の男は、一たび削られて三十里の男と爲り、再び削られて三十里の附庸と爲り、三たび削られて地盡く。三たび削らるるに至る所以は何ぞ。禮は三に成り、三にして改めざれば、反ると雖も益無し。尙書に曰はく、三考して黜陟すと。先に地を削り後に爵を絀くるは何ぞ。爵は、尊號なり。地は、人の任ずる所なり。今、廣土・衆民を治むる能はず。故に先に其の土地を削るなり。故に王制に曰はく、宗廟に順はざる者有らば、君絀くるに爵を以てす。山川神祇に擧げざる者有らば、君削ずるに地を以てす。明らけし爵・土は相隨はざること。）（同上）

も、『古文尙書』の文と『古文尙書』義に基づく立説であるとみなされる。前者は所引の「尙書曰、三歳考績、三考黜陟」の文章が、今文家の讀み＝『尙書大傳』（『儀禮集注』所引）では「三歳考績、黜陟幽明」のごとく「幽明」までを一句とみなしているのとは異なっていることから、『古文尙書』からの引用と考えられる。『史記』は古文說を用いることが多く、當該の箇所も『白虎通』と同様「三歳考績、三考黜陟」（『史記』五帝本紀）に作っているから、『白虎通義』所引の「尙書曰」は『古文尙書』に基づく、というのである。また、後者は同樣の解說が『儀禮集註』所引

『尙書大傳』（今文『尙書』を傳えた秦儒（博士）伏生の遺説集）に見えていて、そこには「諸侯有不率正者、天子絀之。一絀少絀以爵、再絀則絀以地、三絀而地畢（諸侯に正に率はざる者有らば、天子之を絀く。一たび絀くるには少しく絀くるに爵を以てし、再び絀くれば則ち絀くるに地を以てし、三たび絀けて地畢く）」といい、『白虎通義』の場合とは異なる。であれば、『白虎通義』の解説は、『古文尙書』に基づくことを認めない譯にはいかない、というのである。(26) 假にこれらの文辭を古文説と認め、これまで確認できた古文説に加えて見ても、今文説の優位に對し、古文説の極度の劣勢は蔽うべくもない。

五　經義の變更と新たな意義づけ

章句の學の繁雜によってもたらされた經義の整理とその國家的な承認をとりつけることを目的に開催された白虎觀會議ではあったが、會議を通じ、改めて承認され、それが國家の威信を擔った經義として定着する過程には、これまでの經義が變更され、當代的な要求が盛り込まれた新たな經義が誕生していることも豫想されよう。本節以下、しばらく『白虎通義』に認められる經義の特質を後漢王朝との關わりで考察しておくこととする。

會議の最先で討議されたのは「爵」、なかんずく「天子爲爵稱」とみなすことの提案であった。

天子者、爵稱也。爵所以稱天子何。王者父天母地、爲天之子也。故援神契曰、天覆地載、謂之天子、上法斗極。鉤命決曰、天子、爵稱也。

（天子は、爵稱なり。爵天子と稱する所以は何ぞ。王者は天を父とし地を母とし、天の子と爲るなり。故に援神契に曰はく、天は覆ひ地は載せ、之を天子と謂ふは、上は斗極に法ればなりと。鉤命決に曰はく、天子は、爵稱

なりと。）（爵篇）

というのがそれである。「天子」が爵稱であるという明確な發想は、古くは存しない。それに近い表現としては、『孟子』萬章下に「天子一位、公一位、侯一位、伯一位、子男同に一位、凡て五等なり」を見るだけで、おそらくこうした認識が明確化するのには、緯書說の展開が契機となっていよう。右に引用された『鉤命決』以外、易緯『乾鑿度』にも「孔子曰はく、易に人に君たるの五號有り。帝は、天稱なり。王は、美行なり。天子は、爵號なり。大君は、盛を興し異を行ふなり。大人は、聖明らかにして德備はるなり」と見えている。假に天子を爵號とみなす見解が緯書說の一部として造成されたとすれば、緯書が生產された前漢末から後漢にかけては、古代王朝の體制認識に變化が生じていること考えないわけにはいかない。いささか岐路にそれるが、陳立は『孟子』が天子を諸侯の五等爵と並稱することを根據に、顧炎武が「爲民而立之君。故班爵之意、天子與公・侯・伯・子・男一也。而非絕世之貴。代耕而賦之祿。故班祿之意、君・卿大夫・士與庶人在官一也。而非無事之食。是故知天子一位之義、則不敢肆于民上以自尊。知祿以代耕之義、則不敢厚取于民以自奉。不明乎此而侮奪人之君、常多于三代之下矣（民の爲に之が君を立つ。故に班爵の意は、天子と公・侯・伯・子・男一なり。而して絕世の貴きに非ざるなり。耕すに代へて之が祿を賦さる。故に班祿の意は、君・卿大夫・士と庶人の官に在ると一なり。而して事無きの食に非ず。是の故に天子は一位の義を知らば、則ち敢へて民の上に肆にして以て自ら尊ばず。祿以て耕すに代へるの義を知らば、則ち敢へて厚く民に取り以て自ら奉ぜず。此に明らかならずして人を侮奪するの君は、常に三代の下に多し）」（『日知錄』十三經考義、卷七）と說くのに最大限の賛辭を惜しまない。[27] 顧炎武が意圖するのは、治民における天子の責任を明確にし、その職務に專念すべき天子の勤行を喚起することの要請である。けれども『白虎通義』の「天子爵稱」論は、天子が「帝王之德有優劣、所以俱稱天子何。以其俱命于天（帝王の德に優劣有れども、俱に天子と稱する所以は何ぞ。其の俱に天に命ぜらるるを以てなり）」（爵篇）や「父天母地爲天之子」（前出）のごとく、天子としてのカリスマ性に依存するところからもたらされているのであり、その場合の天と天子の關係、更には天子と臣下の關係は、全く

或稱天子、或稱帝王何。以爲接上稱天子者、明以爵事天也。接下稱帝王者、明位號天下至尊之稱、以號令臣下也。（或いは天子と稱し、或いは帝王と稱するは何ぞ。以爲へらく、上に接するに天子と稱するは、爵を以て天に事へるを明らかにするなり。下に接するに帝王と稱するは、位天下至尊の稱を號し、以て臣下に號令するを明らかにするなり。）（號篇）

ということに外ならない。天子は天の子として臣民に君臨する者の爵稱であって、有德を前提とする資質的な條件は機能していない。むしろ、天に命ぜられたというその一事が受命者＝帝王の支配權の絕對を保障するのであり、天地を背景にした天神の偉大性こそが帝王の支配力の源泉とみなされよう。それほどまでに白虎觀會議では天の意識が高揚していたのであり、その原因は擧げて光武帝劉秀の受命を標榜して漢王朝を再興させた後漢王朝の、王朝としての正統性を確立させた經緯に求め得よう。しかも、增幅させた天の權威を標榜して「天子」を天に對する爵號とみなす主張は、そこに止まらず、それを承認することで、王朝そのものの機械的な自存を可能とすることにもなるはずである。なぜなら、天子が爵位として天（神）と皇帝の關係を緊密化した稱號であるとすれば、それを自稱することは、天子が有能であると無能であるとに拘わらず、天のカリスマ性を自らに託してその地位を神祕化し、絕對化することであるから、皇帝を稱して天子を任ずる現今の後漢王朝にとっても、その支配權を完璧にする好ましい事態である。ましてや、光武帝の受命によって再興された後漢王朝であれば、「天子」が天（神）と皇帝を結びつける制度的な呼稱であることは、それを稱することが自王朝が絕えず天神の支持を取りつけていることの證となり、王朝の永續を圖る上でも必要なことであった。こうした意識が章帝の腦裏に働いて、「天子爵稱」論は後漢王朝の正統な解釋として

承認されたのであろう。

次に諸侯爵についてみたい。諸侯爵に關しては、時代を異にした五等爵と三等爵の遞興が認められている。すなわち

> 爵有五等、以法五行也。或三等者、法三光也。或法三光、或法五行何。質家者據天。故法三光。文家者據地。故法五行。含文嘉曰、殷爵三等、周爵五等。各有宜也。（爵篇）（一部前出）
>
> 王制曰、王者之制祿爵、凡五等。謂公・侯・伯・子・男也……殷爵三等、謂公・侯・伯也。
>
> （王制に曰はく、王者の祿爵を制するは、凡て五等。公・侯・伯・子・男を謂ふなり……殷爵は三等、公・侯・伯を謂ふなりと。）（爵篇）

というのである。謂うところの質家・文家とは、歴代の各王朝の特質を質・文二家の交替に歸して説く、王朝交替論上の概念で、例えば周王朝は三才説でいけば「地統」に據る文家であるから地の五行を原理とする「公・侯・伯・子・男」の五等爵を採用し、周に先立つ殷王朝においては「天統」に據る質家であるから、天の三光（日月星辰）を原理とする三等爵を採用する、というのである。この説自體は董仲舒『春秋繁露』三代改制質文篇以來の公羊學派の説に由來し、従ってこの種の議論が行われたということは、會議の席上、『公羊』今文學の説が多く採用されたことを物語る。ただし、三等爵の構造はこうした單純なものではなく、五等爵を變造して生まれ、且つ會議の中では新たな意見が加わっている經緯があるから、この點に絞って白虎觀會議での諸侯爵の議論は、見直さなければならない。

當今の王朝が文家であって五等爵を採用するのであれば、それを繼ぐ次王朝は當然質家で、その爵制は三等爵となろう。漢代今文家の春秋説では、董仲舒以來、周を繼ぐのは『春秋』であるとして『春秋』の二百四十二年間を一王朝に見立てている。従って、『春秋』は三等爵を建前として、その爵稱は「公・侯・伯」に限られることになるが、

實際『春秋』中に記される爵稱には「公・侯・伯・子・男」の五等爵が用いられている。そこで今文春秋説＝公羊學派は五等爵を三等爵に再區分せざるを得ないことになるのであるが、その様相は『白虎通義』にも記されていて、

春秋傳曰、合伯・子・男爲一爵。

（春秋傳に曰はく、伯・子・男を合して一爵と爲す。）（爵篇）

春秋傳曰、天子三公稱公、王者之後稱公、其餘大國稱侯、小者稱伯・子・男也。

（春秋傳に曰はく、天子の三公は公を稱し、王者の後は公を稱し、其の餘の大國は侯を稱し、小者は伯・子・男を稱するなり。）（同上）

の通りである。つまり、天子に仕える三公職の者が「公」、前王朝の子孫の國の國主も「公」、それ以外の大國の國主は「侯」を稱し、更に小國の國主は「伯・子・男」のいずれかの爵位を稱するが、「伯・子・男」の場合、その三者の序列は同等であるとして、一つの爵中に一括するのである。その「伯・子・男」の爵位を一括する方式について、『白虎通義』は

所以合子・男從伯者何。王者受命、改文從質、無虚退人之義。故上就伯也。

（子・男を合して伯に從ふ所以の者は何ぞ。王者は命を受け、文を改め質に從ひ、虚しく人を退けるの義無し。故に上伯に就くなり。）（爵篇）

という。これでいけば、伯・子・男の三等爵を一つの爵中に一括するとは、三者中最も高位の伯（爵）に下位の子・男（爵）を含めることで、子・男の二爵にとってみれば昇任の殊遇を蒙ることに外ならない。それが「虚しく人を退けるの義無し」のごとき、謂われなく貶退せしめぬ天子の恩惠による措置であれば、臣下を遇する優待措置ともみなせよう。けれども、『白虎通義』のこうした説明は公羊學派の理解とは趣を異にするのである。

『公羊傳』において「伯子男を合して一爵と爲す」との主張は、桓公十一年秋九月「鄭忽出犇衛」の條に見えている。

忽何以名。春秋伯・子・男、一也。辭無所貶。

（忽は何を以て名いふ。春秋は伯・子・男、一なり。辭に貶する所無し。）

というのがそれである。『公羊傳』中、有名な「祭仲の權」の件である。宋の强要によって宋の外甥に當たる突が鄭へ入ると、當時鄭伯となって國政に當たっていた忽（昭公）は抗うこともせず衛への逃亡を圖った。『春秋』はその事實を「鄭忽衛に出犇す」と記したのである。けれども、忽はこの時に鄭伯として鄭の封君となっていたのであるからいかに鄭伯の卑怯を貶黜してであれ、いきなり「忽」と名を記してその怯懦を蔑むことは避け、その爵位を一ランク下げて「伯」を「子」に改めて誅絶を加えるのが妥當なところとなる。それでいけば、鄭忽に對する『春秋』の誅絶の意欲が露わにならない。なぜなら、『春秋』においては、「伯・子・男」の爵位はその序列と無關係に同等で、三者間の位階には何の差序もない。假に鄭伯を鄭子、もしくは鄭男と記しても、それは封君としての任を抛棄して出奔し、自身の保身を圖った鄭忽の惰弱を膺懲したことにはならない。また、先君の喪に服する嗣子の意味で名の代りに「子（こ）」を用いる場合があるが、その場合でも、その稱謂は成君と何等變りがないから降格を示す手立てとはならない。そこで、『春秋』は爵位の「伯」を名の「忽」に改めて、鄭忽を誅絶したというのである。そのことについて、何休の『解詁』にも

春秋改周之文從殷之質、合伯・子・男爲一。一辭無所貶、皆從子。……忽稱子則與諸侯改伯從子、辭同於成君、無所貶損。故名也。

（春秋は周の文を改め殷の質に從ひ、伯・子・男を合して一と爲す。一辭も貶する所無く、皆子に從ふ。……忽

に子と稱すれば則ち諸侯の伯を改め子に從ふと、辭は成君に同じく、貶損する所無し。故に名いふなり。）

（桓公十一年「鄭忽出犇衞」の條）

と説明する。けれども、伯・子・男の三爵がいかに同等であっても、ならば三爵中、どの爵位を用いて表すかということになると、實は何休と『白虎通義』とでは説が分かれるのであって、『白虎通義』では「子男を合して伯に從ふ」との見解を取るのに對し、何休は「皆子に從ふ」との立場に立って、更にその理由を

從子者、制由中也。

（子に從ふは、制中に由るなり。）（同上）

と説く。伯・子・男の三爵中、中間に位置する「子」爵を用いて三爵を代表させるのは、制度は「宜しく中（正）に由るべき」義に從ったからだとの謂である。『白虎通義』が「伯」に從うのは天子の臣下に對する恩寵を示したものであるとするのに較べれば、臣下（封君）が中正の心を持って天子を翼戴し、天子の治績を補翼しなければならない義務の念が際立っていよう。白虎觀會議の參加者側にも勿論こうした解釋のあることは、分かっていた。『白虎通義』自體、「或曰、合從子、貴中也（或ひと曰はく、合して子に從はしむるは、中を貴ぶなり）」と指摘するところである（爵篇）。陳立はこの或説を李育のものであろうと推測するが(28)、その可能性が高い。假にそうであるとすれば、白虎觀會議は博士であった李育の主張を却けてまで、天子の恩寵を優先させる判斷を下したことになり、ここに白虎觀會議がいかに天子の權威とその儀表としての完璧を企圖して進められたか、見て取れよう。

天による天子のカリスマ的地位の確定が爵位を介して圖られ、天子と諸侯の關係もまた爵位を介して確定されるのが、白虎觀會議における理念としての國家の制度であった。爵位の授與權が「爵者天子之所有、臣無自爵之義（爵は天子の有する所にして、臣に自ら爵するの義無し）」（爵篇）のごとく、天子に歸して諸侯には認められていない定理

が、また天子獨尊の支配體制を構築せしめ、封建的秩序を確定させている。從って、諸侯の公・卿・大夫までもが「公・卿・大夫者、何謂也。內爵稱也（公・卿・大夫は、何の謂ぞや。內の爵稱なり）」（爵篇）と爵稱であることを唱える『白虎通義』では、彼等自身もまた天子による爵命・任官を建前とすることになる。もっとも、公・卿・大夫を爵稱とみなす意識はすでに『禮記』王制篇にも見えていて、その文はそのまま『白虎通義』にも引用されている。

王制曰、大國三卿、皆命於天子。下大夫五人、上士二十七人。次國三卿、二卿命於天子、一卿命於其君。小國二卿、皆命於其君。大夫悉同。

（王制に曰はく、大國の三卿、皆天子に命ぜらる。下大夫五人、上士二十七人なり。次國の三卿は、二卿天子に命ぜられ、一卿は其の君に命ぜらる。小國の二卿は、皆其の君に命ぜらる。大夫は悉く同じ。）（封公侯篇）

と。天子による爵命は大國が三卿、次國は二卿で他の一卿は封君、小國は二卿共に封君の爵命とされるが、『白虎通義』はその後直ちに『禮王度記』を引いて

禮王度記曰、子・男三卿、一卿命於天子。

（禮王度記に曰はく、子・男の三卿は、一卿は天子に命ぜらる。）（同上）

といい、子爵・男爵の國の三卿であっても一卿は天子による爵命であると、王制篇の說を修正している。(29) 小國の公卿にも天子の任免權が及んだことになろう。そうであれば、『白虎通義』における古代王朝観は、前漢時代のそれ（『禮記』王制篇の王朝観）に較べてはるかに天子の支配權が强大化していることになろう。それというのもやはり、天子から諸侯、更には諸侯の陪臣にすぎない公卿大夫に至るまでの權力の一元化が爵位を介して圖られたということ、また天子はその上位に天（神）を戴いて――爵位を媒介に――天神の絕對性を自らの統治に反映させるとの帝國観の樹立

に、白虎観會議が成功したからに外なるまい。それが現今の漢王朝を假象とする白虎通國家の實態であるとすれば、白虎通國家の實體は、後漢王朝の實質を色濃く反映したものであること、認めないわけにはいかないであろう。

六　「尊尊」としての君臣の義

諸侯やその臣下の地位が爵位によって定められている時に注意を要することは、諸侯とその臣下の地位の世襲の可否を見た場合、兩者が背反する處遇を蒙る點である。王者不臣篇には

王者不純臣諸侯何。尊重之、以其列土傳子孫、世世稱君、南面而治。

（王者諸侯を純臣とせざるは何ぞ。之を尊重し、其の土を列ねて子孫に傳へ、世世君と稱し、南面して治むるを以てなり。）

のごとく、諸侯の世襲を認め、その應對についても

凡不臣者、異于衆臣也。朝則迎之于著、覲則待之阼階、升階自西階、爲庭燎、設九賓、享禮而後歸。（同上）

（凡そ臣とせざるは、衆臣に異るなり。朝には則ち之を著に迎え、覲には則ち之を阼階に待し、階を升るに西階自りし、庭燎を爲り、九賓を設け、享禮して而る後に歸る。）

との殊遇が規定されている。これに對して諸侯の臣＝卿大夫は

卿不世位、爲其不子愛百姓、各加一功、以虞樂其身也。[30]（封公侯篇）

（卿位を世々にせざるは、其の百姓を子愛せざるが爲に、各々一功を加へ、以て其の身を虞樂せしむればなり。）

と、彼等は忠義によって君主に仕えるものの、その恩愛を民に向け得るものではない職務の限定性を視座にして、その榮耀を個人の一代に止め、地位の世襲は認められないことが言明される。

地位の世襲が諸侯には認められても、卿大夫には認められないことについては、更に明確な説明があって、

何以言諸侯繼世。以立諸侯象賢也。大夫不世位何。股肱之臣任事者也、爲其專權擅勢、傾覆國家。是又慮子孫愚、不任輔政、妨塞賢路。故不世位。故春秋公羊傳曰、譏世卿、世卿非禮也。（同上・前出）

と説かれている。諸侯の世襲が許される理由が「以立諸侯象賢也」であるのは、『禮記』郊特牲篇「繼世以立諸侯象賢也（世を繼ぎて以て諸侯を立つるは賢に象る）」の鄭注に「賢者子孫、恆能法其先父德行（賢者の子孫は、恆に能く其の先父の德行に法る）」と説かれるがごとき觀念[31]を前提に、諸侯とは始封の君が建てた功績によって今に至り、その地位を維持している者であれば、彼も始封の君と同樣の賢才を有して新たな功績を成し遂げるものと期待されるからであろう。そうであれば、「或盜天子土地、自立爲諸侯、絕之而已（或いは天子の土地を盜み、自ら立ちて諸侯と爲れば、之を絕つのみ）」（誅伐篇）のごとく天子の土地を盜んで自立して諸侯となった者は、廢絕を蒙るとの主張は當然である。それに對し、事に當たり、政治の實務を擔當する卿大夫たちは、特定の職務を管掌する職域の限定性の故に、各々の領域で權力を私物化しようとする習染癖を有すとして、職務の世襲が否認されるのである。『白虎通義』は諸侯とその臣下の間に橫たわるこの樣な職務の差異を絕大視し、陰陽說を持ち出して、諸侯の世襲と卿大夫の不世襲を原理的に說こうとするに至る。

諸侯世位、大夫不世、安法。以諸侯南面之君、體陽而行、陽道不絕、大夫人臣北面、體陰而行、陰道有絕。（諸侯は位を世々にし、大夫は世々にせざるは、安にか法る。諸侯は南面の君にして、陽を體して行ひ、陽道は絕えず、大夫は人臣にして北面し、陰を體して行ひ、陰道は絕ゆる有るを以てなり。）（封公侯篇）

諸侯が不絶の陽道に、卿大夫が有絶の陰道に振り分けられることで、諸侯の永續と卿大夫の一代限りが原理として承認されるのである。

ならば、諸侯の地位は、いかなる失態があってもその永續が保障されるのかというと、そうではない。攷黜篇には

諸侯所以攷黜何。王者所以勉賢抑惡、重民之至也。尚書曰、三載考績、三考黜陟。（前出）

と三年ごとに、諸侯は天子による考課を受けることが說かれ、その際

所以三歲一攷績何。三年有成。故于是賞有功、黜不肖。

（三歲にして一たび攷績する所以は何ぞ。三年にして成る有り。故に是に于いて有功を賞し、不肖を黜く。）（同上）

のごとく、功績が嘉納された者には賞賜が、逆にその功績が芳しくない者には黜免の問責が加えられる。具體的に言えば、賞賜の場合、五十里四方の諸侯は五回賞賜を賜ってその爵土（爵位と領地）が進められるに過ぎず（「五十里不過五賜而進爵土」）、七十里四方の諸侯は七回賞賜を賜って爵土が進められるに過ぎない（「七十里不過七賜而進爵土」）。逆に「三考黜陟」して黜免される場合には

百里之侯、一削爲七十里侯、再削爲七十里伯、三削爲寄公。七十里伯、一削爲五十里伯、二削爲五十里子、三削地盡。五十里子、一削爲三十里子、再削爲三十里男、三削地盡。五十里男、一削爲三十里男、再削爲三十里附庸、三削地盡。（前出）

と、三度の考課を經て、ついには封地を失い、もはや諸侯としての爵位も有しない。世襲を許された諸侯であっても治績を擧げえぬ場合には賢人の子孫としての資質が疑われ、その存續は民に害をなすとして阻止されるのである。天子に拜跪して糊途をしのぐ諸侯の姿が想見されるところであろう。

かくして、世襲によってその地位が保護されながら、三年ごとの考黜によってその地位を失いかねない諸侯も、その在職が一代限りの一過性であって、財力を蓄えることの許されない卿大夫も、共に天子による掣肘（爵命を媒介としての拘束）を蒙って、體制に對する反抗心が殺がれるのである。そうした施策を通じて、また白虎通國家は皇帝權力をより强固にし、その絕對を制度として確立する。そのレベルでの天子と諸侯の、更には諸侯とその臣下、萬民との關係は、必然的に臣民の天子に對する全き服從とみなされることになろう。『白虎通義』におけるこうした意味での君臣關係は誅伐篇を通じて確認できるところである。

誅伐篇の劈頭には、誅伐の執行がいかに君主の血縁者であれ、免れ得ない道理を、次のように述べている。前にも述べたことではあるが、改めて考察を加えたい。

誅不避親戚何。所以尊君卑臣、强幹弱枝、明善善惡惡之義也。春秋傳曰、季子煞其母兄、何善爾。誅不避母兄、君臣之義也。尙書曰、肆朕誕以爾東征。誅弟也。（一部前出）

君主の誅殺は、君臣の尊卑の秩序を確立し、强幹弱枝の實を擧げ得る道義的な手段であることを建前として、君主にとっては肉親であってもその行使は果たさなければならない、との主張である。そしてその主張の妥當性を確定する傍證として、『春秋』（莊公三十二年『公羊傳』）と『尙書』（大誥篇）が用いられている譯である。

引用される「季子煞其母兄、何善爾。誅不避母兄、君臣之義也」とは、『春秋公羊傳』莊公三十二年「公子牙卒」の條に見える

季子殺母兄、何善爾。誅不得辟兄、君臣之義也。

（季子母兄を殺すに、何ぞ善みする。誅、兄を辟くるを得ざるは、君臣の義なり。）

を指し、それは莊公亡き後、後嗣を誰にするかを巡る、魯國の內訌の中で張られた傳義であった。莊公の嫡子、子般

を差し置いて、莊公の弟で自身にとっては兄に當たる慶父を推す公子牙に、子般の卽位を實現すべく毒藥を賜って死に至らしめた季子（公子牙の弟）の行爲を、莊公による誅殺とみなして、この傳義は成立するのである。けれども、『公羊傳』はこの後に「然則曷爲不直誅而酖之、行誅乎兄、隱而逃之、使託若以疾死然。親親之道也（然らば則ち曷爲れぞ直ちに誅せずして之に酖し、誅を兄に行ひ、隱して之を逃し、託して疾を以て死するが如く然らしむる。親親の道なり）」と說いて、公子牙を直ちに誅殺せずに毒藥を飮ませ病死を裝って彼の罪を覆い隱し、その上で公子牙の後嗣の魯における存續を圖ったのは、「親親の道」であるとして、『春秋』の記載を家族愛優位の斷罪であるとみなすのである。同樣に、何休も『公羊傳』の「誅不得辟兄、君臣之義也」を「以臣事君之義也。唯人君然後得申親親之恩（臣を以て君に事ふるの義なり。唯だ人君にして然る後に親親の恩を申ばすを得るなり）」と解說し、「親親の恩」を施すことこそが君主の勉めであらねばならないことを慫慂する。(32) 假に、「誅不辟親戚」る公義を『春秋』の大義として提示するのであれば、『春秋左氏傳』隱公四年九月「衞人殺州吁于濮」に見える「大義滅親」こそが傍證として引用されるべきであろう。(33) 繰り返すことになるが、白虎觀會議には『左氏傳』に通じた賈逵等も參加していたのであるから、『左氏』のこの文の提示はなしえたはずである。にも拘わらず、『公羊』ではさほど重視されない、否、死角にされるのが通常である「誅不避母兄、君臣之義也」を特に表章してこれを後漢王朝公認の經義に据えようとするのは、それが經義として後漢王朝にとって必要であり、しかもそれが『左氏傳』からではなく、『公羊傳』に求められているのは、官學としての『公羊』の權威も併せてそこに創出しようとしたからであろう。『公羊』は官學として漢王朝の側に立ったとき、漢王朝の作意によってその性格をいかようにも變化させ得る屬性を身につけた、というべきであろうか。

ならば「親親」の家族愛の重視、ひいては「尊尊」の君臣の義に勝る「親親の義」の重視は、白虎觀會議において

は拒否されるのかというと、そうした傾向が顯著であったのは否めない。やはり誅伐篇に見える

父煞其子當誅何。以爲、天地之性人爲貴。人皆天所生也。託父母氣而生耳。王者以養長而教之。故父不得專也。春秋傳曰、晉侯煞其世子申生。直稱君者、甚之也。

（父其の子を煞せば當に誅すべきは何ぞ。以爲へらく、天地の性は人を貴しと爲す。人は皆天の生ずる所なり。父母の氣に託して生まるるのみ。王者は以て養長して之を教ふ。故に父は專らにするを得ざるなり。春秋傳に曰はく、晉侯其の世子申生を煞すと。直ちに君と稱するは之を甚しとするなり。）

である。「天地の性、人を貴しと爲す」というのは、いうまでもなく『孝經』聖治章の語。『孝經』を引用して、いかに親であっても子を殺すことは許されず、にも拘わらず、親が――よしんば君主であっても――子を殺したとなれば、それは天から生まれた子の養長と教育とを任務とする父君の責務に違反するとして、誅殺を蒙ることの主張である。そこに引用される「春秋傳」は『春秋公羊傳』僖公五年の「曷爲直稱晉侯以殺。殺世子母弟、直稱君者、甚之也」に外ならない。けれども、『公羊傳』が「直稱君者、甚之也」としたのは、『白虎通義』が說く養長と教育を任務とする君父の職務違反に基づくのではなく、何休が說くように「甚之者、甚惡殺親親也。春秋公子貫於先君。唯世子與母弟以今君錄、親親也。今舍國體直稱君、知以親親責之（之を甚しとするとは、甚だ親親を殺すを惡むなり。春秋公子は先君に貫かる。唯だ世子と母弟とのみ今君を以て錄ありて、親親なり。今國體を舍て直ちに君と稱せば、親親を以て之を責むるを知る）」（同上『解詁』）との、肉親を無慘にも誅殺してしまった晉侯の冷血を膺懲してのことである。少なくとも何休のような解釋が、白虎觀會議當時の春秋學にあっては、一般的であったはずである。にも拘わらず、『白虎通義』は『公羊傳』と『孝經』の文を持ち出し、天と君・父の關係に置き換えて、天に對する背任として、君父が子を誅殺する行爲を糾彈するのである。父子の「親親」の關係が、天を押し頂く後漢王朝の前では天と君父の

「尊尊」の關係にすり替わっているのである。

誅伐篇にはまた

子得爲父報仇者、臣子之於君父、其義一也。忠臣孝子所以不能已、以恩義不可奪也。故曰、父之仇不與共天下、兄弟之仇不與同朝、朋友之仇不與同朝、族人之仇不共鄰。故春秋傳曰、子不復仇非子。

（子父の爲に仇を報ずるを得るは、臣子の君父に於ける、其の義一なればなり。忠臣・孝子の已む能はざる所以は、恩義奪ふ可らざるを以てなり。故に曰はく、父の仇は與に天下を共にせず、兄弟の仇は與に國を共にせず、朋友の仇は與に朝を同にせず、族人の仇は鄰を共にせずと。故に春秋傳に曰はく、子は仇に復せずんば子に非ずと。）

との議論も見えている。子となって父の仇を報ずるのは、臣となって君の仇を報ずるのと同義であるとして是認され、更に『公羊傳』隱公十年の傳義「子仇に復せざれば、子に非ざるなり」を得て、仇敵に對する復讐は義務と化す。君・父に限らず、兄弟の仇に對しても、國を共にせざるほどの敵愾心を滾らせて、報復の機會を狙うのは、忠臣・孝子に課せられた責務とみなされる。

ところが、ここまで家族のための報復を唱えていた『白虎通義』は最後に至って子夏の發言を持ち出して、一轉して君命を奉ずる公務の遂行が、家族のための報復に勝る優先事であらねばならない義務を

子夏曰、居兄弟之仇如之何。仕不與共國。銜君命、遇之不鬭。（前引後續）

（子夏曰はく、兄弟の仇に居りては之を如何にせん。仕へては與に國を共にせざるなり。君命を銜めば、之に遇ふも鬭はず。）

のごとく説き、鬭爭に走ることを許さない。家族の仇に對していかに報復の執念を滾らせていたにせよ、その執念は

君臣の公義においては韜晦すべき私怨に外ならず、それにも拘わらず、公務を捨て、報復によって私怨を晴らす行爲に出れば、それは君主に對する叛逆と化す。家族に對する情愛を重んずる「親親」の理念は白虎通國家においてはやはり著しく薄らいでいるのであって、またそれだけに、白虎通國家がいかに強い意志で君主權の強大化を畫そうとしたかを思わせるところであろう。觀念的であるにせよ、『白虎通義』における國家像が儒教の經典が記す以上の強大化を遂げている時に、そこに描き出された古代國家の理想は現存する後漢王朝の根據ともなり、後漢王朝の統治權の絶對化をもたらすことにもなる。章帝を始めとする後漢王朝の指導者達が白虎觀會議に託した意欲が畢竟那邊にあるかを示していよう。

七　天と後漢王朝

天子によって統制される支配機構の頂點に天を戴く白虎通國家は、天神の絶對性が行政權の據り所として措定され、それがまた白虎通國家の國家統制に天の主宰性を強く反映させている。まず天と王者との關係であるが、それは

受命之君、天之所興、四方莫敢違。（瑞贄篇）

（受命の君は、天の興す所にして、四方敢へて違ふ莫きなり。）

のごとく王が天からの命を受け、天子となって天下を統治することの承認をとりつけることによって始めて成立するもので、『尚書』周書中に頻見する天命思想の再來とも目されよう。けれども、白虎通國家における王者は「王者承天統理、調和陰陽（王者は天を承け理を統べ、陰陽を調和す）」（封禪篇）るのごとく天意を受けて萬理を統御し、陰陽を調和して自然界の營爲にも參與する絶大な權柄を有す。その職能や職域は遙かに膨大化し、權能は絶對化してい

る。光武帝劉秀の受命を目の當たりにしてこの情況に際會している白虎観會議の參加者達が特に意識するのは、受命した王がどのような施策によって王朝勃興の正當性を確立し、またその正當性をどのようにして王朝存續の正統性に置き換えてそれを天下に宣揚するか、ということであった。

受命の王者が新王朝樹立後最先に行わなければならないとされたのは、改朔を行って新王朝の政治が開始された事實を民に知らしめることであった。

王者受命必改朔何。明易姓、示不相襲也。明受之于天、不受之于人、所以變易民心、革其耳目、以助化也。（三正篇）

（王者命を受くれば必ず改朔するは何ぞ。易姓を明らかにし、相襲はざるを示すなり。之を天より受け、之を人より受けざるを明らかにするは、民心を變易し、其の耳目を革め、以て化を助くる所以なり。）

新王朝の勃興は前王朝を繼承したからではなく、天意の附託によるものであることを遍く民に知らしめて、それを以後の民の教化策に役立てよ、との主張である。また、受命の王者はそれが天意に適った政治原理であることを理由に、自らの政權内に「三公・九卿・二十七大夫・八十一元士」の官僚體制を組織して、政治の實務に當たることが求められる。

王者所以立三公・九卿何。曰、天雖至神、必因日月之光。地雖至靈、必有山川之化。聖人雖有萬人之德、必須俊賢。三公・九卿・二十七大夫・八十一元士、以順天成其道。（封公侯篇）

（王者三公・九卿を立つる所以は何ぞ。曰はく、天は至神と雖も、必ず日月の光に因る。地は至靈と雖も、必ず山川の化有り。聖人は萬人の德有りと雖も、必ず俊賢を須つ。三公・九卿・二十七大夫・八十一元士にして、以て天に順ひ其の道を成す。）

と。三公・九卿の官僚組織を設けて天子の政務を補翼する政治體制は、漢王朝にあっては前漢武帝時以後顯著になったとのことで（二十七大夫・八十一元士については確認できない）、經學上の理念に止まらず、當今の、後漢王朝の政治體制とも絡んだ緊迫した課題であった。ましてや、「三公・九卿」體制の採用が「以順天成其道」との目的意欲に支えられた施策であれば、その繼續は後漢王朝存續の正統性を育む契機となるはずである。それだけに、この議題を會議の俎上に載せたときには少なからず緊張感が走ったであろうし、その容認を取りつけることが急がれたと思われる。

社會規範としての「三綱」の解釋にも天の權威が用いられる。そこでは、天は天・地・人の三才の思想に還元されて、君臣の主從關係に應用され、

君臣法天、取象日月屈信、歸功天也。

（君臣は天に法りて、象を日月の屈信に取り、功を天に歸するなり。）（三綱六紀篇）

のごとく、君が臣を服從させる力の源泉が天の絶對性であることが力說される。この場合、天は地と人と並稱され、天界の意味も含もう。そこでの天による支配權の樹立とは、自然界の攝理にも似て普遍化し、自然界の悠久不滅の觀照が君主權の無窮と不可侵性を保障し續けるのである。

かくして、王者による討伐それ自體も、

王法天誅者、天子自出者、以爲王者乃天之所立。而欲謀危社稷。故自出。重天命也。

（王天に法りて誅するは、天子自ら出づるは、以て王者は乃ち天の立つる所と爲せばなり。而るに社稷を危くするを謀らんと欲す。故に自ら出づ。天命を重んずるなり。）（三軍篇）

と、天命を受けた王者の當爲として描き出されることになる。

こうした受命の王の姿には後漢王朝の現狀が巧みに投影され、そこに後漢王朝の永續を正當視しようとする意識が

働いていること前述のごとくであるが、ならば受命者の資格はいかんというと、『尙書』周書中に認められた要件に更に幾つか加えることができる。一つは、受命者は王者であると共に、聖人としての評價も勝ち得ていることである。勿論、孔子のごとき道德的完璧を來した有德者を稱して「聖人」と呼ぶ例は、『白虎通義』中にも散見する。

聖人未沒時、寧知其聖乎。曰、知之。論語曰、太宰問子貢曰、夫子聖者歟。孔子曰、太宰知我乎。聖人亦自知聖乎。曰、知之。孔子曰、文王既歿、文不在茲乎。

（聖人未だ沒せざるの時、寧んぞ其の聖を知らんやと。曰はく、之を知る。論語に曰はく、太宰子貢に問ひて曰はく、夫子は聖なる者かと。孔子曰はく、太宰我を知るかと。聖人も亦自ら聖を知るかと。曰はく、之を知る。孔子曰はく、文王既に歿す、文茲に在らずやと。）（聖人篇）

というのは、孔子を聖人とみなすことの正當を確認する發言であろう。けれども、白虎觀會議の趨勢は、有德者を視座にした聖人象を提示することよりは、受命者を聖人と崇め、その治績を以て聖人であることの證據とみなして、その意味での聖人帝王の有り樣を積極的に描き出そうとする。

何以知帝王聖人也。易曰、古者伏羲氏之王天下也、於是始作八卦。又曰、伏羲氏歿、神農氏作。神農氏歿、黃帝・堯・舜氏作。文俱言作。明皆聖人也。

（何を以て帝王は聖人なるを知るや。易に曰はく、古者、伏羲氏の天下に王たるや、是に於いて始めて八卦を作ると。又曰はく、伏羲氏歿し、神農氏作こる。神農氏歿して、黃帝・堯・舜氏作こる。文俱に作を言ふ。皆聖人なるを明らかにするなり。）（聖人篇）

古代、世を繼いで登場した帝王達がいずれも「作」とみなされる事業を達成していたことを根據に、彼等を一樣に聖人とみなす發想である。この場合「作」とは「歿」に對して興起の意であること疑いないが、京師篇に聖人承天而制作。
（聖人は天を承けて制作す。）

とあるのに據れば「制作」の意を含むのであって、聖人帝王達は歷代偉業を興起・制作し、それ故に「聖人」としての評價を得た者たちであった、の意となろう。しかも京師篇の場合はその「制作」が「承天而制作」のごとく天意を受けて實行された事業を指すのであるから、畢竟、「作」とは受命の王者が天意を實現する營みとして世に有益な事業を完遂したこととなり、「聖人」としての評價も、彼等が爲した偉業に基づいて與えられていることとなる。そうしたせいか、『白虎通義』に現れた「聖人」は「制作」の側面から描述されるのが常で

聖人所以制衣服何。以爲絺綌蔽形、表德勸善、別尊卑也。
（聖人の衣服を制する所以は何ぞ。以て絺綌形を蔽ひ、德を表はし善を勸め、尊卑を別つが爲なり。）（衣裳篇）

誰制夷狄之樂。以爲先聖王也。
（誰か夷狄の樂を制する。以て先聖王と爲すなり。）（禮樂篇）

三年之喪、何二十五月。以爲古民質、痛於死者、不封不樹、喪期無數。亡之則除。後代聖人、因天地萬物有終始而爲之制、以期斷之。
（三年の喪は、何ぞ二十五月なるや。以爲へらく、古、民は質にして、死者を痛み、封ぜず樹せず、喪期數無し。之亡ければ則ち除く。後代の聖人、天地萬物に終始有るに因りて之が制を爲り、期を以て之を斷ず。）（喪服篇）

の通りである。(34)

「制作」を伴うことが聖人の要件と見なされているときに、刮目すべきは黄帝の名の由來に對する解釋であろう。

黄帝始制法度、得道之中、萬世不易。後世雖聖、莫能與同也。後世德與天同、亦得稱帝。不能制作。故不得復稱黄也。

（黄帝始めて法度を制し、道の中を得て、萬世易へず。後世聖と雖も、能く與に同じくする莫きなり。後世德天と同じければ、亦帝と稱するを得ん。制作する能はず。故に復た黄と稱するを得ざるなり。）（謚篇）

黄帝は法度を制（作）する偉業をなしたが故に「黄帝」の尊號を得ているのであって、後世その德が天と同じ高みに至った者でも「制作」の事業を伴わない者は「帝」號のみに止まるというのである。黄帝の尊號が彼の制作に由來するとの主張は、「制作」の有無が聖人か否かを分けるほどに決定的な要因とみなされていたことを、示して餘りあろう。そして、かく「制作」を持ち出して新たな聖人像を創出させた經緯の中には、それによって有德から有行、すなわち受命を介して新たな王朝を創出させた帝王の偉業へと、聖人の視座を改めようとした意欲が如實に存していよう。

帝王とはこうした意味での聖人であって、この種の聖人像が白虎觀會議で提起されたのは、それ以前に會議の參加者たちには

非聖不能受命。

（聖に非ざれば受命する能はず。）（聖人篇）

という共通認識があったからではないか[35]。受命の王者を聖人と見なすことの最大の利點は、軍事力によって前王朝を滅亡させたという武斷的な性格を、聖人の語が有する道德的なイメージで拂拭し、新たな王朝の勃興が民にとっては太平の世を開く一大慶事とみなされるところにあろう。後漢王朝の受命の王、光武帝劉秀の功績は前漢王朝簒奪の主、王莽を滅ぼして後漢王朝を復興させた一事に盡きるが、それこそは後漢王朝の再興が世の惡逆を懲らして太平をこと

ほぐ新たな世の創出であることにほかならない。この意味において光武帝が聖人であることの承認を取りつけ、それを天下に宣揚することは、再興後間もない章帝期の漢朝に安定した政權を樹立させるためには、何にも勝る政策上の重要課題であったはずである。そうした意欲が受命の王者卽聖人說には込められているのではないか。

受命者の資格として更に注意を要することは、受命の要件に孝者であることの要請が認められることである。封公侯篇には魯に封ぜられた周公が封地魯には赴かず、京師鎬に止まった事實を『公羊傳』文公年の十三年の傳に基づいて

周公不之魯何。爲周公繼武王之業也。春秋傳曰、周公曷爲不之魯。欲天下一於周也。……周公身薨、天爲之變、成王以天子之禮葬之、命魯郊、以明至孝天所興也。

（周公魯に之かざるは何ぞ。周公武王の業を繼ぐが爲なり。春秋傳に曰はく、周公曷爲れぞ魯に之かざる。天下周に一ならんと欲するなり。……周公身薨じ、天之が爲に變じ、成王天子の禮を以て之を葬むり、魯に命じて郊せしめ、以て至孝は天の興す所なるを明らかにするなり。）

と述べる。『公羊傳』の文は、周公が魯に赴かなかったのは、幼少の成王を輔佐して天下の趨勢を周へ歸一させようとした、その功績を傍證する資料として引用されたに過ぎず、その後の「周公が薨ずると天は災變を降し、成王は周公を天子の禮によって葬り、魯に郊祭の殊遇を與えた」ことには、及んでいない。封公侯篇の天が災變を降した以下の記述は、おそらくは『尙書』金縢篇に見える周公が成王の病を自身に移して王の平癒を祈った故事に因んでのことであって、そこから「至孝は天の興す所なるを明らかにす」との結論を導き出すのは、白虎觀會議參加者たちの恣意によろう。しかも、金縢篇に見える臣下の周公が自身の命と引き替えに主君の成王の平癒を祈った行爲は、「孝」ではなく「忠」である。にも拘わらず、白虎觀會議參加者たちは、周公の忠義を「至孝」に見立てて以後の王朝の盛況

を「至孝天所興也」と斷ずるのである。

臣下の忠義を孝に見立てて稱揚する件は、また三軍篇にも見えている。

論語曰、予小子履、敢用玄牡、敢昭告于皇天上帝。此湯伐桀告天、用夏家之牲也。詩曰、命此文王、于周于京。此言文王誅伐。故改號爲周、易邑爲京也。明天著忠臣孝子之義也。湯親北面稱臣而事桀、不忍相誅也。禮曰、湯放桀、武王伐紂、時也。

（論語に曰はく、予小子履、敢へて玄牡を用ゐて、敢へて昭らかに皇天上帝に告ぐと。此れ湯桀を伐ちて天に告ぐるに、夏家の牲を用ゐるなり。詩に曰はく、此の文王に命ず、周に京にと。此は文王の誅伐を言ふ。故に號を改めて周と爲し、邑を易へて京と爲すなり。天忠臣孝子を著はすの義を明らかにするなり。湯親ら北面して臣と稱して桀に事ふれば、相誅するに忍びざるなり。禮に曰はく、湯桀を放ち、武王紂を伐つは、時なりと。）

文に訛脱があるように思われるが、要するに『論語』堯曰篇に「予小子履、敢へて玄牡を用ゐ、敢へて昭らかに皇天上帝に告ぐ」というのは殷を興した湯王が夏の暴君桀王を伐った時の天への告辭。『詩』大雅、大明篇に「此の文王に命ず、周に京に」というのは、周の文王が殷の紂王を誅伐したことをいう。だから文王は國號を周と改め、邑を京と改めた。これこそは天が忠臣・孝子を顯彰することの意味を明らかにしたものだ。（というのも）湯王が（受命しながら）臣下として桀王に仕えたのは桀王を誅伐するに忍びないからで（、文王も同様で）ある。禮説上「湯王が桀王を放伐し、武王が紂王を誅殺したのは時勢による」との意である。夏桀・殷紂がいかに暴君であっても、彼等に臣從して忠孝の道を盡くした殷の湯王・周の文王は、それ故に天の支持を得て命を受け、ともに殷・周の大國を興したとされ、君主を弑殺した釁虐は時勢に歸して、死角にするのである。湯王・文王の二王は受命の君となって、殷・周の大國を興したことから（周公の場合、王とはならなかったが、受命者とみなされることからこの二王に準ずるのであろう）、先の「至孝は天の興す所なるを明らかにす」との結論もここから導かれるのであろう。けれども、夏桀・殷紂に仕えた時の湯王・文王を視座にするのであれば、その折の彼等に與えられる評價は、孝ではなく忠でなければならない。忠から孝の意味を引き出して、その孝を更に天と關係づけてそれを王者の受命の資格として位置づけるのは、やはり白虎觀會議參加者たちの强烈な思惑に因ること、認めないわけにはゆくまい。

ところで、漢が兩漢を通じ、孝廉制の採用や臣民に『孝經』の素讀を義務づけることによって、孝道德の普及を圖ってきたのは周知のことであり、それ故に漢王朝は「漢は孝を以て天下を治む」との評價を得ることにもなった。そうした只中、漢はまた自らの廟號にも、高祖劉邦・光武帝劉秀以外、「孝」の一字を冠したのであって、それこそは漢が孝による統治を自王朝のアイデンティティとしたことを意味しよう。そうであれば、漢朝歷代の皇帝の理想像には孝思想の體現者であることが最先に求められるのであり、これを聖人として捉え直せば、その姿は『白虎通義』聖人篇に見える

夫聖人之德、又何以加于孝乎。

（夫れ聖人の德は、又何を以て孝に加えんや。）

とならざるを得ない。

漢王朝において皇帝は、まさにこうした意味で臣民からの敬愛と支持を取りつけていたのであり、五經の教義はその關係を君臣や臣民の精神面において構築し、これを道義として定着させようとしたもののごとくである。孝倫理が定礎する國家體制を採り續ける漢王朝であれば、臣民が懷く皇帝像を孝倫理のシンボルとして描き出すことは、臣民の國家に對する忠誠や共感を勝ち得るための、何にも勝る秀逸な施策であったに違いない。歷代聖人帝王の忠義心を孝義に換えてその偉業として描き出したのも、これがためにほかなるまい。もしそうであるとすれば、白虎觀會議が

課題とした帝王と聖人の孝を媒介とした結びつけは、漢王朝の現状と相即した極めて當代的な要請によってなされたこと、再認識する必要があろう。

　ところで、天と帝王との關係はなお様々な局面において闡明される。聖人篇では

　聖人所以能獨見前覩、與神通精者、蓋皆天所生也。

（聖人能く獨り前覩を見て、神と精を通ずる所以の者は、蓋し皆天の生ずる所ならん。）

と、聖人が天與の「神と（自身の）精を通ずる」能力を發揮して獨り前兆を讀み取る異才の持ち主であることが指摘されるが、この場合の聖人も號篇での皇帝が

　號之爲皇者、煌煌人莫違也。……與天地通靈也。

（之を號して皇と爲す者は、煌煌として人違ふる莫きなり。……天地と靈を通ずるなり）

と描かれることによって、帝王とみなされたと見るべきであろう。皇帝が聖人として超越的な能力を備えた者であることの、新たな人格附與である。帝王に對するこうした認識がすでに開かれているのであれば、そこから

　王者承天理物。（誅伐篇）

　王者承天統理、調和陰陽。（符瑞篇、前出）

との、自然界の主宰者としての帝王像の創出も、勢いのしからしむるところであろう。

　帝王と天の關係が制度の解釋にも用いられるに至る。靈臺を例に取ると、『詩』大雅、靈臺篇の毛序は「靈臺」の詩が作られた經緯を説明して「靈臺、民始附也。文王受命、而民樂其有德、以及鳥獸・昆蟲焉（靈臺は、民始めて附するなり。文王命を受け、而して民其の德有りて、以て鳥獸・昆蟲に及ぶを樂しむ）」と述べる。この場合、靈臺とは受命の王、文王が所有する園囿にほかならない。けれども、『白虎通義』辟雍篇では

天子所以有靈臺者何。所以考天人之心、察陰陽之會、揆星辰之證驗、爲萬物獲福無方之元。（天子の靈臺有る所以の者は何ぞ。天人の心を考え、陰陽の會を察し、星辰の證驗を揆りて、萬物の爲に福を獲て方無き所以の元なり。）

のごとく、天子が天人の心を考える等の手段によって、萬物が幸福を得る機關として變貌を遂げているのであり、また「明堂者、天子布政之宮（明堂は、天子政を布くの宮なり）」（『初學記』引「援神契」）とみなされた明堂も

天子立明堂者、所以通神靈、感天地、正四時、出教化、宗有德、重有道、顯有能、褒有行者也。（辟雍篇、前出）

と、天子が神靈との交感を通じて自然界を治めるために必要なカリスマ的資質を獲得する施設と化しているのである。こうしたことはそのまま白虎觀會議においていかに天神の權能が擴大し、それが帝王と結びついて國家體制の神聖化を來たし、それに伴ってカリスマ的な支配權が强大化し膨張をとげているかを、餘すところなく傳えていよう。白虎觀會議における天神と帝王の關係の絶對化、およびそれに伴う皇帝權の絶對化の提言は、白虎通國家において增幅された帝王（皇帝）の支配權を現今の後漢王朝に架橋せんとする試みであったと見なさざるをえない。

結　語

白虎觀會議は、『後漢書』儒林傳上によれば、「連月乃罷」すなわち數ヶ月間を費やしてようやく閉會になったという。そこで戰わされた議題は、『白虎通義』中に「何……」「何以」「……何也」「何謂」「曷……」と記される各々の問いかけを一つの議題としてカウントすれば、ほぼ七二三條に及ぶ(36)。その議題の一つ一つに對し、章帝自身が判斷を

示し、會議での結論となったのであれば、この會議で確定された經義の解釋には、章帝自身の意識や思惑が反映されて、當代的な要求に答える性格のものとなったことはやはり否定できないであろう。當時の後漢王朝が儒教の經義に求めた儒教イデーによる王朝經營の尊嚴化や絶對化、更にはカリスマ化等、そのために必要な新たに發掘された儒教教義がそこに盛り込まれているのは、むしろ當然であった。

德教を自任する儒者の議論であれば、描き出された儒教國家の鳥瞰圖は當然寛容や宥恕を重んずる恤民策がその中核に据えられるはずである。けれども、『白虎通義』に示された王朝國家のあるべき姿は、天神の假象と化した皇帝がその權力を絶對化させて臣民に君臨し、職務の遂行に當たっては、よしんば肉親であろうとも、君臣の忠義に殉ずる忠節を求めるのであって、儒教が理想と仰ぐ「聖人」の稱謂もそのような絶對的な權力を有して國を治める皇帝を聖化する語として使用された趣がある。しかも、その場合特に注意すべきは、そこで導かれた結論は、そうした面で思想的な準備があった古文經學の『左氏傳』に基づいたのではなく、もっぱら『公羊傳』に代表される今文經學派の經義によって立説されたものであり、その形式は、これまで『公羊傳』中では他の主張の陰に隠れてさほど重視されなかった言辭の中から皇帝や王朝權力の增大に繫がる主張を取りだして、これを顯示し、絶對化して、儒教による王朝權力の支持や擁護に役立てたということである。こうした行爲は、儒教、なかんずく今文學派の儒者達から見れば、今文經學と後漢王朝の全き融合には違いあるまいが、反面今文經學の變容であり、今文經學の學説が後漢王朝に奉仕しえる最終段階に立ち至った様態にほかなるまい。かくて、今文經學家はそれを意識しようとしまいと、更なる變容を遂げて、新たな展開を模索せざるを得ない状況に立ち至ってしまったのである。

白虎觀會議が終わって四年が經った建初八年（西暦八三年）の冬、十二月戊申の日、章帝は次のような詔敕を發している。

詔曰、五經剖判、去聖彌遠、章句遺辭、乖疑難正。恐先師微言、將遂廢絶。非所以重稽古、求道眞也。其令羣儒選高才生、受學左氏・古文尚書・毛詩、以扶微學、廣異義焉。

（詔して曰はく、五經剖判してより、聖を去ること彌々遠く、章句の遺辭、乖疑して正し難し。先師の微言、將に遂に廢絶せんとするを恐る。稽古を重んじ、道の眞を求むる所以に非ざるなり。其れ羣儒をして高才生を選び左氏・古文尚書・毛詩を受け學ばしめ、以て微學を扶け、異義を廣めよと。）

（『後漢書』章帝紀）

白虎觀會議が終わってもなお「章句の遺辭」、すなわち白虎觀會議では議論されずに殘ってしまった「章句の言辭」が乖疑して糾正できない狀態に立ち至り、先師の學も廢れかけているが、それこそは古代を考え道の眞理を求める手立てではないとして、群儒の中から高才生を選び出し、彼等に古文の『左氏春秋』『古文尚書』『毛詩』を學ばせよ、というのである。とすれば、ここでいう「先師微言」とは『左氏春秋』『古文尚書』『毛詩』を指すのであり、章帝自身は白虎觀會議の議場で『左氏春秋』『古文尚書』等を十全に用いることの出來なかったことを、自ら悔いていることになる。それ故に、またこの年に高才生を召し出して古文學の經書を學ばせる必要性に驅られているのであろう。章帝のこうした意欲が以後の古文學盛況の推進力となって、古文學はまた新たに儒生たちからの支持を取りつけ發展してゆくことになるのである。

その意味では、この度の白虎觀會議の開催は、『公羊傳』等を奉ずる今文學派に對してはその變容を餘儀なくさせるほどに行き着くべき到達點を示し、『左氏傳』等を奉ずる古文學派に對しては、今文學派が逢着した到達點を越えて新たな展開を遂行し得る新機軸をもたらしたことになろう。白虎觀會議の開催が後漢の經學界に今文學から古文學へとその趨勢を逆轉させる契機となったとみなすのも、あながち無稽ではあるまい。

注

（1）『兩漢紀下（後漢紀）』孝明皇帝紀下第十にも「永平初、（樊鯈）與公卿雜定郊祀禮儀及五經異義、立朝居正、多所匡諫」と見える。

（2）本稿では底本として陳立著、吳則虞點校『白虎通疏證』中華書局、一九九四年刊を用いる。陳立のこの書は文字の異同を正し、關連する資料の所在も明示して極めて有益である。本稿も『白虎通義』を讀み考える上で多大な裨益を受けている。ただし、本稿中、陳立の說として引用する見解は、意見として貴重であり、獨創性の認められるものに限る。

（3）章氏、『兩漢經學史』萬卷樓圖書有限公司、一九九五年五月、第五章「東漢前期反映地主階級保守傾向的白虎觀經學會議」「四　作爲國憲的《白虎通》及其保守的理論體系」。

（4）『禮記』王制篇と『白虎通義』とが同一の系譜で成立していることは王啓發氏「『禮記』王制篇と古代國家法思想」渡邉義浩編『兩漢における易と三禮』汲古書院、二〇〇六年、も同樣に認めるところである。また、王制篇が抱える成立等の種々の疑念については王氏の論文に詳しい。紙幅の都合で本稿では觸れない。

（5）白虎觀會議の開催が前漢宣帝時の石渠閣會議に倣ったものであることはすでに『後漢書』章帝紀（前引）の傳えたところである。その石渠閣會議の開催は、『漢書』儒林傳に據れば「召五經名儒太子太傅蕭望之等大議殿中、平公羊・穀梁同異、各以經處是非」のであって、『公羊』『穀梁』間の傳義の調節が目的であったとされるが、『漢書』の宣帝紀では「詔諸儒講五經同異」とされる。ここにいう「講五經同異」は白虎觀會議の開催目的（『後漢書』章帝紀、前引）と一致し、かつ『漢書』藝文志には「白虎議奏」よろしく、「石渠議奏」の書名が見えている。であれば、石渠閣會議の內容は白虎觀會議と同樣であったことが推測されるが、その詳細を傳える資料は「石渠議奏」も含めて今日に傳わらない。それ故に、今回は敢えて觸れないでおくこととする。

（6）陳氏『《春秋》與「漢道」――兩漢政治與政治文化研究――』第五章「漢室復興的政治文化意義――讖緯和《公羊》學對東漢政治的影響――」第二節「讖緯之學的形成及其對《公羊》學的發展」中華書局、二〇一一年。趙氏『春秋學史』第三章「兩漢春秋學（下）」第二節「《春秋》研究的畸變――春秋緯――」山東教育出版社、二〇〇四年。

（7）趙伯雄氏、注（6）研究書、二〇六頁に據って補う。
（8）陳氏、注（6）研究書、四一八頁。
（9）金氏『漢代思想史』中國社會科學出版社、「讖緯在哀平時期的氾濫及其思想意義」三六九頁。
（10）陳立、注（1）注釋書、二三〇頁。
（11）安居香山・中村璋八『重修緯書集成　巻四上（春秋上）』明德出版社、昭和六十三年、「春秋元命包」五九頁・陳立、注（1）注釋書、六頁に據る。但し、『春秋公羊傳』桓公十一年「鄭忽出奔衞」公羊『解詁』は「元命包」とはせず「皆春秋說文也」という。この點は安居・中村氏も斷っておられる。
（12）安居香山・中村璋八『重修緯書集成　巻五（孝經・論語）』明德出版社、平成四年「孝經鉤命決」六六頁、陳立、注（1）注釋書、四七頁に據る。
（13）陳立、注（1）注釋書、八五頁に據る。
（14）安居香山・中村璋八『重修緯書集成　巻三（詩・禮・樂）』明德出版社、昭和六十三年「禮含文嘉」五一頁、陳立、注（1）注釋書二六五頁に據る。
（15）安居香山・中村璋八『重修緯書集成　巻五（孝經・論語）』「孝經援神契」三五頁、陳立、注（1）注釋書二六五頁に據る。
（16）彼等以外にも、會議への參加者たちは史書に散見する。章權才氏は以下の都合十三名を拾い上げておられる。班固・賈逵・魏應・召馴・樓望・李育・張酺・桓郁・魯恭・丁鴻・淳于恭・楊終・成封。注（3）研究書、二四四頁。
（17）ここの「春秋曰」は『白虎通疏證』（巻五）注（2）注釋書では「春秋傳曰」としているが、引用される「晉士匄」以下の文は襄公十九年の經文である。「春秋曰」に改める。
（18）原文は「又曰、孫首也庸、不任輔政」に作るが、これでは意味をなさない。陳立が「盧云、此文有脱誤。疑是又慮子孫庸愚、不任輔政云々」（注（1）注釋書、一四六頁）というのに從い、改めた。
（19）陳立、注（1）注釋書、二三頁。
（20）三軍篇に「春秋曰、宋人取長葛。傳曰、外取邑不書。此何以書。久也」という。陳立は隱公五年「宋人圍長葛」『穀梁傳』

に「此其言圍何也。久之也。伐不踰時」といい、何休の『公羊』注に「古者師出不逾時、今宋更年取邑、久暴師苦衆居外。故書以疾」というところから「是二傳俱以踰時爲譏也」として、この傳文には『公羊』に限らず『穀梁』の傳義もみとめられるという。陳立、注（1）注釋書一〇〇頁。

(21) 陳立、注（1）注釋書、二〇九頁。

(22) 同上。

(23) 他の四例は「所以名之爲冢宰何。冢者大也。宰者制也。大制事也。故王度記曰、天子冢宰一人、爵祿如天子之大夫。或曰、冢宰視卿、周官所云也」（爵篇）・「社稷所以有樹何。尊而識之、使民望見卽敬之、又所以表功也。故周官曰、司徒班社而樹之、各以土地所宜」（社稷篇）・「桑於西郊何。西方少陰、女功所成。故曾子問曰、天子耕東田而三反之。周官曰、后親桑、率外内命婦、蠶於北郊」（耕桑篇）・「周官曰、凡國之大事、先筮而後卜。凡卜筮、君視體、大夫視色、士視墨。凡卜事、視高揚火以作龜。凡取用秋時。攻龜用春時」（龜人篇）の通りである。

(24) 陳立、注（1）注釋書、四八二頁。

(25) 陳立、注（1）注釋書、五四二頁。

(26) 前者については、陳立、注（1）注釋書、三〇二頁、後者については同上書三一三頁。この外、『毛詩』を古文と見なし、これも古文說に含めることも顯著であるが、徐復觀氏が指摘されるように、前漢時代河間獻王が『毛詩』を自國の博士に立てた經緯があり、『毛詩』は事實上は今文に屬する（『中國經學的基礎』臺灣學生諸局、一九八九年五月、「西漢經學史」「二、西漢經學的傳承」「（四）詩的傳承及其傳承中的問題」一四九頁）。『白虎通義』中に見える『詩』も殆どが『毛詩』であり、『毛詩』を古文と見なすことには躊躇いを覺える。今は一應「古文」とは區別しておくこととする。

(27) 陳立、注（1）注釋書、一頁。

(28) 陳立、注（1）注釋書、一三頁。

(29) 日原利國氏「白虎観論議の思想史的意義づけ」「漢魏文化」第六號、一九六七年、後『漢代思想の研究』研文出版、一九八六年、所收、二八五頁、同解。陳立は「此引似有脱誤」と留保するが（注（1）注釋書一三九頁）、日原氏の說に從う。

（30）陳立は「各加一功」の文に「疑有訛」というが、原文のまま掲擧する。陳立、注（1）注釋書、一四三頁。

（31）陳立、注（1）注釋書、一四四頁に據る。

（32）徐疏に「欲道殺世子母弟、所以直稱君甚之之義。言得申親親之恩而不申之。故甚其意耳」という。

（33）日原氏の指摘による（注（29）論文）。但し、日原氏は左氏説の存在を前提とするのであるが、私自身は『左氏』説の存在を『白虎通義』中に確認できていない。

（34）孔子の場合もその聖人としての評價の原因が「制作」であることは、五經篇の「（孔子）已作春秋、復作孝經何。欲專制正。……夫制作禮樂、仁之本、聖人道德已備」の文中に確認できよう。

（35）こうした意味での聖人像を承認しようとする際に妨げとなるのは災異思想であろう。災變篇で「天所以有災變何。所以譴告人君、覺悟其行、欲令悔過修德、深思慮也」と説くように、災變が天神の人君の失政に對する譴責であるとすれば、自然界に災變がもたらされる限り、それを自己に對する譴責として受け止めなければならない人君は、自己の無能を世に晒し續けなければならないことになる。白虎觀會議においてもこうして點を危惧して以下のような議論がなされた。「堯遭洪水、湯遭大旱、亦有譴告乎」と。けれども會議の結論は、災變の發生を「命運時然」と時運に歸し、聖人君主の德はこれを守り通すのである（災變篇）。災異思想が蔓延する當時の社會狀況から見ればいささか強引な幕引きとしか思われまい。けれども、この強引な決着の附け方にこそ、白虎觀會議が皇帝に託した聖人像への思い入れの強さが現れていよう。

（36）先秦兩漢古籍逐次索引叢刊『白虎通義逐次索引』商務印書館、によって數えた。闕文篇の辭例も含む。

第五章　許愼の『五經異義』について

はじめに

許愼といえば『説文解字』の著者としてその榮名を馳せているが、『五經異義』[1]もまた彼の著作として有名である。『五經異義』は後漢の章帝期、朝廷内で交わされた今古文論爭を受けてこれを引き繼ぎ、今文學と古文學との間に存在する經説の異同を調停し、これを整理した書と見なされている。そのように見ることにはおそらく誤りあるまいが、けれどもその書名が「五經異義」であるのは、古文學の立場からの調停が「異義」としての新たな價値觀をそこに生み出していたことを物語るであろう。本章ではそこに着目し、許愼の『五經異義』に對する再考察を試みようとする。その際、視座にするのは今文學の代表としての「公羊説」と、古文學の代表としての「左氏説」の論難である。今日『五經異義』として讀み得るのは輯佚本として手にすることの出來る一部にすぎず、その内容も斷片的でありながら議論の大半が『公羊』『穀梁』『左氏』の『春秋』學説であることから、『五經異義』に見出されている經學の新生面も、春秋學の展開線上に見出し得る、と思われるからである。

一　許愼の生涯

許愼の生涯は『後漢書』の儒林傳に載せられているが、その内容は極めて簡略で、省略も多い。

許愼字叔重。汝南召陵人也。性淳篤、少博學經籍、馬融常推敬之、時人爲之語曰、五經無雙許叔重。爲郡功曹。擧孝廉、再遷除洨長。卒於家。初愼以五經傳説臧否不同、於是撰爲五經異義、又作説文解字十四篇、皆傳於世。

（許愼字は叔重。汝南召陵の人なり。性淳篤にして、少くして經籍に博學にして、馬融常に推して之を敬し、時人之が爲に語りて曰はく、五經無雙の許叔重と。郡功曹と爲る。孝廉に擧げられ、再び遷りて洨長に除せらる。家に卒す。初め愼五經傳説の臧否同じからざるを以て、是に於いて撰して五經異義を爲り、又説文解字十四篇を作り、皆世に傳はる。）

というのがその全文で、從って後代許愼の生涯を詳細にすべく多くの年譜の類が著わされた。なかんずく董希謙・張啓愌兩氏の研究は、これまでの研究成果も取り込んで許愼の生涯を描き出し、允當な見解に富む(2)。そこで、以下には董希謙・張啓愌兩氏の見解に基づき、他氏の説も參考にしながら、許愼の生涯のあらましを跡づけることとする。

許愼の生年である。『後漢書』は生年だけではなく、卒年をも記しておらず、從って確實なところは不明である。諸可寶氏は、許愼の子の許冲が許愼になり代わって朝廷へ『説文解字』を奉呈した建光元年（西暦一二一年）には、許冲はその年齢が三十歳以上であったに違いなく、漢制に據れば、男性は三十歳で女を娶り、翌年には子を設けるのが慣わしであるから、この時許愼は六十歳を越えていたと思われる。それでいけば、許愼の生年は光武帝の建武三十一年（西暦五五年）が妥當であるという。

　また、その許愼の貫籍を『後漢書』では「汝南召陵」とだけ記し、召陵のどこであるかは記さない。それを許沖が『說文解字』を上呈したおりの上書文「上說文解字書」では自身を「召陵萬歲里公乘草莽臣沖」と紹介し、召陵の萬歲里を鄕貫とする民爵第八位の「公乘」とする。從って、許沖の身分は彼が「草莽」と述べるように布衣であって、許愼は『說文解字』が朝廷へ上呈された當時、民として生きる子の許沖等と共に萬歲里で餘生を過ごしていたことになる。

『後漢書』許愼傳はその後に許愼が若い時から廣く經籍を學んでいたことを記すが、曖昧である。董・張兩氏はこの頃の許愼の事跡を以下のように推斷する。「『漢書』藝文志に「古者八歲入小學。故周官保氏掌養國子、教之六書。謂象形・象事・象意・象聲・轉注・假借。造字之本也（古者、八歲にして小學に入る。故に周官の保氏は國子を養ひ、之に六書を教ふるを掌る。象形・象事・象意・象聲・轉注・假借を謂ふ。造字の本なり）」ということや『說文解字』敍に「周禮八歲入小學、保氏教國子、先以六書（周禮に八歲にして小學に入り、保氏國子に教ふるに、先に六書を以てす）」とあることによれば、まず小學に入って識字中心の教育を受けたのであり、その二年後には更に『詩經』『論語』『孝經』『禮記』や諸子の著作を讀まされたのであろうが、許愼はそれらを晝夜誦讀し、各書の知識を融合させ、體系立てるまでに至ったものと思われる。この時に身につけた知識や教養が後に『五經異義』や『說文解字』を著わすための基礎力となった」と。

　小學での硏鑽を終えて、許愼は郡功曹となった。やはり、董・張兩氏の推測である。『說文解字』敍には「尉律、學童十七以上始試、諷籒書九千字、乃得爲吏（尉律に、學童は十七以上にして始めて試み、籒書九千字を諷せば、乃ち吏と爲るを得）」と、すなわち尉律では、學童は十七歲になると試驗を受け、籒書（小學の字書）九千字を諷誦できたならば、吏となれる、という。こうした試驗に合格し、吏として二・三年を經た後、許愼は晴れて汝南郡の功曹となった。功曹は州郡の佐吏であって、人事を掌る以外、一郡の政務に參與する重任である。許愼は若輩の身でありながらこの重責を任されて能くその任をこなし、稱贊をかちえたのであったと。嚴可均はこの頃の許愼を『汝南先賢傳』中の「許愼爲郡功曹、奉上以篤義、率下以恭寬（許愼郡功曹と爲りて、上に奉ずるに篤義を以てし、下を率ゐるに恭寬を以てす）」に見出している。

三十歳になると孝廉に擧げられることとなった。後漢における孝廉の察擧は、一郡二十萬人の人口から一人が擧げられる定めであった。もっとも、明帝の永平元年（西暦五八年）、長水校尉を拜命した樊儵が「郡國擧孝廉、率取年少能報恩者、耆宿大賢多見廢棄。宜勑郡國簡用良俊（郡國孝廉を擧ぐるに、率ね年少の能く恩に報ゆる者を取り、耆宿・大賢は多く廢棄せらる。宜しく郡國に勑して良俊を簡び用ゐるべし）」（『後漢書』樊儵傳）と奏上した時に孝廉の選擧規定が設けられたらしく、和帝の時に崔瑗は三十歳限年に反對する立場から「臣聞、孝廉皆限年三十乃得察擧、恐失賢才之士也（臣聞く、孝廉は皆限年の三十にして乃ち察擧を得れば、恐らくは賢才の士を失ふならん）」（『淵鑑類函』孝廉引「崔氏家傳」）との上奏を試みなければならなかった（董・張兩氏に據る）。

孝廉に擧げられた後の許愼を『後漢書』は「再遷除洨長、卒于家（再び遷りて洨長に除せられ、家に卒すと）」と一括して締め括るが、許冲の「上説文解字書」はその間に「太尉南閤祭酒」となった經歷を差し挾む。「臣父故太尉南閤祭酒愼、本從逵受古學（臣の父故の太尉南閤祭酒愼は、本逵に從ひて古學を受く）」というのが、それである。いうところの「太尉南閤祭酒」とは、林泰輔氏によると「太尉南閤祭酒とは、大尉府の掾曹にて、南閤に出入する者の首領(3)」のことである。許愼が京師洛陽に赴いて太尉南閤祭酒に任じられたのがいつかということについては、幾つか説がある。中でも、章帝の建初八年（西暦八三年）のこととみなす清儒姚鼐（號は朱竹君）の説は衞宏の『漢官舊義』に「令丞相設四科之辟、以博選異德名士。第一科曰德行高妙、志節清白、補西曹南閤祭酒（丞相に令して四科の辟を設け、以て博く異德の名士を選ばしむ。第一科を德行高妙、志節淸白と曰ひ、西曹南閤祭酒に補す）」というのに照合して極めて蓋然性が高い。それというのも、『後漢書』賈逵傳に據れば、賈逵は建初元年（西曆七六年）に章帝の詔によって京師に入り、北宮白虎觀・南宮雲臺での講學を命じられ、章帝からは褒賜を賜っていたのであり、その建初八年に、更に章帝は「乃詔諸儒各選高才生、受左氏・穀梁春秋・古文尙書・毛詩（乃ち諸儒に詔し各々高才生を選び、左氏・穀梁春秋・古文尙書・毛詩を受けしむ）」ということを行わせ「由是四經遂行于世（是れ由り四經遂に世に行はる）」という結果をもたらしているから、許冲が「臣父故太尉南閤祭酒愼、本從逵受古學」というのは、この建初八年に辟召されて太尉南閤祭酒となって以後のことと考えなければならないからである。

以後の經緯も董・張兩氏の見解に從うべきであろう。和帝の永元元年（西曆八九年）、和帝は賈逵を左中郎將に任じ、同八年（西曆九六年）には再び侍中に任じて騎都尉を領せしめ、内に帷幄を備え、兼ねて祕書の近署を領せしめている。この時、許愼はなお大尉南閤祭酒として廣く通人に問い、これを賈逵に考えて、大小いかなる問題に對しても「信にして證有る」解答を出し、畢生の大作『說文解字』の上梓を間近に控え、ついに永元十二年（西曆一〇〇年）その草稿を完成させた（『說文解字』敍による）。もっとも、『說文解字』が完成したのはこの永光十二年のことであっても、この書が朝廷へ奉呈されたのは、それから二十一年が經った安帝の建光元年（西曆一二一年）のことであった。それというのも、「上說文解字書」に據れば、「愼前以詔書校書東觀、敎小黃門孟生・李喜等、以文字未定、未奏上（愼前に詔書を以て書を東觀に校し、小黃門孟生・李憙等に敎へ、文字未だ定まらざるを以て、未だ奏上せざ）」るものようであった。東觀での校書や孟生や李憙といった小黃門に文字を敎授するかたわら、『說文解字』の更なる完璧を期して推敲に餘念のない許愼を彷彿とさせよう。

この時期、もう一つ許愼にとっては得難い遭遇があった。安帝は永初四年（西曆一一〇年）に謁者劉珍及び五經博士に詔して、東觀で「五經・諸子・傳記・百家藝術を校定し、脫誤を整齊し、文字を是正する」（『後漢書』孝安定紀）よう命じているが、この校讎の作業には校書郎を拜したばかりの若き馬融も參加して（『後漢書』馬融傳）、許愼はこれを機會に馬融と交わり、馬融からは「馬融常推敬之」（前出）のごとく、常に尊敬の念を以て應對されたという。おそらく『五經異義』はこの頃にほぼその原型を完成させていたであろう。

『後漢書』儒林傳の許愼傳には、彼の事跡の最後に「再遷除洨長」せられたことを記している。けれども、許冲の上書中にはその事實が記されていない。上書文が許愼の官職として記したのは「故太尉南閤祭酒」であって、それは許愼が任官した最後の官職が「太尉南閤祭酒」であったことを示すにほかならない。もっとも、白川靜氏は許冲の上書の方は「內官を以て言った」に過ぎないとみなしているが、[4] けれども董・張兩氏が指摘するように、「洨長（洨の縣長）」の方は「除」せられたにせよ、その後の許冲の上書文に「今愼已病、遣臣齎詣闕（私の父許愼は病にあって、私に『說文解字』の草稿を朝廷に屆けさせた）」といわれるほどの病狀に陷っているのであれば、當初から洨長の任を勤め上げるのは困難であって、その病身を鄉里の萬歲里で休めなければならなかったはずである。赴任を辭退したか、よしんば赴任したにせよその任期を全うできたか否か、疑問が殘らないとは言えない。かくして許愼は、鄉里に退いて病床に伏しながらその三年後に子の許冲を京師へ赴かせ、自身になり代わってその巨著『說文解字』（及び『孝經孔氏古文說』）を朝廷へ獻上せしめて積年の思いを遂げ、安帝の末年から桓帝の初年にかけてのいずれかの時に、家族に見守られながら家で卒去したと考えられるのである。董・張兩氏に據れば「彼の卒年は安帝の延光四年（西暦一二五年）で、享年七十二歲の生涯であった」という。

二　『五經異義』著作の意圖

『後漢書』許愼傳は『五經異義』の著成を説明して「初、愼以五經傳説臧否不同、於是撰爲五經異義」（前出）という。けれども、これでは書名と著作の動機が一致しまい。假に『後漢書』許愼傳がいうように「五經の傳・説の良し惡しが各々異なっている」のが『五經異義』著作の動機であれば、その命名はかつて指摘されたように「五經正義」ないし「五經眞義」といった類となるはずである。いったい、今日に傳わる『五經異義』はすでに完本の體裁を失ってその大半を亡失させてはいるものの、內容は「昏冠・聘問・錫命・喪祭・明堂・社稷・征役・田稅・器物・樂舞等に涉及し、一事を論證するごとに今古文經の家法を具えてその統緒・源流を明らかにし、五經に關わるものであれば今古文經學諸家の説を列擧して自身の斷案を下す判定法を採っ」ている。(5) その際、許愼は「今文經學を肯定したり、古文經學を肯定したり、あるいは兩者を共に否定したりして」(6) 一家に組しない高踏的態度を持するのであるが、それでも『五經異義』の大半は、古文經説を支持する結果となっている。その意味では、『五經異義』は明らかに今文經學一尊の後漢の官學界に對して古文經學の進出を圖る、ひいては今文經學に古文經學を加えた、雙方に跨る經學の廣領域化を目論んだ經説の書とみなしえるのである。

そうした假説に逢着した今、刮目すべきは『後漢書』孝章帝紀の建初八年の冬十二月戊申、すなわち白虎觀會議が行われた四年後に出された章帝の次の詔敕であろう。

詔曰、五經剖判、去聖彌遠、章句遺辭、乖疑難正。恐先師微言將遂廢絶。非所以重稽古、求道眞也。其令群儒選高才生、受學左氏・穀梁春秋・古文尚書・毛詩、以扶微學、廣異義焉。

（詔して曰はく、五經剖判してより、聖を去ること彌々遠く、章句の遺辭、乖疑して正し難し。恐らくは先師の微言將に遂に廢絶せんとす。稽古を重んじ、道の眞を求むる所以に非ざるなり。其れ群儒に令し高才生を選び、左氏・穀梁春秋・古文尙書・毛詩を受け學ばしめ、以て微學を扶け、異義を廣めよと。）

と。章帝は早くから『古文尙書』や『左氏傳』等の古文經に對しても興趣を持ち、經義の統一を目指した白虎觀會議を催すなど、古文經の普及を圖った後漢一代の明君と仰がれているが、この詔敕において章帝は『左氏春秋』『穀梁春秋』『古文尙書』『毛詩』の古文經を「微學」とみなし、その教義を「異義」と呼んで、群儒に命じて高才生にこれらの古文經を受講させ、以て古文經學の振興を目論んでいるのである。こうであれば、章帝は官學としての今文經說を容認する一方で、新たに臺頭しつつある古文經說にも今文經說に有するのと等分の期待を寄せるのであって、それというのも、今文經學と古文經學とが相補的に機能して經學全體の版圖を擴大させ、そこに後漢王朝の隆盛を展望する、遠大な構想にほだされてのことに違いない。

「異義」とはもはや今文學に對する異說ではなく、今文經說と同等の權威を有し、經說として後漢王朝の道義を支えなければならない使命を有しているのである。許愼は南閤祭酒としてこの章帝の詔敕に接し、章帝が求める「異義」に相應しい五經の古文經說を示そうとしたのであり、その目的意欲に沿って著わされたのがその『五經異義』であった。從って、許愼における古文經說の顯彰とは「異義」に相應しい經說の發見であり、その經說としての價値の檢證であって、その裏面には本來今文經說に對する貶意は含まれていなかったはずである。にも拘わらず、許愼が今文經說の不適切を指摘せざるを得なかったのは、それが古文說が今文說に對峙するための拮抗性を獲得する手段であり、經義としての適切を主張するためにはやむを得ない措置とみなされたからであろう。

書名の「異義」に次いで刮目すべきは、『五經異義』の議論の背後には、ともすると『白虎通義』の經義が意識されている、ということである。曹建墩氏に「昏冠・聘問・錫命・喪祭…等に涉及し、……五經に關わるものであれば今古文經學諸家の說を列擧して自身の斷案を下す」（前出）と評されたその形式が、章帝の建初四年（西暦七九年）、白虎觀を會場にして帝自身の臨席を仰いで開催された經學討論會での議論＝『白虎通義』を彷彿させることもさりながら、今文經說を批判する際には往往に『白虎通義』の經義が念頭におかれているのである。例えば『五經異義』で

古周禮說、天子無爵。同號於天、何爵之有。謹案、春秋左氏云、施於夷狄稱天子、施於諸夏稱天王、施於京師稱王。知天子非爵稱、從古周禮義。

（古周禮說に、天子は爵無し。號を天に同じくせば、何の爵か之れ有らん。謹案するに、春秋左氏に云ふ、夷狄に施すには天子と稱し、諸夏に施すには天王と稱し、京師に施すには王と稱す。天子は爵稱に非ざるを知るは、古周禮の義に從る。）

と說かれる古文『周禮』說に基づく「天子無爵」說は、『白虎通義』では逆に（天子有爵不）

天子者、爵稱也。爵所以稱天子何。王者父天母地、爲天之子也。故援神契曰、天覆地載、謂之天子、上法斗極。鉤命決曰、天子、爵稱也。

（天子は、爵稱なり。爵天子と稱する所以は何ぞ。王者は天を父とし地を母とし、天の子と爲ればなり。故に援神契に曰はく、天は覆ひ地は載せ、之を天子と謂ふは、上は斗極に法ればなりと。鉤命決に曰はく、天子は、爵稱なりと。）（爵）

と、「鉤命決」や「援神契」の緯書說によって「天子有爵」說の正しさが承認されているのである。つまり、『五經異義』の「天子無爵」說は白虎觀會議で公認された「天子有爵」說を否定して提示されるところに、今文說に對峙する『異義』說としてその價値を確定させているのである。

同様の事例は『五經異義』の「天子親迎不」にも見ることができる。『異義』では

禮戴說、天子親迎。春秋公羊說、自天子至庶人、皆親迎。左氏說、天子至尊無敵。故無親迎之禮。諸侯有故若疾病、則使上大夫迎、上卿臨之。許氏謹案、高祖時、皇太子納妃、叔孫通制禮、以爲天子無親迎。從左氏義也。

（禮戴說に、天子は親迎すと。春秋公羊說に、天子より庶人に至るまで、皆親迎すと。左氏說に、天子は至尊にして敵無し。故に親迎の禮無し。諸侯に故（こと、事故の意）若しくは疾病有らば、則ち上大夫をして迎へ、上卿をして之に臨ましむと。許氏謹案するに、高祖の時、皇太子妃を納れ、叔孫通禮を制し、以て天子は親迎する無しと爲す。左氏の義に從ふ。）　（天子親迎不）

と、『左氏傳』と『左氏傳』義に從った叔孫通の「制禮（『漢儀』のことであろう）」を正當と見て「天子不親迎」說を唱えているが、しかし『白虎通義』では

天子下至士、必親迎授綏者何。以陽下陰也。欲得其歡心示親之心也。

（天子より下士に至るまで、必ず親迎して綏を授くるは何ぞ。陽を以て陰に下ればなり。其の心を歡ばすを得て親しむの心を示さんと欲するなり。）　（嫁娶）

と、天子より士に至るまで一様に「親迎」することを經義の正當とみなしているのであって、『五經異義』の「天子不親迎」說は言わば後漢王朝公認の『白虎通義』說を否定することによって、『白虎通義』と同等の地平に到達しているのである。

こうした許愼の立場は、古文經の經說を盾にとって今文經ないし緯書說の主張を否定するもので、一見すれば白虎觀會議での今古文說の應酬を蒸し返し、すでに公義と定まった『白虎通義』の今文經說を凌ぐ、古文經說の優秀を示そうとする暴擧ともみなせよう。だからといってその營爲は、許愼にとって決して否定さるべき筋合いのものではな

かった。このようにみなし得ることは、許愼が捉える「異義」としての古文說義が『白虎通義』中に示される今文經說義の範圍內でも模索されていることを示すに過ぎず、「異義」の捜出が『白虎通義』の今文經說との稽合の上に進められていることを物語るに外なるまい。

繰り返すことになるが、『白虎通義』の經義は章帝臨席の上で協議・決定された國家公認の教義である。南閤祭酒であるにせよ、一介の儒生官僚にすぎない許愼がその國家公認の經義を訂正しようとするのは無謀極まりない。けれども、許愼は今文說に伍する古文說の提示をためらうことはなかったのである。『五經異義』を著わしてそれを朝廷に奉呈せんとする許愼の意欲は、白虎觀會議から四年が經った、先に見た章帝の詔敕「異義を廣めよ」によって、自身に課せられた敕命とも化し、今古文の兩立の上に營まれる後漢王朝の新たな經義の創出が自身の使命ともなっていた。そして、それが『白虎通義』の國家的權威を侵すであろう豫想を覆い隱していたのである。あるいは、その僭越は、今文說に向けた古文說からの「異義」の擴充という觀點からみれば、後漢の經學の規模を擴大させる一大慶事として、許愼の執筆意欲を高めていたのかもしれない。

三　「春秋傳」から「春秋說」へ

白虎觀會議では各經典間の經義の異同を是正して唯一正當な解釋に歸一することを旗幟に、經學の全領域にわたって討議が試みられたが、その際討議の指針として用いられたのが今古文の各經傳、なかんずく、今文經傳中の『春秋公羊傳』であって、その傳義は「春秋傳曰」を冠して討議の要衝で繰り返し引用された所である。

『春秋公羊傳』の傳義が「春秋公羊傳曰」として引用されるのは『白虎通義』中僅か四回であるのに對し、「春秋傳曰」として引用されるのはほぼ五十二回に及び、その比率は『白虎通義』所引「春秋傳曰」の全使用例五十五回のほぼ九五パーセントを占める。そしてそれらの『公羊傳』はほぼ例外なく各々經義の正當を明らかにして、その確實性を確定づけている。

分かり易いところから例を擧げると、まず『白虎通義』誅伐篇に見える

誅不避親戚何。所以尊君卑臣、强幹弱枝、明善善惡惡之義也。

（親戚を避けざるは何ぞ。君を尊び臣を卑しめ、幹を强め枝を弱くし、善を善とし惡を惡とするの義を明らかにする所以なり。）

についてである。君主の誅伐が肉親にも及ばざるを得ない道理を「尊君卑臣、强幹弱枝、善善惡惡」の秩序維持に求め、その際肉親をも殺す殘虐性を

春秋傳曰、季子煞其母兄、何善爾。誅不避母兄、君臣之義也。

（春秋傳に曰はく、季子其の母兄を煞すに、何ぞ善するや。誅母兄を避けざるは、君臣の義なり。）（同上）

と、『春秋公羊傳』莊公三十二年の傳文「季子殺母兄何善爾。誅不避兄、君臣之義也」を持ち出して覆い隱すのである。兄の死と引き替えに保たれるほどの君主の威嚴とその絶對を、『春秋』の公理として提示するのである。

次に爵篇に見える

殷爵三等、謂公・侯・伯也。所以合子・男從伯者何。

（殷爵は三等にして、公・侯・伯を謂ふなり。子・男を合して伯に從ふは何ぞ。）

についてである。殷の爵位は公・侯・伯・子・男の五等爵ではなく公・侯・伯の三等爵であり、その場合の「伯」には子・男の二爵も從屬しているが、それは何故か、との問いに對し、その理由を『春秋公羊傳』桓公十一年の傳文

「春秋、伯・子・男一也」を持ち出して、

春秋傳曰、合伯・子・男爲一爵。

（春秋傳に曰はく、伯・子・男を合して一爵と爲す。）（同上）

と說くのである。かくて、『春秋』の經義は『公羊の』傳義によって殷爵の「三等」＝公・侯・伯であることが承認され、確定されたのである。

もう一例擧げよう。『白虎通義』嫁娶篇に見える

諸侯所以不得自娶國中何。諸侯不得專封。義不可臣其父母。

（諸侯自ら國中より娶るを得ざる所以は何ぞ。諸侯は專封するを得ず。義其の父母を臣とする可からざるなり。）

との問答である。諸侯は內娶、すなわち國中から自身の妃を娶ることができないのは何故かという問いに、諸侯は自身が臣下を封ずることは許されておらず、その父母を臣下とすることも許されていないからだ、との答えを準備して、それに續いて『春秋公羊傳』僖公二十五年の「宋三世無大夫。三世內娶也」の文を

春秋傳曰、宋三世無大夫。惡其內娶也。

（春秋傳に曰はく、宋は三世大夫無しと。其の內に娶るを惡むなり。）（同上）

と『春秋傳』義として示し、內娶を繰り返した宋がその擧げ句にことごとく臣下を失った弊害を指摘する。何注を參照しながら具體的に說明すれば、「天子ならば庶人の女を娶ることもできようが、それは天子は專封できるから。けれども諸侯は專封できないから內娶などできない。というのも、國君が國內から娶ればそれは大夫の女を娶ることになり、妻の父母を臣下と出來ない禮制上の建前からは、その大夫を臣下として從わせることはもはや困難となる。內娶の繰り返しは必然的に大夫の不在を招くことになる。だから『春秋』は大夫の名を删去して宋君の道義を糾彈した」(7)

となろう。內娶の反社會性が明らかとなって、それを繰り返すことが諸侯の沒義とみなされ、忌避されることになるのは必至である。

『白虎通義』においては、『春秋公羊傳』の傳義が官學としての權威を纏って會議の諸課題に對し様々に援用され、そこに導かれる經義の判定に多大な影響を與えることになったが、それこそは今文經典に基づく經學理念の絕對化を促す原動力ともなった。許愼の『五經異義』も『春秋傳』義によって議論を展開させる點は同じであるが、傳義は『白虎通義』のように『公羊傳』一邊倒ではなく『左氏傳』と『穀梁傳』も等しく援用され、かつ、そこに提出される『春秋』傳義は傳義の枠打ちを突き破り、「說義」の推測へと拔け出ているのである。

いったい、『五經異義』において『公羊傳』義は「春秋公羊傳」の名を冠して引用されるのではなく、「公羊說」もしくは「今春秋公羊說」の名の下に引用されるのであり、その引用文も『公羊傳』義の再提示ではなく『公羊傳』義の敷衍解釋や他義への轉用、甚だしい場合は他の今文經說をも吸收した總合解釋であったりする。その點、『春秋穀梁傳』や『春秋左氏傳』も同様で、『春秋穀梁傳』義は「穀梁說」、『春秋左氏傳』義は「左氏說」もしくは「春秋左氏說」の名で引用されるのであり、それが『左氏傳』以外の古文經說を含む場合があることも、「公羊說」と同様である。

許愼が今古文說の對立をかく「公羊說」「左氏說」として提示するのには、彼なりの思惑があったのであろう。經傳の對立を視座にした今古文經學の優劣はすでに白虎觀會議において決着を見ているのであるから、同様のやり方で『公羊傳』の今文經學を『左氏傳』の古文經學に比較して、改めてその優劣をあげつらうことは、繰り返して述べることになるが『白虎觀會議』での決定に異議を差し挾むに等しい。後漢王朝の儒教政策に「否」を唱えることにも繫がりかねない。であれば、許愼にとってなすべきことは、今古文經學の間に介在する未決着の領域、すなわち

――春秋學の領域からすれば――傳義以前の、傳義を確定させるための論說の領域に立ち戻って、あるいは經・傳義の上に芽生えた引伸義や派生義を逐一點檢する作業を通じて、今文說に勝る古文說の優位を確認することとなったに違いない。かくて、古文經義を今文經義と同等の地平でその固有の價値を確定しようとする許愼は、特に「左氏說」の優秀を「公羊說」を論難する構圖で證明することになる。

『五經異義』「未踰年之君立廟不」の場合である。

未踰年之君立廟不。春秋公羊說云、未踰年君有子則書葬立廟。無子則不書葬。恩無所錄也。左氏說云、臣之奉君、悉心盡恩、不得緣君父有子則爲立廟、無子則廢也。……許君案、禮云、臣不殤君、子不殤父。君無子而不爲立廟、是背義棄禮、罪之大者也。

（未踰年の君は廟を立つるや不や。春秋公羊說に云ふ、未踰年の君にして子有らば則ち葬るを書し廟を立つ。子無ければ則ち葬るを書せず。恩錄する所無ければなり。左氏說に云ふ、臣の君を奉ずるには、心を悉くし恩を盡くし、君父に子有れば則ち爲に廟を立て、子無ければ則ち廢するに緣るを得ざるなり。……許君案ずるに、禮に云ふ、臣は君に殤せず、子は父に殤せずと。君に子無くして爲に廟を立てざるは、是れ義に背き禮を棄つるにして、罪の大なる者なり。）

未踰年の君が卒して子供がいなかった場合、その君のために廟を建てるか否かとの問いである。所引の「公羊說」は「未踰年君有子則書葬立廟、無子則不書葬」の部分が『春秋』莊公三十二年『公羊傳』の文。それに續く「恩無所錄也」はその理由附けで、いわば『公羊傳』義の敷衍解釋。かくして、「春秋公羊傳曰」と記されるはずの『公羊傳』義は、「春秋公羊說」と記されなければならないことになる。「未踰年の君に子があった場合は『葬』を記して廟を建てる。子がない場合には『葬』は記さない。恩情を記錄すべき者（子）がいないからだ」というのが說義である。それに對して「左氏說」は幾つかの『左氏傳』義から抽出した立說であって、「臣が君を奉じた場合は心を盡くし恩義を盡くす。君父に子があった場合は廟を建て、無かった場合には廢すとの建前に據ることはない」というのがその說義。許愼は禮（喪服・不杖期章）の「臣は君より早死に（殤）することはなく、子は父より早死に（殤）することはない」に着目し、君に子がないからといってそのために廟を建てないというのは、義に悖り禮を廢棄する大罪であるとして、「公羊說」を一蹴する。

もう一例、「諸侯未踰年出朝會與不。出會何稱」を見たい。

諸侯未踰年出朝會與不。出會何稱。春秋公羊說云、諸侯未踰年不出境、在國中稱子。以王事出亦稱子。非王事而出會同、安父位不稱子。鄭伯伐許、未踰年、以本爵、譏不子也。左氏說、諸侯未踰年、在國內稱子、以王事出則稱爵。詘於王事、不敢伸其私恩、鄭伯伐許、是也。春秋不得以家事辭王事。諸侯蕃衞之臣、雖未踰年、以王事稱爵是也。

（諸侯は未踰年にして出でて朝・會すれば與るや不や。出でて會すれば何をか稱す。春秋公羊說に云ふ、諸侯は未踰年なれば境を出でず、國中に在りて子と稱す。王事を以て出づるも亦子と稱す。王事に非ずして出でて會同すれば、父位を安んじて子と稱せず。鄭伯許を伐ちしとき、未踰年にして、本爵を以てするは、子たらざるを譏るなり。左氏說に、諸侯は未踰年なれば、國內に在りては子と稱し、王事を以て出づれば則ち爵を稱す。王事に詘すれば、敢へて其の私恩を伸ばさず、鄭伯許を伐つ、是なり。春秋は家事を以て王事を辭するを得ず。諸侯は蕃衞の臣なれば、未踰年と雖も、王事を以て爵を稱す、是なり。）

未踰年の君は國外の朝覲・會同に參加できるか否か。また參加した場合、自身をどう稱するか、との問いである。春秋公羊說では「諸侯が未踰年である場合、國境を越えて他國へ出向くことはなく、國內にあって「子」と稱する。

王事によって出國したとしてもまた「子」と稱する。王事以外の用務で出國し、他國と會同した場合、それによって父君から讓り受けた諸侯としての地位を固めたとしても、「子」と稱することはない。成公四年の「鄭伯許を伐つ」は、鄭伯が未踰年の君でありながら本爵で呼ばれたものであるが、それは彼が子として相應しからぬ行動をとったことを譏ってのことである」と、未踰年の君の國外に於ける活動を否定する見解に立つ。それに對し「左氏説」は、「未踰年の君は國內にあっては「子」と稱し、王事によって國外へ出向いた際には爵位を稱す。王事を前にしては鞠躬し、自身の恩愛の情を優先させることをしないからである。成公四年の「鄭伯許を伐つ」がその例である」とする。「公羊説」「左氏説」ともに『春秋』成公四年の「鄭伯伐許」を自説の根據に据えるが、その襃貶の判斷を異にするため、結論は逆となる。そこで許愼は新たな證據を提示して兩説の是非を判定せざるを得ないことになったのであるが、その際許愼が提示したのは、哀公三年の『春秋公羊傳』義「不得以家事辭王事」であった。「公羊傳」義であろうと「左氏」の古文説に適うのであれば、これを容認する姿勢を取るのである。かくて、そこに導かれた「異義」は「諸侯は王にとっては蕃衞の臣であれば、未踰年の君であろうと王事の遂行に際しては、爵を稱することこそが正しい」となったのである。

四　「公羊」「左氏」説と許愼

「公羊説」を打ち破った「左氏説」を「異義」として顯彰する例は、『五經異義』中なお多く存する。「諸侯自相奔喪禮（諸侯自ら喪に相奔るは禮か）」中、「他國の諸侯の葬儀に際し、自國の君も會葬するのは禮か否か」との問いに對し、「公羊説」は「遣大夫弔、君會其葬（大夫を遣わして弔はしめ、君は其の葬に會す）」という。逆に、「左氏説」

は「諸侯之喪、士弔、大夫會葬。文・襄之覇、令大夫弔、卿共葬事（諸侯の喪には士弔ひ、大夫葬に會す。文（晉の文公）襄（宋の襄公）の覇には大夫をして弔はしめ、卿をして葬事を共にせしむ）」といって、諸侯が他國へ出向くことはないとする。かくして、許愼は「周禮無諸侯會葬義、知不相會葬。從左氏義（周禮に諸侯會葬するの義無ければ、相會葬せざるを知る。左氏の義に從ふ）」と、『周禮』が諸侯どうし會葬する道義を示していないとして、「左氏說」に軍配を擧げる。

「二名」の定義について「公羊說」は「譏二名、謂二字作名、若魏曼多也（二名を譏るとは、二字名を作すを謂ふ。魏曼多の若きなり）」と說くが、「左氏說」は「二名者、楚公子棄疾弑其君、卽位之後、改爲熊居。是爲二名（二名とは、楚の公子棄疾其の君を弑し、卽位の後、改めて熊居と爲す。是を二名と爲す）」との異說を差し挾む。それに對し許愼は、「文・武賢臣有散宜生・蘇忿生、則公羊之說非也。從左氏義（文・武の賢臣に散宜生・蘇忿生有れば、則ち公羊の說非なり。左氏の義に從ふ）」と、周の文王・武王の代に散宜生や蘇忿生のように二字で名を表わす臣が居て、彼らは一樣に賢臣と讚えられていたことを根據に、「二名」を譏られるべき過失と見なす「公羊說」の無稽を斥ける。

はたまた、虞祭における祭主＝虞主に關してである。公羊說では「虞而作主」、すなわち遺體の埋葬を終え、家に戾ってすぐに死者の魂を慰安するために行う祭り＝虞祭を行う段階で虞主を作る、という。かたや「左氏說」では、身分によって回數が異なることを指摘して、「天子、九虞。九虞者以柔日、九虞十六日也。諸侯七虞、十二日也。大夫五虞、八日也。士三虞、四日也。既虞、然後祔死者於先死者、祔而作主、謂桑主也。期年然後作栗主（天子は九度虞祭を行い、九度とも柔日を用いる（正確には、「八度柔日、最後は剛日を用いる」(8)）である。九虞の虞祭で十六日を費やす。諸侯は七度の虞祭で十二日を費やす。大夫は五度の虞祭で八日を費やす。士は三度の虞祭で四日を費やす。虞祭を終え始めて、死者を先に死した者に併せ、祔祭して木主を作り、これを桑主という。一年が經ってはじめて栗主を作る)」と説く。許愼は「左氏説與禮記同（左氏の説は禮記と同じ)」ことを指摘し（『禮記』雜記下の「士三虞、大夫五、諸侯七」を指すのであろう)、「左氏説」に傍證のあることを支持する。

これらを見る限り、許愼の「異義」説の探求は、異義であることを裏附ける實證性を重視するものであり、「左氏説」が殊更に選ばれているのも、「左氏説」には容易に立説の證據が見いだせるからであろう。だからといって、許愼はいついかなる時も「左氏説」を支持してこれに從うかというと、そこまでの偏向性は有していない。許愼が公羊説や穀梁説に對してもその正當性を指摘して、そこに異義としての價値を見出す場合も、比較的多く存する。そして、その場合の許愼の異義探求の態度には、これまでの許愼にはなかった變化が認められるのである。「諸侯無去國之義（諸侯に國を去るの義無し)」との議論は比較的分かり易いであろう。

公羊説、國滅、君死、正也。故禮云、君死社稷、無去國之義。左氏説、昔太王居豳、狄人攻之、乃踰梁山、邑於岐山。故知有去國之義。許愼謹案、易曰、係遯。有疾、厲。畜臣妾、吉。知諸侯無去國之義也。

（公羊説に、國滅べば、君死すは、正なり。故に禮に云ふ、君は社稷に死す。國を去るの義無しと。左氏説に、昔太王豳に居り、狄人之を攻め、乃ち梁山を踰え、岐山に邑すと。故に國を去るの義有るを知る。許愼謹案するに、易に曰はく、係遯す。疾有り、厲し。臣妾を畜ふときは、吉と。諸侯國を去るの義無きを知る。)

公羊説が根據とする禮＝「君死社稷」が何を指しているかは知りがたい。逆に「左氏説」が根據とする古公亶父が岐山の麓に遷った事件は、史實として名高い故事である。實證的な主張を尊んだこれまでの許愼であれば、その立場に立って左氏説を是としてその異義としての價値を承認したに違いない。けれども、許愼はここに至って豹變し、なお解釋の曖昧さを殘し、到底「無去國之義」とは結びつきそうにない『易』遯卦「九三」の爻辭を持ち出し、無理矢理

「公羊説」の「無去國之義」を追認し、これを擁護したのである。「九三」の陽爻が意味するところは「世を遯れなければならない時に、下の二陰爻に（係累の状態で）捕らえられ、思い切れず係遯する」こと。その地位を去りたくても去ることのできぬ君主の當爲を、國に對して有すべき君主の責務として再提起したものとも、みなせよう。それは證據の指針に從ったのではなく、許愼自身がひとえに諸侯が國の滅亡に殉ずることの理念を道義的な要請として推奬していたからに外なるまい。異義であっても國に殉ずる國君の道義を缺かすことは出來ない、いな異義であるからこそ却ってそこに國に殉ずる國君の責務が見出されていなければならないとする、許愼自身の恣意的な意欲の反映なのである。異義としての價値が經義の實證性から導かれることよりは、異義としての經義が社會を律する規範性の中に求められていること、見て取れよう。

視點は異なるが、同様な意識が「雨不克葬（雨ふりて葬むる克はず）」の中にも見えている。

公羊説、雨不克葬。謂天子・諸侯也。卿大夫臣賤、不能以雨止。穀梁説、葬既有日、不爲雨止。左氏説、卜葬先遠日、辟不懷。言不汲汲葬其親。不可行事、廢禮不行。庶人不爲雨止。許愼謹案、論語云、死、葬之以禮。以雨而葬、是不行禮也。穀梁説、非也。從公羊・左氏之説。

（公羊説に、雨ふりて葬る能はずと。天子・諸侯を謂ふなり。卿大夫は臣にして賤しければ、雨を以て止むる能はずと。穀梁説に、葬むるに既に日有らば、雨の爲に止めずと。左氏説に、葬むるを卜ふには遠日を先にするは、懷はざるを辟くるなり。其の親を葬るに汲汲とせざるを言ふ。事を行ふ可からざれば、禮を廢して行はず。庶人は雨の爲に止めずと。許愼謹案するに、論語に云ふ、死しては、之を葬むるに禮を以てすと。雨を以てして葬むるは、是れ禮を行はざるなり。穀梁の説は、非なり。公羊・左氏の説に從ふ。）

公羊説と左氏説が穀梁説と對立し、公羊説と左氏説の雙方が等しく容認されている件である。雨のせいで埋葬を取り止めにするのは正しいか否かを問題とし、公羊說は「雨が降って埋葬できないのは天子と諸侯の場合。卿大夫等は臣下であって身分が低いから、雨のために埋葬を取り止めにすることはない」と主張し、左氏說も「埋葬する日を遠日から先に卜うのは、亡くなった父母を懷わない親不孝者と疑われないため。親を埋葬することに急ぎ、それにかかりっきりにならないことをいう。だが、事を行わないというのであれば、禮を廢して履行しないことになる。だから庶人の場合は雨が降っても取り止めにすることはない」と同調する。それに對して「穀梁說」は「埋葬日はすでに定められているから、雨が降ったからといって取り止めにすることはない」と說く。許愼は『論語』述而篇の「死、葬之以禮」を持ち出して、雨が降っても履行する便宜主義よりも、親を埋葬するその作法が親に向けた哀悼の念を成就させる必要性を、子の道義として止揚するのである。かくして雨降る中での埋葬は、父母の遺體や魂を汚す背禮の行爲とみなされて、雨が降っても埋葬すべしとする「穀梁說」は、斥けられることになった。このように判斷した許愼の意識を占めたものも、やはり禮理念に裏打ちされた社會秩序の形成が、異義として見出されることへの要請ではなかったか。そうした許愼であれば、異義の判定には各經典間の記述を比較檢討する實證主義の外に、社會生活を營む上で必要な新たな理念の創造を意圖した、主觀的な判定方法も採用されていたのであり、それが彼の異義の捜出に、新たな價値觀を加えることになったであろう。その實際は以下の議論に見ることができよう。

「朝宿之邑」に關して「諸侯……天子郊、皆有朝宿之邑。從泰山之下、皆有湯沐之邑（諸侯は……天子の郊に、皆朝宿の邑有り。泰山の下より、皆湯沐の邑有り）」と說く公羊說と、それを「諸侯有功德於王室、京師有朝宿之邑、泰山有湯沐之邑（諸侯王室に功德有らば、京師に朝宿の邑有り、泰山に湯沐の邑有り）」と功臣に限る左氏說とが對立する。そこで許愼が下した裁斷は左氏說を是として公羊說を斥けるものであったが、その根據は彼が意識する一般的通念「事理の宜しき」であった。

許愼謹案、京師之地、皆有朝宿邑、周千八百諸侯、京師地不能容之。不合事理之宜。（許愼謹案するに、京師の地に、皆朝宿の邑有らば、周は千八百諸侯にして、京師の地は之を容るる能はず。事理の宜しきに合せず。）

と。證據がなくともそれを補い、更に正確に經義としての適切を見出し得る根據として「事理の宜」が用いられている。

「鄭聲淫」關しての議論である。「今論語說」は「鄭國之爲俗、有溱・洧之水、男女聚會、謳歌相感。故云、鄭聲淫。（鄭國の俗爲る、溱・洧の水有りて、男女聚會し、謳歌して相感ず。故に云ふ、鄭聲は淫なりと）」と說いて、溱・洧の兩水で男女が聚會し、歌をうたって心を通わせた鄭の風俗のこととする。それに對し、左氏說では、「煩手淫聲、謂之鄭聲者、言煩手躑躅之聲、使淫過矣（煩手淫聲、之を鄭聲と謂ふは、煩手躑躅の聲、淫をして過ぎしむるを言ふなり）」と、俗樂を激しく彈いて中和を失ったり、急に止んで間をおく音色が過剩に淫欲を呼び起こす樣だといい、演奏法の一つとみなす。そこでの許愼は、

謹案、鄭詩二十一篇、說婦人者十九。故鄭聲淫也。（謹案するに、鄭詩は二十一篇、婦人を說く者は十九。故に鄭聲は淫なりと。）

との自說を示し、國風鄭詩二十一篇中、十九篇が婦女子を詠んだことに因んでのこと、と說明する。許愼の感性が經義と化し、それが「異義」となって誕生した瞬間であろう。

情況はいささか異なるが、「諸侯奔天子喪否（諸侯は天子の喪に奔るや否や）」でも、許愼の主觀主義的な判斷形式が見てとれる。「天王喪、赴者至、諸侯哭、雖有父母之喪、越紼而行事、葬畢乃還（天王の喪、赴ぐる者至れば、諸侯は哭し、父母の喪有りと雖も、越紼して事を行ひ、葬畢はれば乃ち還る）」、すなわち天王の崩御が告げられた場合、

諸侯は哭禮を行って、父母の服喪の途中であっても越紼して天王の喪に奔り、葬儀がすんだら歸國するとの「公羊說」と、「王喪、赴者至、諸侯既哭、問故。遂服斬衰、使上卿弔、上卿會葬。(王の喪、赴ぐる者至れば、諸侯は既に哭し、故を問ふ。遂に斬衰に服し、上卿をして弔はし、上卿をして會葬せしむ)」すなわち、天王の崩御が告げられると、諸侯は哭禮を終えて事情を尋ね、そのまま斬衰の喪に服す。上卿を使わして弔問し、上卿を使わして會葬させる、との「左氏說」が例によって對立する。これに對する許愼の裁斷は自身の判斷に據るのではなく、『易下邳傳』の著者甘容の說に據るのであって、

許愼謹案、易下邳傳、甘容說、諸侯在千里内皆奔喪、千里外不奔喪。若同姓千里外猶奔喪、親親也。容說爲近禮。(許愼謹案するに、易下邳の傳に、甘容說く、諸侯千里の内に在れば皆喪に奔り、千里の外なれば喪に奔らず。若し同姓なれば千里の外すら猶ほ喪に奔る、親親なりと。容說を禮に近しと爲すなり。)

という。千里以内の地に屬する諸侯であれば天王の喪に京師へ赴き、千里以外であれば京師へ赴くことはない。けれども、同姓の諸侯であれば千里以外であっても京師へ奔るが、それは「親親」の肉親愛を優先するからだ、との意である。「親親」の肉親愛が禮の根幹として許愼に尊ばれていたことは先にも見た。そうした意識を理念として持ち續けていた許愼であるから、甘容の易說を見出してここに導入することになったのであろう。こうした許愼は明らかに自身の主觀を自分以外の解經者にも及ぼして、「異義」を探求し得る範圍を擴大させているのである。

結　語

許愼が『五經異義』を著わすことになった直接の動機はやはり建初八年の冬十二月戊申の日に發せられた詔敕「其

令群儒選高才生、受學左氏・穀梁春秋・古文尚書・毛詩以扶微學、廣異義焉」（前出）であったことには疑いない。この詔敕自體、今文經籍に寄せるのと等分の期待を、古文經籍の左氏春秋・穀梁春秋・古文尚書・毛詩にも寄託する章帝の、古文の「異義」を經義に位置づけて經義全體の擴大を企圖する意欲の表出であった。その意味での「異義」は今文學に對する異説ではなく、今文經義と同等の價値を有し、相共に經義として後漢王朝の綱紀を支えなければならない使命を帶びていよう。許愼における『五經異義』の著作は、そのような經書でありながら經義を見出されていない經籍、なかんずく左氏春秋・穀梁春秋・古文尚書・毛詩の古文經籍の中から未發見の經義を「異義」として捜出する營爲であった。

その際、經義と異義を分けたのは、章帝の臨席を仰いで催された白虎觀會議での議論の記録＝『白虎通義』の記載に外ならない。それは章帝の建初八年の詔敕に先立つこと四年の建初八年に開催され、そこで裁可された議論は王朝公認の經義として定着し、それなりの權威を有することになったのである。従って許愼は異義の領域を『白虎通義』での議論の周縁、もしくはそこでの經義の各種議論の振幅の範圍内に見定め、自身の議論については既に解釋が定まっている經・傳の範圍を避け、經・傳の解説もしくは經・傳の再解釋としての「説」の領域で試みたのである。その領域の變化を本稿が視座にした春秋學の立場からいえば、『白虎通義』での「春秋傳」から、『五經異義』での「公羊説」「穀梁説」「左氏説」への變更、ということになったのである。

そこでの議論の中心は、今文「公羊説」に勝る古文「左氏説」の優秀の檢證であった。その際、許愼は「公羊説」を排除して「左氏説」のみによって「異義」を構築することは避けている。確かに彼の實證主義は豐富な證據を有する「左氏説」に左袒するのが頻繁であるが、だからといって、「公羊説」（あるいは「穀梁説」も含めて）を常に否定しようとする意固地は持ち合わせていない。むしろ、是非の判定には「禮秩序の遵守」「絶對的王權の樹立と君臣道義の確立」といった彼固有の意識が見え隠れし、それが「公羊説」や「穀梁説」をも取り込ませていたのである。しかも、許愼における「異義」は古文經義の點檢を通じた未發見の經義に止まらず、自身の理念をそこに盛り込まんとする意欲に驅られ、「異義」の内容を當時の王朝の要請に答え得るものに加工し、それが經義からの逸脱をもたらしていた。その段階での「異義」とは、許愼の懷く經義理念の代辯とみなされてもやむをえまい。

後年、鄭玄が許愼の著わした『五經異義』を批判して『駁五經異義』を著わしているが、その一部も『五經異義』同樣輯佚本の形で今日に傳わっている。それによって鄭玄の許愼批判の實情を窺うと、たとえば先に見た「諸侯奔天子喪不」では、諸侯も天子の喪に奔るとする「公羊説」、奔ることはないとみなす「左氏説」を共に斥けて、甘容の説「諸侯在千里内皆奔喪、千里外不奔喪。若同姓、千里外猶奔喪、親親也」（前出）への支持を表明した許愼に對し、鄭玄は以下のように述べる。

案、魯夫人成風薨、王使榮叔歸含且賵、毛伯來會葬。傳曰、禮也。襄王崩、叔孫得臣如周、葬襄王。天子於魯既含且賵、又會葬、爲得禮、則是魯於天子、一大夫會、爲不得禮可知。又左傳云、鄭游吉云、靈王之喪、我先君簡公在楚。我先大夫印段實往、敝邑之少卿也。王吏不討、恤所無也。豈非左氏諸侯奔天子之喪及會葬之明文。說左氏者云諸侯不得棄其所守奔喪、自違其傳。同姓雖千里外奔喪、又與禮乖。

文公四年、魯の夫人成風が薨去した折り、天王は榮叔を使わして含と賵とを送らせ、毛伯を會葬に差し向けた。それを左氏傳は「禮に適っている」と評價した（文公五年）。文公八年、襄王がみまかられた折り、魯からは叔孫得臣が周に出向き、襄王の葬儀に會葬した。（ところで）天子が魯に對して含と賵を送り、又會葬したことを禮に適ったことだと見なせば、魯が天子に對して、僅か一大夫の會葬で濟ますのは、禮に適っていないことが分かる。また左氏傳昭公三十年に、「鄭の游吉が「靈王の葬儀には、我が先君の簡公は折悪しく楚に居られましたため、我が先大夫の印段が代わって京師へ參りました。その印段は、我が國の少卿でした。天王の役人様は我が國の人員の不足を哀れんで、その無禮を咎められませんでした」と言っているが、これこそは、『左氏』中に見えた諸侯が天子の喪に奔り、會葬することの明文ではないか。『左氏』を說く者が「諸侯はその守る所を捨てて喪に奔ることはできない」というのは、自ら『左氏傳』と違うものである。甘容が「同姓であれば千里の外からでも喪に奔る」というのは、また禮と乖る」（『駁五經異義』「諸侯奔天子喪不」）というのである。

鄭玄の立場は、諸侯は天子の喪に奔ることはないとする「左氏說」は誤りで、「諸侯は天子の喪に奔る」とする「公羊說」こそが正しいのであるから、許愼は「公羊說」に軍配を擧げて、甘容の誤說なども廢棄すべきである、というのである。「異義」の實證的探求を試みた許愼であったが、その過程で『異義』に盛り込んだ自身の創意が、實證的完璧を期す鄭玄によって指彈された件である。許愼が「異義」に懷いた新たな經學の可能性はここに至って一時頓挫することになったのである。

注

（1）本稿は底本として清儒陳壽祺の『五經異義疏證』曹建墩校點、上海古籍出版社、二〇一二年刊を用いる。この書には併せて鄭玄の『駁五經異義』も輯められていて、本稿が『駁五經異義』を引用する場合は、この書からである。

（2）許愼の年譜としては『說文解字詁林』前編下「說文雜論」の「許君事跡」の項に、嚴可均「許君事跡考」・林頤山「許愼傳補遺」・錢大昕「許愼傳漏略」・陶方琦「許君年表考」・諸可寶「許君疑年錄」等多數の論考が收められている。本稿では董希謙・張啓煥兩氏の主編になる『許愼與《說文解字》研究』河南大學出版社一九八八年に沿いながら許愼の生涯を描述する。ただし、兩氏の說として獨創的なものは「　」で括りその說を明らかにしたが、一般的な見解については兩氏の說と斷ることはしていない。

（3）　林泰輔氏『支那上代之研究』「說文考」進光社、一九二七年。

（4）　白川靜氏『說文新義』卷十五、第一章、二「許愼の學術」五典書院、昭和四十八年。逆に、林泰輔氏は許愼は病のために赴任できなかったとみる。注（3）論文。

（5）（6）　陳壽祺『五經異義疏證』曹建墩點校、「點校說明」三頁。

（7）　陳立『白虎通疏證』卷十「嫁娶」「右論諸侯不娶國中」の『疏證』に「桓二年公羊注、蓋以爲天子得娶庶人女、以其得專封也。明諸侯不得專封。故不與其内娶也。所引春秋傳、卽僖二十五年公羊文。彼作三世内娶也。注、三世、謂慈父・王臣・處臼也。内娶、大夫女也。言無大夫者、禮不臣妻之父母、國内皆臣、無娶道。故絕去大夫名、正其義也」と。

（8）　孔廣林は「以士虞禮記始虞、再虞用柔日、三虞用剛日推之、九虞者、當八虞用柔日、第九虞則用剛日。此云九虞者以柔日、蓋有脫誤（『儀禮』士虞禮の記に、始めの虞祭と二度目の虞祭には柔日（十干の内の偶數日）を用い、三度目の虞祭には剛日（十干の内の奇數日）を用いる（それで合計四日となる）ということから推測すれば、九虞は、八回の虞祭には柔日を用い、九度目の虞祭には剛日を用いることになる。（それで合計十六日となる）。ここで九虞は柔日を用いるというのは、思うに脫誤がある」（陳壽祺『五經異義疏證』引）と指摘する。尤もである。なお、虞祭に關しては諸橋轍次氏の『支那の家族制』「喪葬篇（六　虞・卒哭・祔）」、後、諸橋轍次著作集第四卷、大修館、昭和五十年刊、に詳しい說明がある。參照されたい。

第六章　鄭玄と何休の『春秋』論爭
――鄭玄の『發墨守』『鍼膏肓』『起廢疾』[1]を中心として――

はじめに

後漢における今古文學の盛衰、具體的に言えば、今文學の衰退とそれにとって代わる古文學の臺頭は、官學としての權威を保とうとする今文學派と、民間で古文學の典籍も含めた新たな經學を模索して經學の範圍を擴大させようとする古文學派との、鬪爭史として見出すことも可能である。その場合、今文經學は官學の權威にすがって糊途をしのぎ、從って潑剌とした精神や昂揚した求學の意欲は枯渇させていたことを思わせる。一方、古文經學は、官學としての地位を與えられていなかった分、蒙らざるを得なかった桎梏の意識からは解放され、學術としての獨自の研究を可能として、經學に對する新たな展望を抱いたことであっただろう。

そうした兩者の對立が討論を通じて糾され、調停されたのが章帝期に開催された白虎観會議であったとすれば、春秋學における今古文學の論爭は、何休（西暦一二九～一八二年）と鄭玄（西暦一二七～二〇〇年）の『春秋左氏傳』『春秋公羊傳』『春秋穀梁傳』をめぐる批判の應酬に極まっていよう。その情況を今少し詳しく述べると、今文說の『春秋公羊傳』を奉じて『公羊墨守』を著わした何休は、返す刀で『左氏膏肓』と『穀梁廢疾』を著わして古文說の『春秋左氏傳』と『春秋穀梁傳』の、『春秋』釋義としての誤りを糾したのであった。それを受けて古文說にも精通した鄭玄が、何休の『公羊墨守』を批判して『發墨守』を著わし、逆に何休によって釋義の誤りが糾された『春秋左氏傳』と『春秋穀梁傳』については『鍼膏肓』と『起廢疾』を著わして、これを擁護したのであった。鄭玄と何休の『春秋』論爭はここで終了し、鄭玄の駁説に對し何休は何の抗辯もしていないことから、何休の『春秋公羊傳』を奉ずる今文説は、鄭玄の古文説に打ち破られたと見なされ、今に至っている。『後漢書』の鄭玄傳にはその折の何休の様子が「（鄭）玄乃ち墨守を發き、膏肓に鍼し、廢疾を起こす。休見て歎じて曰はく、康成吾が室に入り、吾が矛を操り、以て吾を伐つかと」と描き出されている。

けれども、『春秋』三傳に關する兩者の立論を春秋學の立場から分析すれば、――その書が今日に傳わるのはごく一部に過ぎないものの――むしろ何休の方に軍配を擧ぐべき議論がよほど多いのである。從って、今文學から古文學がその優位を獲得しつつある後漢のこの時に、春秋學の領域ではなお何休の春秋公羊學が春秋學としての健全を保って鄭玄と渡り合ったであろうこと、そして春秋學に對する矜持を維持した何休は、鄭玄に對する再反駁を試みる必要を覺えることなくこの論爭を終わらせていたことが思われるのである。本章は、そうした事情を示して、そこに後漢における今古文論爭の實情を再確認しようとするものである。

一　何休と鄭玄

何休が『公羊墨守』『左氏膏肓』『穀梁廢疾』の三著を著わした經緯を、『後漢書』（儒林傳下）何休傳には

休善歴筭、與其師博士羊弼、追述李育意以難二傳、作公羊墨守・左氏膏肓・穀梁廢疾。

（休歴筭を善くし、其の師博士羊弼と、李育の意を追述し以て二傳を難じ、公羊墨守・左氏膏肓・穀梁廢疾を作

る。)

という。何休が師の羊弼とともにその意を追述したとされる李育は、やはり『後漢書』(儒林傳下)李育傳に「最も通儒と爲す」との儒者最大の褒辭を得ている碩儒であって、その學は早年に「少くして公羊春秋を習」(同上)い、同郷の班固の推挽によって驃騎將軍の東平王劉蒼に推擧されて(但し李育はこれを辭退している)以後は、門弟子の教育に專念し、旁ら「頗る古學を涉獵し」(同上)たという。彼が今古文兼修の、當世一代の碩儒であったことは、衆目の一致するところであった。その李育は、しかし『左氏傳』の傳義に對しては、それが聖人孔子の眞意を汲んでいないことを理由に、却って『難左氏義』四十一事を著わし、『左氏傳』義の不正確を非難したのである。

嘗讀左氏傳、雖樂文采、然謂不得聖人深意、以爲前世陳元・范升之徒更相非折、而多引圖讖、不據理體。於是作難左氏義四十一事。

(嘗て左氏傳を讀み、文采を樂しむと雖も、然れども聖人の深意を得ずと謂ひ、以て前世の陳元・范升の徒は更々相非折し、而して多く圖讖を引き、理體に據らずと爲す。是に於いて難左氏義四十一事を作る。)

(同上)

と。これに據れば、『左氏傳』には史的事實がふんだんに盛り込まれている分、孔子の意欲がそこに韜晦されて明らかになっていないことへの不滿が存するもののようであるが、これに先立ってなお注意しておかなければならないのは、『左氏』學を奉じた賈逵による『公羊』學批判である。

即位したての章帝は、儒術の中でも特に『左氏傳』と『古文尚書』に興趣を覺え、建初元年(西暦七六年)賈逵に命じて「左氏傳義の二傳より長ずる者を發せし」(『後漢書』賈逵)めたのであり、その際賈逵は『左氏傳』の中から三十事ほどを選び出して、それらがいずれも「君臣の正義・父子の紀綱」を得たものであることを力說したのであった。

臣謹擿出左氏三十事尤著明者。斯皆君臣之正義・父子之紀綱。其餘同公羊者什有七・八。或文簡小異、無害大體。至如祭仲・紀季・伍子胥・叔術之屬、左氏義深於君父、公羊多任於權變、其相殊絶、固以甚遠。而冤抑積久、莫肯分明。

（臣謹んで左氏三十事の尤も著明なる者を擿出す。斯れ皆君臣の正義・父子の紀綱なり。其の餘の公羊に同じき者什に七・八有り。或いは文簡にして小しく異るも、大體に害無し。祭仲・紀季・伍子胥・叔術の屬の如きに至りては、左氏の義は君父に深く、公羊は多く權變に任じ、其の相殊絶すること、固より以て甚だ遠し。而して冤抑せらるること久しきを積み、肯て分明する莫し。）（同上）

と。そこには『穀梁傳』に對する記載は見あたらないが、『公羊傳』に對しては「權變に任ずる」非常時の彌縫説であるとして、貶める見解を示したのである。李育の『難左氏義』四十一事＝『左氏傳』批判には、おそらくはその濫觴がすでにこの賈逵による『公羊傳』蔑視に存するのであって、帝意に迎合して『左氏傳』を持ち上げようとした賈逵の奸佞を糾彈する意欲が見え隠れしよう。

こうした李育の『左氏』批判を最も忠實に、さらにその意識を增大して受け繼いだのが何休にほかならない。彼畢生の大著『春秋公羊傳解詁』の序文には、當時の公羊學者の解釋の粗忽を問題視する彼の意識と、それに乘じて臺頭してくる左氏學者に對する警戒感が記されるのであり、中でも賈逵の『左氏傳』表章の動きに對してはあからさまな反感を隱さない。

是以治古學貴文章者謂之俗儒。至使賈逵緣隙奮筆、以爲公羊可奪、左氏可興。恨先師觀聽不決、多隨二創。此世之餘、斯豈非守文持論敗績失據之過哉。余竊悲之久矣。

（是を以て古學を治め文章を貴ぶ者は之を俗儒と謂ふ。賈逵をして隙に緣り筆を奮ひ、以て公羊は奪う可く、左氏は興す可しと爲さしむるに至る。恨むらくは先師の觀聽決せずして、二創に隨ふこと多きを。此れ世の餘なり。斯れ豈に守文持論の敗績して據を失ふの過に非ずや。余竊かに之を悲しむこと久しきなり。）

と。こうした視野からすれば、『公羊墨守』『左氏膏肓』『穀梁廢疾』の三著の著成も、李育の『難左氏義』四十一事を受け繼いだ、左氏説を抑えて公羊學の劣勢を挽回しようとする、捲土重來の壯擧に違いない。『解詁』の序文には『穀梁』學の動向については何等記すところがない。けれども、『穀梁廢疾』に見える『穀梁傳』批判の意識もまた『公羊傳』を持ち上げんとする彼の意欲に支えられていたに違いない。

『公羊墨守』『左氏膏肓』『穀梁廢疾』の三著が著成された經緯がこのようであれば、何休の『公羊傳』の表章と『左氏傳』『穀梁傳』批判の意識は、章帝の古文説への傾倒とそれに基づく『左氏』説の臺頭、及び賈逵による『公羊』の貶損とそれに對する公羊學からの反撃、という構圖を背後にして釀成されていたことになろう。しかも、何休の場合、その批判意識を自身の情念によって構築するのではなく、李育を念頭に置いて、彼の意識と共感することによって形作られているのであるから、何休の批判は彼一人の批判であっても、學派を分かった派閥抗争としての側面を際立たせることになった。

この何休の三著に對して大上段から正面切って打ち込んできたのが鄭玄であり、その著『發墨守』『箴膏肓』『起廢疾』であった。ところで、何休が『春秋公羊傳解詁』の巨著をもって世に鳴った『春秋』大師であったのに比し、鄭玄には『春秋』に關する注釋がない。ただし、『世説新語』文學篇には、鄭玄にはその存命中、『春秋左氏傳』の注釋を準備していて、その未完の草稿を服虔（字、子愼）に與えたというエピソードが見えているから、その眞僞について先に見ておくことにする。

鄭玄欲注春秋傳、尚未成。時行、與服子愼遇宿客舍。先未相識。服在外、車上與人説己注傳意。玄聽之良久、多

與己同。玄就車與語曰、吾久欲注、尙未了。聽君向言、多與我同。今當盡以所注與君。遂爲服氏注。（鄭玄春秋傳に注せんと欲して、尙ほ未だ成らず。時に行き、服子愼と客舍に遇宿す。先に未だ相識らず。服外に在り、車上に人と己の傳に注するの意を說く。玄之を聽くこと良久しくし、多く己と同じ。玄車に就きて與に語りて曰はく、吾久しく注せんと欲し、尙ほ未だ了らず。君の向の言を聽きくに、多く我と同じ。今當に盡く注する所を以て君に與ふるべしと。遂に服氏の注と爲る。）

（『世說新語』文學篇）

と。旅中、同宿したのが緣となって、鄭玄は服虔の『左氏傳』の注說を聞き、それがほぼ自說と同じであったことから自身未完の『左氏傳注』を服虔に與え、服虔はそれを參考にして自身の『左氏傳注』を完成させた、というのである。假にこの話が事實であれば、鄭玄は『春秋左氏傳』注をものせんとした一端の春秋學者ということになり、彼の『春秋』說は今日その一部が傳わる服虔の『左氏注』に見出すことも可能となる。

趙伯雄氏に據れば、淸代の學者にこの說を信ずる者が多いという。(2) けれども、趙氏はその後直ちに淸儒曾樸の說を紹介して以下のような議論を試みるのである。曾樸は「鄭玄が服虔の注說を聽いて自身未完の『左氏傳注』を服虔に與えたのであれば、その段階で鄭玄の『左氏注』制作の作業は途絕したことになる。ところが『通典』四十七には裴子餘の奏議『定公元年、立煬宮。鄭注云、煬公、伯禽之子、季氏禱而立其宮云々』を引用しているが、裴子餘は何を見て鄭注といったのか。まさか、鄭玄は自身の『左氏注』を服虔に與えておきながら、他方で別の『左氏注』を完成させた譯でもあるまい」（『補後漢書藝文志幷考』卷十附『存疑外篇』）という。こうした疑念は、鄭玄の『左氏傳』に對する注說が『通典』中に見えたことから、その實在が思われたことによろう。ところで、鄭玄の弟子宋均（彼自身「我先師北海鄭司農」という）は彼の自著『春秋緯演孔圖注』の中で、「康成注三禮・詩・易・尙書・論語、其春秋・孝經則有評論（康成は三禮・詩・易・尙書・論語に注し、其の春秋・孝經には則ち評論有り）」という。もし鄭玄が

『左氏注』を完成させていたならば、宋均がこうした言說を殘せるはずはない。かつ、『隋書』經籍志・『新唐書』藝文志等にもその名が著錄されておらず、こうした情況からみれば、鄭玄の『左氏傳注』はなお完成されなかった節がある。『通典』もしくは『左氏傳疏』『儀禮疏』中に見える鄭玄の『左氏傳注』は、淸儒臧琳が指摘するように『春秋注』ではなく、『鍼膏肓』でなければ『鄭志』中の門弟子に對する返答からの引用であろう（『經義雜記』「鄭氏五經」）。そこで、前出の『通典』に立ち戻ると、『通典』中の「鄭注」の語は、前出擧例以外「吉禮禘下」に引用される宋の太常丞朱膺の奏議にも「春秋閔公二年、吉禘于莊公。鄭注云、閔公心惧于難云々」と見えている。けれども『宋書』禮志に見える朱膺の奏議の原文には「鄭注云」が「鄭玄云」となっている。これでは「鄭注云」を鄭玄の『左氏注』が實在した證據とみなすことは無理であって、袁均が「注・志、音近而訛」（袁均輯『鄭氏佚書』「鄭志」）というように、『通典』が「鄭注」と記したのは、その實「鄭志」のことにほかならない、と。(3)

いささか長くなったが、こうした議論の中に鄭玄の『左氏傳』に對する態度が窺われるであろう。いったい、趙氏の說明による限り、鄭玄には『左氏注』はなかったとされねばなるまい。それにも拘わらず、彼には『左氏注』があって、それが服虔に與えられ、服虔の『左氏傳』注として世に行われたとのまやかしにも似た傳說が、後世附け加えられたのである。それというのも、彼の經學が今文・古文を問わず、經學の全て、更には圖讖や緯書にまで及んで詳細を究めたこと、はたまたその經學上の營爲が當時官學として權威を誇った今文學を抑え古文學の臺頭を促したこと、その結果、鄭玄は後漢の古文學盛行の大儒と仰がれたこと等に起因しよう。古文學大儒であれば『左氏傳』注は當然のこと準備されていたはずであるとの想念がいつのまにか湧き起こり、『左氏傳』に關する言說が『六藝論』や『鄭志』中にも散見することから、想念は確信となって廣まって、鄭玄『左氏』注製作說がまことしやかに唱道されるに至ったのであろう。『後漢書』鄭玄傳には

初、中興之後、范升・陳元・李育・賈逵之徒、爭論古今學、後馬融答北地太守劉瓌、及玄答何休、義據通深、由是古學遂明。

（初め、中興の後、范升・陳元・李育・賈逵の徒、古今學を爭論し、後、馬融北地太守劉瓌に答へ、及び玄は何休に答へ、義據は通深、是れ由り古學遂に明らかなり。）

と、鄭玄を古文學の勃興から盛行に至る間に位置づけて、古文學大師とみなしているかの觀がある。鄭玄と何休との『春秋』三傳を巡る論爭を今古文學の抗爭として捉える見解は、こうした認識を素地として誕生したのであろう。

けれども、鄭玄は古文學のみを信奉する獨善的な儒學者ではない。今古文の雙方に通じた通儒であって、『左氏傳』以外に『公羊傳』『穀梁傳』にも通じていることは『六藝論』『鄭志』中に確認できよう（ついでに云えば、鄭玄が古文學の立場から今文經書を批判したことは一度もない(4)）。今文學者何休の『公羊墨守』『左氏膏肓』『穀梁廢疾』に對する批判を、『發墨守』『箴膏肓』『起廢疾』に纏めて公にした鄭玄ではあったが、それは決して何休の誤解を指摘して『公羊』を抑え『左氏』『穀梁』を推奬しようというものではない。むしろ、何休の恣意的な意欲によって歪められた『公羊傳』『左氏傳』『穀梁傳』の各傳義を是正して、三傳が獨自に有する意義の眞相を明らかにし、それを擁護したとみなすべきである。『六藝論』や『鄭志』をみても、そこに確認できる鄭玄の修學意識は、經（傳）義の不明を闡明し、經學（術）の實を擧げんとするにある。しかも、後漢における經學には、朝廷によって圖讖や緯書までもが含められているのであり、從って、鄭玄はこれらの緯書にまで注説を加えることを餘儀なくされた。こうした鄭玄であるから、『左氏傳』を偏重する意欲は豪もなく、三傳に對しては「左氏善于禮、公羊善于讖、穀梁善于經」（『六藝論』）と同一の地平でその優秀を點検することも憚らない。であれば、鄭玄における何休の三著批判は、もとより『公羊傳』に勝る『左氏傳』義の優越を示そうとしたのではなく、何休の恣意によって歪曲された三傳原義の回復とその眞正理解を企圖した營爲であったと、みなさざるをえないのである。

二　何休の『左氏』『穀梁』批判

清儒王復輯『發墨守』『箴膏肓』『起廢疾』中には、鄭玄說に併せて、何休の『公羊墨守』『左氏膏肓』『穀梁廢疾』も輯められているから、ここでは鄭玄の何休說批判に先立って、何休の『左氏』『穀梁』批判について具體的に見ておくことにする。とはいっても、輯佚本の『左氏膏肓』『穀梁廢疾』にはなお多くの缺落があって、その全容をあきらかにすることの出來ない憾みは殘るが。

『左氏』『穀梁』を批判する何休の言說でまず注目されるのは、『左氏』と『穀梁』の傳義が『春秋』の著者孔子の理念を體現していない事への不滿である。見やすいところから始めると、隱公五年の『穀梁』傳義「庖人民毆牛馬曰侵。斬樹木、壞宮室曰伐」に向けた批判である。『穀梁傳』は僖公四年に「侵、淺事也」といって、外國による「侵入」をさほどのことではないとする意識を覗かせている。そうした解釋が『穀梁』に存することを連想したせいか、何休はすぐに『論語』鄉黨篇の「廏焚。子退朝曰、傷人乎。不問馬」を持ち出して、『穀梁』傳義を批判した。

何休曰、廏焚。孔子曰、傷人乎。不問馬。今穀梁以苞（假借爲俘。とりこにするの意）人民爲輕、以斬樹木壞宮室爲重。是道理之不通也。

（何休曰はく、廏焚けたり。孔子曰はく、人を傷つけるかと。馬を問はず。今穀梁は人民を苞にするを以て輕しと爲し、樹木を斬り宮室を壞すを以て重しと爲す。是れ道理の通ぜざるなりと。）（Ⅲ―3）

と。樹木や宮殿よりも人命を重大視する孔子であれば必ずや人命をこそ尊ぶはずで、『春秋』中に「苞人民」行爲を

「侵」の淺辭で記すはずがない、との主張である。

また、莊公十八年の『穀梁傳』「不言日、不言朔、夜食也」に對して何休は

何休曰、春秋不言月食日者、以其無形、故闕疑。其夜食何緣書乎。

（何休曰はく、春秋月日を食するを言はざるは、其の形無きを以ての故に、疑を闕けばなり。其の夜食は何に緣りて書すやと。）　（Ⅲ—8）

という。『春秋』中、月が日（太陽）を食したことを言わないのは、その形が確認できないことから疑問として除去してのこと。にも拘わらず『穀梁』がここの「日有食之」を夜食と見るのは何に據るか、というのが文意である。いうところの「闕疑」とは、いうまでもなく『論語』爲政篇に見える「多聞闕疑、愼言其餘、則寡尤」ことを自認した孔子の、認識論に外ならない。「莊公十八年、春、王三月、日有食之」の記載にそうした孔子の愼重な態度を見出す限り、夜食であることの説明を缺いた『穀梁』說は、孔子（『春秋』）の意欲を見誤った誤釋と墮そう。

孔子ではなくて『春秋』を標榜して傳義の粗忽を戒める場合もある。襄公二十七年の經「衞侯之弟專出奔晉」とその『穀梁傳』「專之去合乎春秋」に對する批判がそれである。

何休曰、甯喜本弑君之家。獻公過而殺之、小負也。專以君之小負自絕、非大義也。何以合乎春秋。

（何休曰はく、甯喜は本君を弑するの家。獻公過ちて之を殺すは、小負なり。專君の小負を以て自ら絕つは、大義に非ざるなり。何を以て春秋に合せんと。）　（Ⅲ—30）

衞の獻公は先君の剽を弑殺した甯喜の支援によって新君に迎えられ、卽位できた。けれども、獻公は弑君の罪科を有する甯喜を野放しにしておくことができず、誅殺に處した。甯喜は專にとっては生死をなげうって共に獻公を擁立した同志。にもかかわらず、獻公は甯喜を誅殺に處すことによって自らの新君としての地位を取り繕おうとしたのであっ

た。そこに獻公の不實を讀み取った專は、獻公を見限って晉に出奔したが、その行爲を『穀梁傳』は『春秋』の大義に合するとみなし、何休は逆に大義を見誤った蒙昧であると斷じたのである。何休の立場は、『穀梁』が君が過失によって臣を殺せば臣がその君を見限るのは正當な行爲とみなすとするのに對し、それを否定して、君臣の關係は、よしんば君に非があろうとも國君の威嚴を損なう脆弱性を有してはならぬとの公義を重視するものであろう。

讖緯の文に孔子の理念を認める後漢の經學においては、また圖讖の定理に違うことも解釋の粗忽としてたしなめられることになる。『感精符』に「日食則鼓、用牲於社、朱絲營社、鳴鼓脅之」と說かれる通常の日食儀禮を、『左氏』は「用牲非常」（莊公二十五年）と非日常時の特例として說明する。かくて『左氏』傳義は、「明左氏說非夫子春秋（左氏說は夫子の春秋に非るを明らかにし）」たものとみなされ、孔子の理念に違う曲解として退けられるのである。

（Ⅱ—24）

ところで、何休が『左氏』『穀梁』の兩傳を批判する意識を最も昂揚させるのは、『公羊』の傳義が『左氏』『穀梁』の傳義に勝って優れることを說く件であろう。なかんずく、泓の戰いで宋の襄公が示した仁義を讚える意欲は旺盛で、返す刀で『左氏』『穀梁』の、襄公の正義を死角にした戰況のみをあげつらう印象批判を蔑むのである。僖公二十二年の經文「宋公及楚人戰于泓」に對して何休は、

左氏以爲、不用子魚之計、至於軍敗身傷、所以責襄公也。而公羊善之云、雖文王之戰、亦不過是。

（左氏以爲へらく、子魚の計を用ゐずして、軍敗れ身傷つくに至るは、襄公を責むる所以なり。而れども公羊は之を善みして云ふ、文王の戰と雖も、是を過ぎずと。）

（Ⅱ—28）

といい、宋の襄公が敗績したという視野から、襄公が示した仁義の理念を死角にする『左氏』の議論を一蹴し、敗績した襄公であれ、彼が取った仁義の戰術が文王の戰いにも勝る快擧であることを力說する『公羊』の釋義を絕贊する。

同様の價値判斷は『穀梁傳』にも向けられて、翌僖公二十三年の「夏、五月、宋公茲父卒」を

以其不教民戰、則是棄其師也。爲人君而棄其師、其民孰以爲君哉。

(其の教へざるの民を以て戰ふは、則ち是れ其の師を棄つるなり。人君爲りて其の師を棄つるは、其の民孰れか以て君と爲さんや。)

と嚴しく批判する『穀梁傳』に對し、何休は

何休曰、所謂教民戰者、習之也。春秋貴偏戰而惡詐戰。宋襄公所以敗于泓者、守禮偏戰也。非不教其民也。孔子曰、君子去仁、惡乎成名。造次必於是、顚沛必於是。未有守正以敗而惡之者。公羊以爲、不書葬、爲襄公諱背殯出會。所以美其有承齊桓尊周室之美志。

(何休曰はく、所謂民に戰を教ふる者は、之を習はしむるなり。春秋は偏戰を貴びて詐戰を惡む。宋の襄公の泓に敗れし所以の者は、禮を守りて偏戰すればなり。其の民を教へざるに非ざるなり。孔子曰はく、君子仁を去りて、惡にか名を成さん。造次も必ず是に於いてし、顚沛も必ず是に於いてすと。未だ正を守りて以て敗れ而して之を惡む者有らず。公羊以爲へらく、葬を書せざるは、襄公の爲に殯に背いて出でて會するを諱めばなり。其の齊桓の周室を尊ぶの美志を承くること有るを美むる所以なりと。)　(Ⅲ—19)

という。戰時であれ、仁義の實踐は何ものにも勝って求められなければならない當爲であり、それは『論語』里仁篇において「造次必於是、顚沛必於是」と説かれることによって自明の道理にほかならない。だからこそ、襄公の行爲は人々から賞贊こそされ、戰いを教えないまま民を戰場に驅りだして戰死させたとの『穀梁傳』義は不當である、といい、襄公に對しては別に父の宋公禦説の埋葬を『春秋』が記していない理由を「襄公の爲に、襄公が父の宋公禦説の喪を放り出して國を出、宰周公との會合に臨んだことを諱んだからで、それは襄公が尊王の意欲を持ち合わせた齊

の桓公の善志を繼承していることを褒めてのことだ」（僖公九年「春、王三月丁丑、宋公禦說卒」の『公羊傳』「何以不書。爲襄公諱也」を指す。）と說明する『公羊傳』義を持ち出して、襄公が齊の桓公と並ぶ明君であった實情を明らかにするのである。であれば、襄公の指揮官としての無能をあげつらう『左氏』『穀梁』の批判は、『公羊』の解釋の高みに登り得ぬ『左氏』『穀梁』の、釋義の稚拙を露わにしたことにほかなるまい。

『公羊傳』義一徹の、何休の眞骨頂が窺えるところであろう。ことほどさようであれば、『公羊』を視座にした『左氏』『穀梁』への批判は、傳義に止まらず傳文の措辭の一つ一つにまで及ぶことになるのは、むしろ當然の成り行きというべきであろう。

隱公元年で「大夫日卒、正也。不日卒、惡也」ことを唱える『穀梁傳』に對し、何休は

何休曰、公羊以爲、日與不日、爲遠近異辭。若穀梁云益師惡而不日、則公子牙及季孫意如、何以書日乎。
（何休曰はく、公羊に以爲へらく、日いふと日いはざるは、遠近辭を異にするが爲なり。穀梁の益師惡しくして日いはずと云ふが如くんば、則ち公子牙及び季孫意如には、何を以て日を書すやと。）　（Ⅲ—2）

といい、假に『穀梁傳』の說く通りであれば、なぜ魯の世子子般の謀殺に關わった公子牙の卒（莊公三十二年）、昭公を魯から追放した公孫意如の卒（定公五年）には日附が施されるのかと、惡人の卒去に對しても正人の證であった日附が施される矛盾を指摘する。

また僖公三十年に「公子遂如京師、遂如晉」と記される「遂」辭を、「以尊遂乎卑。此言不敢叛京師也。（尊を以て卑に遂ぐるなり。此は敢へて京師に叛かざるを言ふなり。）」と說く『穀梁傳』に對して何休は

何休曰、大夫無遂事。按襄十二年、季孫宿救臺、遂入鄆。惡季孫不受命而入也。如公子遂受命如晉、不當言遂。
（何休曰はく、大夫に遂事無しと。按ずるに襄十二年に、季孫宿臺を救ひ、遂に鄆に入ると。季孫命を受けずし

て入るを悪むなり。公子遂如し命を受けて晉に如かば、當に遂を言ふべからずと。)」（Ⅲ—23）と、『公羊傳』義の「遂」辭解を持ち出して、「遂」とは臣下が一つの用務をこなしたついでに、更に別の用務をこなすことの謂であることを明らかにする。勿論、その行爲は君主の命を仰いでいないことから臣下の獨斷專行として忌避されることも、附け加えている。かくて、「遂」辭に對する『公羊』と『穀梁』のいずれの解が正しいかが、檢證されることになるのであるが、『穀梁傳』義の負けは、實は何休が襄公十二年の「季孫宿救臺、遂入鄆」を持ち出した段階で定まったというべきであろう。臺はもともと魯の地で、「遂」で繫がれる鄆も元は莒の地であったが、文公十二年以後は魯の邑となっていて、『穀梁』のごとく尊王思想を想定し得る餘地は全くない。であれば「尊を以て卑に遂ぐ」『穀梁傳』義はここに通用しまい。それに對し、「遂事」を唱える何休説は「季孫臺の君命を得ない鄆への侵入」を解き明かして明解である。『公羊傳』義の蓋然性が際立つところであろう。

傳義ないし措辭の解釋に對し、何休がその粗忽を批判するのは、『穀梁傳』に向けられたものが壓倒的に多い。更に數例を揭げよう。

昭公十二年の經に「晉伐鮮虞」といい、『穀梁傳』は「其曰晉、狄之也。其狄之何。不正其與夷狄交伐中國。故狄稱之也。（其の晉と曰ふは、之を狄にするなり。其の之を狄にするは何ぞ。其の夷狄と交々中國を伐つを正とせず。故に之を狄稱するなり。）」と解釋する。それに對し、何休は、『春秋』中、中國が夷狄と共同して他國を伐つ場合は多い。その際なぜ『春秋』は夷狄に與した中國の諸侯を夷狄の扱いにしないのかと反問し、その非を指摘する。[5]（Ⅲ—33）

文公五年の經に「王使榮叔歸含且賵」といい、『穀梁傳』は「其不言來、不周事之用也。（其の來るを言はざるは、事の用に周ねからざればなり。）」と解釋する。何休は文公四年經に「夫人風氏薨ず」といい、同九年の經に「秦人來歸僖公・成風之襚」というが、この秦人の「來る」が他國からの「歸襚」で最も遲く、從って最も事の用をなさなかった場合である。にも拘わらず、そこで「秦人來」と言えば、文公五年の榮叔の場合に「來」が記されないのには、『穀梁傳』が「事の用に周ねからざるなり」と説くようなことが理由である譯がない、[6]と批判する。（Ⅲ―25）

宣公十年の經に「齊崔氏出奔衞」といい、『穀梁傳』は「崔氏」と氏だけを擧げるのを、「氏者、擧族而出之辭也。（氏いふは、族を擧げて出づるの辭なり。）」と説明する。それに對し何休は、「崔」と氏を擧げたのは卿位の世襲を譏ったまでで、もし氏を擧げることを「一族擧って出奔した」とみなすのであれば、隱公三年の「尹氏卒」をどうして「一族擧って死した」と見なさないのか[7]と、解釋の局識をあげつらう。（Ⅲ―28）

こうした何休の『穀梁傳』批判には、『春秋』經文の解釋に當たっては、經文のいずれにも妥當する通義性を有しなければならないとの主張が見え隱れするのであり、その何休の『春秋』解釋には形式論理學に凝り固まった一面も見受けられるものの、おおむね釋義としての妥當性を確認できるのであって、そこに個我で牽強な解釋はさほど見あたらない。

ならば、『左氏傳』に向けられた批判にはどのような粗忽が見出されているか。三例に分けることができよう。一つは事實に對する誤認。

隱公元年に見える隱公の卽位を巡る議論である。『左氏傳』が「春、王周正月、不書卽位、攝也」と説くのに對し、何休は

何休以爲、古制、諸侯幼弱、天子命賢大夫、輔相爲政、無攝代之義。昔周公居攝、死不記崩。今隱公生稱侯、死稱薨、何因得爲攝者。

（何休以爲へらく、古制は、諸侯幼弱ならば、天子賢大夫に命じ、輔相して政を爲さしめ、攝代の義無し。昔、

周公攝に居り、死しては崩を記さず。今隱公生きては侯と稱し、死して薨と稱せば、何に因りて攝と爲すを得る者ぞやと。）（Ⅱ―1）

と述べ、その生き様が全て諸侯のそれと異なるところがないとみて、彼の卽位が決して攝位ではない事實を突きつける。『春秋』中、いかに卽位が記されなくとも、侯としてその生涯が描かれ、死に際しては「薨」と記されるのであれば、その卽位も正當に認めざるを得ない、との主張である。

二つには、禮制解釋上の誤解である。『左氏傳』は成公八年に媵制についての說明として

凡諸侯嫁女、同姓媵之。異姓則否。

としての規定を揭げている。媵として夫人に附き從って嫁ぎ得るのは同姓の國の女であって、異姓の國の女は與り得ぬとの趣意である。これに對し何休は、

何休以爲、媵不必同姓、所以博異氣。今左氏傳、異姓則否。十年、齊人來媵。何以無貶刺之文。左氏爲短。

（何休以爲へらく、媵は必ずしも同姓ならず、異氣を博むる所以なり。今左氏傳に、異姓は則ち否せずと。十年に、齊人來り媵すと。何を以て貶刺の文無きや。左氏を短と爲すと。）（Ⅱ―11）

と、成公十年の經「齊人來媵」、すなわち「姜」姓である齊の女が姬姓の魯の女の媵となっている記載を持ち出して、假に『左氏傳』のごとく『春秋』が媵を同姓のみに限るというのであれば、異姓の齊の女が魯女の媵となっていることを、なぜ『春秋』は譏らないのかと反問し、その不通を難詰するのである。

三つには、釋義の不穩である。襄公十一年の『左氏傳』「季武子將作三軍」を巡る議論である。

何休以爲、左氏說云、尊公室。休以爲、與舍中軍義同。於義左氏爲短。

（何休以爲へらく、左氏說に云ふ、公室を尊ぶと。休以爲へらく、中軍を舍つると義同じ。義に於いて左氏を短

と爲すと。）（Ⅱ―13）

というのがその折の何休の批判である。季武子が作ろうとした「三軍」の制は、左氏説者によれば「魯の公室を尊んで」のこと。けれども、それは昭公五年の「舍中軍」を『左氏傳』が「公室を卑くする」と解釋するのと同様で、實質は公室の權限を奪取して、その支配權力を弱體化させることに外ならない、というのである。

何休の『左氏膏肓』から窺える『左氏』批判は概ねこうした内容で滿たされるのであるが、その特徵を更に指摘するとすれば、前掲三例の中、禮制の誤認を指摘することが際立って多い、ということであろう。

一例だけを加えれば、文公九年で『左氏傳』が「秦人來りて僖公・成風の禭を歸るは禮なり」と說くことに對し、何休は「禮は敬を主とする。一人の使者に僖公と成風の喪禮を兼ね行わせることは禮制上の緩慢である。にもかかわらず『左氏』が禮に適うとみるのは、誤りである」[8]と反駁し、僖公と成風の禭を一緒に贈ってきた便宜主義を禮と見なす非見識を、指彈する。（Ⅱ―9）

鄭玄が『左氏傳』は「禮に善し」（『鄭志』前出）と述べたように、何休も『左氏傳』の禮說には、『公羊』『穀梁』よりも、より多くの問題意識を抱いたようである。ただし、何休の禮意識は突發的な變事を背景に持たない、禮の通常的な機能を視座にして語られているのであって、その意味では、彼の議論は通常人の規範意識を『春秋』の禮制に重ね合わせ構成されているとみなすべきであろう。

何休にとっての『左氏傳』『穀梁傳』批判は、決して特殊な領域から挑みかかる獨斷的な試みではなかったことが、見て取れよう。

三　鄭玄の何休説批判とその『春秋』解

禮説に優れた鄭玄だけに、その何休説批判に禮説が絡んだ議論が多くなるのは當然の成りゆきというべきであろう。何休にとっても禮が『春秋』を解釋する判斷基準であったことはすでに見たところであるが、鄭玄の場合はその禮が『周禮』や古代の實情をも含んで一層複雜化しているところに彼の『春秋』説の特徴を見出すことが出來よう。が、ここでは、それに先だって、ひとまず鄭玄の禮説がいかに詳細で、それが何休の解説を上回っているかを見ておくことにする。

文公五年の『左氏傳』に「王使榮叔歸含且賵……禮也」というのに對し、何休は「含」「賵」の禮は尊いもので卑者に對して行い得るものではないとその粗忽を指摘するのであるが、鄭玄は「含」の禮の全容を闡明して次のように述べる。

箴云、禮、天子於二王後之喪、含爲先、襚次之、賵次之、賻次之。於諸侯、含之、賵之。小君亦如之。於諸侯臣襚之。諸侯於相、如天子於二王後。於卿・大夫、如天子於諸侯。於士、如天子於諸侯臣。何休云、尊不含卑、是違禮非經意。

（箴に云ふ、禮に、天子の二王の後の喪に於けるは、含を先と爲し、襚之に次ぎ、賵之に次ぎ、賻之に次ぐ。諸侯に於けるは、之に含し、之に賵す。小君も亦之の如くにす。諸侯の臣に於けるは之に襚す。諸侯の相に於けるは、天子の二王の後に於けるが如くにす。卿・大夫に於けるは、天子の諸侯に於けるが如くにす。士に於けるは、天子の諸侯の臣に於けるが如くにす。何休尊は卑に含せずと云ふは、是れ禮に違ひて經意に非ずと。）

（Ⅱ—8）

と。何休が「含」を卑者に歸らないとみなすのは、『春秋』中、天子が諸侯の后に「含」を歸ったのはここだけであることから、これを「常事は書せざる」『春秋』の違禮貶刺の書法とみなしたことによろう。それに對し、鄭玄は「含」「賵」が天子から二王の後・諸侯・諸侯の夫人（小君）に及ぶまでの廣領域で行われた葬送儀禮であることを明らかにして、その體系を示すのである。それがいかに『春秋』解釋上の立説であろうと、禮學上の不明を指摘された何休説はもはや曲解に墮するのであつて、何休自身は春秋學者としての沽券を失いかねない事態となる。

　何休の『左氏』『穀梁』批判を排擊する鄭玄の禮説を驅使した『春秋』解釋には、往々にして古文學の『周禮』が持ち出されているところにも、留意すべきであろう。文公元年の『左氏傳』「凡人君卽位、卿出並聘」を「三年の服喪の期間に、卿を聘問に出すことになり、道義上、左氏傳は粗忽である[9]」と批判する何休を、鄭玄は三年の喪の期間内であっても諸侯は毎年聘問するのが周制であるとして、『周禮』の秋官大行人職を持ちだして、

　箴云、周禮、諸侯邦交、歲相問、殷相聘、世相朝。左氏合古禮。何以難之。

（箴に云ふ、周禮に、諸侯の邦交は、歲ごとに相問ひ、殷（なかごろ）に相聘し、世々相朝すと。左氏古禮に合す。何を以て之を難ずるやと。）

（Ⅱ—7）

と、『左氏』説を擁護する。また、昭公二十六年の『左氏傳』に「王后無適、則擇立長、年鈞以德、德鈞以卜」と説くのを、「人君が賢と認めた者に對しては、臣下は從うのが常であれば、君主の寵愛する者が選ばれる結果になるのは必至である[10]。」と批判する何休を、鄭玄はやはり『周禮』の小司寇を持ち出して、

　箴云、周禮小司寇、掌外朝之政以致萬人而詢焉。其三曰、詢立君。其位、王南鄉。三公及州長・百姓北面。群臣西面。羣吏東面。小司寇以敍進而問焉。如此則大衆之口、非君所能掩。是王不得立愛之法也。

（箴に云ふ、周禮の小司寇は、外朝の政を掌りて以て萬人を致して詢る。其の三に曰はく、君を立つるを詢る。其の位、王は南鄕。三公及び州長・百姓は北面す。群臣は西面す。羣吏は東面す。小司寇は敍を以て進めて問ふと。此の如ければ則ち大衆の口、君の能く掩ふ所に非ず。是れ王愛を立つるを得ざるの法なりと。）

（Ⅱ―17）

と難詰する。嗣君を立てようとする時には小司寇が王↓三公・州長↓百姓↓群臣↓群吏の順で各人の意向を聽取する周制であれば、王が大衆の口を噤ませることは起こりえない。これこそは、君主が寵愛する者を後嗣に立てることを防ぐ手立てである、というのである。何休は絶對的權力を有する國君の獨裁權を意識して年齢や人德、更には卜選による繼嗣を否定したのであり、鄭玄は『周禮』に君主の恣意による後嗣の選考を許さぬ規定があるのを盾に取り、何休説を否定して『左氏』説を擁護したのである。當時、『周禮』がいかに古文として馴染みの薄いものであったにせよ、『儀禮』『禮記』と並んで經書の一角を占めている以上、鄭玄説に軍配を上げなければならないことは自明である。

こうした鄭玄が禮制上から何休説を非難する場合、常套的に用いた手法が、古代には存したであろう禮規定の推測であり、その復元であった。鄭玄の、そうした手法が端的に現れているのは、宣公五年の『左氏傳』「冬、來反馬也（やって來て馬を返した）」を、「禮、無反馬之法（禮には馬を返すという決まりはない）」と批判する何休の說に對してである。鄭玄はいう。『禮記』郊特牲（冠義とするのは誤り）に據れば、大夫の冠禮はなかったが昏禮はあった。昏禮は天子と諸侯とでは、いずれも異なる。士昏禮には「主人爵弁、纁裳緇施、乘黑車、從二乘。婦車亦如之」というが、こうであれば婦の乘る車は夫家からもたらされたものであって、士の妻が初めて乘るのは夫家の車である。『詩經』「鵲巣」は諸侯の女が諸侯に嫁ぐことを詠った詩であるが、そこには「之の子于に歸ぐ。百兩之を將《おく》る」とあって、「將」とは「送」の意味である。つまり、國君の婚禮では夫人が嫁ぐときには自國の車に乘るのであって、そうであれば天子が女を嫁がせるときにも（天子の家の車に乘って、）その車は嫁ぎ先に留めおかれたことの推察はつく。さて今、高固は大夫でありながら、魯にやってきて、魯女が嫁いできたときの馬だけを返したというのであるから、大夫の場合も亦乘車は返さずに嫁ぎ先に留めおき、馬だけは返したことになると。[11]かくして、鄭玄は

禮雖散亡、以詩之義論之、大夫以上、其嫁皆有留車反馬之禮。留車、妻之道也。反馬、婿之義也。高固以秋九月來逆叔姫、冬來反馬、則婦入三月、祭行乃反馬、禮也。

（禮散亡すと雖も、詩の義を以て之を論ずれば、大夫以上は、其の嫁ぐには皆車を留め馬を反すの禮有り。車を留むるは、妻の道なり。馬を反すは、婿の義なり。高固秋九月を以て來りて叔姫を逆《むか》へ、冬來りて馬を反せば、則婦入りて三月にして、祭行はれ乃ち馬を反す、禮なりと。）（Ⅱ—10）

との推斷を下し、何休の批判がいかに無稽であるかを明らかにするのである。「反馬」を規定した禮文獻は存在しないものの、關連する經書の記載や、記載の分析を通じて反馬の禮が實在した可能性を實證しようとする鄭玄の何休說批判には、釋義の正確性を求める意欲と共に、憶測に基づく何休の印象批判に對する憤りの念も込められていよう。

鄭玄の『春秋』解釋は、何休說への批判であって、その分彼が意識する經學の全域へ擴散する傾向を持つこと否めないが、それでいて彼の『春秋』解釋には獨創的な釋義が認められ、それが春秋學者としての新たな鄭玄の面貌を創出しているようにも思われる。

日附の有無に關わる議論である。前章でも觸れたところであるが、隱公元年の『穀梁傳』が「大夫日卒、正也。不日卒、惡也」と解釋していることに、何休は子般の弑殺に關與した公子牙と、昭公を魯から追放した季孫意如の「卒」に日附が施されている事實を突きつけて、惡に對しても日附が施されるその說の自家撞着を指摘した。[12]これに對し鄭玄は

釋曰、公子牙、莊公弟。不書弟、則惡明也。故不假去日。季孫意如、則定公所不惡。故亦書日。

（釋に曰はく、公子牙は、莊公の弟なり。弟を書せざるは、則ち惡明なればなり。故に日を去るを假らず。季孫意如は、則ち定公の惡まざる所なり。故に亦日を書す。）（Ⅲ―2）

といい、公子牙がその卒去に際し「弟」の稱謂が删去されているところに『春秋』の貶刺の意欲を讀み取って、そこに日附が施されていることは等閑に附し、季孫意如の卒去に日附が施されていることについても、季孫意如と昭公の關係ではなく、定公と季孫意如の關係で把握して、兩者の間に何の軋轢も認められないところに君臣關係の良好を讀み取って、それを日附が施されている理由に替えたのである。鄭玄の、その融通無碍ともいうべき觸發型の解釋力は、『春秋』全體の通義性を確保しようとする何休の固定的な判斷法を突き破っていよう。

鄭玄の日附に關する議論については、僖公九年「九月戊辰、諸侯盟于葵丘」の『穀梁傳』「桓盟不日。此何以日。美之。爲見天子之禁。故備也」についても稽合する必要がある。この『穀梁傳』義に對し何休は「もし日附を施すことが褒めたことであれば、日附のないのは憎んだことになる。であれば、齊の桓公の盟に日附のないのは憎んでのことか。莊公十三年の柯の盟に日附がないのは信が結ばれたからだ、という。ここに至って日附があるのを褒めてのことというのは、傳義が逆になったということではないか(13)」と、當然のごとく反發する。莊公十三年の柯の盟には日附がなく、その情況は僖公三年の陽穀の會合まで續く。それが一轉して僖公九年の葵丘の盟になると「九月戊辰」と日附が施される。『穀梁』は齊の桓公の盟には日附がないのを原則とするとの建前から、日附のあるのは特例として彌縫せざるを得ない。その際の解釋の矛盾を何休に突かれたのである。これに對し鄭玄は

釋曰、柯之盟不日、固始信之。自其後盟以不日爲平文。從陽穀以來至此蔡（葵）邱之盟、皆令諸侯以天子之禁。桓德極而將衰。故脩（備）日以美之、自此不復盟矣。

（釋に曰はく、柯の盟に日いはざるは、固より始めて之を信ずればなり。其の後の盟より日いはざるを以て平文と爲す。陽穀より以來此の葵邱の盟に至るまで、皆諸侯に令するに天子の禁を以てす。桓の德極まりて將に衰へんとす。故に日を脩へて以て之を美め、此れより復た盟はざるなり。）（Ⅲ—12）

と說く。齊の桓公の覇業を確信した諸侯が桓公を信頼した證として柯の盟には日附が施されず、その記錄法が以後の盟では常態となった。けれども、陽穀の會合から葵邱の盟に至る頃になると、極盛に達した桓公の德にも衰えが見え始めた。だから、この僖公九年の葵邱の盟では改めて日附を施して、桓公の德を褒めた、と解するのである。結果的に見れば、『穀梁』の「桓盟不日」の原則は破られたが、その一義的解釋が逢着する矛盾を、鄭玄の、その時々で似つかわしい情況を想定して解きほぐす融通無碍が、解決を與えたというべきであろう。

こうした解釋法を常套手段とする鄭玄の『春秋』解釋には、その融通無碍が時に牽強をも思わせて、それがまた『穀梁』や『左氏』傳義を再生させるか、ないしは彼自身の獨自の釋義を創出して、『春秋』の理念を更に增幅させるかしている部分がある。前章でも窺った僖公三十年「公子遂如京師、遂如晉」の『穀梁傳』「以尊遂乎卑。此言不敢扳京師」の場合である。これについては、「大夫の遂事」として說明する『公羊傳』や何休の說に理があることはすでに述べた。ところが鄭玄は、何休說ではなく『穀梁』傳義に理があることを認め、次のごとき論陣を張る。

釋曰、遂固受命如京師、如晉。不專受命如周。經近立言、天王使宰周公來聘。故公子遂報焉、因聘于晉。尊周不敢使並命、使若公子遂自往然。卽云公子遂如京師如晉、是同周于諸侯、扳而不尊天子也。

（釋に曰はく、遂固より命を受けて京師に如き、晉に如く。專ら命を受けて周に如かず。經近く立ちどころに言ふ、天王宰周公をして來り聘せしむと。故に公子遂焉に報じ、因りて晉に聘す。周を尊んで敢へて並び命ぜしめずして、公子遂自ら往くが若く然らしむ。卽《も》し公子遂京師に如き晉に如くと云はば、是れ周を諸侯に同じくし、叛いて天子を尊ばざるなりと。）

（Ⅲ―23）

と。公子遂は君命を受けて京師と晉へ如ったのであって、京師に如くことだけを命じられていたわけではない。經文に據ると、この後すぐに、その邊りを天王が魯に使わした宰周公が通っていたという。そこで、公子遂は道すがら出くわした宰周公に報じ、その足で晉に出向いたのであるから、これは『公羊傳』が說く「遂事」の獨斷專行には當たらないとして、まず何休の批判を退ける。その上で、經文が「公子遂如京師、遂如晉」と記したのは、もし「公子遂如京師、如晉」と記せば、それは天子と諸侯を等し並に扱う不敬を働くことになりかねず、そうした嫌疑の生ずることを危惧した措置だというのである。結びつくことのない僖公三十年の「冬、天王使宰周公來聘」を、その後に記される「公子遂如京師、遂如晉」に繫いで、君命を宰周公に報ずる公子遂を想見するのは、鄭玄自身の創造力の產物以外の何ものでもない。實證を賴みとする鄭玄はまた自身の創造力にも全幅の信賴を置くものでもあった。

襄公十九年、先君の喪に服す齊を伐たずに歸った晉の士匄の行爲を、『穀梁傳』が「還者、事未畢之辭也」との、職務不履行とみなして非難した件である。これに對し何休は、「士匄が喪中の齊を伐たなかったのは善に外ならない。どうして善の實を擧げた大功を（一人占めにしたと）責めるのか」[14]と早速非難する。それに對して鄭玄は

釋曰、士匄不伐喪則善矣。然于善則稱君。禮仍未備。故言乃還、不言乃復、作未畢之辭。還者致辭、復者反命。

（釋に曰はく、士匄喪を伐たざるは則ち善し。然れども善に于いては則ち君を稱す。禮仍ほ未だ備はらざるなり。故に乃ち還ると言ひ、乃ち復ると言はずして、未だ畢へざるの辭を作す。還るとは辭を致す、復は反命なりと。）

（Ⅲ―29）

と反論するのである。先君の喪に服する齊を伐たずに歸った所行は善である。けれども、臣下が善事をなした場合、その榮譽は君に歸すのが臣道であるとして、その手柄を君に歸すことを怠った士匄の歸國を、復命ではなく「還」と

歸還したことの措辭で著わしたというのである。服喪の國齊を伐たなかった士匄の殊勳は、君主への敬いを缺いた不忠と墮することになる。

もう一例。昭公十一年「楚師滅蔡、執蔡世子友以歸」の『穀梁傳』「此子也。其曰世子何也。不與楚殺也。一事注乎志。所以惡楚子也。（此れ子なり。其の世子と曰ふは、何ぞや。楚の殺すを與さざるなり。一事に志を注ぐは、楚子を惡む所以なり。）」である。『穀梁傳』は父君の蔡侯般の喪に服す友であれば、「世子」ではなく繼嗣として父君の喪に服す「子」の稱謂で記されねばならず、それをあえて「世子」と記すのは、楚の專殺を許さないからだと説く。これに對し何休は「もし楚の專殺を許さないのであれば、楚を貶黜するのが當然である。なぜ却って蔡を貶黜して『世子』と稱するのか」(15)との疑念を發したのであって、これを受けて鄭玄はまた次のような論陣を張る。

釋曰、滅蔡者、楚子也。而稱師固已貶矣。楚子思啓封疆而貪蔡、誘殺蔡侯般、冬而滅蔡殺友。惡其淫放其志、殺蔡國二君以取其國。故變子言世子、使若不得其君終。

（釋に曰はく、蔡を滅ぼす者は、楚子なり。而して師と稱すれば固より已に貶せらるるなり。楚子封疆を啓きて蔡を貪らんことを思ひ、誘いて蔡侯般を殺し、冬にして蔡を滅ぼし友を殺す。其の其の志を淫放し、蔡國の二君を殺し以て其の國を取るを惡む。故に子を變じて世子と言ひ、其の君を得ずして終はるが若からしむと。）（Ⅲ―32）

と。楚を貶黜するというのであれば、『春秋』が「楚子」ではなく「楚師」と記した時點でなされている。問題は楚子が蔡との國境を廣げたいと思い、蔡侯般とその子の友を殺し、蔡國を略奪した點である。だから、『春秋』は殺された友には次君と認める「子」の稱謂を用いずに「世子」の稱謂を用い、楚による蔡の略奪はなお次君を殺せないまま不首尾に終了した體裁を裝った、というのである。一見すれば被害者の蔡を貶黜したかのような書法にも、それによって逆に楚の悪逆を史實に成就させまいとする、掣肘の意欲が滾っていよう。

こうした鄭玄の『春秋』解釋であるから、その融通無碍な類推力によって讀み解かれる『春秋』の釋義は無盡藏とも目されよう。そうであればまた、『春秋』に託したとされる孔子の理念にも、それに應じた少なからぬ變化が現れているはずである。

鄭玄が『春秋』義の判定に孔子を持ち出すことは往往で、その典型的な例は、やはり先にも見た襄公二十七年「衞侯之弟專出奔晉」の『穀梁傳』「專之去、合乎春秋」を巡る議論である。獻公を衞に入れることを畫策した甯喜と專であったが、甯喜は計畫を進める過程で先君の剽を弑殺していた。獻公は衞に入るや、甯喜と一旦結んでいた君臣關係を反故にして、剽を弑殺した罪科で甯喜を誅殺した。その餘波で自身も誅殺されることを懼れた專は、すぐさま晉に出奔したというのが事件の經緯であった。その際、『穀梁傳』は專の出奔を『春秋』の義に合すと判定したわけであるが、それに對して何休は「弑君の臣甯喜を獻公が過って誅殺したというのはさほどのことではない。そのさほどでもない甯喜の誅殺を以て專が獻公との君臣關係を絶つというのがどうして『春秋』義に合しえよう」（第二節、「Ⅲ―30」參照）と反駁したのであった。そこで鄭玄の判斷である。

釋曰、甯喜雖弑君之家、本專與約納獻公爾。公由喜得入、已與喜以君臣從事矣。春秋撥亂重盟約。今獻公背之而殺忠於己者。是獻公惡而難親也。獻公既惡而難親、專又與喜爲黨、懼禍將及。君子見幾而作、不俟終日。微子去紂、孔子以爲三仁。專之去衞、其心若此。合於春秋、不亦宜乎。

（釋に曰はく、甯喜は君を弑するの家なりと雖も、本專與に獻公を納れんことを約するのみ。公喜に由りて入るを得、已に喜と君臣を以て事に從ふ。春秋は亂を撥め盟約を重んず。今獻公之に背きて己に忠なる者を殺す。是れ獻公惡にして親しみ難きなり。獻公既に惡しくして親しみ難く、專又喜と黨を爲せば、禍の將に及ばんとするを懼る。君子は幾を見て作ち、日を終へるを俟たず。微子紂を去り、孔子以て三仁と爲す。專の衞を去るは、其の心此の若し。春秋に合するは、亦宜ならずやと。）（Ⅲ—30）

と。甯喜と專の事情はともかく、獻公の手にかかる兆しを見抜いて晉に出奔した專の機敏な行動は、『易』繫辭傳の「幾を見て作ち、日を終ふるを俟たざる」君子の行いで、孔子が『論語』微子篇中に「三仁」に數えた一人微子が紂の下を去ったときの心情と同じであるとして、專の出奔を『春秋』義にかなったものとみなすのである。この場合、鄭玄が視座にしたのは、專の臣下としての忠義心奈何というモラルの有り樣ではなく、彼の置かれた情況が『論語』で賞賛された微子の生き樣と近似するとの一點のみであった。

こうした『春秋』義の釋明に應用された孔子像の有り樣は、究明すべき事情の多樣化によって、却って變化させられるに至る。昭公七年の『左氏傳』に記される子產と伯有の幽靈譚である。

伯有の幽靈に惱まされる民のために、子產は公孫洩を子孔の後嗣に、良止を伯有の後嗣に立てた。すると、伯有の靈の祟りが止んだ。不思議に思った大叔が子產に譯を尋ねると、子產は「鬼は歸する所があれば、厲をなすことはない。私は鬼の歸する先を造ってやったのだ」と答え、「公孫洩まで子孔の後嗣に立てたのはなぜか」と問う大叔に、子產は「說明するためだ。伯有は沒義で彼を立てることはできない。そこで說明する必要があった。政治を行う場合、道に反しても人氣を取らなければならないことがある」と答えている、と。このエピソードに疑念を抱いた何休は、そこで「孔子が怪力亂神を語らなかったのは、鬼神によって政治を行った場合には必ず民衆を惑亂させるからだ。『左氏傳』が伯有の靈を持ち出して人々にその實在を信じさせ、仁義を廢して福を鬼神に祈らせたのは、大亂の道である。子產は伯有の靈を宥めるために良止を後嗣としているが、こうしたやり方は鬼神の意向に従って賞罰を下すというもので、民衆を惑わす結果になるのは避けられない(16)」と論難した。それを受けて鄭玄は

……子產立良止使祀伯有以弭害。……子所不語怪力亂神、謂虛陳靈象。于今無驗也。伯有爲厲鬼、著明若此。而何不語乎。子產固爲衆愚將惑、故幷立公孫洩云、從政有所反之以取媚也。孔子曰、民可使由之、不可使知之。子產達于此也。

（……子產良止を立てて伯有を祀り以て害を弭めしむ。……子の語らざる所の怪・力・亂・神は、靈象を虛陳するを謂ふ。今に于いて驗無し。伯有厲鬼と爲り、著明此くの若し。而して何ぞ語らざらんや。子產固より衆愚將に惑はされんとするが爲の故に、幷せて公孫洩を立てて云ふ、政に從ふには之に反して以て媚を取る所有るなりと。孔子曰はく、民は之に由らしむ可し、之を知らしむ可からずと。子產此に達するなり。）（Ⅱ—16）

のごとく、『左氏』說を辨護する。孔子が怪力亂神を語らなかったというのは、全く語らなかったということではなく、「靈象を虛陳した」のであるといい、孔子も本來は鬼神に對する關心を持ったことを想定する。その上で伯有の靈に苦しめられる民衆を救うために、子產は伯有の子孫良止を後嗣に立てて伯有の靈を祀らせ、併せて公孫洩も子孔の後嗣に立てて子孔の靈を祀らせる措置をとった。その際、子產が「政治に從事すれば、道に反して民に媚びをとることも免れ得ない」と語っているのは、『論語』泰伯篇に「子曰はく、民は之を由らしむ可し、之を知らしむ可からず」と見えている孔子を地でいくもので、子產の鬼神崇拜は「靈象を虛陳し」て牧民の意欲を滾らせた孔子の聖域に近づいたものだ、というのである。怪力亂神を語らなかった孔子は、鄭玄によって、鬼神にも造詣を有した聖人に改造された譯である。

そうした孔子は、鄭玄にとって不都合がある場合、却って彼の腦裏から忘れ去られることになる。これもやはり前節で見たところであるが、隱公五年の『穀梁傳』「苞人民、毆牛馬、曰侵。斬樹木、壞宮室、曰伐」を巡っての議論である。何休は、『論語』鄕黨篇の「廏焚。子退朝曰、傷人乎。不問馬」を持ち出して、『穀梁』の解釋がこの『論語』

中の孔子の發言と著しく違うことを指摘したのであった（第二節「Ⅲ—3」參照）。

これに對して鄭玄は言い放つ。

釋曰、庖人民毆牛馬、兵去則可以歸還。其爲壞宮室斬樹木、則樹木斷、不復生。宮室壞、不自成爲。毒害更甚也。（釋に曰はく、人民を庖にし牛馬を毆るは、兵去らば則ち以て歸還す可し。其れ宮室を壞し樹木を斬るを爲さば、則ち樹木斷たるれば、復た生きず。宮室壞たるれば、自ら成り爲らず。毒害更に甚しきなり。）（Ⅲ—3）

と。人命を尊んでその無事を祈った孔子の人間愛は忘れ去られて、人民よりも復元に時間と金錢のかかる樹木や宮室の方を重視する『春秋』解が提示されたのである。論難に勝ろうとする意欲が孔子の人間愛を死角にさせているのであろうが、こうした『春秋』釋義は孔子を『春秋』の中心からずらし、そこに自己の主觀を置き換えて創出されるもので、鄭玄の想念を『春秋』義として創出する營爲とも目されよう。こうした解釋が出現しているところにこそ、鄭玄の『春秋』解釋が一過性でそこに孔子の理念を讀み取ろうとする熱意の何者も込められていないこと、見出すべきであろう。

結　語

鄭玄の『春秋』釋義は禮説を中心とした五經の全領域から導出された經義によって構成されていること、改めて認識しなければなるまい。しかも、その釋義は『周禮』に代表される古文經の經説をも取り込んで、『春秋』の釋義を膨張させるのであって、そこに後漢の經學が孕んだ當代的な課題をも包含していたであろうこと、想像に難くない。もっとも、そうした部分を彼の三著『發墨守』『鍼膏肓』『起廢疾』の佚文中には確認できないが。

とはいえ、その鄭玄の『春秋』解釋については、以下の二つの點で改めて熟考しておく必要があろう。その一つはやはり孔子を『春秋』の中心から外し、自己の主觀をそこに据え、自身の創意によって『春秋』の釋義を創出させている點である。その操作によって創出されている鄭玄の『春秋』釋義は、一見すると孔子の理念とは無關係な、鄭玄自身の創意に基づく獨善性を含むようにも見受けられるものの、その創意のおおよそは、經學者としての鄭玄の五經認識から供給されるのであって、『春秋』の釋義は五經の經義を媒介にして構成されていると言い得よう。『周禮』の古文禮説に基づく『春秋』義の檢證や新たな『春秋』義の創出、經義を史實と絡めて解説する創像力、自身の主觀的判斷を『春秋』義に見立てて搖るがない自信等は、五經の經義を子細に分析して統合する、鄭玄の經學そのものに淵源するといって、いささかの不都合もあるまい。また、そこから生まれた新たな『春秋』義は、『左氏』『公羊』『穀梁』の『春秋』三傳に伍して、なおそれらを凌駕する獨創性を有し、三傳に次ぐ第四の『春秋』傳を誕生させ得るものであったかもしれない。そのことがまた、鄭玄の春秋學の第二の特徴を指摘させることにもなるのである。

何休の『春秋』解釋が『左氏』『穀梁』を批判した際視座にしたのは、『左氏』『穀梁』二傳中の各傳義相互の整合性であった。一度説かれた措辭の解釋＝傳義が再度別の事件に應用された時に、前と同様に矛盾なく説明し得ることの通義性が、檢證されたのである。それは畢竟、『左氏』『穀梁』の各傳が經例を備えて措辭の一つ一つに、全傳に妥當する通義性が認め得るか否かの點檢であったといってよいであろう。ところが、鄭玄の場合、それが何休の批判に答えるための作業であったことも手傳って、措辭の狀況的解釋や他經からの引用を繰り返したため、『春秋』經全體を通貫する通義性、すなわち經例を備えなかったのである。そのことをよく説明するのは、やはり先に見た僖公三十年の「公子遂如京師、遂如晉」に附された鄭玄の『穀梁』辯護、「經近立言、天王使宰周公來聘。故公子遂報焉、因聘于晉。尊周不敢使並命、使若公子遂自往。卽云公子遂如京師如晉、是同周于諸侯、叛而不尊天子也」（Ⅲ—21）である。たまたま魯に來聘してきた宰周公に報命したとの憶說を盾に取り、公子遂は君命を果たしたとみなし、その上で、「公子遂如京師、遂如晉」と記す經文は、「以尊遂乎卑、此言不敢叛京師也」との態度を取る孔子の意欲を汲んだもの、とする『穀梁』說を追認したのである。ならば、何休のいうように襄公十二年の經「季孫宿救臺、遂入鄆」にこの解釋が通ずるかというと、絕對に不可能である。先にも何休が指摘したように、當時臺はもとより、鄆も魯の地であって、そこに尊卑の格差を設定することは不可能であるからである（Ⅲ―23參照）。鄭玄の『春秋』解釋はその場凌ぎの一過性を免れることのできない特質として有している、と言わざるを得ない。であれば、『春秋』傳義の高等解釋は五經の經義を十全に身につけた鄭玄にとっては容易であっても、經例を意識して各種の措辭を一義的に通底する何休のような解釋は、なしえなかった譯である。從って、これを『春秋』三傳の優劣をめぐる論爭として捉えるならば、批判する根據を五經の全てに求めた鄭玄に勝ちを認めるとしても、『春秋』に託された孔子の理念を意識して、その理念を經例を見据えて檢證したということであれば、むしろ何休の方に分があると見るべきではないか。

はじめに述べたように、こうした相違點を有する何休と鄭玄の『春秋』解釋に對し、『後漢書』鄭玄傳は鄭玄に勝ちを認め、鄭玄に打ち負かされた何休の無念を

（鄭）玄乃發墨守、鍼膏肓、起廢疾。休見而嘆曰、康成入吾室、操吾矛、以伐吾乎。（前出）

と描き出している。けれどもこの插話は事實であろうか。鄭玄が操ったといわれる何休の矛は、兩者の『春秋』解釋の差異から言えば、明らかに鄭玄の矛であるといわなければなるまい。また、何休の恣意によって歪曲された三傳傳義の回復とその眞正理解を目論んだ鄭玄であっても、その過程で却って鄭玄自身が、主觀に依存した、恣意的とも思える解釋を創出していたのであった。その鄭玄の獨創性は、白虎觀會議を催して經義の統一を圖らなければならなかった後漢王朝の國家的な要請とは著しく乖離しよう。もっとも、それは鄭玄から見れば、後漢の經學の不備や缺落の補

修ということで取り繕われていたのであろうが、そうした事態は經學が國家から離れて、學者の主體性に依存して營まれてゆく經緯を見通してはいまいか。それによって經學が官學から私學へ向かう速度を加速させ、經學を修める者は經學を自身の問題として捉え直す契機を、得ていたのではないか。そうした營爲を經學の個性化とでも呼び得るものであれば、それは春秋學の領域で進められたと見なして良いのかもしれない。

注

（1）本稿は叢書集成初編所收の問經堂叢書本、王復輯『發墨守』『鍼膏肓』『起廢疾』を底本として使用する。ただし、この本には誤字が比較的多く、漢魏遺書鈔本の『公羊墨守』『左氏膏肓』『穀梁廢疾』によって字を改めた所がある。引用に際しては、『發墨守』の場合はローマ數字の「Ⅰ」、『鍼膏肓』の場合にはローマ數字「Ⅱ」、『起廢疾』の場合にはローマ數字の「Ⅲ」を用いて示し、その後に各議論の順次をアラビア數字で記している。但し、議論については一條で濟む場合もあるが、何條にも及ぶ場合もあり、一樣ではない。

（2）趙伯雄『春秋學史』山東教育出版社、二〇〇四年四月、第三章「兩漢春秋學（下）」一三三頁。

（3）注（2）研究書、一三三頁。

（4）趙伯雄氏は陳澧の『東塾讀書記』卷一五によって「鄭玄は『左氏』を宗として『公羊』と『穀梁』を兼採した」というが（注（2）研究書、一三五頁）、現存する鄭玄の『發墨守』『鍼膏肓』『起廢疾』中には、そうした形跡が見あたらない。

（5）何休曰、春秋多與夷狄並伐。何以不狄也。

（6）何休曰、四年、夫人風氏薨。九年、秦人來歸僖公成風之襚。最晩矣。何以言來。

（7）何休曰、氏者、譏世卿也。卽稱氏爲擧族而出、尹氏卒寧可復以爲擧族死乎。

（8）何休云、禮主于敬。一使兼二喪、又於禮旣緩。而左氏以爲禮、非也。

（9）何休以爲、三年之喪、使卿出聘、於義、左氏爲短。

(10) 何休曰、年鈞以德之言云。人君所賢、下必從之。焉能使王不立愛也。

(11) 箴之云、冠義云、無大夫冠禮而有其昏禮。則昏禮者、天子諸侯大夫皆異也。士昏禮云、主人爵辨、纁裳緇袘。乘墨車、從車二乘。婦車亦如之。此婦車出於夫家、則士妻始嫁、乘夫家之車也。詩鵲巣云、之子于歸。百兩御之。又云、之子于歸。百兩將之。將迗也。國君之禮、夫人始嫁、自乘其家之車也。則天子諸侯嫁女、留其乘車、可知也。高固、大夫也。來反馬、則大夫留其車也。

(12) 何休曰、公羊以爲、日與不日、爲遠近異辭。若穀梁云益師悪而不日、則公子牙及季孫意如、何以書日乎。

(13) 何休以爲、卽日爲美、其不日、皆爲悪也。桓公之盟、不日皆爲悪邪。莊十三年、柯之盟不日爲信。至此日以爲美、義相反也。

(14) 何休曰、……士匄不伐喪、純善矣。何以復責其專大功也。

(15) 何休曰、卽不與楚殺、當貶楚爾。何故反貶蔡稱世子邪。

(16) 何休曰、子不語怪力亂神、以鬼神爲政、必惑衆。故不言也。今左氏以此令後世信其然、廢仁義而祈福于鬼神、此大亂之道也。子產雖立良止以託繼絕、此以鬼賞罰、要不免于惑衆。

第七章　桓譚『新論』の春秋學

はじめに

桓譚というと、後漢の光武帝期、尹敏や鄭興・張衡等の先驅けとなって、當時朝廷内で絶對的な權威を誇っていた「符命」の僞作を喝破して、後漢の批判哲學史の最先に位置づけられている。彼の批判意識はその後王充によって繼承・大成され、更に王符や仲長統によって政治批判の論理へと變容して展開する、後漢の全期にわたる一大思潮となった。そうした意味では漢代批判哲學史のパイオニアとも目されるべき桓譚であるが、實はその桓譚の批判意識には『春秋』の褒貶說が取り込まれていて、桓譚に始まる批判哲學の胎動は、後漢における春秋學の二次的展開と斷じて不可はあるまい。本章は、そうした意味での春秋學を後漢の儒學史上に位置づけるために、まず『春秋』が桓譚の『新論』(1)に影響を及ぼしている構圖を浮き掘りにしようとする。

一　『新論』と『春秋』

前漢末、王莽の新、更に後漢の光武帝期と、三朝にわたって仕え、その衰滅と簒奪、再興の歴史を生きた希有な儒者に桓譚がいる。前漢の成帝の時、大樂令であった父の蔭補で郎（奉車令）となった桓譚は博學を以て鳴り、遍く五經を習いはしたが、當時通行した「章句」の學は修めず、「大義を訓詁し」ただけであった。文章をものし、最も古學を好み、劉歆・揚雄と好を通じ、「疑異を辨析する」ことに傾倒した。「倡樂」を嗜みこそすれ、威儀は修めず、陋儒の淺識を非難する性癖が祟って擯斥されることがしばしばであった。續く哀・平帝期に至ってももとの奉車郎のまで、一時傅皇后の父孔鄉侯傅晏に助言して傅氏を窮地から救う活躍を見せているが、それが僅かに特筆に値しよう。王莽の居攝時、朝臣は擧って符命を作って王莽に諂いを示したが、桓譚は一歩退いてそうした情況を冷ややかに傍觀した。王莽が帝位に卽いて新王朝を興すと常樂大夫となり、更始帝が立つや大中大夫に召され、光武帝劉秀が後漢王朝を復興させるや待召に徵召された。けれども光武帝は、桓譚の奏言を理解できず任用できなかったが、大司空宋弘の推挽で議郎給事中を拜することになる。その際上疏して「時政の宜しき所」を說くが顧みられず、圖讖を厚く信奉する光武帝を目の當たりにし、桓譚は改めて上疏して圖讖の蒙昧を述べて益々光武帝の反感を買い、一日、雲臺の建造地域を議論する會合で、光武帝から直に「吾讖を以て之を決せんと欲す、如何。」と問われた桓譚は、圖讖が經書でありえぬ道理を極言し、ついに光武帝を怒らせて「桓譚聖を非り法を無みす、將に下して之を斬らんとす」との命を賜わることになった。桓譚は叩頭流血して陳謝しようやく許されたが、六安郡の丞に左遷となり、その途上失意の内に卒したのである。享年七十餘歲。死後、生前著わしていた「當世の行事」を述べた『新論』二十九篇が上呈され、光武帝はこれを嘉納した。ただ、琴道篇だけが未完成であって、明帝の時に至って班固に命じて續修させることになった。

以上が『後漢書』が記す桓譚の生涯である。自身のプライドの高さに拘束されることなく、中樞政治とは一歩距離を取って獨自の地歩を保ち、朝廷內の事變を傍觀し續けた桓譚像が彷彿とされよう。未完であるにせよ、その生涯を賭して書き上げられた『新論』は、それ故に彼が目睹した事件の全域に遠慮會釋ない狀況判斷や價値分析が施されているのであり、それが「疑異を辨析す」る彼獨自の批判意識を特徵づけていよう。

ところで、桓譚はその『新論』に古今の事跡を鳥瞰してそこから現在に相應しい治績を興起する、遠大な構想を託したようである。『新論』本造篇には『新論』の著述を企圖した心情を

董仲舒專精於述古、年至六十餘、不窺園中菜。余爲新論、述古今、亦欲興治也。何異春秋褒貶耶。今有疑者、所謂蚌異蛤、二五爲非十也。譚見劉向新序・陸賈新語、乃爲新論。

（董仲舒は精を古を述ぶるに專らにし、年六十餘りに至るまで、園中の菜を窺はず。余新論を爲りて、古今を述ぶるは、亦た治を興さんと欲せばなり。何ぞ春秋の褒貶に異らんや。今疑有る者は、所謂蚌は蛤と異り、二・五は十に非ずと爲すなり。譚、劉向の新序・陸賈の新語を見て、乃ち新論を爲る。）

のように述べている。刮目すべきは、その際「古今を述ぶるは、亦治を興さんと欲し」た著述の意欲に、「何ぞ春秋の褒貶に異らんや」との、『春秋』の社會監正の機能が込められていることである。

董仲舒の述古に專念して意を現在に向けなかった思索活動は、桓譚から見れば視覺狹窄ともいうべき短慮にほかならない。その意味では、『新論』が現在を取り込む視座は、桓譚が獨白するように、劉向の『新序』・陸賈の『新語』によること否めまい。けれども、『新論』の議論が據り所とするのは、傍目から見てもやはり『春秋』に外ならないようである。桓譚の衣鉢を繼いでその批判哲學を完成させた王充は、『新論』の批判論を『春秋』の褒貶說に擬らえて、兩者の同一性を、

（世人）至於論、不務全疑、兩傳并紀、不肯明處、孰與剖破渾沌、解決亂絲、言無不可知、文無不可曉哉。案孔子作春秋、采毫毛之善、貶纖介之惡。可褒則義以明其行善、可貶則明其惡以譏其操。新論之義、與春秋會一也。

（論に至りては、疑を全《あき》らかにするに務めず、兩傳并紀して、肯へて明處せざるは、渾沌を剖破し、亂絲を解決し、言に知る可からざる無く、文に曉る可からざる無きに孰與ぞ。案ずるに孔子春秋を作りしとき、毫毛の善を

采り、纖介の惡を貶す。褒む可きは則ち義以て其の善を行ふを明らかにし、貶す可きは則ち其の惡を明らかにして以て其の操を識る。新論の義は、春秋と一に會するなり。）（『論衡』案書篇）

と述べている。自身の『新論』を「何ぞ春秋の褒貶に異らんや」（前出）と持ち上げる桓譚の矜持をみごとに闡明していよう。『新論』中の批評・批判の言辭に『春秋』の褒貶説を重ね合わせることで監正的な効果を創出し、そこに社會批判としての正當性を確保しているのである。

そうであれば、また新たな疑問が出來する。『春秋』の褒貶説が社會正義として絶對的價値を有するのは、『春秋』が聖人孔子によって著わされた經典であって、漢王朝の勃興を豫測した孔子は、生前來るべき漢王朝のために王朝統治の理念をそこに凝縮して示したとの、當時の通念による。桓譚が自身の『新論』を『春秋』に比擬することは、その『春秋』が當時有した權威を『新論』中の議論に取り込むことであり、否應なしに桓譚を聖人孔子に比況することにも繫がろう。桓譚は自身を聖人孔子と同等の地平で捉えていたであろうか。不遜とも目されかねない自身の聖人像を桓譚は容認し、『新論』に『春秋』の權威を導くことを目論んだであろうか。その解答は、おそらくは桓譚が揚雄に私淑した意識の中に見いだせよう。

『漢書』揚雄傳下に、揚雄の死後、大司空の王邑と納言の嚴尤が桓譚に對して揚雄の著述が後世に傳わるか否かを尋ねた件が見えている。その時、桓譚は「今揚子の書は、文義至つて深くして、論は聖人に詭《たが》はざる」ことを指摘して、「必ず傳はらん」と答えている。また、『論衡』の超奇篇には王莽が桓譚に揚雄の人物について尋ねた折の返事として、桓譚の「揚子雲は才智開通にして、能く聖道に入り、衆に卓絶す。漢興りて以來、未だ此の人有らず」(2)との評價を傳えている。同様の件は『新論』中にも散見し、

張子侯曰、揚子雲、西道孔子也。乃賢如此。吾應曰、子雲亦東道孔子也。昔仲尼豈獨是魯孔子。亦齊・楚聖人也。

（張子侯曰はく、揚子雲は、西道の孔子なり。乃ち賢此の如しと。吾應じて曰はく、子雲は亦東道の孔子なり。昔仲尼豈に獨り是れ魯の孔子のみならんや。亦た齊・楚の聖人なり。）（啓寤篇）

というのは、その一例に外ならない。こうした桓譚であれば揚雄が聖人であることは當然容認されるところであろうし、その揚雄はまた

昔顔（回）嘗睎夫子矣。正考甫嘗睎尹吉甫矣。公子奚斯嘗睎正考甫矣。不欲睎則已矣。如欲睎、孰禦焉。

（昔、顔嘗て夫子を睎《こいねが》ふ。正考甫嘗て尹吉甫を睎ふ。公子奚斯嘗て正考甫を睎ふ。睎ふを欲せざれば則ち已む。如し睎ふを欲せば、孰れか禦げん。）（『法言』學行篇）

と、人は誰でも——學問を通じた——主體的な努力によって聖人になれることを主張する者であった(3)。桓譚は畏友として交わる揚雄の學問と彼の聖人に對する慕仰ぶりに觸發され、揚雄の聖人を承認し、同時に自身もまた聖人としての業績を擧げて、聖人の域に入れることを確信していたに違いない。そうした桓譚を、王充はまた

孔子不王、素王之業、在於春秋。然則桓君山不相、素丞相之迹、存於新論者也。

（孔子は王たらざれども、素王の業は、春秋に在り。然らば則ち桓君山は相たらざれども、素丞相の迹は、新論に存する者なり。）（『論衡』定賢篇）

と描き出しているが、もしも桓譚が生前王充のこうした高評を耳にすることができたならば、さぞや「我が意を得たり」と手を打って、欣喜雀躍したに違いない。

二　『新論』の春秋學（上）

今日に傳わる『新論』は傳承の過程でその大半を失っているのであるから、殘存する寥寥たる資料を使って桓譚の思想なり、本稿が目的とする彼の春秋學の全容なりを再現することは、難事に屬そう。けれども、前節で見た「余爲新論、述古今、亦欲興治也。何異春秋褒貶耶」を手掛かりに、『新論』中の言述を再構築すると、そのおおよそが浮かび上がってくるのである。

まず、『新論』が「述古今」という場合、『新論』中からは、それに相當するものとして、當時の趨勢下では時代錯誤とも受け取られかねない封建論が取り上げられるべきであろう。

王者初興、皆先建根本、廣立藩屏、以自樹黨、而强固國基焉。是以周武克殷、未下輿而封黃帝・堯・舜・夏・殷之後、及同姓親屬・功臣・德行以爲羽翼、佐助鴻業、永垂統於後嗣。乃者强秦罷去諸侯、而獨自恃任一身、子弟無所封、孤弱無與。是以爲帝十四歲而亡。漢高祖始定天下、背亡秦之短計、導殷・周之長道、褒顯功德、多封子弟。後雖多以驕佚敗亡、然漢之基本、得以定成、而異姓强臣不能復傾。……漢朝遂弱、孤單特立。是以王翁不興兵領士而徑取天下、又懷貪功獨專之利、不敢封建子孫及同姓戚屬爲藩輔之固。故兵起莫之救助也。

（王者初めて興りしとき、皆先に根本を建て、廣く藩屏を立てて、以て自ら黨を樹て、而して國基を强固にす。是を以て周の武殷に克ち、未だ輿を下りずして黃帝・堯・舜・夏・殷の後、及び同姓の親屬・功臣・德行を封じて以て羽翼と爲し、鴻業を佐助し、永く統を後嗣に垂らしむ。乃者《さき》に强秦諸侯を罷め去りて、獨り自ら恃み一身に任じ、子弟封ずる所無く、孤弱與する無し。是を以て帝爲ること十四歲にして亡ぶ。漢の高祖始めて天下を定め、亡秦の短計に背き、殷・周の長道を導き、功德を褒顯し、子弟を封ずること多し。後、多く驕佚を以て敗亡すと雖も、然れども漢の基本は、得て以て定め成り、而して異姓の强臣も復た傾ける能はず。……漢朝遂に弱く、孤單特り立つのみ。是を以て王翁兵を興し士を領せずして徑ちに天下を取り、又功を貪り之が利を獨專せんことを懷ひ、敢へて子孫及び同姓の戚屬を封じて藩輔の固と爲さず。故に兵起こりて之を救助する莫きなり。）

（譴非篇）

と。周が永く世を治め得たのは克殷の後、周王朝の血縁者や歷代聖帝の子孫を封じて自らの藩屛としたからであり、逆に秦が短命で終わったのは封建制を廢して、武斷を賴んだ獨尊の道を突き進んだからである。秦の滅亡に鑑んだ漢は再び封建制も併用して獨自の郡國制を布いたが、漢の帝祚を略奪した王莽は獨尊を決め込んで封建せず、それが仇となって秦と同樣短命に終わったとの認識である。中でも、王莽がその十五年で衰滅し、新の短命に殉じた情況は、彼に臣下として仕えていた桓譚にはつぶさに確認できたところであって、封建制の導入は、彼が實見した歷史的な要請として、搖るがし得ない眞理であった。王者はその興國に當たっては、封建制の施行が不可缺であると見なされていたのであり、それが「古今を述べる」歷史分析からもたらされた認識であったことは想像に難くない。

こうした意味での『新論』の機能が『春秋』の褒貶説に異ならないというのは、「古今を述べ」てそこから現在に資する史實を教訓として活用する過程で、古今の史實に褒貶――賞贊と批判――を加え、そこに現在的な價値を創出することにほかなるまい。

たとえば、漢の高祖が黥布を掃討した際、流れ矢が當たって墜命した件である。高祖は良醫が治療すれば助かる命であったにも拘わらず、「吾、布衣を以て三尺（の劍）を提げて天下を取る。此れ天命に非ずや。命は乃ち天に在り。扁鵲と雖も何をか益せん」（『史記』高祖本紀）といってその治療を拒み、死を避けがたい必然として從容として受け入れているのであって、自身に降された天命に對してはかくまでに從順であったが、その高祖の天への過信を桓譚は過大な誤認識として、

漢高祖建立鴻基、侔功湯・武。及身病、得良醫弗用。專委婦人、歸之天命、亦以誤矣。此必通人而蔽者也。

（漢の高祖鴻基を建立して、功を湯・武に侔しくす。身病むに及び、良醫を得るも用ゐず。專ら婦人に委ね、之を天命に歸す、亦以て誤りなり。此れ必ず通人にして蔽はる者なり。）（『新論』識通篇）

と指摘する。天命に託して自身の偉大を演出する傲岸がその死を招いたとして、高祖の思い上がりを糾すのであり、天命もまた人の信頼を繋ぎ止め得ない虚妄と化そう。神祕的な思潮が最高潮に達した後漢の當初にあっては、不可知な物への篤信が却って自身に禍することの教訓となって啓示されていよう。

こうした認識は、圖讖において最も顯著である。

讖出河圖・洛書、但有兆朕而不可知。後人妄復加增依託、稱是孔丘、誤之甚也。

（讖は河圖・洛書より出で、但だ兆朕有るのみにして知る可からず。後人妄りに復た依託を加增し、是れ孔丘なりと稱するは、誤の甚しきなり。）（啓寤篇）

というのは、圖讖は下土の人君に對してその受命を告げる宣託の文ではありえずに、せいぜい想いの懸けようによってはそこに何らかの意味を寓し得る兆候にすぎないことの、言明である。王莽の新から後漢の光武帝にかけて、それらが孔子の豫言を受けて登場したがごとく、さながら天書のごとき價値を有するとして尊崇されたのは、そこに加増された委托＝想念の増幅がもたらした虚構に過ぎない。實質は、「王莽攝に居りて簒弑するの際に當たり、天下の士、競ひて德の美なるを褒稱し、符命を作り以て容媚を求めざる莫き」（『後漢書』桓譚傳）臣僚たちの、獵官を目論んだ僞經の製作に外ならない。かかる圖讖を尊崇することは、聖經を僞る經典捏造の奬勵であって、その歸結がいかなるも

のであるかは、桓譚の言述

王翁好卜筮、信時日而篤於事鬼神、多作廟兆、潔齋祀祭、犧牲殽膳之費、吏卒辨治之苦、不可稱道。爲政不善、見叛天下。及難作兵起、無權策以自救解。乃馳之南郊告禱、搏心言冤、號興流涕、叩頭請命、幸天哀助之也。當兵入宮日、矢射交集、燔火大起、逃漸臺下、尙抱其符命書、及所作威斗[4]、可謂蔽惑至甚矣。

（王翁卜筮を好み、時日を信じ、鬼神に事へるに篤く、多く廟兆を作り、潔齋祀祭して、犧牲殽膳の費、吏卒辨く治むるの苦、稱げて道ふ可からず。政を爲すこと善からず、天下に叛かる。難作り兵起つに及び、權策以て自ら救解する無し。乃ち馳せて南郊に之き告禱し、心を搏ち冤を言ひ、號興流涕し、叩頭して命を請ひ、天の之を哀助するを幸いとするなり。兵宮に入る日に當たり、矢射られ交々集ひ、燔火大いに起こり、臺下に逃漸し、尙ほ其の符命の書、及び作る所の威斗を抱くは、蔽惑至って甚しと謂ふ可きなり。）（言體篇）

との、王莽の醜態を演ずる樣が、象徵的に示していよう。そうであれば、圖讖の虛妄を明らかにしてその不經を指彈することは、とりもなおさず社會の誤認識を糾正し、國政の在り方を糾すことに外ならない。桓譚における批判とは、まさに『春秋』の「撥亂反正」と同等の機能を有していたのである。

こうした意味での批判は、殘卷であるにせよ、『新論』中の至る所で繰り返されているのであって、『新論』一書の全てを特徵づけているかの觀がある。

王翁始秉國政、自以通明賢聖、而謂群下才智、莫能出其上。是故擧措興事、輒欲自信任、不敢與諸明習者通共[5]。苟直意而發、得之而用。是以稀獲其功效焉。故卒遇破亡。此不知大體者也。

（王翁始めて國政を秉りしとき、自ら賢聖に通明するを以て、群下の才智は、能く其の上に出づる莫しと謂ふ。是の故に擧措興事は、輒ち自ら信任せんと欲し、敢へて諸々の明習者と通じ共にせず。苟しくも意を直くして發

し、之を得て用ゐる。是を以て稀に其の功效を獲たり。故に卒に破亡に遇ふ。此れ大體を知らざる者なり。）（言體篇）

更始帝見王翁以失百姓心亡天下。既西到京師、恃民喜悅則自安樂、不聽納諫臣・謀士。赤眉圍其外、近臣反、城遂以破敗。

（更始帝、王翁百姓の心を失ふを以て天下を亡ふを見る。既に西のかた京師に到り、民の喜悅するに恃み則ち自ら安樂し、納諫の臣・謀士に聽かず。赤眉其の外を圍み、近臣反き、城遂に以て破敗さる。）（求輔篇）

というのは、王莽・更始帝ともに、自身の英邁を自負して賢臣を任用しようとしなかった報いが國の滅亡に繫がったことを、教訓に仕立てて批判したものであり、そこから

捕猛獸者、不使美人擧手。釣巨魚者、不使稚子輕預。非不親也。力不堪也。奈何萬乘之主而不擇人哉。

（猛獸を捕らふる者は、美人をして手を擧げしめず。巨魚を釣る者は、稚子をして輕々しく預らしめず。親しまざるに非ざるなり。力堪へざるなり。奈何ぞ萬乘の主にして人を擇ばざらんや。）（同上）

のごとき、有能の士任用の要請や、よしんば

君無材德、可選任明輔、不待必躬能也。

（君材德無けれども、明輔を選任す可くんば、必ず躬の能くするを待たざるなり。）（同上）

のごとく、君がいかに君としての材德に缺けていようとも、明輔を得れば自身の能力の完璧を期す必要はないとして、君の不肖を補う材能・德行の士を補佐役として任用すべき必要性を、力說してやまない。批判に終始するのではなく、そこからなお今に活かし得る提言を創出するのである。

批判が『新論』の著述全體を特徴づけている一大要因であることには違いないが、根據のない、それでいて社會的に分不相應な尊崇を集め、現實社會に對して某かの悪影響を及ぼしている呪術や迷信の類に對しては、膺懲の念も込めて、とりわけ強い批判がなされている。

昔楚靈王驕逸輕下、簡賢務鬼、信巫祝之道、齋戒潔鮮、以祀上帝。禮群臣、躬執羽紱、起舞壇前。吳人來攻、其國人告急。而靈王鼓舞自若。顧應之曰、寡人方祭上帝、樂明神、當蒙福祐焉。不敢赴救。而吳兵遂至。俘獲其太子及后姬、甚可傷。

（昔、楚の靈王驕逸にして下を輕んじ、賢を簡り鬼に務め、巫祝の道を信じ、齋戒潔鮮して、以て上帝を祀る。群臣に禮し、躬ら羽紱を執り、起ちて壇前に舞ふ。吳人來り攻め、其の國人急を告ぐ。而れども靈王鼓舞すること自若たり。顧みて之に應じて曰はく、寡人方に上帝を祭り、明神を樂しませば、當に福祐を蒙るべしと。敢へて赴き救はず。而して吳兵遂に至る。其の太子及び后姬を俘獲さるるは、甚だ傷む可し。）（言體篇）

というのは、鬼神を崇め、巫祝の道を信じた楚の靈王が、その信仰を募らせたことが禍して現實の寇難を見誤り、太子と后姬を吳軍の俘虜にしてしまったことを、呪術を政治に持ち込んではならぬ戒めとして、糾彈するものである。

また、前出の王莽落日の狂態「尙ほ其の符命の書、及び作る所の威斗を抱くは、蔽惑至って甚しと謂ふ可し」（前出）というのも、符命を用い、鬼神の靈力にあやかって新王朝を興した王莽ではあったが、その最後は符命も威斗も、王莽の信心に報いることなくその落命を見送ったということで、むしろ鬼神に狂奔させられて生涯を閉じなければならなかった彼の滑稽に、アイロニーをさえ催しているようにも見うけられる。まこと、桓譚にとって呪術や迷信は、亡國の素因であって、それだけに

聖王治國、崇禮讓、顯仁義、以尊賢愛民爲務。是爲卜筮維寡、祭祀用稀。

（聖王の國を治むるは、禮讓を崇び、仁義を顯らかにし、賢を尊び民を愛するを以て務めと爲す。是れ卜筮を爲すこと維れ寡く、祭祀用ゐらるること稀なり。）（同上）

のごとく、施策の推進に當たっては、一掃されなければならなかったわけである。それというのも、當時の呪術は天がもたらす符命として結實し、それが前漢を滅ぼし、王莽の新を滅ぼして、社會を混亂の坩堝に突き落とす醜態を現出させたのであって、混亂からの恢復は、否應なしに符命やそれを支える呪術や迷信を取り除くことを要請するからである。けれども、符命が光武帝の受命を保障し、後漢王朝の正統を證明する絶對的權威を有する現狀においては、符命がいかに妄信の副產物であれ、その虛妄を聲高に言い立てることは、一介の朝臣にすぎない桓譚にとって、たやすく爲しえることではなかった。また、桓譚同樣に符命の虛妄を言い立てる朝臣は當時なおいたであろうが、彼等と共同步調をとることのできていない現狀下では、その言明はむしろ苦痛を伴ったであろう。そうした時に、桓譚の意識を支える强力な據り所となったのが『春秋』ではなかったか。符命の權威に伍してそれに勝る權威が、符命の迷妄を述べるためには必要であったのであり、そのために自らの主張の據り所として孔子の『春秋』が見出されたのではなかったか。萎えかけた自身の意識を勵まして、符命の虛妄を唱えるためには、『春秋』の威嚴に依存して、それを主張する自身の權威の據り所とすることは、何にも益して必要なことであった。

『春秋』の威嚴を自身の主張の權威に据えた桓譚の批判は、興國の實質を呪術や迷信の掃除に求め、その口舌を果敢にさせることになったのは、當然の成りゆきであったかもしれない。前漢哀平時の逸話である。

近哀・平間、睢陵有董仲君。好方道、嘗犯事坐重罪、繫獄。佯病死。數日目陷、蟲出。吏捐棄之、既而復活。故知幻術靡所不有。又能鼻吹口歌、吐舌齗、聳眉動目。

（近く哀・平の間、睢陵に董仲君というもの有り。方道を好み、嘗て事を犯し重罪に坐し、獄に繫がる。病死と佯る。數日にして目陷み、蟲出づ。吏之を捐棄し、既にして復た活く。故に幻術は有らざる所靡きを知る。又能く鼻吹い口歌ひ、舌齗を吐き、眉を聳かし目を動かす。）（辨惑篇）

董仲君は方術を好み、嘗て重罪を犯して獄に繫がれることがあった。ある日、病死を装い、數日にして目がくぼみ、蟲がはい出た。獄吏が董仲君の遺骸を廢棄すると、ほどなく董仲君は鼻で呼吸し、口で歌い、舌齒をはき出し眉目を動かして、生き返った、というのである。けれども、桓譚はこれを幻術とは認めず、この後直ちに

荊州有鼻飮之蠻。南城有飛頭之夷。非爲幻也。

（荊州に鼻飮の蠻有り。南城に飛頭の夷有り。幻を爲すに非ざるなり。）（前引後續）

と述べ、董仲君がなした奇蹟は一部の蠻夷に傳わる「鼻飮（鼻から飲む）」「飛頭（首狩りの習俗か）[6]」の習俗と同様であって、幻術などではあり得ないことを力說する。

神仙說もまた然り。友人の劉歆が方士の虛言を信じ、神仙は學んでものすることができると考えた。そこで桓譚に「人誠に能く嗜欲を抑へ、耳目を塞がば、衰竭せざる可きか」（辨惑篇）と尋ねた。桓譚は庭の大楡樹が老いて樹皮の剝奪している様をみて、「彼の樹は情欲の忍ぶ可き無く、耳目の闔ざす可き無し。然れども猶ほ枯槁朽蠹す。人愛養を欲すと雖も、何ぞ能く衰へざら使めんや[7]」（同上）と答え、樹木でさえ自然界にあってはその朽木化を免れ得ない事實を指摘して、人の老死もまた自然界にあっては免れ得ない道理を諭すのである。不老不死の窺窬は蒙昧に過ぎず、その蒙昧に全生涯を賭けることはむしろ夭逝の原因となろう。その糾正は人が正しく壽命を終えるための、社會的な

啓蒙として俄然意味を有することになる。

前漢王皇后の庶弟にして曲陽侯に封ぜられた王根は、方士西門君惠を迎え、彼に従って養生と不老の術を學んだことがあった。君惠が「龜は三千歳を稱し、鶴は千歳を稱す。人の材を以てすれば、何ぞ乃ち蟲鳥に及ばざらんや」（『新書』辨惑篇）と豪語すると、居合わせた桓譚は「誰か當に久しく龜鶴と同居して其の年歳を知るべきのみや」と應じ（同上）、龜と鶴の壽命を經驗的に確認し得た人の居ない現状においては、それが事實ではあり得ない道理を指摘して、神仙の窺窬にほだされた者達に向け、警鐘を鳴らす。こうした意味での批判はもはや批判の域を越えて、民意の啓蒙を目論む社會運動への擴大を企圖していよう。[8]

したがって、俗信もまた然り。

天下有鸛鳥、郡國皆食之。而三輔俗獨不敢取之。取或雷霹靂起。原夫天、不獨左彼而右此。其殺取時、適與雷遇耳。

（天下に鸛鳥有り、郡國皆之を食す。而れども三輔の俗は獨り敢へて之を取らず。取れば雷霹靂して起こる或り。夫の天を原ぬれば、獨り彼を左として此を右とするのみにあらず。其の殺し取れるの時、適々雷と遇ふのみ。）（離事篇）

各郡國では捕らえて食する鸛鳥《こうのとり》も、三輔の地域ではそれを捕らえると雷に打たれるとの俗信があって、捕らえることはしない。けれども、自然界（雷）は郡國の鸛鳥だけを劣るとして蔑み、三輔の鸛鳥だけを良いとして大切にする譯ではない。三輔では捕らえ殺したときに偶々雷が鳴ったに過ぎないとし、桓譚はこうした俗信は偶然の産物であると一蹴するのである。自然界と人爲の間には何らの相關關係もなく、相關關係があるように見えるのは單なる偶然にほかならない、との主張である。

ならば、當時盛行した最大の迷信＝災異思想をどうみなしたか。ここにこそ桓譚の啓蒙的な社會批判の意義がよく表れていよう。

夫（災）異・變怪者、天下所常有、無世而不然。逢明主・賢臣・智士・仁人、則修德善政、省職愼行以應之。故咎殃消亡、而禍轉爲福焉。昔大戊遭桑穀生朝之怪、獲中宗之號。武丁有雊雉升鼎之異、身享百年之壽。……由是觀之、則莫善於以德義精誠報塞之矣。故周書曰、天子見怪則修德、諸侯見怪則修政、大夫見怪則修職、士庶見怪則修身。神不能傷道、妖亦不能害德。

（災異・變怪は、天下の常に有る所にして、世として然らざる無し。明主・賢臣・智士・仁人に逢へば、則ち德を修め善政し、職を省み愼しんで行ひ以て之に應ず。故に咎殃は消亡して、禍轉じて福と爲る。昔大戊は桑穀朝に生ずるの怪に遭ひ、中宗の號を獲たり。武丁に雊雉鼎に升るの異有りて、身は百年の壽を享く。……是れに由りて之を觀れば、則ち德義精誠を以て之を報塞するより善きは莫きなり。故に周書に曰はく、天子怪を見れば則ち德を修め、諸侯怪を見れば則ち政を修め、大夫怪を見れば則ち職を修め、士庶怪を見れば則ち身を修む。神は道を傷ふ能はず、妖も亦德を害する能はざるなりと。）（譴非篇）

災異が迷信の尤物であることは死角にし、君主の失政を悔悟させ政務の適切を來す施策上の意義をのみ視座にして、その執政への導入が承認されるのである。災異現象は人知を越えた、人間存在とは關わり得ない虚妄であるとして突き放すのではなく、災異現象に懼れた君主が自身の傲慢や放埒を戒める警飭の作用を、政務を擔當する君主や臣僚たちの綱紀の維持に活かそうとする。ここにおいて、桓譚の合理的・實證主義的判斷は、呪術や迷信の全てを拂拭し得ない不徹底を認め得よう。しかし、こうした部分が桓譚の意識に存在することは、彼がなお第一義的には政治の遺失を矯正して道德的な政治を實現しようとする儒者であり、實用主義者であったことを物語るであろう。經驗的合理主義者を地でいく桓譚は、それが呪術に由來するものであるにせよ、政治的な要請であり現實政治に資する場合には、兩者の併用を積極的に追認する者であった。桓譚の中の「治を興さんと欲する」意欲は、災異の迷信さえ手段としてその内に取り込んでいるのである。

さて、事ここに至れば、こうしたレベルでの桓譚『新論』の議論が果たして本當に彼の春秋學と結びついているのか、疑問となろう。この點については當然問わなければならないが、私はやはり、桓譚の春秋學とはこのレベルのものであったとして容認したい。『新論』正經篇に

諸儒覩春秋之記錄・政治之特質、以立正義、以爲聖人復起、當復作春秋也。自通士若太史公、亦以爲然。余謂之否。何則前聖・後聖未必相襲。夫聖賢所述、皆同取道德・仁義以爲奇論・異文、而俱善可觀者。猶人食皆用魚肉・菜茄（茹）以爲生・熟異和而復居美者也。

（諸儒は春秋の記錄・政治の特質を覩、以て正義を立て、以て聖人復た起たば、當に復た春秋を作るべしと爲すなり。通士の太史公の若きより、亦以て然りと爲す。余之を否と謂ふ。何となれば則ち前聖・後聖未だ必ずしも相襲はず。夫れ聖賢の述べる所は、皆同に道德・仁義を取り以て奇論・異文を爲すも、俱に善の觀る可き者なり。猶ほ人食するに皆魚肉・菜茄を用ゐ以て生・熟和を異にすと爲すも、而れども復た美に居る者のごときなり。）

という。人が魚肉や野菜を食する場合、煮物と生ものとでは味を異にするものであっても、いずれの場合も美味しい物を好む。そのように前聖と後聖が共に『春秋』を著わす場合、兩者は道德・仁義を問題にしながら文を變え論を變えはしても、そこでの議論は「俱に善の觀る可き者」となるというのである。「俱に善の觀る可き者」というのは、春秋學のレベルで言い換えれば「共に善の中でも社會正義に關わる必須の課題として選ばれるもの」ほどの意味に違いない。それが、各々が製作した『春秋』の大義として示される過程で、桓譚にとっては、『春秋』を著わした前聖

の孔子と後聖（この場合は『新論』を『春秋』に見立てている桓譚）とでは、歸着する結論は同一であっても、その著述や表現方法に異なりのあることは當然のことと想定されているのである。であれば、『春秋』の褒貶説が桓譚にあっては、――孔子の場合が一字褒貶説を取ったのとは異なって――論説によって世の妄昧を拂拭する啓蒙説となるのは、初めから容認されたところであった。

結　語

桓譚によって始められた「論」による春秋學の試み(9)は、彼一人に止まらなかった。桓譚の批判論を繼承してそれを哲學の領域にまで高めた王充もまた春秋學を奉ずる儒者の一人であった。『論衡』對策篇には孔子の『春秋』が孔子以後どのように演變しているかを

聖人作經、藝(賢)者傳記、匡濟薄俗、驅民使之歸實誠也。……孔子作春秋、周民弊也。故采毫毛之善、貶纖介之惡、撥亂世、反諸正、人道浹、王道備、所以檢柙靡薄之俗者、悉具密致。……是故周道不弊、則民不文薄。民不文薄、春秋不作。……高祖不辨得天下、馬上之計未轉、則陸賈之語不奏。衆事不失實、凡論不壞亂、則桓譚之論不起。……是故論衡之造也、起衆書並失實、虛妄之言勝眞美也。故虛妄之語不黜、則華文不見息。華文放流、則實事不見用。故論衡者、所以銓輕重之言、立眞僞之平、非苟調文飾辭、爲奇偉之觀也。

（聖人經を作り、賢者の傳記は、薄俗を匡濟し、民を驅り之をして實誠に歸らしむるなり。……孔子春秋を作れるは、周民弊れたればなり。故に毫毛の善を采り、纖介の惡を貶し、亂世を撥めて、諸を正しきに反し、人道浹く、王道備はり、靡薄の俗を檢柙する所以の者、悉く具はり密致す。……是の故に周道弊れざれば、則ち民文薄

ならず。民文薄ならざれば、春秋作られず。……高祖天下を得るを辨ぜずして、馬上の計未だ轉ぜざれば、則ち陸賈の語奏せられず。衆事實を失はず、凡論壞亂せざれば、則ち桓譚の論起こらず。……是の故に論衡の造らるは、衆書並びに實を失ひ、虛妄の言眞美に勝つに起こるなり。故に虛妄の語黜けられざれば、則ち華文息められず。華文放流すれば、則ち實事用ゐられず。故に論衡は輕重の言を銓り、眞僞の平を立て、苟くも文を調へ辭を飾り、奇偉の觀を爲すに非ざるなり。）

と述べている。王充の『論衡』が桓譚の『新論』を繼ぐと共に、『新論』を介して桓譚同樣、陸賈の『新語』・孔子の『春秋』を受け繼いでいることを自認するのである。だからこそ王充は、自身の『論衡』を孔子の『春秋』と同一の地平で捉え、

春秋爲漢制法、論衡爲漢平說。（『論衡』須頌篇）

（春秋は漢の爲に法を制し、論衡は漢の爲に說を平かにす。）

と言うことさえ憚らない。「說を平かにする」『論衡』の批判は、紛れもなく王充にとっては、桓譚の『新論』同樣、『春秋』の襃貶說と同等の價値を有するのである。

であれば、「虛妄を疾」（『論衡』佚文篇）み、「輕重の言を銓し、眞僞の平を立」（前出）て、「世俗の書に就きて、其の眞僞を訂し、其の實虛を辨」（同上對策篇）ずる『論衡』の任務は、桓譚の『新論』で「論」にその形式を改めた春秋學の再來で、王充における批判哲學の完成は、また漢代春秋學が通過せざるを得なかった座標の一つであったに違いない。もっとも、王充においては『春秋』三傳中に認められる不實な記載を批判して、三者の優劣を競う舊來型の春秋學も存するのであるが。その詳細は他稿に讓るとして[10]、とにかくも桓譚における春秋學の試探は――『新書』の大半が不明であるにせよ――後漢の思想史に新たな局面を開いていること、紛れもない事實である。

注

（1）本稿では底本として、清、嚴可均校輯『全上古三代秦漢三國六朝文』「全後漢文」巻十三～巻十五所收「桓子新論」を用いる。文字の異同については、嚴可均に從って改めたところがあるが、逐一注記することはしない。また書名の『新書』は最初にのみ記し、以後は、それが『新書』と分かる場合には割愛した。煩を避けてのことである。また、二〇〇九年に中華書局から『新輯本桓譚新論』が出版されているが、この本は各篇への歸屬が他の輯逸本と著しく異なり、底本として使用できなかった。

（2）鐘肇鵬氏は超奇篇の「漢興以來、未有此人」に『新論』の「揚子雲才智開通、能入聖道、卓絶於衆」（『太平御覽』巻四三二及巻六〇二）を補って、一文として示す（『桓譚評傳（中國思想家評傳）』南京大學出版社、一九七三年、一七頁。これに從う。

（3）拙稿「西漢末知識人の意識構造――揚雄の場合――」「東洋學術研究」第二七集別冊、一九八八年、後『秦漢儒教の研究』汲古書院、二〇〇四年所收、參考。

（4）『漢書』王莽傳下に、是歲八月、莽親之南郊、鑄作威斗。威斗者以五石銅爲之（注、李奇曰、以五色藥石及銅爲之）。若北斗、長二尺五寸、欲以厭勝衆兵、という。

（5）中華書局『新輯本桓譚新論』には「嚴本作兵。注云、有脱誤」という。一應このように讀んでおく。

（6）東アジアにおける首狩りの習俗は、今日フィリピン・ルソン島に住むボントック族やインドのナガ族のものが有名であるが、「南城有飛頭之夷」とはこうした部族が持つ習俗の一つであったであろう。

（7）劉子駿信方士虚言、謂神仙可學。嘗問言、人誠能抑嗜欲、闔耳目、可不衰竭乎。余見其庭下有大楡樹、久老剝折指謂曰、彼樹無情欲可忍、無耳目可闔。然猶枯槁朽蠹、人雖欲愛養、何能使不衰。

（8）曲陽侯王根迎方士西門君惠、從其學養生卻老之術。君惠曰、龜稱三千歲、鶴稱千歲。以人之材、何乃不及蟲鳥邪。余應曰、誰久與龜鶴同居、而知其年歲耳。

（9）桓譚の春秋學が「新論」との「論」の體裁をとったことにも言及しなければならないが、そのことは王充の『論衡』とも共通する。そこでこの問題は第八章「王充の思想形成と『春秋』」に詳說する。

（10）例えば、趙伯雄氏『春秋學史』山東教育出版社、二〇〇四年。第三章第三節「〝訂其眞僞、辨其實虛〞的王充」がそうした研究の一つである。

第八章　王充の思想形成と『春秋』

はじめに

桓譚によって創められた批判意識の哲學[1]はその後王充にも受け繼がれ、浩瀚な書籍『論衡』[2]三十卷八十五篇となって結實する。その『論衡』の議論を支える中心的な理念は、桓譚における『新論』がそうであったように、儒教經典の『春秋』であった。しかも王充の場合、その批判意識が社會の日常生活から儒教倫理・道家神仙思想・天文宇宙といった當時盛行した學問の全てのジャンルに及んでいて、そこに應用される『春秋』の理念は多岐にわたる。本章は、そこで示される王充の思考様式を『春秋』との關係で考察し、王充と『春秋』との關係、王充の人生に與えた『春秋』の影響、延いては王充が拓くことになった春秋學者としての新生面に焦點を當て、當時の春秋學が辿ることになった展開の状況を、確認しようとする。

一　奇妙な生涯

王充の生涯は『論衡』末尾に附載される自紀篇第八十五が最も詳しい。しかも、自紀篇第八十五は彼自身の手になる自敍傳であるという點で、彼の生前の足跡以外に、彼がその時々で抱懷することになった様々な想いや思索をも取り込んで、足跡には現れていない祕めやかな感情や細やかな感性の一端も、我々に垣間見せているのである。それはまた、彼がものした『論衡』の一書を我々がいかに讀み解くべきかの、確かな座標を與えてくれることにも繋がろう。その意味では、自紀篇に記された王充の生涯は彼自身の回顧録とみるのがふさわしい。

王充、字は仲任。會稽上虞の人。先祖は元魏郡の人で、軍功によって會稽郡の陽亭に封ぜられることがあったが、その一年後には俄に封ぜられた土地と爵位が絶たれたことからその地に家を構え、農業を生業とした。祖先は「勇にして氣に任ずる」豪强で、事を起こすにも獨斷を貫き、凶年に際して犯罪まがいのやり方で人々を殺傷し、多くの仇敵を作ってしまった。王充の祖父に當たる王汎は世情の動向を推察するや、仇敵に捕縛されることを恐れて會稽郡の錢唐縣に難を避け、そこで商賣を始めた。この時、長男の蒙と次男の誦が生まれたが、この誦が後の王充の父である。祖先は代々豪强で蒙や誦となると祖世に勝る豪强ぶりを示し、豪族を以て鳴る丁伯等と早速事を構え、一族擧って上虞に追われる羽目になった。

そして建武三年（西暦二七年）王充は生まれた。幼少時、遊びにかまける他の子供達を尻目に、王充は讀み書きを好んで學問への志向を示す。親族や村人からは何ら小言を言われることなくひたすら讀書にいそしみ、成年後は縣と都尉府に出仕して掾功曹となり、郡の長官府にあっては掾五官功曹行事、州にあっては從事となった。

名聲を求めるでも、權勢に近づくでもなく、與えられた職責を全うして諸事控えめに通したのがこの時の王充である。けれども、置かれた狀況は貧民と變わりはなく、だからといって不幸を託つことはせず、「古文を淫讀し、異言を甘聞して」、「安からざる所多き」世書・俗説に對しては「幽居獨居して、實虛を考論する」『論衡』頻出の問題意識を早くも覗かせているのである。

元和三年（西暦八六年）、難を避けるために揚州部の丹陽・九江・廬江の三郡に至った。その後、郡府に入って治中従事史となった。かねて年來素志とした著述の活動も一時放棄せざるを得ないほどの忙しさであった。章和二年（西暦八八年）、州役人を退いて、家居することになった。時に王充七十歳。髪は白く齒は抜け落ちて、知己も少なくなって、貧乏が重く身にのし掛かるようになる。永元二年（西暦九〇年）と同三年（西暦九一年）の狹間、死を意識し始めた氣力の殘滓を頼みに、『養生書』十六篇を著わした。それで自身の延命を圖ったのである。けれども、もはや自身の死を遲らせるには間に合わず、後世への遺書とするしか術はなかった。この後、『後漢書』の王充傳では、永元年間に家にあって病沒したことが記されている。

以上が、自紀篇に見える王充の生涯のあらましである。但し、自紀篇の記述を『後漢書』王充傳の記載と比較すると、そこにまた王充の生涯に關しては特異な事情が祕められていること、了解されよう。それというのも、兩書の記載中、『後漢書』王充傳では載せられている王充の功績や彼に向けられた贊辭が、自紀篇の方ではそのあらかたが削去されている、という事實が見出されるからである。今、その顯著な例を三例ほど掲げよう。(一)『後漢書』王充傳では、王充の祖先が魏郡の元城から會稽に移ってきた後に「充少くして孤なり、鄉里孝を稱し」たことが記されているにも拘わらず、自紀篇の方ではその事について全く觸れられていない。(二)『後漢書』王充傳では、王充が京師洛陽に至り「業を太學に受け、扶風の班彪に師事し」たことが記されているにも拘わらず、自紀篇にはその事實について一言の言及もない。(三)『後漢書』王充傳では、王充はその晩年、同郡の友、謝夷吾の推挽によって肅宗の徵召を賜り、公車廳に召されながらも、病によって辭退したことが記されているが、自紀篇ではその記載がない、等である。[3]これら削去された三例は、王充の生涯を彼の賢才に似つかわしい榮耀で飾り立てるためには必須の經歷に違いなく、自身の經歷中に書き加えることは、何にもまして成されるべきことであった。にもかかわらず、その記述が王充自著の自紀篇の中には採擇されていないというのは、何を物語るか。常識的に考えれば、それは『後漢書』と『論衡』の著者間における著述意識の相違となろうが、しかし解釋の違いではなく事實認識に關する差異となると、事はそう簡單ではなくなる。私はそれを王充の立場に立って次のように解釋したい。すなわち、客觀的にみれば榮耀として尊ばれるべき經歴であっても、王充にとっては自身の經歴として相應しからぬ行跡であるとして削除されたということであり、それはまた、王充自身が自己の榮譽を渇求する權力追求型の官僚たちとは一線を畫し、自己の他人に勝る英知を確信してそれによって後漢王朝の明日を切り開こうとする、それ故にまた自己のその卓拔な英知を紋切り型の月並みな贊辭で描き切ることは拒否する、自身の經歴を自身が望んだように加工する特異な意欲を持ち合わせていたことを示すものである、と。それだけに、自紀篇に示された彼の生涯は彼の意識と表裏して、沒後の自身に對する評價はかくあって欲しいとの願いが讀み取られるところである。その、自身の經歴を加工する意欲によって王充は、自紀篇中に下っ端役人としての自身の生涯を描き出した譯である。(その生涯を賭けて事物の虚實を辨別し續けてきた王充にとっては、自身の意欲に從って加工し描き出したように評價されることが、自身の眞實を後世から正確に認知されることでもあった。)

ところで、『論衡』自紀篇の特徴として見過ごしに出來ないのは、經歴の合間合間にさながら揚雄の賦「解嘲」よろしく問答體の文章を插入し、他者との問答を假設してその時々での自らの心情を吐露せしめる手法を隨所に用い、それがまた王充の人間像を一層彷彿とさせている點である。王充の場合、そうした問答形式の文體でよく自身の心情が語られるのは、下っ端役人に甘んじながら、不遇に際會した自己をどのように勵まし、勇氣づけ、後漢王朝の明日を展望していたかを語らせる件である。

いったい、自身の俊傑を信じてその英才を矜持する人間にとって最も耐えがたい苦痛は、梲の上がらぬ處世で自己の英才が揶揄中傷を蒙ることに違いない。王充はその官職が低かった分、そうした狀況に置かれることが多かったようで、そうした時には決まって王充は孔子を持ち出し、孔子の經歴を借りて、現下の自身の不遇を釋明するのである。

高位高官に惠まれようと、下位賤官に甘んじようと氣に懸ける素振りを示さぬ私（王充）に、某人は「心に難しとして行ふは易く、好んで同志を友として、仕へるに地を擇ばずんば、濁操傷行を、世何ぞ效放せん」と詰問する。私は答えた。

可效放者、莫過孔子。孔子之仕、無所避矣。爲乘田・委吏、無於邑之心、爲司空・相國、無說豫之色。……憂德之不豐、不患爵之不尊、恥名之不白、不惡位之不遷。……位賤與貴比德、斯可矣。

（眞似て生きるがよいというなら、孔子を越える者はない。孔子は仕えるにも選り好みをすることなく、乘田や委吏となってすら怒りの色を示さなかった。司空・相國となってさえ喜色を浮かべることはなかった。……德の不足は憂えるが、爵位の低さは憂えない。名聲が明らかでないことを羞じても、昇任しないことは恨まない。……卑賤に位して貴者と德を並べられるならそれでよい。）（自紀篇）

と。自身の不遇を孔子のそれに重ねて容認し、自身の俊傑を保とうとする王充である。こう答えることで王充は、實は孔子の不遇な平生を自身の經歷の中に取り込んで、孔子に對する共感を自身の生涯の中に再生させているのである。同じく自紀篇の文章である。役所勤めの激務に忙殺される王充が著述の時間をさえ見繕うことが出來ないで居ることを嘲られる、との設定である。

或蔮（戲）曰、所貴鴻材者、仕宦耦合、身容說納、事得功立、故爲高也。今吾子涉世落魄、仕數黜斥、材未鍊於事、力未盡於職。故徒幽思屬文、著記美言、何補於身。衆多欲以何趁乎。

（ある者が私を「大才と尊ばれるのは、役人として主君に重用され獻策が用いられ、事業も進み功績も擧がってのこと。ところが貴君は世を渡るにも落ちこぼれ、繰り返し左遷されて才能も仕事に適わず、その能力が職務上で發揮されることはない。ただ思いを苦しめて文章を著わし、美辭を連ねても身に補いがつくことはあるまい。

多く書いたとしてどうしよう。」と、私を嘲ろうとする。）

と。それに對し、やはり王充は孔子を持ち出して自身の不遇を辨明するのである。

答曰、材鴻莫過孔子。孔子才不容、斥逐、伐樹、接淅（浙）、見圍、削迹、困餓陳・蔡、門徒菜色。今吾材不逮孔子。不遇之厄、未與之等、偏可輕乎。……若夫德高而名白、官卑而祿泊、非才能之過、未足以爲累也。……高士所貴、不與俗均。故其名稱、不與世同。身與草木俱朽、聲與日月並彰、行與孔子比窮、文與楊雄爲雙、吾榮之。身通而知困、官大而德細、於彼爲榮、於我爲累。……官雖傾倉、文德不豐、非吾所臧。

（私は答えた。「優れた才能の持ち主は、孔子を越える者がないのに、孔子の才能は世に受け入れられず、魯から追われ、宋では司馬の桓魋に殺されかけて樹が伐られ、齊では水に漬けた米を携えて逃げ、陳で圍まれ、身を隱し、陳・蔡では飢餓に陥り、門徒には菜色が浮かんだ。今、私の才能は孔子に及ばず、不遇の厄難も孔子程ではないのだから、私を一方的に輕んずることなどできない。……そもそも、德が高く名が明らかだとか、官位が低く俸祿が少ないとかは、その人の才能の落ち度ではないから、患いとする程のこともない。……高士の尊ぶ所は世俗と異なり、それ故に名聲とする所も世俗と異なる。その身が草木と共に朽ちようとも、名聲は日月と並び輝き、行いは孔子と較べて更に窮しようと、文章が揚雄と雙璧をなすのであれば、それを吾が榮譽としよう。出世が適おうとも知識が貧しく、大官ではあっても德が少ないのは、他人にあっては榮譽であっても、私にとっては患いにすぎない。……倉が滿ちあふれるほどの大官であっても豐かな文德がないのは、私の善しとしないところだ。）

と。いかに困苦の内に喘ぐことになろうと、その苦痛の中から這い上がって、孔子のように聖人と慕仰される自己を望見する王充である。

世に紛れもない最も優れた逸材が孔子であることは、當時は蔽うべくもない事實であった。その孔子の生前の行跡が、彼の名聲と等分に不遇に見舞われたものであるという認識は、孔子を學び孔子の聖人域に至ろうとする者にとっては、必ずやその過程で孔子を苦しめさせたと同等の不遇の經驗を自身に課せしめることになろう。王充も、現下の不遇を孔子の聖域に至らしめるための試練と受け止め、孔子に追從する意欲を一層强めていたのである。王充はこうした意味での自己を『論衡』や他の書の著者として、世に示したかったのであろう。だから王充は、自身の行跡と孔子の行跡の間で共通する事跡は取り上げて、それを自身の經歷の中に書き加えたのであり、逆に自身の俊傑を示すためにはそれがいかに立派な功績であっても、孔子と異なる場合にはこれを故意に外さざるを得なかったのである。であれば、王充が自紀篇で孔子の行跡に合わせて自己の不遇を描き出したのは、自身が孔子と同じ類型の人間であることを説明し、それによって自身の俊傑を孔子の高みで傍證しようとした操作であったとみなして不可はないであろう。(4)

二　『論衡』と『春秋』

『論衡』中、孔子の偉大性が様々な角度から述べられるのは頻繁である。「孔子は、道德の祖。諸子の中の最も卓れし者なり」（本性篇）との認識は、儒教が國教に据えられて政治や教育の面で主導的な地位を獲得している後漢にあっては、王充においても搖るぎない事實であったことを物語る。であるから、孔子はまた「湯と孔子とは俱に聖人なり」（感虛篇）と語られたり、「孔子は、舜の次なり。生きては尺土無く、周流して聘に應じ、迹を削られ糧を絕たる。俱に聖才を以て並びに幸偶せず」（幸偶篇）とか言われて、過去の聖人と比況されたりする。孔子は巷間にあっては僅か一學匠に過ぎない中から希代の教育者・聖人との世評を勝ち得たことから、王充にとっては「效放す可き者は、孔子に過ぐる莫し」（前出）と見なされていたこと、すでにみたところである。それは勿論王充一人に限ったことではなく、「當今をして孔子の師有らしめば、則ち斯の世の學者、皆顏・閔の徒なり。孔子無からしめば、則ち七十子の徒は、今の儒生なり」（問孔篇）との發言からすれば、孔子に倣って聖學の薫陶にあやかることは、王充以外の儒者達にも想定されていたというべきであろう。けれども、孔子の聖人を追慕する王充はその情熱において決して人後に落ちるものではない。

かくまでの、孔子に對する慕仰ぶりである。けれども、王充の孔子に賭ける情熱が昂揚するのは、孔子はその生涯が不遇に見舞われながらその痛苦にもめげず、人類のために經世の理想を探求し、『春秋』の一書を著わしてそこにその經世の理念を盛り込んだ偉業の實踐者である、とする構圖においてである。

孔子の『春秋』製作説は『論衡』中、至る所に書き記されていて、孔子の偉大性を證明する業績として紹介されている。

孔子得史記以作春秋。及其立義・創意、褒貶・賞誅、不復因史記者、眇思自出於胸中也。（超奇篇）

（孔子史記を得て以て春秋を作る。其の立義・創意、褒貶・賞誅に及んで、復た史記に因らざる者は、眇思自ら胸中より出づればなり。）

というのは、『春秋』は本來、魯史『史記』を素材に著わされたものの、その立義・創意・褒貶・賞誅の價値の表現に至って『（魯の）史記』を襲っていないものは、全て孔子の胸中で釀成されたものと見なしてのことであり、特に、その賞誅に關しては、それが一國や天下を支配する王者の權限として絶大な價値を有するところから、その詳細は

春秋之義、釆毫毛之善、貶纖介之惡。（問孔篇）

（春秋の義は、毫毛の善を釆り、纖介の悪を貶す。）

孔子作春秋、釆毫毛之善、貶纖介之惡、釆善不踰其美、貶惡不溢其過。

（孔子春秋を作り、毫毛の善を釆り、纖介の惡を貶し、善を釆るも其の美を踰えず、惡を貶するも其の過を溢さず。）（感類篇）

案孔子作春秋、釆毫毛之善、貶纖介之惡。可褒則義以明其行善、可貶則明其惡以譏其操。

（案ずるに孔子春秋を作り、毫毛の善を釆り、纖介の惡を貶す。褒む可きは則ち義以て其の善を行ふを明らかにし、貶す可きは則ち其の惡を明らかにして以て其の操を譏る。）（案書篇）

のごとく分析される。善であれば極細かなことであってもそれを稱揚してその實踐的價値を發揚し、逆に惡であればいかに些細なことであってもその惡心を撥無してこれを根絶せしめんとするのである。かくして、孔子の『春秋』の製作は、巷間の一學匠に時君と同じ地位を附與して孔子その人の有り様を時君と同等に、否、その『春秋』製作の偉大性が尊ばれるにつれ、ついには天子と等し並みの評價を孔子に與えることになったのである。いわゆる孔子素王説の誕生である。

孔子不王、作春秋以明意。（定賢篇）

孔子不王、素王之業、在於春秋。（同上）

孔子作春秋、以示王意。然則孔子之春秋、素王之業也。……觀春秋以見王意。（超奇篇）

かくして、孔子はその不遇の生涯で、置かれた苦境に挫けることなくみごとに『春秋』を著わして人々が生くべき理想的社會を展望し、その成果を『春秋』中に込めて聖人君主にも匹敵する偉業を成就したとして王充からは追慕され、孔子の生き様が彼の人生の教程として選ばれたのであった。であれば、王充にとって孔子が自身が模倣して生きる目標であったのは、孔子自身が有した聖人的な素養と等分に、置かれた苦境を克服してなお『春秋』をものしたその強靱な精神力に共感してのことである。その王充が自身を孔子に比擬するためには、従って彼もまた、自身に孔子が『春秋』を製作したのと同様な業績の成就を課すことになったのであり、それがまた王充が『論衡』を著わさなければならない動機と化した譯である。

『論衡』と『春秋』を結びつける直接の要因としてやはり桓譚の『新論』の影響は見落とされてはならない。桓譚、字は君山。光武帝が奉ずる圖讖を不經と決めつけそれを信奉することの非を直訴して、斬首されかけたことで有名であるが、その桓譚には『新論』の一書があって、傳承されたのはその内の僅かであるにせよ、それによって彼の批判意識が今日にまで傳えられ、後漢の反讖緯思想の一斑を知る手掛かりとされる。桓譚はその『新論』(5)のできばえを「余新論を爲り、古今を述べ、亦治を興さんと欲するなり。何ぞ春秋の褒貶に異らんや」(『新書』本造篇)と『春秋』に比擬して自賛し、王充もその桓譚を支持し

新論之義、與春秋會一也。（『論衡』案書篇）

と評して憚らない。王充の眼から見れば、桓譚もはや孔子と同等の社會矯正を企てた聖人の素養を有したのである。ならば、その桓譚の『新論』中に認められる『春秋』と「一に會する（一致する）」褒貶説とはいかなるものか。「新論」の「論」とは何か、というところから説く必要がある。『論衡』の對策篇には

或曰、聖人作、賢者述。以賢而作者、非也。論衡政務、可謂作者。

（或ひと曰はく、聖人は作り、賢者は述ぶ。賢を以てして作るは、非なり。論衡・政務は、作ると謂ふ可き者なり。）

と、王充の『論衡』が聖人の著作であることを示すために、「作」というべきであるとする或説を提示する。そして、これに反駁する形で王充自身が説明する。

曰非作也。亦非述也。論也。論者、述之次也。五經之興、可謂作矣。太史公書、劉子政序、班叔皮傳、可謂述也。桓君山新論・鄒伯皮検論、可謂論矣。

（曰はく、作るに非ざるなり。亦述ぶるに非ざるなり。論なり。論とは、述ぶるの次なり。五經の興るは、作ると謂ふ可きなり。太史公の書・劉子政の序・班叔皮の傳は、述ぶと謂ふ可きなり。桓君山の新論・鄒伯皮の検論は、論と謂ふ可きなり。）

と、自身の『論衡』は桓譚の『新論』、鄒伯皮の『検論』と同様「論」であることを説くのである。そこで、この「論」が何を意味するかであるが、『論衡』の案書篇には

質定世事、論説世疑、桓君山莫上也。

（世事を質定し、世疑を論説せしもの、桓君山（桓譚）に上る莫きなり。）

と、桓譚のことが記される。下文の「桓君山に上る莫きなり」とは「桓譚よりも秀でる者はいない」の意であって、それが彼の『新論』を指すことはいうまでもない。そしてその「論」が「世事を質定し、世疑を論説す」とパラフレーズされているのであれば、「新論」の「論」はやはり「論説」の意であることが明らかとなる。そうであれば、その論説文にすぎない『新論』の文章に、「何ぞ春秋の褒貶に異ならんや」との、褒貶説が加わるのは何故かが、問題となろうが、こういうことではないか。

「讖出河圖・洛書、但有兆朕而不可知。後人妄復加増依託、稱是孔丘（圖讖の文は河圖・洛書より生じていて、ただ兆候があるだけで意味が分からない。後人が妄りに思いつきの文を加増して、これは孔丘が書いたという）」（『新書』啓寤篇）世情に乗じて「當王莽居攝簒弑之際、天下之士、莫不競褒稱其徳美、作符命以求容媚（王莽が攝位に居て漢の帝祚を奪う簒弑の擧に出たとき、天下の士が、競って王莽の美徳を賞贊し、符命を作って媚びを入れようとし

た)」(『後漢書』桓譚傳)臣僚達の獵官運動を目の當たりにした桓譚は、慘憺極まりない有り様にいたたまれず、その慘狀を「論」中に綴った。

王翁好卜筮、信時日而篤於事鬼神、多作廟兆、潔齋祀祭、犧牲殽膳之費、吏卒辨治之苦、不可稱道。爲政不善、見叛天下。及難作兵起、無權策以自救解、乃馳之南郊告禱、搏心言寃、號興流涕、叩頭請命、幸天哀助之也。當兵入宮日、矢射交集、燔火大起、逃漸臺下、尙抱其符命書、及所作威斗、可謂蔽惑至甚矣。

(『新論』言體篇)

(王莽は卜筮を好み、時日の占いを信じ、厚く鬼神に仕え、廟兆を築くことが多く、潔齋して祀祭し、祭祀の犧牲として殽膳に用いられる費用がかさみ、吏卒が遍く國を治める苦痛は筆舌に盡くせなかった。善くない政治によって、天下に叛かれた。寇難が起こって糾彈の兵が立ち上がると間に合わせの策では自身を守ることもできず、南郊に馳せて天に告げ禱り、胸を打って怨言を述べ、大聲で叫んで淚を流し、叩頭して命を請い、天が哀れみ助けてくれることを禱った。兵が宮殿に攻め入った日、兵は矢を射ておのがじし集結し、附け火が燃え上がり、王莽は漸臺の下に逃れたが、なお符命の書と自作した威斗とを携えていたいたのは、蔽惑も甚しいというべきである。)

と。圖讖の尊崇は僞書の捏造に外ならず、それが一掬の有用性もないことを、後に死を賭して光武帝に說くことになる桓譚にとっては、圖讖に狂奔する現下の王莽の樣も、光武帝の場合と同樣に排除すべき蒙昧であって、桓譚がそのようにすべきことは、搖らぐことのない信念でもあっただろう。そうであれば、圖讖の虛妄性を明らかにしてその不經を指彈することは、社會の誤認識を糾彈し、國政の有り樣を糾すことに外ならない。桓譚における王莽への失政批判は、この時點においては、『春秋』の「撥亂反正」の機能と何ら選ぶところがなく、それが一辭褒貶の曖昧性のまま示されるのではなく、その事實を直書してありのままをそこに示す直截性が桓譚の論旨を際立たせ、その主張を明確化させることになる。これをもし『春秋』の褒貶説に見立てるならば、「春秋の義」が『春秋』の措辭の中に隱微な形で盛り込まれるのではなく、「春秋の義」に相當する言明內容が「論說文」中に主題や主張として明示されるのが『新論』と化した彼の春秋學であった、というべきであろう。「論」とはそれが「春秋の義」にも見立てられるべき道義上の提言をその內に含み、それが作者によって忌憚なく語られる文章表現の形式のことであり、論說文に基づいた新たな春秋學――とでもいうべき事態――が『新論』から始まることになったのである。そして、その表現形式はそのまま次代の王充にも繼承され、後漢の時代相を視座にして

春秋爲漢制法、論衡爲漢平說。（『論衡』須頌篇）

となって展開した。尤も、論說は著者が各人各樣の判斷によって千差萬別となり眞僞入り交じる結果となるからここにおいて王充は、『論衡』＝「說を平らかにする」との調停役を自らに課さねばならなかったのである。『論衡』對策篇に

論衡之造也、起衆書並失實、虛妄之言勝眞美也。故虛妄之語不黜、則華文不見息、華文放流、則實事不見用。故論衡者、所以銓輕重之言、立眞僞之平、非苟調文飾辭、爲奇偉之觀也。

（『論衡』が著わされたのは、多くの書が事實を失い、虛妄の言說が眞に美なるものに勝ってきたためである。虛妄の言說が斥けられなければ、華文（華やかなだけで事實を失っている文）の盛行は收束されず、野放しになったままでは事實が用をなさなくなる。だから『論衡』は言葉が持つ眞實の輕重を測り眞僞の標準を立てようとする。假初めにも文章の調子を整えて珍しさや偉觀を示そうというのではない。）

というのは、そのことを任務として自覺する王充の獨白でもあった。

三　王充と『春秋』及び『春秋』三傳の關係

前節でも見たように、『論衡』の對策篇には聖人の著作は「作る」といい、賢人の著作であれば「述ぶ」といって、兩者は區別されるのが著書に對する通常の取り扱い。王充は賢者であるからその著『論衡』は（「述ぶ」であるが、聖人のごとく）「作る」と呼ばれてこそ相應しい、との或説があったことを傳えているが、これこそは當時王充が一般的には賢人と見なされていた證左であろう。もっとも、王充は自身の「賢人」評を否定し、自らの『論衡』を桓譚の『新論』・鄒伯奇の『檢論』と同様に「賢人に次ぐ」者の著述であることを言い、謙遜の體を裝うが。孔子を私淑する王充にとって孔子は、「孔子は、聖人なり」（定賢篇・命祿篇等）のごとく紛れもなく「聖人」であって、「今吾が材、孔子に逮ばざる（前出）」ことを自認する王充は公的にも私的にも、まさに聖人に及ばざるところの賢人ということになる。それ故に、自紀篇に見える「孔子に效放して」「行は孔子と窮を比」する日常を追い續ける王充にとっては、賢人に止まる自己を聖人の高みに至らせることこそが、自身の目標の全てであったと見なすことが可能となる。

そのせいか、王充が示す賢人觀は極めて聖人に近い。

夫賢與聖同軌而殊名、賢可得定、則聖可得論也。（定賢篇）

（夫れ賢と聖とは、軌を同じくして名を殊にし、賢定むるを得可くんば、則ち聖論ずるを得可きなり。）

というのは、賢人と聖人とは同軌にして殊名の關係にあるから、賢人の認識に定論を得れば、それによって聖人をも論究し得ることを言い、

聖賢之實同而名號殊、未必才相懸絕、智相兼倍也。（知實篇）

（聖賢の實同くして名號殊るは、未だ必ずしも才相懸絕し、智相兼ね倍せざるなり。）

というのは、名こそ異なれ、聖賢の實質は人格上ほぼ同じであって、才能面での懸隔は存在しないことを言う。

聖賢可學、爲勞佚殊。故賢聖之號、仁智共之。（知實篇）(6)

（聖賢は學ぶ可く、勞佚を爲すは殊る。故に賢聖の號は、仁智之を共にす。）

というのは、聖人と賢人とは、そこに至るためには努力を要するという點では差異はあっても、仁智を有して學問によって到達し得るという點では同じことを言い、

孔子聖、宜言聖於堯・舜、而言賢者、聖賢相出入。故其名稱相貿易也。（知實篇）

（孔子の聖は、宜しく堯・舜より聖なりと言ふべきも、而れども賢なりと言ふは、聖賢相出入すればなり。故に其の名稱相貿易するなり。）

というのは、孔子が堯・舜よりも一層聖人ぶりを發揮しながらなお賢人とみなされたのは、賢人と聖人の間には何らの差異もなく、呼稱を變えて呼び合うことも可能だからである、との意である。

こうであれば、「聖人」と「賢人」とは、殆ど同義の關係で捉えられることになり、聖人か賢人かのいずれかに座標を取り、兩者の共通性を媒介に、一にして二ならざる同一の聖人ないし賢人觀を創出させることも可能となろう。

夫聖猶賢也。人之殊者謂之聖、則聖賢差小大之稱、非絕殊之名也。（知實篇）

（夫れ聖は猶ほ賢のごときなり。人の殊る者は之を聖と謂へば、則ち聖賢の差は小大の稱にして、絕殊の名に非ざるなり。）

と。こうした意識がより明確になればそこに生じる事態は聖賢の比況であって、事ここに至れば

決錯繆之言、定紛亂之事、唯賢聖之人爲能任之。聖心明而不闇、賢心理而不亂。用明察非、非無不見、用理銓疑、疑無不定。

（錯繆の言を決し、紛亂の事を定むるは、唯だ賢聖の人のみ能く之に任ゆると爲す。聖心は明にして闇からず、賢心は理にして亂れず。明を用ゐて非を察せば、非見はれざる無く、理を用ゐて疑を銓れば、疑定まらざる無し。）（定賢篇）

聖賢知不踰。故用思相出入、遭事無神怪。故名號相貿易。

（聖賢知踰へず。故に思を用ゐること相出入するも、事に遭ひて神怪する無し。故に名號相貿易す。）（知實篇）

のごとく、賢と聖との間に存する差異とは何かを探ることが、むしろ難しくなってこよう。

王充のこうした聖賢觀はそのまま孔子が『春秋』を書き上げ、その後に傳文を書き上げている事情にも應用される。

論其文義、與彼賢者作書、無以異也。故聖人作經、賢者作書、義窮理竟、文辭備足、則爲篇矣。其立篇也、種類相從、科條相附。殊種異類、論說不同、更別爲篇。

（其の文義を論ずれば、彼の賢者の書を作れしと、以て異る無きなり。故に聖人經を作り、賢者書を作り、義窮り理竟へ、文辭備はり足れば、則ち篇と爲す。其の篇を立つるや、種類相從ひ、科條相附す。種を殊にし類を異にし、論說同じからざれば、更めて別に篇を爲す。）（正說篇）

というのが、それである。「孔子春秋を作り、魯の十二公を紀すこと、猶ほ三軍の六師有るがごときなり」と說く「或說」に對し王充が答えた議論であって、『春秋』は聖人が經文を書き、賢人がその傳書（三傳のこと）を著わし、經義や傳義と道理が極まり文辭も完備して、その段階で一篇を構成する。同類のものは一つに纏め、同様の科條のものは各々繫げるが、異なる内容である場合には別に篇を仕立てるのが『春秋』の構成。そうであれば、『春秋』が篇を魯の十二公に分配したのが「三軍に六師があるのに倣った譯ではない」との意である。問題はその際、王充が「聖人作經、賢者作書」と說き、かつ「賢者作書」の「書」とは「書傳」すなわち「春秋三傳」を指すことである。同様の記述が書解篇にも見えていて

(王充)答曰、聖人作其經(『春秋』を指す)、賢者造其傳。述作者之意、采聖人之志。故經須傳也。倶賢所爲、何以獨謂經傳是、他書記非。

(答へて曰はく、聖人其の經を作り、賢者其の傳を造る。述作者の意は、聖人の志を采る。故に經は傳を須つなり。倶に賢の爲る所なるに、何を以て獨り經・傳は是にして、他の書記は非なりと謂ふやと。)

という。ここでは、正說篇で「賢者書を作る」と言われた「書」が「賢者其の傳を造る」と「傳文」に改められているのであり、聖人とは『春秋』(經文)の著者、それに傳義を施した儒者達は賢者とみなされる構圖が整っている。否、整っているばかりでなく、經文の理解には「述作者之意、采聖人之志。故經須傳也」のごとく、「賢者の意識は、聖人の意思を體現するが故に、彼の解釋が『春秋』經の理解には必要である」とされている。賢者の意識が人格上聖人と同等の高みにあるとの認定に於いて、經文解釋の正確が期待されているのである。このレベルで意識される『春秋』經文の解釋者＝賢者は、もはや聖人とみなさざるを得ないであろう。

こうした王充であれば、『春秋』の製作を聖賢の合作とみなしていた可能性も浮かび上がってくるのであるが、そんなことがあり得るのか。定賢篇にいう、

案春秋虛文業、以知孔子能王之德。孔子、聖人也。有若孔子之業者、雖非孔子之才、斯亦賢者之實驗也。夫賢與聖、同軌而殊名、賢可得定則聖可得論也。

（春秋を案ずるに、虚文の業ありて、以て孔子の能く王たるの徳を知る。孔子は、聖人なり。孔子の業の若き者有らば、孔子の才に非ずと雖も、斯れも亦賢者の實驗なり。夫れ賢と聖とは、軌を同じくして名を殊にし、賢定めるを得可くんば、則ち聖得て論ず可きなり。）（後半部前出）

と。聖人孔子が『春秋』を著わしたほどの聖徳を持たぬ者でも『春秋』を著わすほどの偉業をなし得たならば、それもまた賢者であることの證左であり、かくまでの賢者であってその賢人としての見識も定まれば、聖人としての「論」もものすることができるというのである。賢者を生きる王充が『論衡』をものして限りなく孔子の聖人に追いつこうとした意識がほとばしるところであろう。

このような王充であれば、孔子の聖人を慕仰して『春秋』中にその意思を確認し、それに追従しようとしたばかりで濟むはずがない。虚・實を分かとうとする批判意識が孔子の聖人を死角にして、『春秋』やその解説書『春秋』三傳にも等分に向けられるようになるのは當然の成り行きであった。

そうした狀況の確認に先立って、『春秋』と『春秋』三傳が世俗の虚妄を批判する典據とされる場合を見ておくことにする。書虚篇に見える「齊の桓公、姑姉妹七人を妻とす」を批判する件がそれである。

今に傳えられる書籍の中に「齊の桓公が父方の姉妹七人を妻とした」ことを傳えたものがある。そもそも、血縁者を妻として肉親關係を蹂躙し上下の秩序を踏みにじる者は禽獸の類で、人倫を踏み外した者である。いったい、桓公は諸侯を糾合して天下の混亂を糾正したが、その際に用いたものは德と威であった。だから、諸侯は桓公に從ったのであって、こうしたことは禽獸の振る舞いをなす者の、なし得るところでない。そもそも、桀・紂の惡を述べる世人は、そこに肉親の關係を亂したことを含めない。「實論者」も桀・紂の惡は亡秦よりも輕微であり、亡秦の過ちは王莽よりも薄いとは言う。けれども、いずれの場合もそこに淫亂を傳える言葉はない。桓公が眞に姑姊妹を妻としたならその悪行こそは、桓公を桀・紂・秦・王莽を凌ぐ大悪人とみなさせることになろう。(7)との獨自の論を張り、そして『春秋』を用いて「齊の桓公が父方の姊妹七人を妻とした」との傳承を「此の言、虚なり」とする斷案を示すのである。

春秋采毫毛之美、貶纖芥之悪。桓公悪大、不貶何哉。魯文姜、齊襄公之妹也。襄公通焉。春秋經曰、莊二年冬、夫人姜氏會齊侯於郜。春秋何尤於襄公而書其姧。何宥於桓公、隱而不譏。如經失之、傳家左邱明・公羊・穀梁、何諱不言。

(春秋は毫毛の美を采り、纖芥の悪を貶す。桓公の悪大ならば、貶せざるは何ぞや。魯の文姜は、齊の襄公の妹なり。襄公焉に通ず。春秋經に曰はく、莊二年冬、夫人姜氏齊侯に郜に會すと。春秋何ぞ襄公を尤めて其の姧を書する。何ぞ桓公を宥し、隱して譏らざる。如し經之を失せば、傳家の左邱明・公羊・穀梁、何ぞ諱みて言はざる。)

と。「毫毛の美を采り、纖介の悪を貶する」『春秋』が、桓公が「七人の姊妹」を妻とした大悪を何ら貶黜していないというのであれば、齊の桓公がその「七人の姊妹」を妻とした事實はなかったのである。魯の桓公の妻文姜は齊の襄公の妹であった。その文姜と襄公は密通し、その事實を『春秋』は「襄公二年の冬、夫人姜氏、齊侯に郜に會す」と記し、襄公を咎めてその姦通を傳えているが、その一方で、齊の桓公の姦淫は許してこれを隱したまま譏らないのは何故か。假に、『春秋』經文に事實誤認があるというのであれば、三傳の著者左邱明・公羊高・穀梁赤等が目を瞑ったまま一言も聲を發しないのは何故か。この點こそが問題となろう、という。かくして、齊の桓公は晴れて無罪放免となり、逆に、ならばなぜ齊の桓公に「姊妹七人を妻とした」との嫌疑が懸けられたのかを問題とし、王充はそれを

案桓公之過、多內寵、內嬖如夫人者六。有五公子爭立、齊亂、公薨、三月乃訃。世聞內嬖六人、適・庶無別、則

言亂於姑姉妹七人矣。

（案ずるに、桓公の過は、内寵多く、内嬖夫人の如き者六。五公子有りて立つを争ひ、齊亂れ、公薨じて三月にして乃ち訃ぐ。世内嬖六人、適・庶別無きを聞けば、則ち姑姉妹七人に亂すと言へるならん。）

のごとく推論する。桓公には内寵が多く公子も五人があって嫡・庶の區別なく、内亂の果てに桓公が薨じ、その死が三箇月經って初めて諸侯に知らされたほどの混亂を來していたところから生じたとする。このような王充の見解は『春秋』に全幅の信頼を置いて初めて可能であったこと、十分に見て取れよう。

けれども、『論衡』において『春秋』を論據として議論が展開されるのはさほど多くなく、逆に、本節の初めにも述べたように、『春秋』ないし『春秋』三傳に向けられた批判の意識が目立っているのである。『春秋』批判の場合である。

說日篇に『春秋』莊公七年に「夏、四月辛卯、夜中恆星不見、星賈如雨（夏、四月辛卯、夜中恆星見はれず。星賈ること雨の如し）」といい、『公羊傳』は「雨の如しとは何ぞ。雨に非ざるなり。雨に非ざれば、則ち曷爲れぞ之を雨の如しと謂ふ。不修春秋に曰はく、星賈りて、地に及ばざること尺にして復ると。君子之を修めて曰く、星賈ること雨の如し」という。「不修春秋」とは『春秋』が修められる以前の、魯國の史記である。そこに「星賈るなり。地に及ばざること尺にして復る」とある。「君子」とは孔子のこと。孔子がこの文を修改して「星賈ること雨の如し」と表現した。孔子には、地上には山稜や樓臺があることから、「地に及ばざること尺にして」と言えば、それが事實でなくなることが思われて、「雨の如し」と言った。「雨の如し」とは「（雨のような形狀ではなく）地より上って下ること」であり、「星もまた天より賈ちて上り天に復る」のであって、兩者は等しい。だから「如し」と言った。……もし星の賈ちるのが眞實であれば、天の星が賈ちて地にあっても、人はそれが星であるとは分かるまい。何故かと言えば、霣ちた後の大小は天にあった時と異なるからである。霣ちて來た星が天にあった時のようであれば、それは星ではない。星でない以上、氣がそれを作っているのである。人は「魂」が死人のごとき形狀をしているのを見るが、その實それは氣が集まって形作っているのであって、眞の死人ではない。そうであれば霣星の形狀は（氣であって）星ではない、という。[8]

かくして、王充は孔子が『不修春秋』の「星霣、不及地尺而復」を「星霣如雨」と修正したのを

孔子【不正】云霣者非星、而徒正言如雨、非雨之文、蓋俱失星之實矣。

（孔子は修訂して「霣ちるのは星ではない（氣である）」と言わず、ただ修訂して「（星の霣ちる樣が）雨のようだ」と言い、「雨（ふる）」の字を間違いとするのは、共に星の實情を失ったものである。）

と批判するのである。かく説く王充には、彼の時代の天文學が孔子の時代の天文學より進歩しているとの優越感が働いているのであろう。孔子の修正を平然と否定して憚らない。[9]

續いて、『春秋』三傳に對する王充の態度である。けれども、王充が『春秋』三傳に對して示すのもやはり肯定的にこれを擁護しようとするのではなく、瑕疵を見出してこれを批判する糾繆的態度である。

まず『公羊傳』と『穀梁傳』への批判である。短文であるから全文を掲げることにする。

蓋紀以善惡爲實、不以日月爲意。若夫公羊・穀梁之傳、日月不具、輒爲意使。失(夫)平常之事、有怪異之說。徑直之文、有曲折之義。非孔子之心。夫春秋實及言【冬】夏、不言者、亦與不書日月、同一實也。

（思うに、記録は事の善惡の記載を實務として、日月の有無にかかずらうべきではない。そもそも、『公羊』『穀梁』傳は日月を備えていないと、その都度恣意的な解釋を施した。いったい、平常の事でも怪しげな説があり、素直な文にも婉曲な意味が備わることがあっても、それは孔子の意欲ではない。そもそも、『春秋』は實に冬・夏

の事は言うのであって、冬・夏の二字を記していない場合は、日附をしないのと同一事である。）（正說篇）

と。『春秋』には日附ではなく、事實の是非にこそその意義があるとして、『春秋』の日附の有無に某かの寓意を讀み取ろうとする『公羊』『穀梁』の二傳を、孔子の意圖を讀み誤る妄解として斥けた件である。

こればかりではない。『穀梁傳』に對しては更に

傳書言、梁山崩、壅河、三日不流。晉君憂之。晉伯宗以輦者之言、令景公素縞而哭之。河水爲之流通。此虛言也。（傳書に言ふ、梁山崩れ、河を壅ぎ、三日流れず。晉君之を憂ふ。晉の伯宗輦者の言を以て、景公をして素縞して之を哭せしむ。河水之が爲に流通すと。此れ虛言なり。）（感虛篇）

という。傳書とはこの場合『穀梁傳』成公五年の文であり、そこにこの話が見えている。梁山が崩壞して黄河を塞ぎ止め、水が流れなくなった。これを憂えた伯宗は輦者の言葉に從って晉の景公に素縞冠を附けて哭泣させたところ、黄河の水が疎通した、というのである。これに對し、早速王充は

夫山崩壅河、猶人之有癰腫、血脉不通也。治癰腫者、可復以素服哭泣之聲治乎。（夫れ山崩れて河を壅ぐは、猶ほ人の癰腫有りて、血脉通ぜざるがごときなり。癰腫を治むる者は、復た素服哭泣の聲を以て治む可けんや。）

と說いて、一蹴する。人に癰腫ができて血脉が滯った場合、素縞冠を附けて哭泣しても癒えることはない。それと同じだというのである。

また『公羊傳』に對しても、もう一つ。哀公十四年の『公羊傳』義「麟者仁獸也。有王者則至。無王者則不至。有以告者曰、有麕而角者。孔子曰、孰爲來哉。孰爲來哉。反袂拭面、涕沾袍。（麟は仁獸なり。王者有れば則ち至る。王者無ければ則ち至らず。以て告ぐる者有りて曰はく、麕にして角ある者有り。孔子曰はく、孰爲に來るや。孰爲に

來るやと。袂を反し面を拭ひて、涕袍を沾す。）」に向けられた批判を掲げよう。

實者驎至、無所爲來、常有之物也。行邁魯澤之中、而魯國見其物、遭獲之也。孔子見驎之獲、獲而又死、則自比於驎、自謂道絕不復行、將爲小人所徯獲也。故孔子見驎而自泣者、據其見得而死也、非據其本所爲來也、……使驎有知、爲聖王來、時無聖王、何爲來乎。

（實は驎の至るは、爲に來る所無く、常に有るの物なり。行いて魯澤の中に邁きて、魯國其の物を見、之を獲ふるに遭へり。孔子驎の獲らへられ、獲らへられて又死するを見て、則ち自ら驎に比し、自ら道絕へて復た行はれず、將に小人の徯獲する所と爲らんとすと謂へるなり。故に孔子驎を見て自ら泣くは、其の得られて死するに據るなり、其の本爲に來る所に據るに非ざるなり、……驎をして知有らしめ、聖王の爲に來りとせば、時に聖王無ければ、何爲れぞ來らんや。）（指瑞篇）

仁獸として尊ばれる驎は聖王の降誕があった治世に現れるもので、それが聖王なき哀公の世に現れたのは、孔子の道が窮まったことを告げてのことである、とするのが公羊學者の解である。けれども、王充は驎は普通に存在する野獸で、それに對して孔子が涙を流したのは、人に捕えられて殺された驎の姿が今の自分と重なって、孔子自身もほどなく小人のために身動きが取れなくなることが思われたからである。驎が知識を有する聖獸で、その出現はその時聖王が降誕しているからだというなら、どうして困窮を極めた哀公の世に出現することがあろうと、『公羊』說の矛盾を突く。かくして、「鳳驎は思慮深くして、害を避けること遠しと云ふは、妄なり」と結ばれ、驎を聖獸とみなす『公羊』說は否定されるのである。

最後に『左氏傳』に向けられた批判を掲擧する。「天に災異有る者は、王者に譴告する所以とは、信なり）」（異虛篇）と災異思想を容認する王充には、災異の神祕よりも災異思想の現實・社會的な要請がより多く意識されているのであろうが、その王充は『春秋左氏傳』昭公元年に見える災異説「國の將に亡びんとするや、五稔せざること鮮し」についてはこれを否定する。それというのも

災見於五穀、五穀安得熟。不熟、將亡之徵。災亦有且亡五穀【不】熟之應。天（夫）不熟、或爲災、或爲福、禍福之實未可知。

（災五穀に見はるれば、五穀安んぞ熟するを得ん。熟せざるは、將に亡びんとするの徵なり。災に亦且に五穀の熟せざる亡からんとするの應有り。夫れ熟せざるは、或いは災と爲り、或いは福と爲れば、禍福の實未だ知る可からざるなり。）（異虛篇）

すなわち、災異が五穀にまで及んでいるのであれば[10]、登熟して豊かな稔りをもたらすことはないし、その登熟しないことこそは滅亡の豫兆でもある。尤も、災異の中には「五穀の全てが登熟しないことはない（全て登熟する）」との應驗もあり、そうであれば「登熟しない」との應驗が逆に幸福だったりして、どちらが良いかは確かめようもないからだ、と言うのである。王充が蒙昧として斥ける災異の神祕は死角にされ、災異の效能がもたらす實益性だけが見据えられた議論であって、彼の「平衡」の理論はその徹底を缺いていると言わねばなるまい。

このように見れば、王充の『春秋』及び『春秋』三傳の批判は、『春秋』の「撥亂反正」の理論への挑戰や否定ではなく、俗説の中に紛れ込んでいる神祕思想や不確實な言説を是正する一環としてなされたことが改めて了解されるであろう。けれども、その際、孔子や『公』・『穀』・『左氏』に對して何ら口憚ることなく、自由闊達に自己の言説を驅使して彼等の事實誤認を批判する王充の糾正の意欲は、『春秋』や『春秋』三傳の權威に伍する獨自の地平を獲得させ、思索する自身の自由や獨創性を創出させていた筈である。それを王充が強く意識していた賢者から聖人に至るプロセスで言い直せば、賢者と聖人を嚴しく區別する意識を排斥し、兩者に對する觀念が重なり合った中心に自身を

意識したということとなろう。聖人の領域に賢人としての自己を想起し始めた狀態である。その狀況を具體的に明示するのが問孔篇に滾っている「誠に聖業を傳ふるの知有らば、孔子の說を伐つも、何ぞ理に逆はん」との孔子を凌駕せんとする意欲、であろう。孔子を越えることで獲得される自身の聖人像を望見する王充である。けれども、このレベルでの聖人は、孔子の聖人としての權威を踏み臺にして自身の聖人を下支えせんとする王充の意欲になるもので、なお王充獨自の聖人像が誕生するまでには至っていない。この點は注意を要するであろう。

四　想像的解釋の獲得

佚文篇には自著『論衡』の特徵を孔子の『詩經』評に喩え

詩三百、一言以蔽之、曰思無邪。論衡篇以十數、亦一言也、曰疾虛妄。

（詩は三百、一言以て之を蔽はば、曰く思邪無しと。論衡は篇十を以て數ふ、亦一言すれば、曰く虛妄を疾むと。）

という。『論衡』の著述の動機が「疾虛妄」であることは『論衡』中屢々言明されるところであって、

論衡實事疾妄。

（論衡は實に妄を疾むを事とす。）（對策篇）

世間書傳……浮妄虛僞、沒奪正是。心濆涌、筆手擾、安能不論。

（世間の書傳は……浮妄虛僞にして、正是を沒奪す。心濆涌し、筆手擾るれば、安ぞ能く論ぜざらん。）（同上）

の通りである。王充が世の虛妄を指摘してその糾正を畫す樣は、『論衡』對策篇に「論衡の九虛・三增は、俗をして

實誠を務め使める所以なり」と評される九虚・三增の各篇、すなわち書虚・變虚・異虚・感虚・福虚・禍虚・龍虚・雷虚・道虚・語增・儒增・藝增の各篇に集中的に記されている。その際、虚實の判定基準として應用されるのが傳記や傳聞、書籍の記錄や記述である。それらから得られた知見が是非の判定に應用され、對象に對する虚實の判定を一層確實にするのである。

數例を示せば、まず、感虚篇に記す「殷の湯王が旱魃に際會して身を犠牲にして祈り、雨を降らせた」との傳承である。「殷の湯王が七年間も續いた旱魃に遭って、自らを犠牲にして雨を祈り、自己の政治の不備を正し、民の幸福を願ったところ雨が降った」と傳える傳書の記述を取り上げて、王充はこれを「自ら以て牲と爲り、用て福を帝に祈ると言ふは、實なり。雨至るは、湯自ら責め身を以て之を禱るが爲の故と言ふは、殆ど虚言なり」（同上）と否定する。それと分かるのは、湯王の祈りを、その聖德を頼んで神々に禱り、なお疾病が治癒しなかった孔子の場合（『論語』述而篇）に比較すると、その虚誕が明らかとなるからである。

湯與孔子倶聖人也。皆素禱之日久。孔子不使子路禱以治病、湯何能以禱得雨。孔子素禱、身猶疾病。湯亦素禱、歲猶大旱。然則天地之有水旱、猶人之有疾病也。疾病不可以自責除、水旱不可以禱謝去、明矣。

（湯王と孔子は等しく聖人。共に平生禱って久しい。孔子は子路に自分の病を祈って平癒させようとはしなかったし、湯王も、禱っても雨を得ることができなかった。孔子は平生禱ってさえ身は病に冒され、湯王も平生禱ってなお毎年旱魃に見舞われた。であれば、天地の大旱・大雨は人が病に罹るのと同樣だ。病氣は自分を責めても無くならず、大旱・大雨は禱っても消滅しないこと明白である。）（同上）

と。『論語』がこの判定の根據となったのである。

次に、龍虚篇に見える龍傳說についてである。「龍神而升天」と傳える俗說を王充が「妄也」と否定する件である。

以山海經言之、以愼子・韓子證之、以俗世之畫驗之、以箕之泣訂之、以蔡墨之對論之、知龍不能神、不能升天。天不以雷電取龍、明矣。世俗言龍神而升天者、妄矣。

（『山海經』の記述、愼子・韓非子の言、世俗の繪畫、箕子の逸話や蔡墨の返答等から見れば、龍が神獸ではあり得ず天にも昇れなく、天が雷電によって龍を天上に引き上げることもないのは、はっきりしている。世俗が龍は神獸で天に昇るというのは、蒙昧である。）

と。ここで龍の神聖と飛行能力を否定する根據となっているのは、『山海經』の記述や愼子や韓非子の言述、世俗の繪畫や箕子や蔡墨の言述の類である。

もう一つ、語增篇に見える堯・舜の儉約ぶりである。堯・舜の儉約を旨とする日常生活を「堯・舜の儉、茅茨剪らず、采椽斲らず」と傳える「傳語」に對し、王充はこれを「茅茨・采椽は、其の實に非ず」と否定する。というのも「經文」（『尙書』皐陶謨）には、「經に曰はく、五服を弼成す（五采の彩りの服を助け仕上げる）」といい、この場合の「五服とは、五采の服」のことで、天子の裝い。そうであれば、王充には「五采の服を服し、又茅茨・采椽なるは、何ぞ宮室・衣服の相稱はざるや」のごとく、五采の煌びやかな服裝に對し、「茅茨采椽」の陋屋はあまりにも不釣り合いなことに思われたのである。この判定は『尙書』の皐陶謨篇を典據にしてもたらされたものである。

けれども、王充の虛實の辨別に他證が用いられることは極めて少なく、多くの場合、彼の主觀的な判斷法が用いられ、それが却って彼の主張の蓋然性を高めているのである。

そうした記述を春秋學との關わりで檢討しようとすれば、それら各篇に頻繁に用いられている、徐復観氏が「想像的」と呼ぶ[11]説明法を見るのが妥當であろう。なぜなら、春秋學というのも、『春秋』に託された孔子の意欲を類推する想像的解釋がその本質であるからである。[12]

まず、王充における想像的解釋（私はこれを主觀的解釋と呼び、以後の考論ではこの語を用いることにする）がどのレベルのものか、見ておきたい。

書虛篇中、孔子が泗水の邊に埋葬されたときの異變として「孔子泗水に當たりて葬られ、泗水之が爲に卻流し」たことを紹介している。俗說はその異變を「此は孔子の德、能く水をして卻け、其の墓を湍せしめざるを言ふなり」と解し、儒者はこの解に附和雷同して「孔子の後（子孫）當に封ずべき」天意を告げたものだと主張した。水が逆流して、孔子の墓が水浸しになることを禦いだのは天の作爲であり、孔子の生前の高德に報いようとする天の意思による、というのである。王充はこうした俗說を「殆んど虛言なり」と一蹴し、その理由をかく述べる。

夫孔子死、孰與其生。生能操行、愼道應天、死操行絕、天無祐至德。……五帝三王招致瑞應、皆以生存、不以死亡。孔子生時、推排不容。故嘆曰、鳳鳥不至、河不出圖。吾已矣夫。生時無祐、死反有報乎。

（夫れ孔子の死は、其の生きるに孰與ぞ。生きては操行を能くし、道を愼み天に應じ、死しては操行絕へて、天至德を祐くる無し。……五帝・三王の瑞應を招致せしは、皆生存を以てして、死亡を以てせず。孔子は生時、推排せられて容れられず。故に嘆じて曰はく、鳳鳥至らず、河圖を出ださず。吾已んぬるかなと。生時祐無きに、死して反って報有らんや。）

と。まず、泗水の逆流が孔子に對する天の瑞應でないことを、「孔子の死後が生時より優待されている筈がなく、天は孔子の生前の德行を嘉納しながら死後はその德行は絕えたとしてその至德を祐けることもしない。……五帝・三王が瑞應を導いたのはいずれも生時であって、死後のことではない。孔子は生涯追い立てられ、祐けられることはなかった。だから、「鳳鳥不至、河不出圖。吾已矣」の嘆聲を發したのである。生時に祐助を與えぬ天が、どうして死後に祐報をもたらそう」、と抗辯する。そして、泗水の逆流が孔子の子孫の冊封を求める天意でないことを

如泗水郤流、天欲報孔子之後、孔子生時、功德應天、天不封其身、乃欲封其後乎。

（如し泗水の郤流せしは、天孔子の後を封ぜんと欲せしならば、孔子の生時、功德天に應ぜしに、天其の身を封ぜずして、乃ち其の後を封ぜんと欲せしか。）

（同上）

と、天意に適った孔子をさえ封じなかった天が、その子孫を冊封することなどありえない、として、大上段からその可能性を否定する。主觀による全くの推論であることは否めないが、その說自體は肯綮に當っていよう。主觀的判斷の妥當性は、客觀的な明證を缺く分、說明の正當性に求められるのであるが、王充の場合はその主張になお自身の信念にも似た、强烈な意識が存在する。孔子の生前の德の高さに比較してその不遇を强いた天の應報は偏っているとの價値認識には、孔子に成り代わって天に對して異議申し立てを行っているかの觀さえ認められよう。その意味から言えば、王充の價値判斷の中核をなすのは、儒教や他の諸子百家からの影響も勿論あろうが、それよりは、先ず自身の經驗（讀書も含む）や賢聖に對する共感で培われた、社會的に事實（正義）と認められた物への誠實さ、と見なすべきではないか。そして、そうした王充の判斷力を融通無碍に機能させ、樣々な事實を關連づけて新たな事實を創出しようとする、その强靱な類推力ではなかったか。

感虛篇に見える南陽の卓公の逸話である。賢明至聖を以て鳴る南陽の卓公（茂）が緱氏の縣令となると、その至聖に伏した蝗が縣界を侵さなくなったという世評に王充は、當然のごとく「此又虛也」と一蹴する。いったい、王充によると賢明や至聖による感化は同類であり心を交わしあって始めて起こりえるもので、蝗は蚊や虻の類であって卓公と心をかよわせ得る筈がない。假に卓公のごとき賢者を原野のまっ只中に置けば、蚊や虻は立ち去るであろうか。災害という點では寒溫の災害も蝗害と同じ。その場合、一縣が寒冷に見舞われているときそこへ賢者の縣令が赴任したら、暖かくなってその地の民が救われるということがどうしてあろう。卓公の至聖が蝗を縣界に入れなかったというのは、蝗が入らなかった偶然を、卓公を贔屓する民が卓公の賢明に重ね合わせたに過ぎぬと斷言する。「蝗蟲適々界に入らず、卓公の賢名偶々世に稱せらるれば、世則ち之を能く蝗蟲を卻けると謂へるならん」と。(13)

こうした事情であったであろうことは、王充の説明で十分納得がいこう。けれども、王充は更にその可能性を追求し、次のように説く。

何以驗之。夫蝗之集於野、非能普博盡蔽地也、往往積聚多少有處。非所積之地、則盜跖所居、所少之野、則伯夷所處也。集地有多少、不能盡蔽覆也。夫集地有多少、則其過縣、有留去矣。多少不可以驗善惡、有無安可以明賢不肖也。

（何を以て之を驗せん。夫れ蝗の野に集まるは、能く普博の盡く地を蔽ふに非ずして、往往積聚の多少に處有り。積む所の地は、則ち盜跖の居る所に、少き所の野は、則ち伯夷の處る所に非ざるなり。集まる地に多少有りて、盡くは蔽覆する能はざるなり。夫れ集まる地に多少有れば、則ち其の縣を過ぐるに留去有らん。多少は以て善惡を驗す可からず、有無は安んぞ以て賢不肖を明らかにす可けんや。）

蝗は野に集まるにしても全土を覆うわけではなく、ましてや少ない處が伯夷の住まいし、多いところが盜跖の住まいした處であった譯でもない。蝗が縣を過ぎる場合、立ち去る者も居れば殘る者も居る。蝗の多少が人の善惡を窺う基準になるはずがなく、蝗害の有無が人の賢愚を明らかにする譯がない、として、蝗が卓公の爲に縣界に入らなかったとの傳承の無稽を一層明白にするのである。現象が起こりえる可能性を視座にして、自然界や日常の生活の中で生起する様々な營みに對し能う限り思索を施し、説明しようとする。そしてその中から虛僞を辨別して、眞に知識に値する物の抽出を試みるのである。そうであれば日常、原理となりえる明確な法則性を意識できない王充の時代にあって、なお王充の思索の原動力として見出すべきは、現象に對する着眼點と現象と現象の間に介在する事物を結びつける、豊かな類推力であろうこと、思い半ばに過ぎるであろう。この類推力による議論の肉附けが彼の議論に説得力を與え、讀み手からの共感も獲得させて、それが彼の議論の蓋然性を高めているのである。

善行の君が一瞬にして愚君に墮される件が福虚篇に見えている。楚の惠王がその人である。たまたま、惠王が食した寒葅の中に蛭《ひる》が混入していた。けれども惠王はその事實を隱し、蛭を呑み込んで腹痛を起こした。令尹が譯を尋ねると、惠王は「事が明らかになれば、廚司の監督者等は法で正さなければならない。そうしなければ法が廢れ威嚴も損なわれることになり、民に知らせることも憚られる。咎めて誅殺することにでもなれば、廚司の責任者は皆死罪となろうが、私には堪えられない。それで侍從の者が見てない隙に、蛭を飲み込んだのだ」と話した。令尹は直ぐに席から離れ起立したまま「私は、天道は誰にも親近感を持つことはなく、唯だ有德者のみを祐ける、と聞いています。王には仁德がお有りですから、天が報いるでしょう。病は癒えましょう」と祝賀した。この夕べ、蛭が惠王の尻から排出され、長く煩っていた病も完治した。であれば、天が有德者に報いる様は、明白だ、と。以上が福虚篇が傳える惠王の世評である。かく傳える世論をとって、王充は勿論これを「虚言なり」と斥けるのである。(14)

まず、王充は惠王のとったこの情け深い措置を「法をそのまま落ち度のあった庖廚と監食に適用すれば兩人は死罪を免れまい。その二人を惠王が誅殺せずに濟ませたというのは、二人にとっては最大の恩惠に違いあるまい(15)」と容認するが、返す刀ですぐさまその惠王の措置が君主たる者の責務を全うする上で、以下の三點で誤りであることを指摘するのである。

①强食害己之物、使監食之臣不聞其過、失御下之威、無禦非之心。不肖一也。

②今蛭廣有分數、長有寸度、在寒葅中、眇目之人、猶將見之。臣不畏敬、擇濯不謹、罪過至重、惠王不譴。不肖二

也。

③菹中不當有蛭、不食投地。如恐左右之見、懷屛隱匿之處、足以使蛭不見、何必食之。如不可食之物、誤在菹中、可復隱匿而强食之。不肖三也。

①は、廚司が蛭を惠王の寒菹の中に紛れ込ませた過失を見逃しにして、その罪科を問わずに濟ませた惠王の溫情は、一見すると仁惠の行いとも目されようが、食せば身の害毒となる蛭を無理に呑み込み、監食者に廚司が惠王の寒菹に蛭を紛れ込ませた過失を知らしめないのであれば、延いては惠王に臣下を統御する威嚴を失わせ、過ちを防ぐ意欲を喪失させるものである。

②は塵芥などの微細な汚物程度であれば食物中に混ざっていても、それを食して廚司の罪を公にしない行爲は美談と見なされ得よう。けれども蛭は、數分ほどの幅と一寸ほどの長さがあって、眇の者でも見つけ得る。そうであれば、寒菹に蛭が紛れ込んでいたというのは、廚司が臣下として惠王を尊敬せず、食材の選別や洗いを怠ったということで、その罪は重大である。にもかかわらず、惠王はそこまで考えが及ばず廚司の糾彈を怠った。

③は菹中に蛭がいてはならないのであれば、呑み込むまでもなく投げ棄てれば良い。侍從に見られることを心配するなら隱せば良い。他に身の害毒となる食物が含まれていたらやはり無理に呑み込もうというのか、と強く惠王の愚行を詰り、臣下に對する君主の統御は常に嚴正でなければならないことを説く。

かく說いて、王充は更に「不肖の行有りて、天之を祐くるは、是れ天不肖の人に祐報するなり」と續け、惠王の不肖であってなお天が惠王に祐報するというのであれば、それは天が不肖の人を祐助することだとの、不條理が生じていることを指摘する。かくて、惠王の美談は愚鈍の徴表と化し、人が天に祐助を求める願いも、妄想とならざるを得ない。さながら、事實を直書して寸斷假借することのない『春秋』の筆法を思わせる件である。

王充は自身の類推力を頼りに社會に生起するあらゆる不合理に批判の刃を突き附けて虚妄の全容を明らかにしたのであるが、その場合の類推力とは、彼の主觀的判斷法から見れば、對象を正確に認識するために、日常の生活や書物、ないし彼自身庶吏としての職務上から經驗として得られた様々な事象やその原因を見出して、それを對象となる事象の分析・判斷に應用する能力のことである。王充にこの様な能力を涵養せしめたのは、やはり私は外ならぬ春秋學ではなかったかと思う。

王充の批判の議論には、「言辭」に關するものがかなり含まれている。一例を擧げれば、儒增篇には「魯般や墨子が彫り上げた鳶は、一度飛ばすと三日も降りてこない」との儒書の記述を批判する王充の言説が載せられて

夫刻木爲鳶、以象鳶形、安能飛而不自集乎。既能飛翔、安能至於三日。如審有機關、一飛遂翔、不可復下、則當言遂飛、不當言三日。

（夫れ木を刻して鳶を爲り、以て鳶形に象るも、安んぞ能く飛びて自ら集《くだ》らざらんや。既に能く飛翔するも、安んぞ能く三日に至らんや。如し審に機關有りて、一たび飛んで遂に翔り、復た下る可からざれば、則ち當に遂に飛ぶと言ふべく、當に三日と言ふべからず。）

というが、ここで指摘される鳶の彫り物が眞に飛んで地上に降りないのであれば、その表現は「遂に飛ぶ」というべきで、「三日（間飛ぶ）」と言うべきではないというのは、『春秋穀梁傳』桓公八年に「遂は、事を繼ぐの辭なり」と見えている「遂」辭解釋の應用に外ならない。

また藝增篇には孔子が「不修春秋」に「雨星、不及地尺而復」とあるのを「星霣如雨」と改めたことを傳えていて、王充はそれを「孔子正言也」と評し[16]、孔子が言辭の扱いに極めて愼重であったことを見出しているのである。これらはいずれも王充が『論衡』を書き上げる前段階で『春秋』や『春秋』三傳に關する知識をかなり溜め込んでいた一つ

の證左とみなせよう。孔子と並ぶ、もしくは孔子を凌駕することで自身の聖賢像を確立しようとした王充は、その過程で春秋學に關する知見を獲得し、自身の學問形成に取り込んだのであろう。そうであればこそ王充は、『春秋』や三傳の學を自身の學問に取り込んだことで自身を論者の高みに置いて、社會に對し高踏的立場に立った解釋や批判を取らせることを可能としたのではないか。『春秋』解釋の技法を通じて培われてきた彼の主觀的價値判斷は、その意味から言えば、明らかに彼の春秋學の副產物とみなしえよう。

結語

王符の『潛夫論』務本篇には

今學問之士、好語虛無之事、爭著彫麗之文、以求見異于世、品人鮮識、從而高之。此傷道德之實而或曚夫之大者也。……今賦頌之徒、苟爲饒辯屈蹇之辭、競陳誣罔无然之事、以索見怪于世、愚夫贛士、從而奇之。此悖孩童之思而長不誠之言者也。

（今、學問の士、好んで虛無の事を語り、爭ひて彫麗の文を著はし、以て世に異とせられんことを求め、品人（衆人に同じ）識ること鮮《すくな》く、從りて之を高しとす。此れ道德の實を傷りて曚夫を或（惑）はすの大なる者なり。……今賦頌の徒、苟しくも饒辯屈蹇の辭を爲し、競ひて誣罔无然の事を陳べ、以て世に怪しまれんことを索め、愚夫贛士、從りて之を奇とす。此れ孩童の思を悖らしめて、誠ならざるの言を長ぜしめる者なり。）

という。王充以後、王符の時代に降って「虛無・彫麗」の言說が王充の憎んだ「虛妄・華文」に成り代わって學者や詩賦家の間で限定的に行われていたことを物語るであろう。けれども、虛妄や華文の盛行が時代を覆った社會的な現象であった王充の時代に較べ、それが沈靜化しその影響範圍が狹まっていたというのではない。おそらくは、社會不穩の狀況が王充の時より深まって、是正さるべき事情が外交や內政のあらゆる局面で顯在化し、「虛妄・華文」の弊害はその陰に隱れ、人々の意識に登ることがさほどなくなった、と見るべきであろう。虛妄や華文が是正さるべき課題として意識されなくなるのと取って代わるように、外交・軍事・內政等の行政面での不正や失敗を糾彈する、社會批判の言說が王符によって行われることになる。閑話休題。

さて、話を王充に戻すと、自紀篇を見る限り、王充は自身の生涯を孔子の生涯と見合うように加工するほどの、孔子に對する慕仰の念を有していた。それは特に孔子が『春秋』を著わして自身の聖德を世に表わした點に向けられたもので、それにあやかって王充も『論衡』を著わして自身の聖賢を世に知らしめようとしたのである。須頌篇に「春秋爲漢制法、論衡爲漢平說」（前出）というのは、王充が孔子と競い合って自身の優れた才能を漢一代に示そうとした意欲を如實に示しているが、そこにまた王充が孔子と共同し、時空の隔たりを越え、漢王朝を視座にした共同的な活動を、更に言えば孔子の『春秋』を補完して、孔子の『春秋』製作の作業を受け繼ごうとする意欲をも、見出すことが可能であろう。具體的に言えば——『論衡』の目的が「平說」である點に注目すれば——『春秋』の有する「微言大義」の難解性を論說による解釋の平明性に置き換えたのが王充の『論衡』である、ということである。王充はこの時點にあっては孔子と並び立つ時代の提言者としての自己を意識していたのであろうが、死を間近にしたある一時、自身の生涯を述懷して

上自黃・唐、下臻秦・漢而來、折衷以聖道、析理於通材、如衡之平、如鑑之開、幼老・生死・古今、罔不詳該。命以不延。吁嘆悲哉。

（上は黃（帝）・唐（堯）より、下は秦・漢而來に臻るまで、折衷するに聖道を以てし、理を通材に析くこと、衡

の平なるが如く、鑑の開くが如く、幼老生死古今、詳該せざる罔し。命以に延びず。吁嘆悲しいかな。）
（自紀篇末尾）

と述べている。言うところの「折衷以聖道」の「聖道」は孔子の聖道と不可分であるに違いない。けれども、孔子の聖人を全人生を懸けて追體驗してきて意識された「聖道」であれば、その「聖道」は擧げて王充自身の聖人の自覺とみなしてよいであろう。かくして孔子を追慕し續けた王充は、聖道を折衷することで、ようやく自身の聖人を確信し得たのであった。

注

（1）拙稿「桓譚『新論』の春秋學」本書第七章所收。

（2）底本として黄暉撰『論衡校釋』中華書局、一九九〇年刊、を使用し、北京大學歴史系『論衡』注釋小組『論衡注釋』中華書局、一九七九年刊、及び山田勝美著『論衡（上中下）』明治書院一九七六年刊等、を參照する。また、原則として原文には譯文を附すが、原文を地の文で説明している場合は、書き下し文を以て代えることがある。ただし、一見して意味が明らかなものは、その限りではない。

（3）これらの點については、王充にとってはあり得ぬ事でこれを除くべきだとする徐復觀氏『兩漢思想史（第二巻）』「王充論考」（臺灣學生書局、一九七六年）五六四頁の説と、十分にあり得ることだとみなす周桂田氏『王充評傳』（中國思想家評傳叢書、南京大學出版社、一九九三年）八九頁以下の説があって、對立したままである。

（4）王充が自己の先祖の暴虐をわざと自紀篇の中に書き込んでるのは、舜とその父瞽瞍の關係との類似性に着目して、それと同様な經歴を自身の經歴中に塡め込んで世に示そうとしてのことであろう。

（5）底本として淸、嚴可均輯『全上古三代秦漢三國六朝文』「全後漢文」巻十三～巻十五所收「桓子新論」を用いる。

（6）黄暉、注（2）注釋書一一〇一頁に「賢當爲聖之誤字」「賢下當有聖」と。

（7）傳書言、齊桓公妻姑姊妹七人。此言虛也。夫亂骨肉、犯親戚、無上下之序者、禽獸之性、則亂不知倫理。案桓公九合諸侯、一正天下、道之以德、將之以威、以故諸侯服從、莫敢不率、非內亂懷鳥獸之性者所能爲也。夫率諸侯朝事王室、恥上無勢而下無禮也。外恥禮之不存、內何犯禮而壞。外內不相副、則功無成而威不立矣。世稱桀・紂之惡、不言淫於親戚。實論者謂夫桀・紂惡微於亡秦、亡秦過洎於王莽、無淫亂之言。桓公妻姑姊妹七人、惡浮於桀・紂、而過重於秦・莽也。

（8）春秋莊公七年、夏、四月辛卯、夜中、恆星不見、星霣如雨。公羊傳曰、如雨者何。非雨也。非雨則曷爲謂之如雨。不修春秋曰、雨星、不及地尺而復。君子修之曰、星霣如雨。不修春秋者、未修春秋時魯史記、曰、雨星、不及地尺而復。君子者、孔子。孔子修之曰、星霣如雨。孔子之意、以爲地有山稜臺、云不及地尺、恐失其實、更正之曰、如雨。如雨者、爲從地上而下、星亦從天霣而復、與同。故曰如。……如星霣審者天之星、霣而至地、人不知其爲星也。何則、霣時小大、不與在天同也。今見星霣、如在天時、是時星也。非星則氣爲之也。人見鬼如死人之狀、其實氣象、非眞死人。

（9）藝增篇では同じ文を解釋して、誤りを後世に傳えなかった孔子の功績として評價する。

（10）『左氏傳』の「五稔」を杜預は「五年」の意味に解するが、ここでは山田勝美（注（2）解釋書）三二八頁に從って「五穀」の意に解す。

（11）徐復觀氏『兩漢思想史（第二卷）』「王充論考」華東師範大學出版社、三七三頁。但し、徐氏は「想像は虛中に實を求める啓發と見なすことはできるが、實を求める判斷の根據とすることはできない」として、王充が虛中に實を求めるための方法論とすることを訝る。

（12）具體的な例として拙稿「董仲舒の春秋學——その解釋法の特質——」「東方學」第七十五輯、一九八八年、後、拙著『秦漢儒教の研究』汲古書院、二〇〇四年所收、を參照されたい。

（13）『論衡校釋』一二五八頁に「稱字下舊校曰、一有偶字。孫曰、疑當作偶稱於世」と。

（14）楚惠王食寒葅而得蛭。因遂呑之、腹有疾而不能食。令尹問、王安得此疾也。我食寒葅而得蛭、念譴之而不行其罪乎。是廢法而威不立也。非所以使國人聞之也。譴而行誅乎。則庖廚監食者、法皆當死、心又不忍也。吾恐左右見之也、因遂呑之。令尹避席再拜而賀曰、臣聞、天道無親、唯德是輔。王有仁德、天之所奉也。病不爲傷。是夕也、惠王之後而蛭出、及久患心腹之積皆愈。故天之親德也、可謂不察乎。曰、此虛言也。

(15) 惠王不忍譴蛭、恐庖廚監食法當誅也。一國之君、專擅賞罰。而赦人君所爲也。惠王通譴菹中何故有蛭、庖廚監食皆當伏法。然能終不以飮食行誅於人、赦而不罪。惠莫大焉。庖廚罪覺而不誅、自新而改後、惠王赦細而活微、身安不病。

(16) ただし、說日篇においては、王充が孔子のこの修訂を指して「失星之實矣」と評していたのは、先に見た通りである。「星賈如雨」については『論衡』中いくつか議論があるが、王充は『春秋』の措辭に幾通りもの解釋を試みていたものと受けとめる。

第九章　王符の『潛夫論』——社會批判としての儒教——

はじめに

王符について、その生涯の詳細はほとんど不明である。『後漢書』王符傳には、王符は字を節信といい、安定郡臨涇縣の人という。『後漢書』に據れば、早くから學問を好んで、馬融・竇章・張衡・崔瑗等と交わったが、獵官の風潮に馴染めない狷介が祟って任官できず、布衣のまま隱居して『潛夫論』を著わし、時勢の得失を論評したこと。また、特筆すべきエピソードとして、度遼將軍をつとめた皇甫規が官を辭して鄕里の安定縣で暮らしていた折り、かつて買官によって雁門太守にまで至った某退任者が皇甫規を訪のうた折に皇甫規は應ぜず、王符が布衣にも拘わらず訪のうた折りには、皇甫規は大慌てで門まで出向き中へ招致した話を載せている。それ故に、『後漢書』自體がそうしているように、彼の平生、なかんずくその人物像となると、『潛夫論』[1]の各篇から抄出し描き出されるのが常であり、そうして導かれた彼に對する判定は「思想家」「政論者」「社會・政治の批判者」といった側面に集中する。[2]けれども、『潛夫論』を通讀する限り、彼の言說はまぎれもなく儒者のものであって、その立論は儒教の教義に基づいている。本章は、そのような王符の思想を後漢の儒教史の中で檢證し、彼の儒教の特質と彼が儒教史の中で占める位置を確認しようとするものである。

一　儒學の構圖

　儒教が國教として絶對の價値を有し、それを學ぶことの意義は何人にとっても疑う餘地がないほどに自明であった後漢の社會にあって、王符は儒學こそが人間存在の根本原理であるとしてその修得の必要性を喚起した。『潛夫論』讚學第一の劈頭では

　天地之所貴者人也。聖人之所尙者義也。德義之所成者智也。明智之所求者學問也。雖有至聖、不生而知。雖有至材、不生而能。故志曰、黃帝師風后、顓頊師老彭、帝嚳師祝融……夫此十一君者、皆上聖也。猶待學問、其智乃博、其德乃碩。

（天地の貴き所の者は人なり。聖人の尙ぶ所の者は義なり。德義の成る所の者は智なり。明智の求むる所の者は學問なり。至聖有りと雖も、生まれながらにして知らず。至材有りと雖も、生まれながらにして能くせず。故に志に曰はく、黃帝は風后を師とし、顓頊は老彭を師とし、帝嚳は祝融を師とす……夫れ此の十一君は、皆上聖なり。猶ほ學問を待ち、其の智乃ち博く、其の德乃ち碩いなり。）

と、人が學習によって身につけなければならない「智」が聖人の尊ぶ德義によって完成されたものであり、學問とはその智の修得を通じて、最終的には聖人の德義を獲得して聖人となる手段であることが唱えられる。そのようにすることが人の有り樣でなければならない道理を說く「天地の貴き所の者は人なり」は、『孝經』聖治章の「天地の牲、人を貴しと爲す」を彷彿させよう。聖人とは「智」を身につけて德義を備えた完璧な人格の所有者に外ならないが、いかなる至聖者であれ、生まれながらにして「智」を備えその能力を發揮し得るのではなく、なお學問を待って智の

博大を得、その徳を完成させたのであって、凡人であればなおさらのこと學問することの必要性は增大するとの主張は、學問が聖人に至るためにいかに必要で不可缺な教程であるかとの認識を、際立たせていよう。

儒者である限り、學問の對象となるのは「五經」に外ならない。王符はその「五經」の意義を「上先王の太平を致す所以を覽るに、績を考へ黜陟し、著けて五經に在り」（敍錄三六）と、治世の經典にまで擴大させる者である。ところで、王府によれば、經書とは「聖人の經を制するは、以て後賢に遺ればなり」（贊學）のごとく、聖人が製作して後賢に傳えた遺訓であって、

索道於當世者、莫良於典。典者、經也。先聖之所制。先聖得道之精者、以行其身、欲賢人自勉以入於道。

（道を當世に索むる者は、典より良きは莫し。典とは、經なり。先聖の制する所なり。先聖は道を得るの精なる者にして、以て其の身を行ふは、賢人の自ら勉めて以て道に入らんことを欲せばなり。）（同上）

と、今に生きて道を求める者の、最良の據り所とされる。しかも、その經が、先聖が「道の精（道義の精髓）」を得てその實踐を自らに課して製作されているものであれば、後世の賢人に經書を學んで道に入るよう慫慂せんとする先聖の意欲は、自身が思索の果てに修得した「道の精」を後世の賢人に追體驗させ、自身と同等の人格を形成させようとする意圖と等質となろう。五經を學ぶことは、賢人がそれによって聖人となる手段であって、五經とは、そのために聖人が後世に遺した教程に外ならない。同樣なことは、また

先聖之智、心達神明、性直道德、又造經典以遺後人。……是故聖人以其心來造經典、後人以經典往合聖心也。故脩經之賢、德近於聖矣。

（先聖の智は、心は神明に達し、性は道德に直《あた》り、又經典を造り以て後人に遺る。……是の故に聖人は其の心を以て來りて經典を造り、後人は經典を以て往きて聖心に合するなり。故に經を修むるの賢は、德聖に近し。）

とも説かれるが、ここに至っては、經書を學ぶことは自己の心を聖人の心に繫いで、自身の聖人化を來すことであるとみなして、いささかの不都合もあるまい。（同上）

經書を學ぶことは畢竟君子が聖人に至るための教程であって、自らの心を聖人の心に繫いで「道の精」を獲得する手段であったとしても、ならば何故に君子はそのようにすることが可能であるのか。

道之於心也、猶火之於人目也。中穽・深室、幽黑無見、及設盛燭、則百物彰矣。此則火之耀也、非目之光也。而目假之、則爲己明矣。天地之道、神明之爲、不可見也。學問聖典、心思道術、則皆來覩矣。此則道之材也。非心之明也。而人假之、則爲己知矣。

（道の心に於けるや、猶ほ火の人目に於けるがごときなり。中穽・深室は、幽黑にして見る無きも、盛燭を設けるに及んでは、則ち百物彰らかなり。此れ則ち火の耀にして、目の光に非ざるなり。而して目之を假らば、則ち己が明と爲す。天地の道は、神明の爲にして、見る可からざるなり。聖典を學問し、心に道術を思へば、則ち皆來りて覩る。此れ則ち道の材なり。心の明に非ざるなり。而れども人之を假らば、則ち己が知と爲すなり。）（同上）

道と心の關係は、燈と眼の關係にも等しい。洞穴や奥部屋の暗がりでは何も見えぬが、燈を設けて邊りを照らせばあまたの物が目の當たりとなる。このようにするのは燈の働きであって、眼の働きではない。眼は燈の働きを借りて自身の明とするのである。天地の道も、神明の營爲も見ることは出來ぬが、聖典を學び、道術に思いを凝らせば、この兩者もまた目の當たりとなる。こうであるのは「道の材」、すなわち「道そのものの性質」であって、人の心が明晰だからではない。人はその「道の材」を借りて自身の智を獲得する、というのである。であれば、君子が「道の精」

に通じ得るのは、道が必然の理として人の心に作用する機能が想定されているからで、それ故に人は「假之則爲己知矣」す道の假借によって聖人の心を追體驗し、自身を聖人の生まれ變わりとすることができる、というのであろう。

こうした認識を一層闡明するのが、同じく讃學第一の次の文章であろう。

君子者、性非絶世、善自托於物也。人之情性、未能相百。而其明智有相萬也。此非其眞性之材也。必有假以致之也。君子之性、未必盡照。及學也、聽明無蔽、心智無滯、前紀帝王、顧定百世。此則道之明也。而君子能假之以自彰爾。

（君子は、性絶世に非ず、善く自ら物に托するなり。人の情性は、未だ能く相百せず。而れども其の明智は相萬する有るなり。此れ其の眞性の材に非ざるなり。必ず假りて以て之を致す有るなり。君子の性は、未だ必ずしも盡くは照らかにせず。學ぶに及んでや、聽明蔽はること無く、心智滯ること無く、前には帝王を紀し、顧みて百世を定む。此れ則ち道の明かなり。而して君子は能く之を假りて以て自ら彰らかにするのみ。）

君子とは、絶世の才の所有者ではなく、自身を他物に托し得た者のことである。そもそも、人の性情は百倍も隔てることのできないものでありながら、（人ごとに）萬倍ほどにも隔たっているのは、それが人の眞の材質だからではなく、假借するものがあってそのようになったのである。君子の性は必ずしも全てを照察しえるものではないが、學ぶことによって始めて蔽われることのない聰明や淀むことのない叡智を得、前世の帝王の治績を記憶し、百世の後世を望見できる。このようにするのは、道が有する聰明性であって、君子はこれを假借することによって自己の聰明を發揮しえる、との意であろう。〔こうした發想は前章で見た王充の「效放すべき者は孔子に過ぐる莫し」（『論衡』自紀篇）との、孔子を模倣して聖人孔子に至ろうとすることの提言と揆を一にしよう。〕人の賢愚はその情性に基づくのではなく、學問によって「道の（聰）明」を獲得し、それによって自身の聰明を來すか否かによって定まり、それを爲し得た者だけが君子である、というのである。聖人に至る前段階の、君子に至る過程において、すでに學問がその教程として準備されている。もっとも、この場合の學問は、道を假借することだけに止まるのであるが、そのための具體的な手段は勿論「夫れ道は學に成りて書に藏せらる」（同上）經書を學んで道の精髓を獲得することにほかならない。かくして王符は

徒以其能自託於先聖之典經、結心於夫子之遺訓也。（同上）

（徒だ其の能く自ら先聖の典經に託するを以て、心を夫子の遺訓に結ぶなり。）

ことを儒者たる者の當爲と認め、五經の學習を、君子たらんとする者や、聖人たらんとする者全てに課そうとしたのである。

人之有學也、猶物之有治也。……夫瑚簋之器、朝祭之服、其始也、乃山野之木、蠶繭之絲耳。使巧倕加繩墨而制之以斤斧、女工加五色而制之以機杼、則皆成宗廟之器、黼黻之章、可羞於鬼神、可御於王公。而況君子敦貞之質、察敏之才、攝之以良朋、教之以明師、文之以禮樂、導之以詩・書、讚之以周易、明之以春秋、其不有濟乎。（同上）

（人の學有るや、猶ほ物の治有るがごときなり。…夫れ瑚簋の器、朝祭の服は、其の始や、乃ち山野の木、蠶繭の絲のみ。巧倕をして繩墨を加へて之を制するに斤斧を以てせしめ、女工をして五色を加へて之を制するに機杼を以てせしめば、則ち皆宗廟の器、黼黻の章を成し、鬼神をも羞ずかしむ可く、王公にも御す可し。而るを況んや君子は敦貞の質、察敏の才にして、之を攝するに良朋を以てし、之に教ふるに明師を以てし、之を文るに禮樂を以てし、之を導くに詩・書を以てし、之に讚するに周易を以てし、之を明らかにするに春秋を以てすれば、其れ濟すこと有らざらんや。）

と。

こうした構圖が王符における儒學の有り様であれば、彼の儒教は彼個人の意識裡に釀成された極めて個我な様相を呈することになろう。同様に、個我な儒學の展開を試みた儒者の一人に前漢の揚雄が居る。揚雄の場合は、儒教に對する價值の闡明がなお儒者各々の立場から様々に試みられる地歩を有し、儒教の教義も膨張する途上にあった。そうした中で揚雄は、五經の意義を個人の問題に還元し、聖人に至るべき人の當爲を提示した(3)。この點で、王符の儒學に揚雄の儒學を繼承する一面を見出すことも可能であろう。けれども、揚雄の儒學は五經の價值を諸子の學と比較して逐一檢證し、それによって儒教の優越を説明するオール・ラウンダーとしての資格を留保し、そこに儒學の特質を確定したのであって、それに對し、經書の意義を謳歌してそれを學ばなければならない必然性をのみ唱える王符の經學觀には、經書に對する懷疑心や不安の一抹すら見當らない。こうした儒學が王符個人の信奉によって尊ばれていたのであれば、その種の儒教はもはや教義の上で新たな展開を遂げることよりは、日常生活の中で試され、應用される、實用性にその特質を持つことになろう。プラグマチズムとしての儒教がその特色であるといってもよい。こうした意味での儒教を以下に鳥瞰してゆくことにする。

二　漢朝の事情と王符の現在

王符においてプラグマチズムの儒教がどのような體裁を採るようになったかを見る前に、王符が生きてその影響を否應なしに蒙らざるを得なかった後漢中期の社會狀況を見ておきたい。

王符の生卒については、確かなところは分からない。張覺氏の説明によれば、西暦八五年に生まれ、一六三年に卒したとみなすのが、今日の定説であるという(4)。ほぼ章帝の末年から和帝・殤帝・安帝・順帝・沖帝・質帝を經て桓帝の晩年に至る、七十八年間の生涯である。この間、皇帝の交替が相繼ぐのは、幼帝の卽位とその早逝が繰り返されたためで、それはそのまま王符の生きた後漢中頃の朝廷がいかに不穩な情況に見舞われたかを物語ってもいよう。今、この間の經緯を各皇帝ごとに、儒教との關わりを視座にして描述すると、ほぼ以下のようになる(5)。

三代皇帝の章帝は早くから儒教にいそしんで深い造詣を有し、そのために父明帝の囑望を得て皇太子に冊立された。皇帝に登基して以後は、古今文經學の調停を試みて白虎觀會議を催すなど、儒教振興策に力を注いだ。ところが、次代皇帝の和帝の時になると、母の梁貴人が竇皇后に譖訴されて死に至り、その後和帝は竇皇后を母として成長する。その卽位は十歲と異常に早かったが、それは竇太后が和帝を傀儡として政權を牛耳るためで、以後の皇帝もその卽位が異常に早いのは、皇后や外戚勢の思惑による。また、和帝の生涯には儒教に關わる政策はさほど見あたらないが、それは竇太后の意向に汲汲とした彼の日常を映し出しているのかもしれない。五代皇帝の殤帝は和帝の少子で、生後わずか百餘日で卽位するが、實權は勿論竇太后に握られて、その在位は名ばかりで、卽位して二年後には早くも崩御する。六代皇帝の安帝は章帝の孫で、父は淸河王劉慶、母は左姬である。十歲の頃には史書を學んで早くから和帝にその好學が見込まれ、殤帝がみまかった後は、鄧太后とその兄鄧隲の策謀によって皇帝に擁立された。詩・書に對する造詣を有し、永初四年（西暦一一〇年）、謁者劉珍と五經博士に命じて東觀の五經を校定させている。延光四年（西暦一二五年）、三十二歲で崩御。安帝が崩御すると、閻太后が臨朝して太后の兄閻顯と協議し、章帝の孫の濟北惠王の子、北鄕侯懿を卽位させた。これが七代皇帝の少帝である。けれども、少帝は卽位して半年後の冬十月に崩御する。第八代皇帝の順帝は安帝の子。皇太子に冊立された後、一時安帝の乳母王聖・大秋長江京等の策謀で濟陰王に廢されていたが、安帝の崩御後は中黃門孫程等に擁立され、十一歲で卽位した。三十歲の建康元年（西暦一四四年）の八月に崩御。續く九代沖帝は順帝の子。建康元年、二歲で卽位。翌永嘉元年（西暦一四五年）、三歲で崩御。第十代質帝は章帝の玄孫。梁太后と兄の梁冀との定策によって八歳で卽位した。梁太后が臨朝し、翌本初元年（西暦一四六年）、九歳で崩御。第十一代桓帝は章帝の曾孫。やはり梁太后と梁冀の定策によって卽位する。時に十五歳。梁太后の臨朝が和平元年（西暦一五〇年）まで續く。後年は宦官勢の臺頭が著しく、淸流と呼ばれる黨人グループとの抗爭が激化して、世に言う第一次黨錮事件が勃發している。永康元年（西暦一六七年）、三十六歳で崩御。

以上が王符の生きた時代の朝廷と朝廷を取り卷く外戚や宦官勢との交涉である。皇帝の頻繁な遞更は、その裏に蠢く權臣や外戚、更には宦官勢の暗躍を物語っており、それだけに臣下の沒義と綱紀の攪亂が當時の朝廷を蔽い、後漢の皇室を危殆に瀕せしめていた構圖が窺えよう。こうした情況を受け、郡縣でも蠻夷の跳梁や盜賊の橫行が頻發し、例えば順帝の永和二年（西暦一三七年）と同三年（西暦一三八年）には「二年、春正月、武陵の蠻叛き、充縣を圍み、又夷道に寇す」「五月、日南の叛蠻、郡府を攻む」「三年、夏四月、九江の賊蔡伯流郡界に寇し、廣陵に及び江都の長を殺す」（共に『後漢書』本紀六）等の記述が覆い盡くすのであり、『後漢書』南蠻西南夷傳や西羌傳に至っては、安帝の元初元年（西暦一一四年）から同三年（西暦一一六年）までの間に限ってみても

（1）（元初元年）其冬、（鄧）隲使任尙及從事中郞司馬鈞率諸郡兵、與滇零等數萬人戰於平襄、尙軍大敗、死者八千餘人。於是滇零等自稱天子於北地、招集武郡參狼・上郡西河諸雜種、衆遂大盛。東犯趙・魏、南入益州、殺漢中太守董炳、遂寇鈔三輔斷隴道。湟中諸縣、粟石萬錢、百姓死亡不可勝數。朝廷不能制、而轉運難劇、遂詔隲還師。

（其の冬、（鄧）隲は任尙及び從事中郞の司馬鈞をして諸郡の兵を率ゐて、滇零等の數萬人と平襄に戰はしめ、尙の軍大敗し、死者八千餘人。是に於いて滇零等自ら天子を北地に稱し、武郡の參狼・上郡西河の諸雜種を招集し、衆遂に大いに盛なり。東のかた趙・魏を犯し、南のかた益州に入り、漢中太守董炳を殺し、遂に三輔を寇鈔し隴道を斷つ。湟中の諸縣、粟は石ごとに萬錢、百姓の死亡すること勝げて數ふ可からず。朝廷制する能はず、而も

轉運は難く劇しく、遂に隲に詔し師に還さしむ。）（西羌傳）

（2）安帝元初二年、澧中蠻以郡縣傜稅失平、懷怨恨、遂結充中諸種二千餘人、攻城殺長吏。州郡募五里蠻六亭兵追擊破之、皆散降。……明年秋、漊中・澧中蠻四千人、並爲盜賊。

（安帝の元初二年、澧中蠻郡縣の傜稅の平を失へるを以て、怨恨を懷き、遂に充中の諸種二千餘人と結んで、城を攻めて長吏を殺す。州郡五里蠻と六亭の兵を募り追擊して之を破り、皆散じ降る。……明年秋、漊中、澧中蠻四千人、並びに盜賊と爲る。）（南蠻西南夷傳）

（3）安帝元初三年、郡徼外夷大羊等八種、戶三萬一千、口十六萬七千六百二十、慕義內屬。時郡縣賦斂煩數。五年、卷夷大牛種封離等反畔、殺遂久令。明年永昌・益州及蜀郡夷、皆叛應之。衆遂十餘萬、破壞二十餘縣、殺長吏燔燒邑郭、剽略百姓、骸骨委積、千里無人。

（安帝の元初三年、郡の徼外の夷大羊等八種、戶三萬一千、口十六萬七千六百二十、義を慕ひ內屬す。時に郡縣の賦斂は煩數なり。五年、卷夷の大牛種の封離等反畔し、遂久の令を殺す。明年、永昌・益州及び蜀郡の夷、皆叛きて之に應ず。衆は遂に十餘萬、二十餘縣を破壞し、長吏を殺し邑郭を燔燒し、百姓を剽略し、骸骨は委積して、千里人無し。）（同上）

といった、寇難とみなすべきほどの事件の出來が記されている。邊境における蠻夷の侵入は、その原因が（2）では「郡縣の傜稅平を失へるを以て、怨恨を懷い」たためで、（3）では「郡縣の賦斂煩數なり」と指摘されていることからみれば、漢帝國の異民族に對する加重な徵稅がもたらしたものであり、それはまたそのまま朝廷における綱紀の殽亂が邊塞では苛政となってその地に住む民衆や異民族を苦しめていた事情を窺わせよう。漢帝國による處遇の不當が蠻夷の叛逆を招いた例は比較的多く、桓帝の永壽三年（西曆一五七年）に起きた居風縣の朱達等と蠻夷による叛逆は、居風の縣令が「貪暴度無く」縣民に徵稅したからであったという。(6) かくして民や蠻夷は、盜賊になりさがらなければ命をつなぎ止めることのできぬ窮狀の中で、身を群盜の中に沈めることとなったのである。民衆や異民族によって繰り返された叛逆がおおむねこの樣であったとすれば、その責めを負わなければならないのは朝廷で安穩と失政を繰り返す朝臣たちであり、彼等に蔽われてその英邁を現わすことができずに、臣下の奏言に盲從する幼帝たちにほかならまい。王符沒後の、靈帝の光和三年（西暦一八〇年）に起きた「江夏の蠻復た反く」の事件であるが、それを南蠻西南夷傳が「寇患累年なり」と締めくくっているのは、當時民衆が蒙った苦痛がいかに長く續いたかを示すとともに、朝廷の施策の不當が民衆からいかに長く反感を買われ續けたかをも、よく物語っていよう。

こうした世情が、王符にはどの樣に映じたか。『潛夫論』中、王符は至るところで世の混亂と困苦が朝廷の荒廢によって惹き起こされている實情を指摘し、朝臣の私欲と公義の喪失が漢朝の政務の正常を歪曲させている現狀を鋭く剔抉する。臣僚は本來「聖王の百官を建つるや、皆天に承け地を治むるを以て萬民を牧養する者なり」（考績第七）のごとき、民生の安寧を企圖すべき任を負いながら、

今則不然。令・長・守・相、不思立功、貪殘專恣、不奉法令、侵冤小民。州司不治、令遠詣闕上書訟訴。尙書不以責三公、三公不以讓州郡、州郡不以討縣邑。是以凶惡狡猾、易相冤也。侍中・博士・諫議之官、或處位歷年、終無進賢嫉惡拾遺補闕之語、而貶黜之憂。群僚擧士者、或以頑魯應茂才、以桀逆應至孝、以貪饕應廉吏、以狡猾應方正、以諛諂應直言、以輕薄應敦厚、以空虛應有道、以嚚暗應明經、以殘酷應寬博、以怯弱應武猛、以愚頑應治劇。名實不相副、求貢不相稱。富者乘其材力、貴者阻其勢要。以錢多爲賢、以剛强爲上。凡在位所以多非其人、而官聽所以數亂荒也。

（今は則ち然らず。令・長・守・相、功を立てるを思はず、貪殘專ら恣にして、法令を奉ぜず、小民を侵冤す。

州司治めず、遠く闕に詣りて上書訟訴せしむ。尙書は以て三公を責めず、三公は以て州郡を讓《せ》めず、州郡は以て縣邑を討《せ》めず。是を以て凶惡狡猾、相冤し易きなり。侍中・博士・諫議の官は、或いは位に處ること歷年、終に賢を進め惡を嫉み遺を拾ひ闕を補ふの語無くして、貶黜を之れ憂ふ。群僚の士を擧ぐる者、或いは頑魯を以て茂才に應じ、桀逆を以て至孝に應じ、貪饕を以て廉吏に應じ、狡猾を以て方正に應じ、諛諂を以て直言に應じ、輕薄を以て敦厚に應じ、空虛を以て有道に應じ、嚚暗を以て明經に應じ、殘酷を以て寬博に應じ、怯弱を以て武猛に應じ、愚頑を以て治劇に應ず。名實相副はず、求貢相稱はず。富者は其の材力に乘じ、貴者は其の勢要を阻む。錢多きを以て賢と爲し、剛强を以て上と爲す。凡そ位に在るもの多く其の人に非ざる所以にして、官聽數々亂荒する所以なり。）　（同上）

との臣僚の荒廢、すなわち功績を立てるでもなく、貪殘專恣の振る舞いで法令に従わず、ただ弱民を虐げるだけの縣令・縣長・郡主・相國の有り様。訴えを自らは受理せず、遠く朝廷に出向いてそこで訴訟を起こさせる州司と、その役目拋棄を放任する三公や尙書。またその怠慢が凶惡・狡猾な縣の吏員の登場を促し、それによって冤罪が發生している事實。賢才を進め、惡人を懲らす、天子の遺漏を補う責務を怠ったまま、久しく位に止まりただ貶黜の憂き目を懼れるばかりの侍中・博士・諫議官。群臣・百官による推薦を受けて賢良・茂才・至孝に擧げられた者が、「貪欲不厭」「頑迷魯鈍」「凶惡反順」であったりする「名實相反する」人物評定や、求人と貢擧のそぐわぬ實情。更には財力を嵩に着る富者や、權力に物をいわせる貴者の專横等を指摘して、それが官廳が荒亂を繰り返す原因であることを力說するのである。爲政者としての資質を缺いた奸惡な臣僚によって政治が壟斷される實情が見据えられていよう。

事情は務本第二の次の文章にも通ずる。

中正以事君、信法以理下、所以居官也。今多姦諛以取媚、撓法以便佞。苟得之徒、從而賢之。此滅貞良之行、而開亂危之原者也。
（中正以て君に事へ、法を信じ以て下を理むるは、官に居る所以なり。今多く姦諛して以て媚びを取り、法を撓めて以て便佞なり。苟くも之を得るの徒は、從りて之を賢とす。此れ貞良の行を滅ぼして、亂危の原を開く者なり。）

忠義・正直によって君に仕え、法を執行して民を治めるのが、官員としての務め。ところが今は諂いによって媚びを賣り、法を枉げて口先を取り繕う始末。得られる物は全て手に入れようとする輩は彼等を賢者とみなすが、これこそは忠貞・善良の行いを損ない、動亂や危亡の本を開く、との指摘である。忠誠の臣義を投げ捨てて高官への昇任を素志とする阿諛・苟合を、當今の臣僚達の性狀と見定めるのである。

臣僚がもはやこの爲體であれば、列侯や皇帝であっても、王符によってその覬覦や不明が正されることはやむを得ない。

當今列侯、率皆襲先人之爵、因祖考之位、其身無功於漢、無德於民。專國南面、臥食重祿、下殫百姓、富有國家。此素餐之甚者也。
（三式第十七）
（當今の列侯は、率ね皆先人の爵を襲い、祖考の位に因りて、其の身は漢に功無く、民に德無し。國を專らにして南面し、臥して重祿を食み、下は百姓を殫し、富は國家を有つ。此れ素餐の甚しき者なり。）

とは、漢に對して何の功績も擧げえぬ列侯が、祖先の爵位を世襲することによって現在の地位を保ち、權力を振るう無爲徒食の徒であることの指摘であり、

今世主之於士也、目見賢則不敢用、耳聞賢則恨不及。雖自有知也、猶不能取。必更待群司之所擧、則亦懼失麟鹿

而獲艾猳。

（今世主の士に於けるや、目賢をみれば則ち敢へて用ゐず、耳賢を聞けば則ち及ばざるを恨む。自ら知る有りと雖も、猶ほ取る能はず、必ず更に群司の擧ぐる所を待てば、則ち亦麟鹿を失いて艾猳を得るを懼る。）（賢難第五）

というのは、臣下の登用に關し、臣下の言いなりになったまま適任者を選び得ぬ天子の惰弱を指彈する件であろう。

これ以外、

今世得位之徒、依女妹之寵以驕士、藉亢龍之勢以陵賢、而欲使志義之士、匍匐曲躬以事己、毀顔諂諛以求親、然後乃保持之、則貞士采薇凍餒、伏死岩穴之中而已爾。

（今世の位を得るの徒は、女妹の寵に依り以て士に驕り、亢龍の勢を籍りて以て賢を陵ぎ、義に志すの士をして、匍匐曲躬して以て己に事へ、顔を毀し諂諛して以て親を求めしめ、然る後に乃ち之を保持せんと欲すれば、則ち貞士は薇を采りて凍餒し、岩穴の中に伏し死すのみ。）（本政第九）

というのは、天子の寵愛を受ける娘や姉妹のとりなしで貴位についた外戚が、正規の臣僚を取り込んで勢力の擴大を圖り、それが貞正な朝臣の職務を妨げて、彼等を窮地へ追いやっている事への反感であろうし、世俗にあっても

今世俗之人、自慢其親而憎人敬之、自簡其親而憎人愛之者不少也。

（今世俗の人、自ら其の親を慢りて人の之を敬するを憎み、自ら其の親を簡りて人の之を愛するを憎む者は少からざるなり。）（賢難第五）

という情況が見出されているのには、親への孝養心を忘れた沒義の世相を膺懲する意欲が込められていよう。

また、寇難や郡縣官吏の不正によって民が苦しみ、苦しんだ民が暴徒や盜賊と化している實情に對しては、王符自

身「邊既に門(闕)に遠ければ、太守權を擅にす。臺閣察せず、其の姦言を信じ、郡縣を壞し、民を毆りて內に遷らしむ。今又丘《むな》しく荒れ、慮(虜)となれば必ず心を生ず。故に實邊第二十四を敍す」(敍錄第三十六)と言い、實邊第二十四章を草してそこに自己の見解を託している。そこでは、邊境の警備を懼れる太守・縣令の惰情によって、民が故地を離れ、瀕死の情況に置かれている實情が鋭く剔抉されて、

且安土重遷、戀慕墳墓、賢不肖之所同也。民之於徙、甚於伏法。……太守・令長、畏惡軍事、皆以素非此土之人、痛不著身、禍不及我家、故爭(壞)郡縣以內遷。至遣吏兵、發(刈)民禾稼、發(廢)徹屋室、夷其營壁、破其生業、强劫驅掠、與(使)其內入、捐棄羸弱、使死其處。當此之時、萬民怨痛、泣血叫號、誠愁鬼神而感天心。然小民謹劣、不能自達闕庭、依官吏家、迫將威嚴、不敢有摯。民既奪土失業、又遭蝗・旱・飢饉、逐道東走、流離分散幽・冀・兗・豫・荊・揚・蜀・漢。飢餓死亡、復失太半。邊地遂以丘(空)荒、至今無人。原禍所起、皆吏過爾。
(且つ土に安んじて遷るを重《はばか》り、墳墓を戀慕するは、賢不肖の同じくする所なり。民の徙つるに於けるや、法に伏すよりも甚し。……太守・令長、軍事を畏れ惡み、皆素より此の土の人に非ざれば、痛み身に著かず、禍我が家に及ばざるを以ての故に、爭いて郡縣を壞して以て內遷す。吏兵を遣り、民の禾稼を發《か》り、屋室を發(廢)徹し、其の營壁を夷かにし、其の生業を破り、强劫驅掠し、其れをして內に入ら與《し》め、羸弱を捐棄し、其の處に死せしむるに至りては、此の時に當たり、萬民怨痛し、泣血叫號し、誠に鬼神を愁へて天心を感ぜしむ。然れども小民は謹劣にして、自ら闕庭に達する能はず、官吏の家に依り、將の威嚴に迫らるるも、敢て摯有らず。民既に土を奪はれ業を失ひ、又蝗旱飢饉に遭ひ、道を逐ひて東走し、流離して幽・冀・兗・豫・荊・揚・蜀・漢に分散す。飢餓死亡して、復た太半を失ふ。邊地遂に以て丘《むな》しく荒れ、今に至るまで人無し。禍の起こる所を原ぬるに、皆吏の過のみ。)

(實邊第二四)

と。墳墓の地に安らいで遷徙を望まぬ民が、地緣の關係を持たぬ太守や縣令の惰弱の犧牲になって他地へ追いやられることになり、あまつさえ官兵が派遣され、民の田畑や家屋は踏み荒らされて生業は損なわれ、更なる遷徙を强要されてそこで死ぬ。民の怨苦は沸騰し、哭泣が頂點に達しても賤民は不器用が祟って獨力で朝廷へ訴えることもできない。官吏を賴るにしても將帥の威壓に伏し、動きもとれぬ。土地や生業を奪われた民は、蝗や旱魃、飢饉に遭遇して離散の道へ。かくて幽州を始めとする各郡・縣は人民の大半が失われ、邊境の荒廢は一層深まって、人っ子一人見あたらない、と王符は嘆き、返す刀でその責めを「禍の原因を尋ねれば、それは官吏の過失による」ことを明言して、官吏の失態に歸すのである。王符もまた民が懷く痛苦を等分に、そしてその痛苦を無能な官員に對する怒りに變えて一層强く、持ち續ける者であった。

三　「愛日」の思想

國威の不振と綱紀の頽廢が後漢王朝衰退の病根として顯在化しつつある時に、儒教は頽廢した綱紀の修復と再生をきたす手段として、その必要性を再認識させたところであった。儒教の教義が過去の聖世において、德治の實現に對していかに絕大な效力を發揮し得たかをつぶさに檢證し、當今の漢王朝の衰世にも有效とみなしえる教義を見出してそれを應用することが、儒者であれば何人であれ擔わなければならない課題となっていたことであろう。布衣の身であるとはいえ、王符もそうした儒者の一人であったことは紛れもない事實であるが、王朝の運營に一切關わっていない分、またそれ故に、王朝の失政による桎梏が課されることはなかった分、彼獨自の自由な思索が留保され、その言說は體制側が採った反儒教的な施策に向けられて、極めて痛烈な批判の言辭へと化すことになった。

王符にとって現今の漢王朝がなぜ綱紀を頽廢させ、王朝としての體面を失っているのかは、愛日第十八においてそのおおよそが窺えよう。

國が國であるのは民が居るからで、民が民であるのは穀物を産するからである。穀物の豊饒は、人の力が加わってのこと、人の力が成り立つのは、日の光による。治まった國は日照時間が長く、休息が取れて民の力にも餘裕がある。それに對して、亂國は日照時間が短く、せわしくて、民は困苦して餘力を持たない。

治まった國の日照時間が長いというのは、日の運行を掌る羲氏・和氏に頼んで太陽の巡りをゆっくりさせているからではなく、漏刻の目盛りを增して晝間を長くしているためでもない。君が民の事情を明察し、百官が治まり、吏員が正しく命に從って適切を得ているから民は安寧で、餘裕を有し、日照時間も長く感じられるのである。

それに對して亂國の一日がせわしくて日照時間が短いのは、羲氏・和氏に頼んで太陽の巡りを早めているわけでも、漏刻の目盛りを減らして一日の時間を短くしているわけでもない。君が不明であるから百官が亂れ、「姦宄」の惡人が臺頭して賄賂を受け取る風が生じ、扶役や徵税も頻繁となって、民は吏に苦しめられるからである。一方、任官適った吏員は典禮に窮し、冤罪で獄に繋がれた民は正直な吏と出くわせばその保身がなるが、姧臣が吏の上司であった場合には姧臣の惡意が風潮となって下に行われ、君子であっても高官に目通りすべく贄（初見の際の禮物）を車に載せて奔走し、細民であろうと財物を手にして高官の間をかけずり回る始末。こうであれば日を短く感ずるものである。

『詩經』小雅四牡に「王事盬きこと靡し。父を將ふに遑あらず」というのは、古く、閑な折には孝養をなしえたことをいうが、今は時間が切迫して孝養を盡くすことができぬ有様。孔子も「庶ければ則ち之を富まし、既に富めば則ち之を敎ふ」（『論語』子路篇に基づく）ことを述べているが、これこそは、禮儀は富裕から生まれ、盗賊は貧窮から生まれることを言おう。富裕はゆったりした時間の中から生まれ、貧窮は働く時間もない中から生まれる。聖人は勞働が民の本であり、國の基幹であることを知っている。だから務めて民の傜役を輕くし、民が勞働し得る時間を惜しむ。かくて堯は羲氏・和氏に命じて昊天の働きに適った政治を行わせて民に農時を授け、邵伯は訴訟を審理する煩擾で民を苦しめることに耐えきれず、棠梨の木の下で判決を下す簡略な裁判を行って、刑罰を用いずに時の平穩をもたらした（『尙書』堯典の「時雍」に基づく）のである。

ところが、今はそうではない。あまた官吏は民を煩わせ、縣長は高位を嵩に着るだけ。民は農事・紡織を止めて官衙に出向いても、早朝か夕刻四時頃でなければ告訴できず、附け届け抜きでは應對も適わぬ有樣。案件を受理するか否が分かるまでには何箇月も要し、かくて家人は農耕を止めて、告訴した相手方に詰め寄りたいと思う。また告訴を起こした家では、役人の取り調べに對して有利な回答をするよう隣人に穀物を送る。全ての調べが終わるまでには一年を要し、その間の收穫は何もない。その分、國中では飢者が出ることになる。が、衆人・俗士の長たる者はそれに氣づかない。郡縣の官衙はすでに民に冤枉を加え始め、州の長官も告發された案件を受理することはなく、訴訟を起こした者にはやむなく家事を放擲して遠く三公の官署へと出向かせる。けれども、三公の官署では訴えの眞僞が見分けられず、時間をかけて疲れさせ資金を絶って、告發者に訴訟を取り下げさせようとする。かくて一時しのぎの策として補足の條令を用意して「この訴狀は百日ほどの日數を要して始めて關係の各部署へ移送できる」と告げる。けれども、それらの訴狀は百日が經たないうちに再び他の部署に廻されることが屢々で、こうであるのは邵伯が棠梨の木の下で判決を下した簡略な裁判の旨と大いに悖る。これこそは、いわゆる「詩三百を誦んずるも、之に授くるに政を以てし、達せず、……多しと雖も亦奚を以て爲す者ぞや」（『論語』子路篇）というもので、孔子も「訟を聽くは、吾猶ほ人のごときなり」という。これらから見ると、中材以上の者は辨の曲直や、刑法の理を評議できるのであって、鄕・亭の部吏であっても、自己の裁量で判斷して、怨言の生じ得ぬようにはできるのである。にも拘わらず、そうはならないのには、譯がある。

傳に「直を惡み、正を醜とするは、實に蕃く徒有り」（『左氏傳』昭公二十八年）という。いったい、直とは正直で、自分の意思を曲げることなく、鄕・亭の部吏に何の恩も施さない者のことである。それに對し仇人（怨人）は訴えられた仲間を救おうと、賄賂を用いて結黨を圖るのであって、鄕・亭の部吏は仇人のために直人の排斥を畫す。後になって案件が差し戻されると、鄕・亭の部吏はこれによって罪を蒙ることにもなりかねないことから、彼等はこぞって案件が差し戻される前の縣の法廷で直人を冤枉しようとする。力のない平民（直人）が豪强の吏と爭いを構えても、その勢いは吏に及ばない。だから、縣官は鄕・亭の吏と結託するのである。その後、案件が差し戻されると、縣の長吏はこれによって罪を得ることにもなりかねないことから、縣府の全ての官吏が案件が差し戻される前の郡の法廷で正直人を攻め、排斥する。一人の正直人が一縣の官吏と爭いを構えた場合、その勢いは遠く縣の官吏に及ばない。だから、郡の太守もまた縣官と結託する。その後更に案件が差し戻されると、太守がこれによって罪を得ることにもなりかねないことから、郡の官吏の全てが案件が差し戻される前の州の法廷で正直人を攻め、排斥する。一人の正直人が一郡の官吏と爭いを構えてもその勢いは當然官吏に及ばない。だから州でも太守と結託し、敢えて審理を進めようとはしない。かくて正直人は否應なしに遠く公府（三公の官署）へ赴くことになるが、公府では事情を明らかにすることができず、間に合わせの措置として彼から金を卷き上げることにする。その場合、力のない窮乏した貧民は、旬日を重ねて百日の長期を何もしないまま留まり續けることができず、逆に富豪の資產家であれば百日はおろか、人を雇っても何もしないまま千日は泊まり續けることが可能である。訴訟の審理がこのようであれば、富豪や狡猾者を助けて力のない窮民を押さえつけるにも等しく、どうしてその冤罪を審理できよう。

鄕・亭の訴訟に限ったことではない。武官による審判もまたその始めに小吏によって冤枉がなされ、それがまた結果的に大臣達にも冤枉をもたらしている。小吏によって冤枉を蒙った正直の士が、怨念を懐いたまま復讐できないでいる段階で恩赦が下されると、再審の道は閉ざされる。かくして正直の士は冤枉を蒙ったままそれを晴らす術がなくなるのである。狡猾な官吏は姦宄の者を尊んで嚴罰を受けることもない。これが、郡縣が容易に小民を侵虐し、天下に飢饉や飢餓者の多い理由である(7)。

以上が、愛日第十八に盛られた王符の主張である。

「愛日」とは、要するに、民の勞働時間を十分確保して、國家が民の勞働を妨げてはならない道義の提出であり、その道義の象徴として用いられた比喩である。王符によれば、國家の隆盛は穀物を生産する民の勞働によって支えられるのであり、日が長ければ長いほど民が働いて収穫できる穀物の量は增大し、國庫は豊かとなる道理である。けれどもその民は、私腹を肥やそうとするその吏員によって冤枉を加えられ、無實を明かそうとして最上級審の三公の官署にまで上告しなければならないはめになるが、當時通弊となっていた吏員への賄賂、更には鄕・亭・縣・郡・州各地の官員の結託によって、正常な審理は受けられないまま敗訴する。その間、民は穀物の生産に從事できず、國全體の穀物總生産量も減少せざるを得ない。この情況こそが、王符のいう「亂國之日、促以短」にほかならない。民にとって日が短く感じられるのは、働く時間を奪われて収穫が上がらなかったこともさりながら、官吏が彼等に加えた不正への反感が昂じてのことである。

民が官吏から受けた苦痛をなぜ王符は儒教倫理の立場から批判の對象に据え得たのかは、やはり篇名の「愛日」と關係がある。「日を愛《おし》む」とは勞働を妨げられて困窮する民を恤むのと同義であろうが、日の運行は、儒教教義では『尙書』堯典に「(堯) 乃命羲和、欽若昊天、歴象日月星辰、敬授民時」と見えているように、帝堯の臣、羲氏・和氏によって掌られた。儒教が理想と仰ぐ帝堯の太平時、日の運行は羲氏・和氏の職掌に屬し民は羲氏・和氏からしかるべき農時を教えられていたとの傳承が、王符をして農民の生産活動の盛況を「日長」、逆に勞働が妨げられて生産活動が阻害された情況を「日短」とみなさせることになったのである。從って、「日短」とは民の勞働を妨げる惡政を膺懲する語としても使用され、日そのものは朝廷の政治の善し惡しを勸戒する、儒教教義上の、新たな價値原理として再生していることになろう。

篇中、王符はまた『詩經』召南甘棠篇や『論語』子路篇の文章を援用して、後漢の法制の繁雜とその枉法の實情を嚴しく批判しているが、これもやはり彼の社會批判が儒教の教義に法ろうとしたものであることを物語っていよう。けれども、それらの引用は、儒教倫理の全容を體現した教義の總體であるよりは、儒教倫理から抽出された教義の一部であって、提示された各々の文言の意味はむしろ王符自身の意識を代辯していよう。こうしたやり方で批判の言述を繰り返す王符は、もちろん儒者であることには違いないが、儒教の言説を社會批判の論理に適應させてゆく過程で、言述本來の意味を變質させ、そこに新たな價値を盛り込んでいるのである。否、「日」が太陽の運行から民の生産活動を擁護すべき道義に變容し、生産を阻害する樣々な困難から民を守る當爲が提唱されている事實から見れば、彼の儒教は教義の提唱に終始するだけではなく、施策上においても當面する社會狀況と相卽し、時局の多難に對し積極的にその效果を上げ得る實用性がより多く期待されていたものでもあろう。それだけに、彼によって試みられる社會批判や恤民の提言は朝廷の現狀とも相卽して實效を期す、極めて政策的な樣相を帶びるのである。施策の有り樣の點検がまた、儒教を奉ずる者の新たな課題として、急浮上するところである。

四　赦贖の非道

愛日篇の「武官斷獄」のところで、冤枉を蒙った正士が自己の無實を晴らそうとする途中、皇帝による恩赦が下されて再審の悲願が水泡に歸す件が記されていたが、王符は官吏の不正を糾彈したのと同レベル、もしくはそれ以上の強い意欲を持って、皇帝が繰り返す赦令に對して嚴しい批判を浴びせている。

君憂臣勞、古今通義。上思致平、下宜竭惠。貞良・信士、咸痛數赦。姦宄繁興、但以赦故。

（君憂ひ臣勞するは、古今の通義なり。上平かなるを致さんと思へば、下宜しく惠を竭くすべし。貞良・信士、咸數々赦するを痛む。姦宄繁く興るは、但だ赦を以ての故なり。）（敍錄第三十六）

今日賊良民之甚者、莫大於數赦。赦贖數、則惡人昌而善人傷矣。

（今日良民を賊するの甚しき者は、數々赦するより大なるは莫し。赦贖數々すれば、則ち惡人昌んにして善人傷つく。）（述赦第十六）

と。いったい、漢代における赦令は

詔曰、夫赦令者、將與天下更始、誠欲令百姓改行潔己、全其性命也。

（詔して曰はく、夫れ赦令は、將に天下と更始せんとして、誠に百姓をして行を改め己を潔くし、其の性命を全くせしめんと欲するなり。）（『漢書』平帝紀）

のごとく、朝廷が天下と更始する前に、皇帝が民に降す恩惠として實施されるもので、その履行は、朝廷が施す德政の一環に組み入れられていたはずであった。現に『潛夫論』述赦第十六には「三辰に候有り、天氣赦に當たる。故に人主之に順ひて徳を施す」「咸云ふ、當に赦すべし。以て天の教を知るなりと。乃ち因りて徳を施す」といい、後漢の時にも赦令が天子の施徳と意識されていたことが見てとれる。それが何故に、王符においては批判の俎上に載せられたのか。述赦第十六には次のような説明がなされている。

論者の多くは「久しく赦令を出さなければ姦宄は威を振るい、吏員では抑えきれないことになる。赦贖を行って、この事態を解消しなければならない」という。が、かく述べるのは、政の亂れる源や禍福が生ずる所を理解できぬ者の發言である。いったい、民が輕々に盜賊となり、吏員が容易に姦慝をしでかすのは、赦贖が繰り返され、罪を犯してもすぐに助かるとの思いがあってのことである。假に犯罪者を生涯囚藉に連ね刑罰に服せしめるならば、犯罪の企ては潰え、悪を懷く性根は絶えることになろう。そもそも赦贖が行われれば童幼をも驕溢に走らせ、中等の民であっても（教化が行われず）下等に引き落とされよう。諺にも「一年に二度赦贖を行えば、年端のいかぬ童兒もさげすみの聲を上げる」というが、それは王者の誅罰が行われない場合には、疼痛や瘀血に病む子供であっても、狡詐の輩であればなおさらのこと、容易に法を犯すことをいおう。もし眞に盜賊が多くなり、彼等を討伐できぬことを懼れて赦贖を行うのであれば、その政治は悪人に報いてやるものとなる。そもそも天道は善人を賞して奸淫者を罰するのであり、天の働きは人が代わるものである。だから王を立てることは邪悪を誅伐し、正人・善人を養うことである。しかるに邪悪な者を放ったままその非望を遂げさせるというのは、この上無しの蒙昧にほかならない。

かつ、國に常治はなく、常亂もない。法令が行われたなら國は治まり、弛められれば亂れる道理である。法はいつも行われるのではなく、いつも弛むものでもない。君が敬えば法は行われ、慢れば弛むのである。後漢の明帝の時、荊州で茂才に擧げられた者が、朝廷に出向いて明帝に恩を謝した。明帝はその者に食事を賜った後、尋ねられた。「珍しいエピソードでもあるまいか。」その者は答えた。「巫縣に劇賊とも呼ぶべき凶悪な輩が九人おりましたが、刺史様がしばしば郡中を督察されて、今日まで彼等の蹂躙は抑えられております。」明帝が改めて「そちは南郡州事の職務を分管する者ではないか。」と問われると、「さようでございます。」と答えた。すると帝は激怒して、「賊がそちの分管する州郡内に出没して、そちは捕らえることもできぬ。にも拘わらず、そちのごとき才の者が茂才に擧げられるとはどういうことじゃ。」というや、その者を數百回鞭打った後罷免し、併せて彼を茂才に推擧した荊州刺史を嚴しく咎めた。その結果、その後の十日間で郡中を荒らした盜賊は誅に伏した。このことからみると、盜賊を撲滅するとは法を明確に執行することであり、赦贖を繰り返すことではない、と。(8)

これによれば、赦令が王符にとって惡とみなされるのは、赦令が繰り返されることでいかなる犯罪者もすぐにその惡行が許されて社會復歸を果たし、それが刑罰を免れた惡人の更なる犯罪を惹起して、民衆を塗炭の苦しみに陷れているからである。しかも、民衆の痛苦は、赦令が皇帝の民に對する恩惠として施されながら、その恩惠はもっぱら犯罪者に向けられ、一般の民衆には、それが良民に對する新たな加害を招いている事實によって、朝廷に對する怨嗟の念に變わり、怒りを倍加させる。犯罪者の新たな加害が半ば皇帝との共同正犯とみなされることが却って自身が盜賊に走ることに口實を與え、それがまた混迷した社會相を深めるのである。(9)赦令を撤廢し、刑法の嚴格な運用によって社會にはびこる犯罪を取り締まるべしとの主張は、法吏でなくとも思われたであろう。特に、法の嚴正を求める意識の高まりは、儒教の擁護者としても名高い明帝の前出のエピソードを得て、王符にとっては儒教の恤民策の一つとなって、その速やかなる施行が思われたであろう。

王符において刑罰の重視が儒教の教義と抵觸しないのは、「天有德に命じ、五服もて五つながら章にせん。天有罪を罰し、五刑もて五つながら用ゐん」との『尙書』皋陶謨に見える刑法の理念、同『尙書』康誥篇に見える「文王罰を作り、茲を刑して赦す無し」との文王の行爲、更には有罪者を許す措置が『詩經』大雅瞻印篇で「彼の宜しく罪有るべきは、女覆《かえ》りて之を脱《ゆる》す」との非難を浴びていることとの指摘（いずれも述赦第十六所引）を待ってのことに違いない。けれども、赦令を社會悪として指彈して止まない王符の意識には、それ以上に赦令が儒教倫理としての、當時の社會に抜きがたい地歩を有している「孝」倫理を傷つけていた事情が見据えられていることは、見落としに出來ないところである。

やはり述赦第十六の文章である。

今日、良民を損なって最も甚だしいものは、赦令の繰り返しである。赦令が繰り返されると悪人の動きが盛んとなり、善人は傷つけられる。この事實は以下によって證明できよう。「孝悌の家」は身を修め行いを愼んで、朝廷の禁制を犯すこともない。生まれてから死ぬまで一掬の罪もないのに、しばしば赦令に遭遇し、恩を蒙ったことがないばかりか、却って常に禍に見舞われた。それというのも、（一例を擧げれば）「正直の士」が官吏であれば、强暴の輩を避けたり、大官と緣故を結ぼうなどとはしない。從事史が督察し、正直の士に對して不快を覺えるや、すかさず「姦猾の黨」が彼を誣告する。赦令がほどなく降る事を知っているからである。かくして從事史は「姦猾の黨」と共に「正直の士」に冤枉をしかけて迫害を加え、罪狀を捏造して主上に奏上し、主上をして謂われなき刑を執行せしめることとなる。甚だしい場合は死罪もしくは流罪となり、輕い場合でも罷免は免れない。冤枉された者の家では、裁判が始まったときに追調査を求め、事ここに至った原因を説いて冤罪を晴らそうとするが、死罪の冤枉を蒙った者には何の助けにもならない。また「隱逸」「行士」「淑人」「君子」が讒佞で口達者な者に誣告され、欺瞞によって罪に陷れられた場合、かつて冤枉を蒙ったことのある國境ほどの遠地に住む者の中に、その人のために朝廷へ出向いて冤枉の事實を訴えようとする者は、萬人中、幾人もいない。その內、詳細に聽いてもらえる者となると、その百分の一にも滿たない。尙書省に案件の報告はできたとしても、何の返事も得られぬまま歸途に就く者はまたその六・七割。たとえ再審が適ったとしても、州や郡では互いに顏色を窺い合う有樣で、眞相を違えたり、引き延ばしたりする。春・夏には秋・冬まで待ち續けさせ、秋・冬になると來春・夏まで引き延ばす。かくして赦令に遭遇する者は數え切れないほどである。

また「謹愼の民」は微細な惡や小過を犯すことはあるが、天の道を用い、地の利を分かち、操行も良く、目上の人を犯すこともなく、身を愼み儉約である。これらは、性良の善民は國の基幹であることをいおう。それに對し、「輕薄の惡子」「不道の凶民」は姦邪の思いを抱くと盜賊を働き、財產や女人目當てに人の父母を殺し、人の子を殺し、一門の全てを殺し、人の財物を盜みとる。「貪殘不軌」「凶惡の弊吏」に至っては、無辜の民を掠奪・殺害し、小民を傷つけ、冤枉して罪を科す。巷では、民の誰もが皇帝が惡人を誅殺し、冤罪を拂い、積もり積もった民の怨念を解いてくれることを願うが、皇帝は逆に惡人を一律に赦免し、惡人に宴席を張ってそのその威勢をひけらかさせ、盜人に盜品を持ったまま盜み取った家の門前を堂々と通過させる始末である。「孝子」が父を殺した仇敵を見つけても討つことができず、財產を盜まれた者が盜まれた財物を見つけても取り返すことが出來ないことは、この上なしの痛苦である。だから、赦令が發布されようとすると急に寒くなるのは、無實であっても罪が科されたまま結審され、悲しみ恨む者が多いためである。（述赦第十六）[10]と。

赦令に苦しむ民を描き出して「孝悌の家」と表現するのは、民を儒教教義によって擁護せんとするとともに、皇帝の施德の意欲が却って民の善良を損なって沒倫の世相を現出させている事狀を、增幅させてのことであろう。「孝を以て天下を治め」る漢王朝が施德の頌聲を勝ち得んが爲に頻發する赦令が、犯罪者の跳梁を招いて民の孝悌心を損ない、漢王朝の屋臺骨そのものを搖り動かしているとの、シニカルな批判の念が込められていよう。「孝悌の家」だけではない。赦令に苦しむ民の代名詞として用いられている「淑人君子」や「謹愼の家」は共に儒教經典に典據を有し、

「淑人君子」は『詩經』國風（曹風）鳲鳩篇に「淑人君子、其の儀一なり」等と、また同じく小雅（谷風之什）鼓鐘篇に「淑人君子、懐ふて允に忘れられず」等のように見えている。いずれも善良で人々の模範として尊ばれるべき人格者の謂である。また「謹愼の家」とは『潛夫論』務本篇に「忠信謹愼は、此れ德義の基なり」と見えているように、儒教「德義」の範疇に屬する語彙であって、王符にあっては、儒教の教義の基本概念であることは言うまでもない。民をそうした儒教教義の體現者として示し、その彼等を赦令の被害者に置き換えて、王符は赦令の害毒性を増幅させ、それが儒教の立場からも膺懲を蒙らなければならない愚策であることを力說し得たのであろう。後漢王朝の儒教は、政策上の缺陥もその内に取り込んで、王符が抱懷する儒教とは、その乖離を深めている。

民衆に不條理な痛苦を強いている赦令を、その殘虐性の故に糾彈し、民の救濟を聲高に唱えた王符ではあるが、赦令が德政の一部と見なされている以上、その糾彈はやはり「孝悌」等の儒教教義によってなされなければならなかった。ところが、赦令に限らず、『潛夫論』中には國教としての後漢王朝の儒教を批判する樣々な言說で滿ちているが、そのような擧に出る王符には、當然自身の意識裡に、後漢の儒教の不正（誤解）を糾正するための、儒教の正常な尺度とも目されるべき彼自身の基準を有したはずである。それが、この述赦第十六に端的に見えている「民」の理念ではなかったか。赦令に苦しむ民の側の正義を代辨し、彼等をその冤枉から救濟するというのがこの述赦第十六の主題であったが、そのことはまた述赦第十六劈頭の

凡治病者、必先知脈之虛實、氣之所結、然後爲之方。故疾可癒而壽可長也。爲國者、必先知民之所苦、禍之所起、然後設之以禁。故姦可塞、國可安矣。

（凡そ病を治むる者は、必ず先に脈の虛實、氣の結ぶ所を知り、然る後に之が方を爲す。故に疾は癒す可くして壽は長くす可きなり。國を爲むる者は、必ず先に民の苦しむ所、禍の起こる所を知り、然る後之を設くるに禁を

以てす。故に姦塞ぐ可く、國は安んず可きなり。）

からも窺えよう。それは、皇帝の盛德や德政を視座にして國家の對面を裝うだけの護教的な展開を辿っていたこれまでの儒教を民の立場に解放して民の正義を確立し、以て民の受益を前提に國政を教導しなければならぬ王符獨自の儒教觀を示すものでもあろう。その際、民のためであるという意識が尖銳化して失政を繰り返す後漢王朝に對しては、王朝をも批判の俎上に載せる、體制批判の性格をより表立てることにもなったのである。

五　賢者の認識

王符の生きた時代相が權臣や外戚・宦官の專横によって混亂の樣相を呈していた時に、巷間に身を潛めた王符ではあったが、その狀況をいち早く察知し、賢良・忠臣を登用して政治を安定させ、朝廷の威嚴を恢復した上で民の安寧を來す施策の導入が、焦眉の急を要する政策課題であることを唱えていた。

今漢土之廣博、天子尊明、而曾無一良臣。此誠不愍兆黎之愁苦、不急賢人之佐治爾。孔子曰、未之思也。夫何遠之有。忠良之吏、誠易得也。顧聖王欲之不爾。

（今漢土の廣博、天子の尊明にして、曾て一良臣無し。此れ誠に兆黎の愁苦を愍まずして、賢人の佐治に急ならざるのみ。孔子曰はく、未だ之を思はざるなり。夫れ何の遠きか之れ有らんと。忠良の吏は、誠に得易きなり。顧ふに聖王之を欲すると不（否）とのみ。）（實貢第十四）

民衆の蒙る痛苦を解消させるために忠良・賢臣を登用せよとの主張は、王符の儒者としての主張が、その目的をやはり民の救濟に定めていたことを示そう。その意味における民と皇帝・政治（忠臣・賢良）との關係は、本政第九に見える次のスキームがよく物語っていよう。

天以民爲心、民安樂則天心順。民愁苦則天心逆。民以君爲統。君政善則民和治、君政惡則民冤亂。君以恤民爲本。臣忠良則君政善、臣姦枉則君政惡。臣以選爲本。選擧實則忠賢進、選虛僞則邪黨貢。選以法令爲本。法令正則選擧實、法令詐則選虛僞。法以君爲主。君信法則法順行、君欺法則法委弃。君臣・法令之功、必效於民。故君臣・法令善則民安樂。民安樂則天心惣。

（天は民を以て心と爲し、民安樂ならば則ち天心順ふ。民愁苦すれば則ち天心逆ふ。民は君を以て統と爲す。君政善ければ則ち民治に和し、君政惡しければ則ち民冤亂す。君は民を恤むを以て本と爲す。臣忠良ならば則ち君政善く、臣姦枉ならば則ち君政惡し。臣は選を以て本と爲す。選實を擧ぐれば則ち忠賢進み、選虛僞ならば則ち邪黨貢がる。選は法令を以て本と爲す。法令正しければ則ち選實を擧げ、法令詐らば則ち選虛僞なり。法は君を以て主と爲す。君法を信ぜば則ち法は順行せられ、君法を欺かば則ち法委弃せらる。君臣・法令の功は、必ず民に效る。故に君臣・法令善ければ則ち民安樂なり。民安樂ならば則ち天心惣《したが》ふ。）

國政を嚴しく監視する天の意思は民の心に基づくというのは『尙書』周書以來の傳統的な觀念であり、受命することで興國を果たした後漢王朝もこうした觀念を建國の根據として有する。その民は君を己が統帥とみなし、君の政治の善し惡しがそれに應じた民の歸往や反發を招く。かくて、君は恤民策を施策の理念に据え、奸枉の臣を却けて忠良の臣を用い、善政の實現に邁進するのであって、その際、忠良・賢才の人物を見出すための選擧は、法令に基づいて正しく擧行されなければならない。ところで、法は君がその根幹であって、君が法令を正しく活かせば滯りなく施行され、欺くまねをすれば廢棄される。君臣の民への對應や法令の效力は、必ずや民に及ぶのであるから、上の施策や法令の施行は民にとって良いものでなければならない。かくて天もその治績を容認する、と。この場合、君—臣—民の

關係で留意しておかなければならないことは、

民蒙善化、則人有士君子之心。被惡政、則人有懷姦亂之慮。

（民善化を蒙らば、則ち人に士君子の心有り。惡政を被らば、則ち人に姦亂の慮を懷く有り。）

（德化第三十三）

や、

黔首之屬、……遭良吏則皆懷忠信而履仁厚、遇惡吏則皆懷姦邪而行淺薄。

（黔首の屬、……良吏に遭はば則ち皆忠信を懷きて仁を履むこと厚く、惡吏に遇はば則ち皆姦邪を懷きて行淺薄なり。）

（同上）

との感化の作用が絶えず讀み取られ、それが

忠厚積則致太平、姦薄積則致危亡。

（忠厚く積まるれば則ち太平を致し、姦薄く積まるれば則ち危亡を致す。）

（同上、後續）

との歸結を招く、と確信されていることである。そうであるからこそ、王符においては爲政者の側でも特に民と頻繁な關わり方をする官吏の善惡が常に善政との關連で議論され、民を不當に扱う惡辣が糾彈されて、官吏は必ずや賢人・直士でなければならないことが要請される。

治績における賢人の必要性は、王符においては

國以賢興、以諂衰。

（國は賢を以て興り、諂を以て衰ふ。）

（實貢第十四）

夫與死人同病者、不可生也。與亡國同行者、不可存也。豈虛言哉。何以知人且病也。以其不嗜食也。何以知國之

將亂也。以其不嗜賢也。

（夫れ死人と病を同くする者は、生く可からざるなり。亡國と行を同じくする者は、存する可からざるなり。豈に虚言ならんや。何を以て人且に病まんとするを知るや。其の食を嗜まざるを以てなり。何を以て國の將に亂れんとするを知るや。其の賢を嗜まざるを以てなり。）（思賢第八）

のごとく說かれ、賢人を朝廷に招いて政務を執る君主の理想は

聖王表小以勵大、賞鄙以招賢、然後良士集於朝、下情達於君也。故上無遺失之策、官無亂法之臣。此君民之所利、而姦佞之所患也。

（聖王は小を表はし以て大を勵まし、鄙を賞して以て賢を招き、然る後良士朝に集ひ、下情君に達するなり。故に上に遺失の策無く、官に法を亂すの臣無し。此れ君民の利する所にして、姦佞の患ふる所なり。）（明暗第六）

と描き出されている。それ故に、賢人を招聘することは天子にとっても「凡そ南面の大務は、賢を知るより急なるは莫し」（考績第七）と、缺くことのできぬ政治行爲とみなされている。また思賢第八では、賢人の活動を病醫と較べて

身之病待醫而癒、國之亂待賢而治。治身有黃帝之術、治世有孔子之經。……夫治世不得眞賢、譬猶治疾不得良醫也。

（身の病は醫を待ちて癒え、國の亂れるは賢を待ちて治まる。身を治むるに黃帝の術有り、世を治むるに孔子の經有り。……夫れ世を治むるに眞賢を得ざれば、譬へば猶ほ疾を治むるに良醫を得ざるがごときなり。）

とも說くが、これに據れば、王符の意識する賢者とは、五經を修めた儒教教義の體現者のことにほかならない。そのことはまた讚學第一に「脩經の賢は、德聖に近し」（前出）とも見えていた。王符において治績の理念はやはり儒教教義の彼岸に望見されているのである。

さて、その王符が描き出す賢人像の特質であるが、賢人が君主の政務を補佐して現出する太平の成果を彼の有能に歸すことではなく、佞人や奸人もどきの大臣が賢人の登用を妨げ、それが國政を誤らせて民を苦しめ、國の存續を困難に陥れているとの、受難者としての側面にある。

いったい、驕慢を極める大臣が好んで賢人を（君主の眼から）隱そうとするのは、彼等が正義によって自身の邪惡を糾彈することを恐れるからである。また、大臣は上位に居りながらその明晰さは下位の者に及ばず、その職を擔當しながら採用される獻策が自身のものではないことを恥じるからである。かくして、高潔の士、楚の郄宛は衆人の翼戴を受けてそれを妬む令尹の子常に殺された。……このことから見ると、下位に居て善策を君に納れようとする者は、必ずやそれに先だって寵臣とは仇敵となる。その場合、善良の士を求める君主であっても、厚く情を通じている舊臣や寵臣の側に立つのであり、また舊臣や寵臣は朝廷内にあって彼ら賢良の士を謗り、彼らに下位の者とのみ接觸させて、むしろ朝廷の外において君主に自身を信じてもらいたいと思わせようとする。これが善良の士を求める君主と、忠義を盡くそうとする賢士とは、共に一つ世代に生きて求め合いながら、遭遇することのない理由である。（明暗第六）(11)

そもそも國を治める君であって治世を望まなかった者はいない。にも拘わらず、治世が歴世現出しなかったのは、任用された臣下が賢人ではなかったからだ。賢人は世に常に居たが、賢人を登用できなかったのは、群臣の嫉妬による。君主は賢人を求める意欲を有しても、賢人を得る術を持たない。臣下は賢人を進める責務を有しても、賢人を進めた實績はない。かくて君主は、上で危うく孤立し、治國の道は下の臣下に抑えられることになる。

いったい、君主が政務を執る手立ては「公」である。公法が行われれば內亂は途絶する。佞臣にとって都合の良いのは「私」である。私事が行われれば公法は私事に取って代わられよう。列士が打ち立てようとするのは「義」である。正しい節義が立てば、惡事の指標は取って代わられよう。こうであるから、姦臣・亂吏・無法の徒は、日夜賢君と義臣の間を塞ぎ、兩者間の信頼を隔てようとする。いったい、賢人が人臣となった場合、君を傷つけて佞人に奉じたり、衆に阿って氣に入られようとしたりはせず、公務を怠けて私事を優先したり、法を枉げて凶悪な輩を見逃すこともない。彼の明晰は姦悪を洞察し、道義に立って結黨を圖ることもない。かくて范武子が晉に戻ると悪人が逃げ出し、華元が朝廷へ歸ると魚氏一族は逃走することとなった。だから、正義の士と邪枉の輩は並び立つことはない。いったい、人君が士人を採用する場合、廣く民衆の意見を聞いて彼の聰明を見極めることはできない。却って、亂臣の説を信じ、汚吏の發言を用いる有様である。これこそは、いわゆる仇人と共に吏員を選び、囚人に治獄の官吏を選ばせる、というものである。（潛嘆第十）(12)

忠言を君に納れて善政の實を擧げんとする賢人官僚に對し、それを許すことが自己の權益を失わせ、ひいては自身の黜兎を招くとの寵臣たちの恐れが賢臣達の追い落としを謀り、「賢良の士」登用の道を塞がせて、それによって己が命脈を保とうとする悪人官僚の、國政の壟斷ぶりが見て取れよう。それはそのまま君主の明晰を蔽って専横の擧に出る寵臣たちの實態でもある。かくして、王符はその打開策として、君主による臣僚たちの考績を提起して、その實施を『尙書』堯典に見える「三歳にして績を考え、幽明を黜陟す」を根據に、強く求めることになる。

官長不考功、則吏怠傲而姦宄興。帝王不考功、則直賢抑而詐僞勝。故書曰、三歳考績、黜陟幽明。蓋所以昭賢愚而勸能否也。

（官長功を考へざれば、則ち吏怠傲して姦宄興る。帝王功を考へざれば、則ち直賢抑へられ詐僞勝る。故に書に曰はく、三歳にして績を考へ、幽明を黜陟すと。蓋し賢愚を昭らかにして能否を勸むる所以なり。）（考績第七）

と。賢者を發見する手立てとしての考績が、南面者（君主）の「大務」として俄然注視されることになる。

これらに限らず、王符の賢人登用への要求は極めて執拗である。それは布衣のままついぞ官吏として登用されることのなかった王符の鬱屈した意識が、自身の有能を賢人に重ね合わせることで顯彰せんとする意欲を覗かせているのかもしれない。けれども、王符が目の當たりにしていた後漢王朝の實情は

以漢之廣博、士民之衆多、朝廷之淸明、上下之脩治、而官無直吏、位無良臣。此非今世之無賢也。乃賢者廢錮而不得達於聖主之朝爾。

（漢の廣博、士民の衆多、朝廷の淸明、上下の修治を以てして、官に直吏無く、位に良臣無し。此れ今世の賢無きに非ざるなり。乃ち賢者廢錮せられて聖主の朝に達するを得ざるのみ。）（實貢第十四）

のごとく、賢人や正直の吏を缺いて正規を逸脱したまま政務を誤る妄動ぶりで、賢人の要請は、そうした情況を打開せんとする彼の目的意欲に沿ったものに違いない。しかも彼が見据える賢人の現狀が「賢者廢錮」と表現されるのは、その場合の賢人が彼の晩年に出來した二度にわたる黨錮事件で朝廷を追われた淸流の人士（儒生）であることを思わせており、彼らを辨護する意識が王符の描き出す賢人像に一層の正義感を加えさせているのかもしれない。黨錮の彈壓に苦しむ儒生官僚に賢人の稱謂を與えて彼らの行爲に褒辭を連ねることは、濁流の宦官・外戚と戰う彼ら淸流士人への祕めやかな應援であり、布衣にすぎない王符にとっては現今の治世に參與するための、彼なりの方途であった。

結　語

不穩の樣相が朝廷を蔽い、それが社會に及んで惡政となって民衆を虐げる情況が惹起するや、いかな布衣とはいえ、儒者を以て任ずる王符は起たざるを得なかった。なぜなら、王符にとって儒教は、儒教教義の闡明や解釋の整理といっ

た教學の域で意識されるのではなく、民衆を虐げる苛政を排して民衆に安寧な暮らしを送らせるための、政治的指針として、實際に社會の場でその效力を發揮させねばならない、プラグマチステックな教義となっていたからである。そのせいであろう。王符が描き出す政治（治世）の理想は、「太平」の語によって表現されるのが常である。

明君之法、務此二者（學が正しいことと民が富むこと）以爲成太平之基。　（務本第二）

（明君の法は、此の二者を務め以て太平を成すの基と爲す。）

明君臨衆、必以正軌、既無厭有、務節禮而厚下、復德而崇化、使皆阜於養生而競於廉恥也……人君不務此而欲至太平、此猶薄趾而望高牆、驥瘠而責遠道、其不可得也必矣。

（明君衆に臨まば、必ず正軌を以てし、既《ことごと》く厭有る無く、務めて禮を節して下に厚くし、德を復して化を崇び、皆をして養生に阜《とま》せて廉恥に競はしむるなり……人君此れを務めずして太平を至さんと欲するは、此れ猶ほ薄趾にして高牆を望み、驥瘠にして遠道を責むるがごとく、其の得可からざるや必せり。）　（班錄第十五）

というのは、いずれも君主の施策によって民の幸福や厚生が實現された彼岸に太平を望見するもので、その施策というのも

世主不循考功而思太平、此猶欲舍規矩而爲方圓、無舟楫而欲濟大水。

（世主功を考へるに循はずして太平を思ふは、此れ猶ほ規矩を舍てて方圓を爲り、舟楫無くして大水を濟らんと欲するがごとし。）　（考績第七）

國家存亡之本、治亂之機、在於明選而已矣。……書曰、爾安百姓、何擇非人。此先王致太平而發頌聲也。

（國家存亡の本、治亂の機は、明らかに選するに在るのみ。……書に曰はく、爾《なんぢ》百姓を安んずるに、何ぞ非人を擇ばんと。此れ先王太平を致して頌聲を發するなり。）　（本政第九）

各以所宜、量材授任、則庶官無曠、興功可成、太平可致。

（各々宜しき所を以て、材を量り任を授くれば、則ち庶官曠しき無く、興功成る可く、太平致す可し。）（實貢第十四）

のごとく、官吏の考功や選擧には極力愼重を期して、最適の人物を登用することである。かくて選ばれた良吏は、

遭良吏則皆懷忠信而履仁厚、遇惡吏則皆懷姦邪而行淺薄。忠厚積則致太平、姦薄積則致危之。是以聖帝明王、皆敦德化而薄威刑。

（良吏に遭はば則ち皆忠信を懷きて仁を履むこと厚く、惡吏に遇はば則ち皆姦邪を懷いて行ふこと淺薄なり。忠厚く積まるれば則ち太平を致し、姦薄く積まるれば則ち之を危うくするを致す。是を以て聖帝・明王、皆德化を敦くして威刑を薄くす。）（德化第三十三、一部前出）

臣養優而不隘、吏愛官而不貪、民安靜而强力。此則太平之基立矣。

（臣は優を養ひて隘せず、吏は官を愛して貪らず、民は靜に安んじて力を强くす。此れ則ち太平の基立つなり。）（班錄第十五）

と、彼らの善良・正直が民の儀表となって民を教導し、治安のなった太平の世を現出させる、と説くのであって、官吏の善良は德治があまねく行き渡った世の太平を量る尺度として用いられる。

法もまたしかりである。

夫立法之大要、必令善人勸其德而樂其政、邪人痛其禍而悔其行。諸（疑有脱誤）一女許數家、雖生十子、更百赦、勿令得蒙一還私家、則此姦絶矣。不則髡其夫妻、徙千里外劇縣、乃可以毒其心而絶其後。姦亂絶則太平興矣。

（夫れ法を立つるの大要は、必ず善人をして其の德を勸めて其の政を樂しましめ、邪人をして其の禍を痛みて其

の行を悔いしむ。諸々一女數家に許し、十子を生み、更めて百たび赦さると雖も、一たび私家に還るを蒙るを得しむること勿ければ、則ち此の姦絶ゆるなり。しかせざれば則ち其の夫妻を髡し、千里の外の劇縣に徙し、乃ち以て其の心を毒して其の後を絶つ可し。姦亂絶たるれば則ち太平興る。）（斷訟第十九）

立法は善人に德行を勸めてその政治を樂しみ、惡人に禍害に懲りてその惡行を後悔させるのが原則であるとしての擧例である。一人の娘をいくつもの家に嫁がせようと謀る輩に對し、よしんばその娘が十人の子供を產み、百たび赦免にあったとしても、一人の子も連れて家に戻ることを許さないのであれば、姦惡な行爲＝重婚の犯罪は止もう。そうしなくとも、その夫婦の頭を丸刈りにして、遠方の劇縣に流罪にしたならば、惡意を捨て以後の重婚は起こすまい。かくすることによって、太平は招來されるというのであって、法は太平を實現するための實用の具と意識されていたことが窺えよう。

そうであれば、漢朝の現今の混亂は、どのように解すべきか。

三代於世、皆致太平。聖漢踐祚、載祀四八、而猶未者、教不假而功不考、賞罰稽而赦贖數也。

（三代の世に於ける、皆太平を致す。聖漢踐祚して、載ち祀すること四八（三二〇）、而れども猶ほ未だしは、教假らずして功考へず、賞罰稽えども赦贖數々なればなり。）（考績第七）

のごとく、現行の政策が誤って、教化はもちろん考功も賞罰も正しく行われず、あまつさえ犯罪者を許す赦令が頻發されて、それが社會の不穩を煽り、民衆を苦しめているからである。王符にとって太平は、民の安寧と同義であつて、民が苦しむ現狀が續く限り漢に太平が訪れることなどない。かく意識する王符にとってなすべきことは、政策の誤りを指摘してその是正を求めることであり、その標的に擧げられたのが官吏の不正や赦令の頻出等の政策上の落ち度であった。その言說は、施策の失敗を是正して民を救わんとする意識が極めて眞摯であったことから、體制に對する批判の様相をさえ呈することになったのである。

愛日の思想もまた太平の意識と表裏の關係にある。愛日とは、王符にとっては、勞働によって萬民の食糧を生産する民を慈しむ、爲政者の當爲を象徴的に示した語であって、堯典中に見える帝堯の政務の中から日の運行を掌る羲・和の職務を見出して、それを勞働にいそしむ民を擁護すべき王者の當爲とし、漢の皇帝に託して誕生した德目であった。その意味では、王符が儒教の經典中に埋もれていた觀念を掘り起こし、そこに當代的な要求から新たな意味づけを行って、今に見合う實用的な儒教教義を創出させたとみなすことも、許されよう。

彼の主張は恤民の意識に裏打ちされて、民を虐げる體制側に對しては批判の態度を崩さない反抗性すら認められるが、王符にとってそうしたことは、意識の下に埋沒されていたであろう。なぜなら、彼が依據する批判の原理は漢王朝が據り所とする儒教そのものであって、その意味における王符の社會批判は、批判ではなく體制側の儒教認識に對する誤解や、それが施策に反映されて生じた逸脱に對する修正の要求と等質だからである。

王符は自身の抱懷する儒教の精神で、愛日の理念に込められた恤民意識を基礎に、漢王朝が採り續ける政策上の誤りや、その儒教理念との乖離を嚴しく糾彈し續けた。そうすることは、勢い王符に自身が抱懷する儒教の正しさを自覺させ、判斷する自身の主體性を大幅に增大せしめたであろう。かくして、王符の儒教は體制に向けた糾彈の意欲をさえ自身の儒教の正義の中に取り込んで、國家とは一線を畫す第三者的な地平で、正規を失った社會に對して修正を求め、批判の言辭を連ねたのである。それが現實の社會惡と對峙して、その現狀を打開させようとする意欲に基づいたことから、彼の儒教はプラグマチズムを特色とせざるをえなかった。しかも、王符のこうした儒教の展開は、社會狀況の惡化と揆を一にしてその膺懲の意識を強め、ついには後漢王朝の滅亡をさえ儒教の正義の射程に含んで正當視する因素も孕むことになったのであって、儒教と國家のその後の展開に、端倪すべからざる狀況を準備したと、見て取れなくもない。けれどもそれは、やはり漢王朝に對する叛逆をさえ容認する主張であって、そうした認識が明確ではなかったにせよ、王符はそれ故に潛夫の域から抜け出そうとはしなかったのであろう。

注

（1）底本として汪繼培の『潛夫論箋』中華書局、一九七九年、を用いた。また、解釋には張覺氏の『潛夫論全釋』貴州人民出版社、一九九九年を參照したが、張氏もまた自身の考證で文字を改めることがある。私も必要に應じて張氏の説に從って字句を解釋したことがあったが、そこは（ ）で括った。ただし逐一注記することはしていない。論文中、譯文で擧出した文章は、本文ないし注でその全文を掲げておいた所以である。

（2）日原利國編『中國思想辭典』研文出版、一九八四年、「王符」の項。汪繼培氏の（1）注釋書、出版説明。張覺氏注（1）注釋書、「前言」等。

（3）拙稿「西漢末知識人の意識構造——揚雄の場合——」「東洋學術研究」第二十七巻別冊、一九八八年、後『秦漢儒教の研究』汲古書院、二〇〇四年所收、參照。

（4）張覺氏、注（1）注釋書「前言」二頁以下。

（5）以下の概説は、かつて「後漢における儒教の衰退——後漢の皇室・朝廷を中心として——」「鳴門教育大學研究紀要（人文社會科學編）」第十三巻、一九九八年、後『秦漢儒教の研究』汲古書院所收、で行ったものである。

（6）『後漢書』南蠻西南夷傳に「桓帝永壽三年、居風令貪暴無度、縣人朱達等及蠻夷相聚、攻殺縣令、衆至四五千人、進攻九眞。九眞太守兒式戰死」と。

（7）國之所以爲國者、以有民也。民之所以爲民者、以有穀也。穀之所以豐殖者、以有人功也。功之所以能建者、以日力也。治國之日舒以長。故其民閑暇而力有餘。亂國之日促以短。故其民困務而力不足。

所謂治國之日舒以長者、非能謁義和而令安行也。又非能增分度而益漏刻也。乃君明察而百官治、下循正而得其所、則民安靜而力有餘。故視日長也。

所謂亂國之日促以短者、非能謁義和而令疾驅也。又非能減分度而損漏刻也。乃君不明、則百官亂而姦宄興、法令鬻而役賦繁、則希民困於吏政、仕者窮於典禮、冤民【就】獄乃得直、烈士交私乃見保、姦臣肆心於上、亂化流行於下、君子載質而車馳、細民懷財而趨走。故視日短也。

詩云、王事靡盬、不遑將父。言在古閑暇而得行孝、今迫促不得養也。孔子稱、庶則富之、既富則教之。是禮義生於富足、盜竊起於貧窮、富足生於寬暇、貧窮起於無日。聖人深知、力者乃民之本也。而國之基。故務省役而爲民愛日。是以堯敕羲和、欽若昊天、敬授民時。邵伯訟不忍煩民、聽斷棠下、能興時雍而致刑錯。

今則不然。萬官撓民、令長自衒、百姓廢農桑而趨府庭者、非朝晡不得通、非意氣不得見、訟不訟輒連月日、擧室釋作、以相瞻視。辭人之家、輒請鄰里應對送餉。比事訖竟、亡一歲功、則天下獨有受其饑者矣。而品人俗士之司典者、曾不覺也。郡・縣既加冤枉、州司不治、令破家活、遠詣公府。公府不能昭察眞僞、則但欲罷之以久、困之資。故猥說一科令、此注百日、乃爲移書。其不滿百日、輒更造數、甚違邵伯訟棠之義。此所謂誦詩三百、授之以政、不達。雖多、亦奚以爲者也。孔子曰、聽訟、吾猶人也。從此觀之、中材以上、皆足議曲直之辨、刑法之理。雖鄉亭部吏、足以斷決、使無怨言。然所以不者、蓋有故焉。

傳曰、惡直丑(醜)正、實繁有徒。夫直者、貞正而不撓志、無恩於吏。怨家務主者、結以貨財、故鄉亭與之、爲排直家。後反覆時、吏坐之。故共枉之於庭。以羸民與豪吏訟、其勢不如也。是故縣與部并、後有反覆、長吏坐之。故擧縣排之於郡。以一人與一縣訟、其勢不如也。故郡與縣并。後有反覆、太守坐之。故擧郡排之於州。以一人與郡訟、其勢不如也。故州與郡并、而不肯治。故乃遠詣公府爾。公府不能察、而苟欲以錢刀課之、則貧弱少貨者、終無已曠旬滿期。豪富饒錢者、取客使往、可盈千日、非徒百也。治訟若此爲務、助豪猾而鎭貧弱也。何冤之能治。

非獨鄉部辭訟也。武官斷獄、亦皆始見枉於小吏、終重冤於大臣。怨故未讎、輒逢赦令、不得復治。正士懷冤結而不得信、猾吏崇姦宄而不痛坐。郡縣所以易侵小民、而天下所以多饑窮也。

（8）論者多曰、久不赦、則姦宄熾而吏不制。故赦贖以解之。此未招(昭)政亂之本原、不察禍福之所生者之言也。凡民之所以輕爲盜賊、吏之所以易作姦匿者、以赦贖數而有僥望也。若使犯罪之人終身被命、得而必刑、則計姦之謀破而慮惡之心絶矣。夫良(赦)贖可(行)、孺子可令姐、中庸之人、可引而下。故其諺曰、一歲載(再)赦、奴兒噫嗟。言王誅不行、則痛瘀之子皆輕犯、況狡乎。若誠思畏盜賊多而姦不勝故赦、則是爲國爲姦宄報也。夫天道賞善而刑淫。天工、人其代之。故凡立王者、將以誅邪惡而養正善。而以逞邪惡逆、妄莫甚焉。

且夫國無常治、又無常亂。法令行則國治、法令弛則國亂。法無常行、亦無常弛。君敬法則法行、君慢法則法弛。昔孝明帝時、荊州擧茂才、過闕謝恩。賜食事訖、問何異聞。對曰、巫有劇賊九人、刺史數以竊郡、訖不能得。帝曰、汝非部南郡從事邪。對曰、是。帝乃震怒、曰、賊發部中而不能擒、然才何以爲茂。捶數百、便免官、而切讓州・郡。十日之間、賊即伏誅。由此觀之、擒滅盜賊、在於明法、不在數赦。

(9) 王符が目の當たりにした桓帝と靈帝の時代を例に取れば、兩帝共に二十一年の在位であるが、「大赦天下」を行ったのは桓帝の場合が十二回（建和二年正月甲子・元嘉元年春正月癸酉・永興元年夏五月丙申・同二年春正月甲午・永壽元年春正月戊甲・同三年己未・延熹元年六月戊寅・同三年春正月丙申・同四年五月己酉・同六年三月戊戌・同八年三月辛巳・永康元年六月庚申）であるのに對し、靈帝の場合は二十一回（建寧元年正月辛未・同二年春正月丁丑・同四年春正月春正月甲子・熹平元年夏五月己巳・同二年二月壬午・同三年二月己巳・同四年五月丁卯・同五年夏四月癸亥・同六年春正月辛丑・光和元年三月辛丑・同三年春正月癸酉・同四年夏四月庚子・同五年春正月辛未・同六年三月辛未・中平元年三月壬子・同年十二月己巳・同三年春二月庚戌・同四年春正月己卯・同五年春正月丁酉・同六年夏四月戊午・同六年八月辛未）とその增多が際立っている。こうした傾向はこの後の獻帝にも認められる。

(10) 今日賊良民之甚者、莫大於數赦。赦贖數、則惡人昌而善人傷矣。奚以明之哉。曰、孝悌之家、修身愼行、不犯上禁、從生至死、無銖兩罪。數有赦贖、未嘗蒙恩、常反爲禍。何者、正直之士之爲吏也、不避强禦、不辭上官。從事督察、方懷不快、而姦猾之黨、又加誣言、皆知赦之不久、則且共横枉侵冤、誣奏罪法。令主上妄行刑辟、高至死徒、下乃淪冤。而被冤之家、乃甫當乞鞠、告故以信直、亦無益於死亡矣。及隱逸行士、淑人君子、爲讒佞利口所加誣覆冒、下士冤民、能至闕者、萬無數人。其得省問者、不過百一。既對尙書、空遣去者、復十六七。雖蒙考覆、州・郡轉相顧望、留吾(悟)其事。春夏待秋冬、秋冬復涉春夏、如此行逢赦者、不可勝數。

又謹愼之民、用天之道、分地之利、擇莫犯上、謹身節用。積累纖微、以致小過。此言質良蓋(善)民、惟國之基也。輕薄惡子、不道凶民、思彼姦邪、起作盜賊、以財色殺人父母、戮人之子、滅人之門、取人之賄。及貪殘不軌凶惡弊吏、掠殺不辜、侵冤小民、皆望聖帝當爲誅惡治冤、以解蓄怨。反一門赦之、令惡人高會而夸詫、老盜服臧而過門、孝子見讐而不得討、亡主見物而不得取、痛莫甚焉。故將赦而先暴寒者、以其多冤結悲恨之人也。

(11) 且凡驕臣之好隱賢也、既患其正義以繩己矣。又恥居上位而明不及下、尹其職而策不出於己。是以郄宛得衆而子常殺之。……由此觀之、處位卑賤而欲效善於君、則必先與寵人爲讎矣。恃舊寵、沮之於內、接賤、欲自信於外。此思善之君、願忠之士、所以雖并生一世、憂心相皦(邀)而終不得遇者也。

(12) 凡有國之君者、未嘗不欲治也。而治不世見者、所任不賢故也。世未嘗無賢也、而賢不得用者、群臣妬也。主有索賢之心、而無得賢之術。臣有進賢之名、而無進賢之實。此以人君孤危於上、而道獨抑於下也。

夫國君之所以致治者、公也。公法行、則軌(宄)亂絕。佞臣之所以便身者、私也。私術用、則公法奪。列士之所以建節者義也。正節立則醜類代。此姦臣・亂吏・無法之徒、所謂日夜杜塞賢君義士之間、咸使不相得者也。

夫賢者之爲人臣、不損君以奉佞、不阿衆以取容、不惰公以聽私、不撓法以吐剛、其明能照姦、而義不比黨。是以范武歸晉而國姦逃、華元反朝而魚氏亡。故正義之士與邪枉之人不兩立之。夫人君之取士也、不能參聽民氓、斷之聰明、反徒信亂臣之說、獨用汚吏之言。此所謂與仇選使、令囚擇吏者也。

第十章　荀悅の『漢紀』と『申鑒』について
——春秋學から鑑戒へ——

はじめに

後漢から曹魏にかけて、儒者としての新たな境地を開いた臣僚の一人に荀悅がいる。彼は、主君獻帝の皇位が曹操に收奪されようとする間際、滅びに拍車がかかった漢王朝の命脈を保つべく、『漢紀』『申鑒』の二著を著わして漢の帝祚が失われてゆくことになった原因を分析し、それへの批判と修復を通じて漢を再興させる新たな鑑戒の提示を企圖した者であった。そこには祖國漢が滅亡することに耐え難い荀悅の愛惜の念が汪溢するが、それ以上に漢を復興させようとする儒者の一途さが際立っていよう。その一念は、朝廷内部での確執や訌爭の中で形骸化した儒教のドグマに新たな理念を加え、その活性化をもたらした。その際、そこに取り込まれたのは、當時の春秋學の諸機能、なかんずく自らの經驗を教訓として活かす鑑戒の役割であった。本章では荀悅におけるそうした實踐が彼の春秋學としてどの様に行われたのか、そしてそれによって彼による儒教の再生が當時の儒教のいかなる側面を切り開くことになったのかその状況を窺い、そこに漢代儒教が逢着することになった特質の一端なりとも確認しようとするものである。

一　生涯と『漢紀』『申鑒』の著成

荀悦（西暦一四八年～同二〇九年）、字は仲豫。潁川郡を本貫とする荀氏一族はその系譜に戰國期の儒者荀子を有し、郡中における聲望は、その經濟的な力量と共に頭抜けていた。中でも父の荀儉は荀氏の俊秀八人＝「八龍」の一人に數えられ、荀悦は恵まれた環境でその才能を大きく開花させようとしていた。だが、ほどなく父荀儉は他界、名門とは名ばかりの、貧窮だけが彼の日常を取り巻くことになった。十二歳の折には『春秋』を讀みこなすまでの學力を身につけたが書物は買えず、巷間に出向いた折に目にした書物はその多くを暗誦したという。性格は沈靜で容姿整い、著述を最も好んだ。靈帝の御世になると宦官が權勢を振るい、多くの人士は朝廷より離れて退隱し、荀悦も病をかこって隱棲を通した。そのせいで、時人は荀悦の存在を知るよしもなかった。ただ、從弟の荀彧だけは、荀悦に對する敬意を缺くことはなかった。建安六年（西暦一九六年）許昌の曹操の府に辟され、その地で再興された漢の朝廷に始めて任用されることとなった。時に獻帝は文學を好み、荀悦も荀彧や小府の孔融と共に侍講の職を奉じ、朝な夕な談論を交わす仲となった。祕書監・侍中を累遷した。

折しも政權は曹操の手に移り、天子は恭己を装い、荀悦もそうした獻帝の補佐に努めて、策謀をめぐらすことは一切なかった。そうした中で、荀悦は『申鑒』五篇を著わし(1)、これを獻帝に奉呈した。獻帝はそれを閲讀するや「善」と評して荀悦を犒っている。また、獻帝は典籍を好みながら、常に班固の『漢書』の文が繁冗で省略しづらいことから荀悦に命じて『左氏傳』の體例にならって『漢書』を約め、『漢紀』三十篇を著わさせた(2)。荀悦は他に『崇德』『正論』の二著、諸論數十篇を著わした。建安十四年に卒去。享年六十二歳。

以上が『後漢書』荀悦傳が傳える荀悦の生涯であるが、ここで二・三補充と訂正を加えたい。

補充の一つめは、彼が故國と仰いだ後漢王朝は、彼にとってどのように認識されていたか、ということである。荀悦の生まれた桓帝の建和二年（西暦一四八年）は、蠻夷の寇難や黄巾賊が跳梁跋扈するまっ只中で、社會は動亂の様相を深めていた。そうした最中、若き荀悦の志向を挫く一大契機となったのが桓・靈二帝の間に亙って繰り返された黨錮の事件である。「閹官用權、士退身窮處（宦官が權勢を振るい、多くの人士は窮處に退隱した）」（『後漢書』荀悦傳）とは、宦官の横行に對して正規の臣僚や儒生から起こされた糾正の行動が、臣僚や儒生に對する肅清となって終結したことをいう。端なくも、この抗爭劇の渦中、その累禍が布衣の荀悦にも及び、彼自身も十年間にわたる野客を餘儀なくさせられた。後漢王朝のかくまでの衰亡は、勢いあまた人士＝臣僚や儒生たちの漢に對する忠誠心を削ぎ落としたであろうが、人士の怒りは宦官に止まって皇帝までには及ばなかった。否、宦官の誅滅を唱える人士たちは、そうすることが皇帝に對する報恩の證であることを確信し、かえってそのようにすることでその忠誠心を増幅させていたのである。『後漢書』申屠蟠傳が記す當時宮闕に詰め寄せた太學生達のスローガンが「文學將に興らんとす。處士復た用ゐられん」であったことは、その一端を物語るものである。(3) その意味では、後漢の朝廷は、形式的であるにせよ、なお士人たちの忠誠心を繫ぎ止めていたのである。荀悦の懷く獻帝への忠誠心もこれと等質のものであろうが、彼の場合は、故國としての漢がまさに魏に代わられようとすることへの悔恨の情と獻帝と私的に結んだ親交が絆となって、その忠誠の度合いを一層強めていたものと思われる。(4)

補充すべき二つめは、荀氏一族が抱懷する儒學の情況である。荀悦自身も十二歳で『春秋』をものするなど、荀氏一族内には儒學の活況が維持されてきたことが想像できるのであるが、その一端が『後漢書』中に記される荀悦以外の荀氏一族の平生に現れている。荀卿十一代の子孫と傳えられる祖父の荀淑は、博學を誇っても當時の儒者の通弊である章句の學は好まず、俗儒の類からは疎んぜられたが、そうした態度が却って當時の朝臣にして名儒の李固や李膺からの信頼を得しめ、彼等に師事されることになった。叔父荀爽は幼い頃から學問を好み、やはり十二歳で『春秋』『論語』に通じた。黨錮の禍に遭遇した折には海濱に隠れ、著述に専念して碩儒と稱された。『禮』と『易』の傳、『尙書正經』『春秋條例』を著わした以外、漢代の出來事で鑑戒とすべき事例を集めて『漢語』を著わし、『公羊問』『辯識』等も著わしている。また荀悦傳で、その存在を知られていなかった荀悦に對し常に尊敬の念を失わなかったと記された荀彧は、曹操にその才能を買われ、曹操の知謀としてその幕下に加わったことから『後漢書』は彼の儒學に言及しないものの、「漢室の崩亂を見て、每に匡佐の義を懷」いた日常は記されている。荀彧のこうした意識は荀悦にも認められるもので、總じて荀悦の儒學や漢室に向けた忠誠心は、荀氏の家學の中で形成されたもののようである。

三つ目は、補充というよりは訂正である。『後漢書』荀悦傳では

時政移曹氏、天子恭己而已。悦志在獻替……乃作申鑒五篇。……帝好典籍、常以班固漢書文繁難省、乃令悦依左氏傳體以爲漢紀三十篇。

のごとく、荀悦が獻帝に『申鑒』を奉呈したことを先に記し、『漢紀』を著わしたことを後に記している。けれども、事實は逆で、『漢紀』の著成はその序文に

其三年（建安三年）、（獻帝）詔給事中祕書監荀悦抄選漢書、略擧其要、假以不直、尙書給紙筆、虎賁給書吏。悦於是約集舊書、撮序表志總爲帝紀、通比其事、列繫年月。……會悦遷爲侍中。其五年、書成乃奏。

と、建安五年（西曆二〇〇年）であることが記されるのであり、一方『申鑒』の方は袁宏の『後漢紀』（孝獻帝紀第二十九）には、

（建安十年）八月、侍中荀悦撰政治得失、名曰申鑒。既成而奏之。

と、その書成時を建安十年（西暦二〇五年）と記し、『漢紀』が著わされて五年後の著作とするのである。(5) このことは、荀悦は前漢の歴史を『漢紀』として書き上げた後、續けて「政治の得失」を論じてこれを戒めと見なし『申鑑』の一書を書き上げたということで、兩書の著述は歴史を鑑戒に見立てる古來からの歴史觀や、更には荀悦の叔父荀爽が漢代の軼事を集めてそこに現今の漢王朝に資する鑑戒を求めた『漢語』の著成と同軌の關係にあることを思わせよう。その意味からは荀悦にあっては『漢紀』と『申鑒』とは、歴史を鑑戒に仕立てる、『漢語』とは同一の目的意欲によって著わされたのであり、そこには滅び行く後漢王朝を目の當たりにした荀悦の、後漢に託す再興の思いや、そのために必要な過失の糾正や綱紀の再建といった新たな理念が模索されていよう。歴史を教訓に仕立てて後漢後の漢王朝の有り様を追究しようとする目論見であると言っても過言であるまい。小論が『漢紀』と『申鑒』を同一の地平（あるいは連續の地平）で考察しようとするのは、これがためである。

二　『漢紀』の訓戒とその形式

荀悦が『漢紀』を著わすことになつた經緯を『後漢書』荀悦傳は

（獻）帝好典籍、常以班固漢書文繁難省、乃令悦依左氏傳體以爲漢紀三十篇、詔尙書給筆札。

と記す。これに據れば、『漢紀』は班固の『漢書』を、『左傳』の體裁に倣って、簡略を期して書き改めた『漢書』の抄本にすぎず、そこに荀悦の創意は何ら認められないことになる。一方、荀悦自身が書き著わした『漢紀』の序文には、著述の經緯を

（獻帝）詔給事中祕書監荀悅抄撰漢書、略擧其要、假以不直、尙書給紙筆、虎賁給書史。（前出）

といい、「略擧其要」する簡略を意圖したことを傳えるものの、更に「假以不直（假るに不直を以てし）」た作爲が施されていることを傳えている。「不直」とは事實でないことで、「假以不直」は「虛僞で間に合わせる」ほどの意味であろう。要するに、獻帝は荀悅が『漢紀』を著わすに際し、虛僞、これを史書執筆のコンテキストで言い換えれば、虛構（フィクション）を加えて內容をデフォルメすることを許したということである。というよりも、獻帝が敢えて「假以不直」することを荀悅に容認しているのは、それが單なる容認であるということではなく要請であるということであって、そうすることで獻帝は自身で幕を閉じることになる漢王朝衰亡の原因をより正確に『漢書』中に見定めようとした、と言った方がよほど正鵠を射ていよう。その場合、得られた漢王朝衰滅の原因は容赦なく漢を滅亡に導いた獻帝の無知・無能を糾彈することになろうが、その無知・無能が「假以不直」する書きぶりで描かれた樣は、そこで咎め立てられるべき獻帝の責任をそれだけ增大させることにもなろう。その意味では、「假以不直」とは、この場合、獻帝が自身に對する糾責の念を增大させたまま敢えてこれを引き受けて、自王朝のラスト・エンペラーとしての責めを負おうとした、僞らざる意欲の表出に違いない。だからこそ、獻帝からの敕命を受けた荀悅は『漢紀』を書き上げその序文を括るに際し、

斯皆明主・賢臣、命世立業、群后之盛勳、髦俊之遺事。是故質之事實而不誣、通之萬方而不泥。……懲惡而勸善、獎成而懼敗、茲亦有國之常訓、典籍之淵林。雖云撰之者陋淺、而本末存焉爾、故君子可觀之矣。

と、史臣としての丹心を以てこれを奉じているのであろう。そこに「假以不直」するフィクションが用いられたとしても、荀悅にとってそれは「之を事實に質ねて誣ひざる」眞實の吐露となったのであり、「之を萬方に通じて泥まざる」普遍的道理の提示へと繫がったのである。かく述べられる『漢紀』はもはや「國を有つの常典」であり、「典籍

の淵林」と目されるのであって、その有り様は、荀悦自身が

晉之乘、楚之檮杌、魯之春秋、虞・夏・商・周之書、其揆一也。皆古之令典、立之則成其法、棄之則墜於地、瞻之則存、忽焉則廢。故君子重之、漢書紀（＝漢紀）其義同。（同上）

と述べて、『春秋』に比擬するまでに至るのである。尤も、この場合の『魯の春秋』とはまだ孔子の撥亂反正の意欲が込められた『春秋經』にまでは至って居らず、その機能はそこに掲げられた他の書と同じく史實に鑑戒を求める史書としての點にあろうが。

ならば、『漢紀』のどの部分に『春秋』に比されるべき鑑戒としての機能が存するのかというと、荀悦はそれを明かしていないが、おそらくは、『漢紀』中三十九條にわたって見えている「荀悦曰」で始まる、史實に對する荀悦自身の評論ではないか。そして、その際、史評を捜出しそれを鑑戒に仕立てる操作に「假以不直」の作爲が應用されて、それが前漢の史實に鑑戒として固有の意味を持たせる契機となったのではないか、と思われるのである。

ところで、『漢紀』は『漢書』の抄本には違いないが、その形式は「悅於是約集舊書、撮序表志總爲帝紀、通比其事、列繫年月」（『漢紀』序、前出）というように、『漢書』が紀傳體であるのに對し編年體の帝紀であって、それ故にその視座は皇帝の日常や朝廷の綱紀、政治の得失、更には周緣諸國との外交上の諸問題や内訌といった些末な事ども等の、國家經營の全般に及んでいる。「荀悦曰」で始まる論評の大半はこれ等を課題とするもので、歴代皇帝達の過失や特異な施策が政策上の過誤として糾彈を蒙ることになっている。その際、そこに見出された漢朝の失態は、桓譚以來の「論」による春秋學の影響を蒙って、漢朝にとっては不祥事極まりない不面目であろうと、否、漢朝にとって不面目極まりない事態であればあるほど、容赦なくその落ち度が審覈され、白日の下に晒されて繰り返してはならない教訓として蘇生する。しかもそれ等は「荀悦曰はく」として漢史の三十九箇所で示されて、高祖劉邦から前漢の末

帝平帝までの日常の中に安排されるのであるから、この操作こそは教訓を議論に仕立てて歴史に還元する――荀悦によって發明された――新たな春秋學といっても過言でない。「假以不直」てすることを許した獻帝の配意は、當時の儒學に對してこのような奏功をもたらした譯である。早速、史論が鑑戒として蘇生するその狀況を見ておくことにする。

天子の權限に關わる問題として臣下の任命權、なかんずく封侯の許諾權を臣下に奪われるがごとき失態は、嚴しく糾彈されねばならないところである。

景帝の御世、竇太后の發意で王皇后の兄王信の封侯の話が進められた。景帝は時期尚早との判斷からその封侯を躊躇ったが、一應その件を丞相の周亞夫に諮った。すると、周亞夫は「劉氏に非ざれば王たらず、功有るに非ざれば侯たらず。約の如くせざる者は、天下共に之を撃たん」との高祖の盟約を持ち出して、王信の封侯に異を唱え、景帝もその意に從った。これに對して荀悦は異を差し挾む。

荀悦曰、高皇帝刑白馬而盟曰、非劉氏不王、非有功不侯。不如約者、當天下共撃之。是權時之言以脅驕放者而已。夫立王侯必天子也。而曰天下共撃之、是教下犯上、而興兵亂之階也。（孝景皇帝紀卷第九）

と。王侯は天子によって封ぜられるのであれば、その地位は天子によって保證される。にも拘わらず、その者に何ら功績がないからといって天下擧ってこれを撃つのであれば、その行爲は任命權者の天子を撃つにも等しく、大逆の極みにほかならない。下民に上位者を撃つ悖逆を教える、兵亂の兆しであるとして、制度上の撞着を突き、景帝の誤認を剔出するのである。景帝にしてみれば、周亞夫の意見は自身の判斷を後押しするものとして受け止められたのであろうが、その迎合に含まれる悖倫性を直視する荀悦は、西漢衰亡の濫觴を早くもこの景帝の不明に歸する意識を搖曳させていよう。

同様の認識は、成帝の定陶王皇太子冊立の件にも見ることができる。綏和元年（西暦八年）、成帝は定陶王劉昕を迎えて太子に冊立した。御史大夫孔光は「世嗣を立てるには親近者を選ぶ。中山王は先帝の子であって、成帝にとっては弟に當たる。中山王こそ世嗣に相應しい」と主張したが、成帝は王根や朱博、更には昭儀の言に從って、「禮制上、兄弟（の關係）は同じ廟に祀られることはない（程薄い）」と思い、定陶王劉昕を皇太子に立てたのであった。中山王を推した孔光は成帝と意見が合わなかったことから廷尉に左遷された。以上が、荀悦が視座にした事件の經過である。これに對して荀悦はいう。

荀悦曰、聖人立制必有所定、所以防忿爭、一統序也。春秋之義、立嫡以長、立子以貴。是以言、嫡無二也。貴有常也。以弟及兄、則貴有常矣。兄弟之子非一也。不可以爲典。雖立其長、猶非正也。且兄弟近而親、所以繼父也。兄弟子疏而卑、所以承亡也。倶非正統。捨親取疏、廢父立子、非順也。以弟繼父、近於義矣。

（孝成皇帝紀四巻第二十七）

引くところの「春秋の義」とは『春秋』隱公元年の『公羊傳』義である。「嫡子を世嗣に立てる場合には長幼の序に據り、庶子を世嗣に立てる場合には貴賤の序列に據る」との意である。かく規定する『春秋』は聖人孔子の著作である以上、儒教を奉ずる漢王朝にとっても正當な解釋にほかならず、子無き成帝にとってみれば、弟の中山王を立てることこそ近親を重視する、最も正しい王位繼承法に違いない。それに違う定陶王劉昕の皇太子への冊立はまさしく「以て典と爲す可らざ」る暴擧であった。「以て典と爲す可からず」との判斷は、荀悦一人に限らず、漢王朝に關わる全人的な正義がそこに凝縮された糾彈の意欲であって、強い膺懲の念を伴うであろう。それと同樣の判斷が、續く哀帝の建平二年（紀元前五年）に續けざまに見えている。一つは「州牧を廢止して刺史を復活させた」ことを「（荀悦曰）州牧數々變易するは、典に非ざるなり」（孝哀皇帝紀上卷第二十八）と判定する件であり、他の一つは大司馬の傅喜を罷免して新たに安陽侯の丁明を大司馬とし、續けて大司空の朱博を御史大夫に任じたことを「（荀悦曰）丞相は三公の官なるに數々變易するは、典に非ざるなり」（同上）と訶る件である。これらはいずれも漢朝がその人事を誤らせて王朝を衰亡させた足跡を辿る記述であろうが、それが漢朝末期の成・哀帝期に集中的に見いだせる事實は、皇帝の政策上の失策が王朝の命脈を絶っている事實を描き出してそこに込めようとした、荀悅の「假るに不直を以てし」た作爲を思わせよう。

皇帝の落ち度を著わしてそれを後世に對する鑑戒に仕立てるケースとして見落としてはならないのが、神仙に憧れたが故に様々な迷信に苛まれ續けた武帝の蒙昧を批判する件である。

元鼎四年（紀元前一一三年）、病に罹って巫から「神君を祀れば治癒する」と告げられた武帝は壽宮を營んでこれを祀り、神君の言うことは全て記錄させたが、その言葉は世俗の知識と異なるところがなかった。にも拘わらず、武帝はこれを喜び、そのことを祕匿して世に傳えようとはせず、自身だけがその加護にあやかろうとし續けたというのである。これに對して荀悅はいう。

荀悅曰……若夫神君之類、精神之異、非求請所能致也。又非可以求福而禳災也。且其人不自知其所然而然。況其能爲神乎。凡物之怪亦皆如之。春秋傳曰、作事不時、怨讟起於民、則有非言之物而言者。當武帝之世、賦役煩衆、民力凋弊、加以好神仙之術、迂誕妖怪之人四方並集、皆虛而無實。故無形而言者至矣。於洪範言僭則生時妖。此蓋怨讟所生時妖之類也。故通於道、正身以應萬物、則精神形氣、各返其本矣。（孝武皇帝紀四卷第十三）

幾度と妖怪の類に騙され續けてなお懲りずに新たな神靈に心を奪われ、それを信仰し續ける武帝の思考狹窄を精神の異常と見なしてその治療を勸めるのであるが、その治療法が「道に通じ、身を正して以て萬物に應ずれば、則ち精神形氣、各々其の本に返る」であるというのは、不老不死の窺窬を捨てて、あまた迷妄から自身の意識を解き放ち、正しい認識に立って政務に當たれとの、天に成り代わった荀悅からの、譴責の言であろう。

施策に關する批判も多い。文帝の十三年六月の詔敕「詔除民田租」についての議論である。

荀悦曰、古者什一而稅（收穫の十分の一を稅とする）、以爲天下之中正也。今漢民或百一而稅（收穫の百分の一を稅として取り立てる）、可謂鮮矣。然豪强富人占田逾侈、輸其賦大半。官收百一之稅、民收太半之賦。官家之惠優於三代、豪强之暴酷於亡秦。是上惠不通、威福分於豪强也。今不正其本、而務除租稅、適足以資富强。……由是觀之、若高帝初定天下、及光武帝中興之後、民人稀少、立之易矣。就未悉備井田之法、宜以口數占田、爲立科限、民得耕種、不得賣買、以贍弱民、以防兼幷、且爲制度張本、不亦宜乎。

（孝文皇帝紀下巻第八）

民の田租を廢止して彼等の負擔を輕減させよとの、文帝の民に對する配意であるが、民の困苦は豪強による土地の兼併と高額な地租の取り立てにあって、それを野放しにして民に恩惠を施そうとしても、「適々以て富强に資するに足るのみ（せいぜい豪强の富强に資する程度のこと）」、それくらいであれば、高祖が天下を定めた當初、および光武帝が中興を果たした後のような、民が少ない時を見計らって口數によって限度を設けて民に田地を與え、耕種を可能にして賣買を禁じ、弱民を富裕にして、兼併を防ぐ制度を創設するのがよほど得策である、との指摘である。骨子の「宜しく口數を以て田を占し、爲に科限を立つ」の部分は、董仲舒の「宜しく民の占田を限るべし」（同上）との獻策、哀帝時に提言された「民の占田を限り、三十頃を過ぎるを得ず」（同上）との主張を再提起したものに外ならない。採るべき施策を適時用い、豪族を抑えて民の富裕、ひいては國庫の充足を圖れ、との教訓を、この文帝十三年六月の詔敕から、荀悦は讀み取っているのである。恤民の意欲を施策の根幹に据える前漢王朝の政治理念においては、しごく當然な提言であるとみなせよう。

これに反して、上の政治は嚴格に行われ、民に某かの負擔を強いようとも、王朝の威信は守り抜かなければならないとの主張も存在する。赦令に關する議論がこれである。

元帝の永光元年（紀元前四三年）、新たに天下に赦令が降されると、博士の匡衡はすかさず上疏して「陛下は吏民が法に觸れ禁を犯すことを哀れまれ、毎年のように大赦を降されております。ですが、その源を改めないのでは連年大赦を降しても、刑が止むことはありますまい」と述べている。荀悦は、赦令が頻繁に繰り返されたことから匡衡はやむを得ずこれに言及したとの事實確認を前提に、以下のように述べる。

荀悦曰、大赦者、權時之宜、非常典也。漢興、承秦兵革之後、大愚之世、比屋可刑。故設三章之法。大赦之令、蕩滌穢流、與民更始、時勢然也。後世承業、襲而不革、失時宜矣。（孝元皇帝紀中卷第二十二）

秦の兵亂の後を受け、民意を安定させるためには大赦令が發せられることもやむを得ない措置であったが、それを政策として踏襲し續けることは時宜を失った過誤であるというのであって、荀悦より少し前の王符等とも共通の認識を有している。(6) けれども荀悦はその大赦になお政策としての有效性を認め、（1）混亂した社會が安定を取り戻すための施策として、また（2）政教が陵遲して法を犯す者が增え、刑政が適切を失って世相に憂慘の情況が現れた場合の應急策として、積極的にその施行を是認するのである。

天下紛然、百姓無聊、人不自安。及光武之際、撥亂之後、如此之比、宜爲赦矣。君臣失禮、政教陵遲、犯法者衆、亡命流竄而不擒獲、前後相積、布滿山野。勢窮刑蹙、將爲群盜。或刑政失中。猛暴横作、怨枉繁多、天下憂慘、群獄姦昏、難得而治。承此之後、宜爲赦也。（同上、後引）

と。王符の場合は布衣の身にあって民としての辛酸をつぶさに舐めて、大赦が民にもたらす害毒性に眼が向けられたのに對し、荀悦はなお爲政者としての矜持を持し、民意を懷柔してそれを漢朝に對する支持をとりつけるための手段として、赦令の意義を認識し續けるのであろう。滅び行く後漢王朝を繫ぎ止める一縷の希望が、赦令の害毒性を死角にさせ、政策としての意義を增幅させているのであろう。

また、官吏の服務についても、その認識に變化が認められる。矯制に關わる問題である。やはり、元帝時のエピソードである。宣帝の御世、西域に使節に立った馮奉世は、その途中、莎車國とその近隣諸國の叛亂に遭遇し、やむなく信節（天子の使者であることを證明する割り符）を以て諸國王に諭告して兵を出擊させ、かくて諸國王の攻擊を受けた莎車王は自殺した。宣帝はその功に報いようとしたが、小府の蕭望之はそれが矯制であることを理由に反對し、封爵は取り止めとなった。代が改まって元帝の御世になると、建昭三年（紀元前三六年）に西域都護の甘延壽が敕命と僞って郅支單于を誅殺する功を擧げ、封爵の榮譽を賜ることとなった。すると杜欽がすぐさま上疏して「宣帝時、莎車王を自殺させた馮奉世に對しては何の封爵も行われず、この度の甘延壽の働きに對しては、馮奉世と同じ矯制でありながら封爵の殊遇を與えるのは、片手落ちである」として、亡き馮奉世の子孫に對しても追爵するよう願い出た。けれども、元帝は、馮奉世に對する措置は宣帝の意向であったとして取り合わなかった。それに對して荀悅は言う。

荀悅曰、誠其功義足封、追錄前事可也。春秋之義、毀泉臺則惡之、舍中軍則善之。各由其宜也。夫矯制之事、先王之所愼也。不得已而行之。若矯大而功小者、罪之可也。矯小而功大者、賞之可也。功過相敵、如斯而已可也。權其輕重而爲之制、宜焉。（孝元帝紀下卷二十二）

矯制は武帝時の徐偃の矯制による製鹽と鑄鐵に見られるように、天子の權限を犯す大罪とみなされて、それがいかに功績を擧げたにせよ重く斷罪されて、死刑も免れるところではなかった（『漢書』終軍傳）。それにも拘わらず、荀悅は「矯小にして功大なる者は、之を賞するは可なり」と主張し、その理由を「其の輕重を權りて之が制を爲すは、宜なり」と說くのである。零落した後漢王朝の實情を見れば、それがいかに天子の權限を犯す悖倫性を伴うものであろうとも、國力の充實こそが衰亡から免れ得る唯一の方策となった當時においては、漢王朝强權化の營みは、いかなる時節であれ、現實的な要請から、なべて容認されるものの様である。

三　忠義への偏執

綱紀上の落ち度、なかんずく臣下の君主に對する忠義心の喪失に對しては、特に嚴しい批判が繰り廣げられる。日頃から成帝の寵愛を受け、成帝と起臥を共にし、微行の際にも成帝に従って高平侯にまで上り詰めた張放は、日頃の法度を無視した振る舞いが太后や大臣達の反感を買って、その所行が成帝に告げられ、成帝によって國に就かされてしまった。綏和二年（西暦七年）、成帝の訃報に接した張放は哭泣を繰り返した擧げ句、自らも成帝の後を追うように卒去したというのが、事の經緯である。張放はその生涯が『漢書』佞幸傳に記される便嬖の徒であって、所詮、荀悅いうところの「便辟・苟容にして、意に順ひ従ひ諛ふは、是れを嬖臣と謂ふ」（孝昭皇帝紀巻第十六）の「嬖臣」に過ぎない。けれども、荀悅は殊更にこの事件を取り上げ

荀悅曰、放非不愛上、忠不存焉。故愛而不忠、仁之賊也。（孝成皇帝紀四巻第二十七）

と説いて、臣下たる者、何を差し措いても「忠義」を持たなければならない道義を力説するのである。嬖臣ではあれ、その死が君主の死を悲しんだ殉死とも見紛うほどのものであれば、彼の死を賞贊するのは嬖臣の便嬖をも賞贊することであって、臣下の理想に嬖臣も含まれてしまいかねまい。その事態を防ぎ、忠臣を忠義の理念で純化しようとする意欲こそは、漢王朝の綱紀をいかに忠義に據って定礎せんとするかとの、その意識の强さを思わせていよう。その臣を荀悅は「六臣」に分類する。

亦有六臣。有王臣、有良臣、有直臣、有具臣、有嬖臣、有佞臣。以道事君、匪躬之故、達節通方、立功興化、是謂王臣。忠順不失、夙夜匪懈、順理處和、以輔上德、是謂良臣。犯顏逆意、抵失不撓、直諫遏非、不避死罪、是謂直臣。奉法守職、無能往來、是謂具臣。便辟苟容、順意從諛、是謂嬖臣。傾險讒害、誣下惑上、專權擅寵、唯利是務、是謂佞臣。（孝昭皇帝紀巻第十六）

嬖臣と佞臣は、朝廷に巣くって自己の權益を晝する大蠹の輩で、君主の側でもその動向には常に氣を配らなければならない危險性を伴う。それに對し、王臣・良臣・直臣の三臣は道義に從って君に仕え、公義を重んじて忠義を有し、日夜政務に勵んで君を輔佐し、君主の誤りは命を賭けてこれを阻止する實直さを備えた者達である。どのような時代であれ、臣下の輔佐なしで君主による政治が行われたためしがない以上、政務の遂行や統治の安定は、忠義心溢れる臣僚達の力量を待たねばならないこと、火を見るよりも明らかなこと。けれども、後漢の存續がもはや不可能を思わせた獻帝の末年においては、國家の隆盛を忠臣の力量に懸ける發想は、忠臣を見ずに終焉を迎えた後漢の皇帝に反省を求める意識が昂じて、前漢史における忠臣の相貌を見極めるための新たな模索を荀悅に課したようである。

忠義のモラルが朝廷內における政權闘爭の場で要請されれば、それは邪惡の黨派に與せず、天子を奉じて政務の正常を維持し、安定した王朝秩序の樹立を求めさせることとなろう。荀悅が『漢紀』中に求める忠義の樣相はまさにこの意味のもので、その實際は嬖臣や佞臣、更には宦官や外戚といった道義を損ねた臣僚層との確執や內訌を通じて描き出されるのが常である。

侍詔として黃門に侍したばかりの李尋に哀帝は、侍中衞尉の傅喜を通じ當時頻繁に起こっていた天變地異の理由を尋ねさせた。それに對し李尋は長文の上奏文を提出したのであるが、荀悅はその中でも「陛下四海の衆を執り、曾て楨幹の臣無し。朝廷に人無くんば、則ち亂賊の輕んずる所と爲らん。惟だ陛下乾剛の德を執り、志を強くして度を守り、進んで忠良を用ゐば、女謁・邪臣に聽くの態無からん。諸々の阿保・乳母の甘言・悲辭の訴へは、斷じて聽く勿かれ。大義を勉め、小を絶ち忍びざれ」（孝哀皇帝紀上卷第二十八）の部分を取りだして、これを「言に忠切多し」と評し、改めて忠義の臣を登用しなければならないことの道理を說く。

荀悅曰、夫内寵・嬖近・阿保・御豎之爲亂、自古所患。故尋及之。孔子曰、惟女子與小人爲難養。性不安於道、智不周於物。其所以事上也、唯欲是從、唯利是務。飾便假之容、供耳目之好。以姑息爲忠、以苟容爲智、以技巧爲材、以佞諛爲美。而親近於左右、翫習於朝夕、先意承旨、因間隨隙、以惑人主之心、求贍其私欲、慮不遠圖、不恤大事。人情不能無懈怠、惑忽然不察其非而從之、或知其非不忍割之、或以爲小事而聽之、或心迷而篤信之、或眩曜而不疑之、其事皆始於纖微、終於顯著、反亂弘大、其爲害深矣。其傷德甚矣。是以明主唯大臣是任、惟正直是用、内寵・便辟請求之事、無所聽焉。事有損之而益、益之而損、物有善而不可居、惡而不可避。甘醴有鴆毒、藥酒有治病。是以君子以道折中、不肆心則不縱體焉。惟義而後已。（同上）

朝臣にとって忠義の遂行がいかなる職務にも勝る當爲であることを說くよりは、朝廷にあって朝臣の忠節を貶めて政務を妨害する内寵や嬖近の類の害毒性を強く訴えていよう。(7)「其の上に事える所以は、唯だ欲にのみ是れ從ひ、唯だ利をのみ是れ務む」とは、彼女らの性情が根本的に道義の素質を缺いて欲望の傀儡となり果てていることを指彈したものに外なるまい。容貌を飾り立て、媚態をとって君主の意向を手玉に取る様は、さながら君主を自身の膝下に組み敷いて、その玉體を我がものとして翫ぶかの觀がある。いかに君主であれ、懈怠を免れ得ないのが人情であれば、その擒となるのもまたやむを得まい。かくて、君主は政務に怠り、それを諫める朝臣は追放されて國運に翳りが生じることになるのは、火を見るより明らかとなろう。であればこそ、君主たる者は、道義を失うことなく大臣に任じ、正直者を用い、内寵や嬖近の類からの請託はこれを拒否し、道義に法って政務に勵めよ、というのであって、君主に對して道義に從って政務に當たるべきことの要請となっている。臣下の忠義を視座にした議論ではないが、哀帝にこうした認識を上對した李尋の行爲を、荀悦は忠義の露れとして顯彰したのである。その意味では、女孽から君主を救出し政治の本道へ導くことは、忠臣の職務として荀悦には意識されていたこと、見て取れよう。

宦官の場合である。元帝の御世、御史大夫のポストが缺員となって、群臣は昭儀の兄、野王を推擧した。元帝が事の可否を宦官の石顯に諮ると、石顯は「野王は昭儀の實兄であって、その任官は後宮の肉親を三公に任じたとの批判を招きます」と言って、反對した。かくて元帝は野王の御史大夫への任官をとりやめたのであった。これに對して荀悦はいう、

荀悦曰、夫佞臣之惑君主也甚矣。故孔子曰、遠佞人。非但不用而已、乃遠而絕之、隔塞其源、戒之極也。察觀其言行、未必合於道而悅於己者、必佞人也。察觀其言行、未必悅於己而合於道者、必正人也。此亦察人情之一端也。僞生於多巧、邪生於多慾。是以君子不尙也。禮、與其奢也、寧儉。事、與其煩也、寧略。言、與其華也、寧質。行、與其綵也、寧朴。孔子曰、政者、正也。夫要道之本、正己而已矣。平直眞實者、正之主也。故德必核其眞、然後授其位。能必核其眞、然後授其事。功必核其眞、然後授其賞。罪必核其眞、然後授其刑。行必核其眞、然後貴之。言必核其眞、然後信之。物必核其眞、然後用之。事必核其眞、然後脩之。一物不稱、則榮辱賞罰、從而繩之。故衆正積於上、萬事實於下、先王之道、如斯而已矣。（孝元皇帝紀中卷第二十二）

一般の佞人だけに止まらず、宦官をも佞人の領域に含めて佞人・宦官の全てを對象として、彼等の放逐を唱えるのがその主張である。けれども、議論の大半は「其の言行を察觀して、未だ必ずしも道に合せずして己を悅ばす者は、必ず佞人なり。其の言行を察觀して、未だ必ずしも己を悅ばさずして道に合する者は、必ず正人なり。此れも亦人情を察するの一端なり」という、臣下の正人と惡人の辨別に費やされる。いったい、政治とは正しさの事で、道義の形成

も己を正しくすることに盡きる。自身の眞實を平直（平らかに眞っ直ぐ）にすることが正しくするということで、德・能力・功績・罪・行爲・言述・物事の全てにわたって各自の眞實が平直に保たれているかを――言行を通じて――審覈し、その結果に從って位・職事・任官・刑罰等の榮辱や賞罰を與える。その際、一つでも平直を得ていないものがあれば罪として正されることになる。かくて衆正＝多くの正人が上位にあってあまた施策が下々に行き渡り、實績が擧げられることになる、というのである。この場合、「正人」とは「佞人」に對するアンチテーゼであるに違いなく、その意味では「忠臣」の同義語であると見て不可はない。議論の主題が佞人の放逐でありながら、一轉して「正人」の忠臣へと眼を轉ずるのは、荀悅に昂揚している忠臣登用の意識こそが國家の健全を保ってその永續を圖る手段であるとの認識を、際立たせていよう。漢の落日を目の當たりにした荀悅にとってみれば、かくまでに切なる忠臣の要請は、佞臣や奸惡の臣に蹂躙された朝廷内の綱紀の修復者としての役割を、彼等に託そうとする意欲と等質であろう。

忠臣は國政の正常を來すにはかけがえのない存在で、その顯彰が史書に於いてなされる場合には、彼の行爲の中でも忠臣に相應しい部分が剔出され、それがまた忠臣の儀表としてその範圍を擴大させることがある。宣帝時の諫議大夫王吉の場合である。「漢家列侯は公主に尙し（皇女を嫁に迎えること）、諸侯は則ち國人翁主を承し（一般人が王女と結婚すること）、男をして女に事へしめ、夫をして婦に屈し、陰陽の位を逆にせ使む。皆宜しく改正すべし」ことを奏上した王吉であったが、宣帝は王吉の言を聞き入れず、やむを得ず王吉は病と稱して鄕里に歸ったのであった。これに對し荀悅は

荀悅曰、尙公主之制、人道之大倫也。昔堯釐二女於嬀汭、嬪於虞。易曰、帝乙歸妹、以祉元吉。春秋稱王姬歸於齊、古之達禮也。男替女凌、則淫暴之變生矣。禮自上降、則昏亂於下者衆矣。三綱之首、可不愼乎。夫成大化者必稽古立中、務以正其本也。凡吉所言、古之道也。

（孝宣皇帝紀一卷第十七）

經書に據れば、舜は臣下でありながら帝堯の娘を娶り（『尙書』堯典）、帝乙の妹は臣下に降嫁し（『易』泰）、王姬が齊へ嫁いでいる（『春秋』莊公元年）。この事實からすれば、尙公主制は儒教倫理からも容認された正當な婚姻形態として是認されるであろう。けれども王吉は、公主が嫁いだ後なお天子の娘として振る舞い、婦女の道を蔑ろにする公主の反倫理性を非難してその是正を要請したのであって、その王吉の判斷に共感を示した荀悅は、「夫を婦の綱と爲」（『漢書』谷永傳）す三綱の始めに立ち返って、王吉の判斷を「古の道」とみなし、追認したのである。外戚の跳梁によって危殆に瀕した後漢王朝の遺臣荀悅から見れば、それが儒教の枠内を逸脫したものではないにせよ、後漢王朝を衰亡に導いた要因として糾彈しないわけにはいかなかったのであろう。宣帝にその獻策が聞き入れられずに歸鄕した王吉は、忠烈の士として『漢紀』では再生し、彼の行爲は忠臣の儀表として後世に傳えられることになった。

ところで、忠義の臣がおれば國は隆盛するとの發想は、そのまま國の零落は忠臣の不在によるとの認識を容易に招くであろう。けれども、荀悅は西漢の世に忠臣がいなかった譯ではなく、にも拘わらず忠臣の登場を見なかったのは、朝廷の側が忠臣の登用を怠ったからだとして、忠臣の不遇に悲哀の念をほとばしらせる。

文帝の十四年に馮唐を拜して車騎都尉とし、中尉及び郡國車騎を掌らしめた件で荀悅は、

荀悅曰……馮唐白首屈於郎署、豈不惜哉。夫以絳侯之忠、功存社稷、而猶見疑、不亦痛乎。夫知賢之難、用人不易、忠臣自古之難也。雖在明世、且猶若茲、而況亂君闇主者乎。……夫賈誼過湘水弔屈原、惻愴慟懷、豈徒忿怨而已哉。與夫苟患失之者異類殊意矣。及其傅梁王、梁王薨、哭泣而從死、豈可謂不忠乎。然人主不察、豈不哀哉。及釋之屈而思歸、馮唐困而後達、有可悼也。此忠臣所以泣血、賢俊所以傷心也。（孝文皇帝紀下卷第八）

と述べて、馮唐を始め哭泣する忠臣の傷心を思いやる。忠臣の不遇は、ここでは君主の不明に歸されているが、その深奧には君主と臣下の間には言路が開かれておらず、そのことが君主をして臣下の直言を曲解せしめ忠臣を佞臣とみ

まがわせる結果になったとの判斷が働いていよう。

荀悅曰、夫臣之所以難言者何也。其故多矣。言出於口則咎悔及身。擧過揚非則有干忤之禍。勸勵教誨則有刺上之譏。下言而當則以爲勝己、不當賤其鄙愚。先己而明則惡其奪己之明、後己而明則以爲順從。違下從上則以爲諂諛、違上從下則以爲雷同、與衆共言則以爲專美。言而淺露則簡而薄之、深妙弘遠則不知而非之。特見獨知則衆以爲蓋己、雖是而不見稱。與衆同之則以爲附隨、雖得之不以爲功。據事盡理則以爲專必、謙讓不爭則以爲易。窮言不盡則以爲懷隱、盡說竭情則爲不知量。言而不效則受其怨責、言而事效則以爲固當。……此下情所以不上通。非但君臣、而凡言百姓亦如之。是乃仲尼所以憤嘆予欲無言也。（孝哀皇帝下卷第二十九）

というのは、直言が禍して哀帝から疎まれていた鄭崇が尙書令の趙昌によって讒訴され、獄に降されて死亡した事件を糾彈する荀悅が、鄭崇の實直を惜しんで張った議論であるが、それはそのまま朝臣の忠義が官僚の組織内の妬害や内訌の中で歪曲され、退けられている事情をも描き出していよう。朝臣の忠義を妨害する不健全――それは佞臣の跳梁によってもたらされたものであろう――が朝廷に蔓延し、それが漢朝の衰亡を招いてしまったといわんばかりである。かく述べる荀悅には確かに忠義を失った漢の朝廷に對する譴責の意識が潛み、忠義の復興こそが荒廢する朝廷を蘇生させる不可缺な手段であることの認識を、露わにさせていよう。けれども、實質その統治能力を曹操の魏に取って代わられている狀況下では、綱紀の維持者としての忠臣を前漢の歷史の中から捜出し、それを鑑戒に仕立てて後世へ示すことが、せめて現時下で取り得る最良の方策として選ばれているのであった。

自身の『漢紀』を『（魯の）春秋』と同義と捉える荀悅がその『漢紀』の最後を括るここの「荀悅曰」に於いて、世に愛想づかしをした孔子の言「予言ふこと無からんと欲す」（『論語』陽貨篇）を持ち出しているのは、祖國の衰滅を目の當たりにして痛む自身の傷心をせめて孔子との同情によって勇氣づけようとする、祕めやかな行爲であったのかもしれない。

四　『漢紀』から『申鑒』へ――『申鑒』「時事第二」の構造――

以上は荀悅が『漢書』のダイジェスト本『漢紀』を製作するに際し、鑑戒となり得る史實を檢證する試みであって、その作業の遂行は、荀悅にとっては『春秋』經を製作しようとする孔子がその前段で『魯春秋』を檢證したのと同價値の營爲であることを思わせたに違いあるまい。そして、そこに託された『漢紀』の大義とは、勿論「荀悅曰」で示された各種史論であって、史論が『春秋』の大義にも比されているのは、荀悅以前に展開した桓譚や王充等による、論を用いた社會批判の春秋學の影響があってのことであろう(8)。

そして『漢紀』を著成して五年が經った今、荀悅は改めてその『申鑒』五卷を獻帝に奉呈したのである。

『申鑒』政體第一の劈頭には

夫道之本、仁義而已矣。五典以經之、羣藉以緯之、詠之歌之、弦之舞之。前鑒既明、後復申之。故古之聖王、其於仁義也、申重而已。篤序無疆、謂之申鑒。

(夫れ道の本は、仁義のみ。五典以て之を經し、羣藉以て之を緯し、之を詠じ之を歌ひ、之を弦し之を舞ふ。前鑒既に明かにして、後復た之を申ぬ。故に古の聖王、其の仁義に於けるや、申ね重ぬるのみ。篤序疆無し、之を申鑒といふ。)

と、聖世の仁義に基づく政治が鑑戒となって當今の世に及び、當今の聖世が新たに次代の鑑戒となって後世に引き繼がれるサイクルを前提に、聖世の仁義が次代の世に引き繼がれる道理が明かされる。漢王朝が前世を鑑戒としてその

歴史に鑑み、繁榮を築いてきた樣相は、

聖漢統天、惟宗時亮、其功格宇宙。粤有虎臣亂政、時亦惟荒圮湮、茲洪軌儀。監於三代之典、王允迪厥德。功業有尙。天道在爾。惟帝茂止。陟降膺止。萬國康止。允出茲、斯行遠矣。

（聖漢天を統べ、惟《こ》れ宗《とうと》く時《こ》れ亮《まこと》にして、其の功宇宙に格《いた》る。粤《ここ》に虎臣の政を亂《おさ》むる有りて、時《ここ》に亦惟れ圮湮を荒《おさ》め、茲《ここ》に軌儀を洪《おおい》にす。三代の典に監み、王允《まこと》に厥の德を迪《ふ》む。功業尙ふる有り。天道爾（邇）きに在り。惟れ帝茂《つと》む。陟降して膺《たす》く。萬國康《やすら》かなり。允に茲より出づれば、斯《ここ》に遠きに行く。）（同上）

とみなされて、漢に先立つ夏・殷・周を鑑戒として活かした所に求められる。具體的にいえば、先に見た「五典以て之を經し、羣藉以て之を緯し、之を詠じ之を歌ひ、之を弦し之を舞ひ、前鑒旣に明らかにして、後復た之を申ぬ」との、儒教經典が傳える史實や教義を夏・殷・周の三代が漢に傳える鑑戒として受け止めることであって、亡國の淵に喘ぐ現今の後漢王朝にとっては、それが衰退する綱紀の抑止となり、衰滅の窮状から故國を救う方策とも思わせたことから、その鑑戒化は荀悦にとっては、焦眉の急を要する喫緊の課題と化したのであろう。その意味では、『申鑒』の執筆は前漢の史實を鑑戒として理念の領域で再生させ、そこに見出された經世の道義を漢の次代、更には漢を繼ぐその後の各王朝へも傳えようとする、遠大な構想の下で進められた營みであったとみなすことも出來よう。

『申鑒』が提示する鑑戒の内容であるが、その執筆が『漢紀』の著作と前後して同一の目的意欲を共有して進められたものであれば、重なるところがあるのは當然であろう。注目すべきは「時事第二」で

最凡有二十一首。其初二首、尙知・貴敦也。其二首有申重可舉者十有九事。一曰、明考試。二曰、公卿不拘爲郡、二千石不拘爲縣。三曰、置上武之官。四曰、議州牧。五曰、生刑而死者但加肉刑。六曰、德刑並用。七曰、避讐有科。八曰、議祿。九曰、議專地。十曰、議錢貨。十一曰、約祀擧重。十二曰、天人之應。十三曰、月正聽朝。

十四曰、崇內教。十五曰、備博士。十六曰、至德要道。十七曰、禁數赦令。十八曰、正尙主之制。十九曰、復外內注記者。

と述べられている「十有九事」の各項目であり、これらの綱目に相當する幾つかの史評がすでに『漢紀』の中に見えていたことである。分かり易いところから見てゆくと、まず第十七「禁數赦令」である。

赦令、權也。或曰、有制乎。曰、權、無制。制其義。不制其事。巽以行權、義制也。權者反經。事、無制也。問其象。曰、無妄之災。大過凶。其象矣、不得已而行之、禁其屢也。曰、絕之乎。曰、權。曰、宜弗之絕也。（時事第二）

赦令を權宜と認めその必要性を否定し切れないのは、『漢紀』孝元皇帝紀中巻第二十二の「大赦は、權時の宜にして、常典に非ざるなり。……變に應じて時を濟ふを期するなり」（前出）と同様である。異なる點は赦令が權宜であることが明確化され、經義と比較されることによってその政論としての原理的側面が明確化さているところであろう。また、赦令を禁ずるにしても「しばしば」繰り返そうとする點に絞ってそこを禁ずるのであって、施策としての意義は相變わらず重視されている。

また第十八「正尙主制」である。『漢紀』の場合は「凡吉所言、古之道也」（前出）と王吉の言に共感を示した荀悅の辨護の意識が盛られたが、ここで荀悅が

尙主之制、非古也。釐降二女、陶唐之典。歸妹元吉、帝乙之訓。王姬歸齊、宗周之禮。以陰乘陽、違天。以婦凌夫、違人。違天不祥、違人不義。（時事第二）

というのは、漢代常套化した尙主の制度が夫唱婦隨の三綱に悖り、陽尊陰卑との天の攝理を冒す悖逆であることの言明に外ならない。こうした言述はともに事の是非を檢證する審覈の意識よりは、示された內容が理屈拔きですぐさま

教訓として施行されることを強く要請する、混迷を深める現状の打開策としての意味合いを濃厚にしよう。漢衰亡の原因が夫唱婦随の綱紀を見失ったところにも見出され、重大化しているのであろう。

土地政策に關しても第九「議專地」では

諸侯不專封。富人名田踰限、富過公侯。是自封也。大夫不專地。人賣買由己。是專地也。或曰、復井田與。曰、否。專地非古也。井田非今也。然則如之何。曰、耕而勿有、以俟制度可也。（時事第二）

富人の占田が限度を越え、賣買が人ごとに勝手に行われる様は、專封を禁じられた諸侯が專封し、土地を勝手に出來ぬ大夫が勝手に賣買する所業に等しいとして非難し、また井田制の施行は現在の體制に合わぬとしてその採用を拒否し、民には土地の耕作のみを認めてその私有を許さずに、こうした施策を制度化せよ、との主張である。これに相當する『漢紀』の史評は

荀悅曰、……夫土地者、天下之本也。春秋之義、諸侯不得專封、大夫不得專地。今豪民占田、或至數百千頃、富過王侯、是自專封也。賣買由己、是自專地也。……且夫井田之制、宜於民衆之時、地廣民稀勿爲可也。……宜以口數占田、爲立科限、民得耕種、不得買賣、以贍弱民、以防兼幷、且爲制度張本、不亦宜乎。（孝文皇帝紀下卷第八、一部前出）

であって、『漢紀』においては文帝十三年六月の「詔除民田租」の條で發せられたもので、その一部は前節でも紹介した。土地政策は、租稅の收入とも絡んで國政の樞要をなす重要案件で、その土地を民間の富人や豪族に兼併・收斂されるのは失政これに過ぐるものはない。土地は國有化し、その耕作のみを民に認めて、富人・豪族による土地の兼併は極力これを阻止せよとの謂である。『申鑒』の方も富人や豪族による土地兼併を防ぐための政策的提言となって、土地は國が有すべき道理を箴戒として提示する。これによって、土地の國有化は富人・豪族の臺頭を禦ぎ朝廷の安寧

とも絡んだ緊要な課題として、後世の王朝にも引き繼がれ、共通に戴くべき鑑戒になっているのである。

以上は前節の『漢紀』の史評でその議論を紹介しておいたところであるから、それとの比較で、史評が『申鑒』中鑑戒へと變貌している様相はすぐさま了解できよう。これ以外も、『漢紀』の史評が鑑戒として提示される場合が幾つかある。

第八「議祿」の場合である。

或問祿。曰、古之祿也備。漢之祿也輕。夫祿必稱位、一物不稱、非制也。公祿貶則私利生。私利生則廉者匱而貪者豐也。夫豐貪生私、匱廉貶公、是亂也。先王重之。曰、祿可增乎。曰、民家財愆(饒)、增之宜矣。或曰、今祿如何。時匱也。祿依食、食依民。參相澹、必也正貪祿、省閑冗、與時消息、昭惠恤下、損益以度可也。（時事第二）

昔の祿は充分であったが、漢の祿は薄かった。祿は本來、位と對應すべきである。公祿が削られると私利が生まれ、廉直者が窮乏する一方で、貪欲な輩が私腹を肥やし、混亂が生ずることになる。先王はこれを憚った。ならば祿は增すべきかというと、民家に財物が足りていれば構わないが、今は乏しい。祿・食・民三者の均衡がとれていれば汚吏や羨官を辭めさせることができよう。その上で時勢に鑑みて下民を哀れんで惠みを施せば、祿の增減を試みるのは構わない、というのが趣旨であろう。この鑑戒は、『漢紀』では

荀悅曰、先王之制祿也、下足以代耕、上足以充祀。故食祿之家、不與下民爭利、所以厲其公義、塞其私心。……若位尊祿薄、內而不充、憂匱是卹(恤)、所求不贍、則私利之智萌矣。……故位必稱德、祿必稱爵。故一物而不稱、則亂之本也。今漢之賦祿薄而吏非員者衆、在位者貪於財產、規奪官民之利、則殖貨無厭、奪民之利不以爲恥。是以清節毀傷、公義損缺、富者比公室、貧者匱朝夕、非所爲濟俗也。然古今異制、爵賦不同。祿亦如之。雖不及古、

度時有可嘉也。（孝惠皇帝紀巻第五）

と述べられる。やはり、漢の朝廷の不振を爵・祿の不均衡に見出してその是正＝祿の増減を施策の一端として導入すべしとの評論である。この史評は『漢紀』では惠帝の六年、漢の官僚組織がなった全體を説明した最後の文章「凡長吏秩比二千石已上、皆銀印靑綬。比六百石已上、銅印墨綬。比二百石已上、皆銅印黃綬。其後雖不及六百石、其長相皆黑綬。除八百石・五百石秩」の後に記されている。であれば、ここでの荀悦は、漢の衰滅に遭遇した悲哀が、衰滅に至らせぬための施策の一環として班祿の充足を見出し、これを漢の創業期に提言したことになろう。

第四「議州牧」である。

或問曰、州牧・刺史・監察御史三制、孰優。曰、時制而已。曰、天下不旣定其牧乎。曰、古諸侯建家國、世位權柄存焉。於是置諸侯之賢者以牧、總其紀綱而已。不統其政、不御其民。今郡縣無常、權輕不固。而州牧秉其權重、勢異於古。非所以强幹弱枝也。而無益治民之實。監察御史斯可也。若權時之宜、則異論也。（時事第二）

郡國制を採用する漢王朝にとっては、「州牧」「刺史」「監察御史」の三制の内、孰れの制が優れているかとの問いに答える形で議論が進む。「この三制は時代の求めに應じて制定されたもので比較できない。」「天下には旣に州牧が制定されているではないか。」「昔は諸侯の國が建國された折りにはその地位は世襲され、權柄も備わっていた。諸侯の中でも賢者を『牧』として登用し、諸侯間の綱紀を統べさせたが、政治の統率や牧民の任までは課さなかった。今の郡縣制では州牧の地位は世襲ではなく、因って常制でもない。またその權限も輕く、固くない。その勢いはかつての比ではない。强幹弱枝に役立つでも、民を治める上で實效があるわけでもない。監察御史であれば州牧よりはましであろうが、權時のこと故、別論すべきであろう」と。漢朝に入っての州牧の職は期待外れで、その存在意義はもはや一掬も見いだし得ないというのが趣旨である。これに應ずる『漢紀』の史評が

荀悅曰、州牧數變易、非典也……古諸侯皆久其位、視民如子、愛國如家。於是建諸侯之賢者以爲牧。故以考績黜陟、不統其政、不御其民、惠無所積、權無所幷。故牧伯之位、宜合古也。……今漢廢諸侯之制以爲縣治民者、本以强幹弱枝、一統於上、使權柄不分於下也。今之州牧、號爲萬里、總郡國、威尊勢重、與古之牧伯同號異勢。當周之末、天下戰國十有餘、而周室寥矣。今牧伯之制、是近於戰國之迹、而無治民之實。剌史令爲監御史、出督州郡而還奏事可矣。（孝哀皇帝紀上巻第二十八）

である。出だしこそ「州牧數々變易するは、典に非ざるなり」と州牧の更迭を戒めるものの、議論はすぐに州牧の無用とその有害性の指彈に費やされ、『申鑒』の州牧觀と全く一致した歸結を迎えることになる。「周の末に當たり、天下に戰國十有餘あり、而して周室寥たり。今牧伯の制、是れ戰國の迹に近く、民を治むるの實無し」と述べる件は、漢の太守等が漢室を取り卷いて漢の存續を妨げている實情を、戰國時における周の衰滅に置き換えて確認しようとするものであろう。さながら、荀悅は天下十二州の長官となって漢室の衰亡を繫ぎ止めることのできなかった州牧たちの非力を糾彈せんがために、その契機となる史實を州牧の更迭に見出し、そこから州牧としての郡太守の無用を際立たせたかの觀があるが、それは後漢の末年、朝廷に叛いて漢の帝祚を滅ぼそうとした董卓を始めとする太守達に向けられたあからさまな反感と等質であり、『申鑑』の場合はその反感だけが純化して、鑑戒として結晶化しているとみなし得よう。

皇帝とて例外ではない。第六「德刑並用」には

問、德刑並用、常典也。或先或後、時宜。刑教不行、勢極也。教初必簡、刑始必略、事漸也。教化之隆、莫不興行、然後責備。刑法之定、莫不避罪、然後求密。未可以備、謂之虛教。未可以密、謂之峻刑。虛教傷化、峻刑害民。君子弗由也。設必違之教、不量民力之未能、是招民於惡也。故謂之傷化。設必犯之法、不度民情之不堪、是

陥民於罪也。故謂之害民、莫不興行、則一毫之善可得而勸也。然後教備。莫不避罪、則纖介之悪、可得而禁也。然後刑密。（時事第二）

という。教化を目的とする徳政と犯罪を防止する刑罰とは、政治を構成する二大原理であって、片方を缺いては成り立たない。政教も刑罰もその初めは簡略で政教は隆盛を、刑罰は整備を俟たれるが、隆盛や整備が果たされない段階でその完璧と周密を求めるのは、さながら必ず違反するであろう教條を設けて民を悪事に走らせ、堪えきれずに必ずや犯すであろう刑法を設けて民を罪に陥れるにも等しく、到底用いられるものではない。教化が擧がり、民が一毫の善をなしえるようになって初めて教化を整備し、罪から逃れようとして纖介の悪でさえ犯さないようになって初めて刑法は周密にすべきだ、との教訓である。

ところが、『漢紀』の史評はこの文を「初め、宣帝刑法に任じ、元帝之を諫め、勸むるに儒術を用ゐるを以てす。宣帝聽かず。乃ち嘆じて曰はく、我が家を亂す者は、必ず太子なり」の後に續け、その論を

夫德刑並行、天地常道也。先王之道、上教化而下刑法、右文德而左武功、此其義也。或先教化、或先刑法、所遇然也。……教初必簡、刑始必略、則其漸也。教化之隆、莫不興行、然後責備。刑法之定、莫不避罪、然後求密。未可以備、謂之虐教。未可以密、謂之峻刑。虐教傷化、峻刑害民、君子不由也。設必違之教、不量民力之未能、是陥民於悪也。故謂之傷化。設必犯之法、不度民情之不堪、是陥民於罪也。故謂之害民。莫不興行、則毫毛之善可得而勸也。然後教備。莫不避罪、則纖芥之悪、可得而禁也。然後刑密。（孝元皇帝紀下巻第二十三）

と展開する。そして史評が終わるとすぐさま『漢紀』の本文に「讚曰」として

本紀稱、孝元皇帝多才藝、善史書。鼓琴、吹洞簫、自度聲曲、分別節度、窮極要妙。少好儒術、及卽位、徵用儒生、委之以政、貢・薛・韋・匡迭爲宰相。而上牽制文義、優游不斷。

と、「孝元皇帝紀下巻第二十三」を括るのである。元帝の文弱ぶりやその優柔不断を難詰する口吻を濃密に揺曳させていよう。『漢紀』の史評は明らかに元帝の儒教かぶれが漢の帝祚を先細りさせた元凶であると決めつけて、元帝の責任を問うものである。それに對し『申鑒』の方はそれが元帝の所作に起因したことは死角にして、漢の史實を蒸留してそこから得られる反省の念を鑑戒に仕立てて、自王朝の衰亡、もしくは再興なった自王朝の新たな危機に備えようとする意欲を覗かせている。この段階に於いては、『申鑒』が提示する鑑戒は、その意味では、漢に限らず、王朝の全てが正常な國家經營を營む上で、肝に銘ずべき教訓の書となっているのである。

このように『申鑒』の時事第二は、その幾つかは『漢紀』に書き込まれた荀悅の史評部分から抽出されてなっているのであって、そのことはまた『漢紀』には記されなかった他の箴言も、荀悅が『漢紀』を著わした際に氣づかされた道義を基にして形成されていることを物語るであろう。そのことはまた、「申鑒」としてその中に選ばれている各種の箴言が以後の歴代各朝廷にも鑑戒として遵法され金科玉條と仰がれることを企圖したものであるよりは、漢廷の施策の可否を視座にしてその有效性を問い、そこに漢王朝の興隆と衰亡の原因を提示する考課表的な役割を課していることを、示していまいか。そして、その原因分析から導かれた要因を教訓として仕立てた場合、衰滅に關わる行動（特に漢朝に對する不忠や沒義）や施策の誤りは、荀悅からの膺懲を蒙るのであり、逆に君主に對する苦言であってもそれが臣道に適った忠義の提言であった場合には、荀悅の辨護と顯彰を受けたのであった。「申鑒」はその命名からすれば、歴代各王朝がおのがじし繼承・遵守してきた先世からの鑑戒集の謂に外ならないが、けれども、荀悅が『申鑒』中に込めた鑑戒としての教義は、その出發が『漢書』のダイジェスト本『漢紀』の作製であったことからそこまでに至らず、『漢書』が記す前漢一代の閱歷を簡易に提示する經驗知的な捜出の域を出づるものではなかった。それにも拘わらず、荀悅がその書に「申鑒」と名附けざるを得なかったとすれば、それは荀悅の漢に對する深い報恩の情や、漢の衰滅を眞に痛む彼の眞心に由來するのであり、『漢紀』に『魯春秋』を見る荀悦の矜持が、『申鑒』にも『春秋』と同義の價値を見出させているのであろう。この意味に於ける『申鑒』は、むしろ荀悦の忠義意識の結晶であって、國難に際會した漢朝の當爲を代辯していると見て、不可はない。

五　獻帝へのアフォリズム

『漢紀』の史評から『申鑒』の鑑戒が創出される過程で大きく變わるのは、『漢紀』には濃厚に認められた施策の是非を検證する意識が薄らいで、代わって皇帝はどの様に在らねばならないかとの、理想像を提示せんとする強い意欲が表立ってくることであろう。この度の後漢王朝の崩壞が、儒教が國教と認められて以後始めて經驗する王朝の滅亡であれば（新と前漢の關係はその特異な事情から今は等閑に附す）、儒教もまた、漢の滅亡を契機に國教としての儒教と皇帝（國家）の有り様の點検を、行わざるを得なかった。皇帝の日常が儒教の理念といかに合致しその整合性が保たれたのかを確認することは、漢がなお國家存續の正統性を失わないでいることの證明にも繋がり、その意味では、『申鑒』の執筆は、皇帝たる獻帝に臣節を盡くす荀悦がその節義を全うせんとして、獻帝の終焉を聖帝としての高邁性で飾ろうとする最後の奉公であった、とみなしてよいのかもしれない。

ところで、『申鑒』の首篇をなすのは「政體第一」であり、政治の理想が整然と述べられている。政治の根幹は「凡そ政の大經は、法・教のみ」とのごとく、法制と教誨であって、仁・義・禮・智・信の五德は法制と教誨の施策を通じ、社會綱紀として發現する。王はそれ故に自身の好悪を事の善悪の中に明らかにして群臣に臨み、哀樂によって民を恤むことが、施策の手段として求められることになる。法と教誨の執行に誤りがなければ五德は離れず、好・

悪・喜・怒・哀・樂の六節も悖ることはない。(天・地・人の)三才は秩序を得、王の貌・言・視・聽・思の「五事」(『尙書』「洪範」)の諸能力も備わり、百官はその職責を果たし、治績は擧がる。そもそも、天が道をなし、皇が極(中)を定め、臣が輔け、民が基をなすから、制度を作り事業を興して、そこに綱紀を立てるのである。だから先哲王の政治だけが「天を承け」「身を正し」「賢に任じ」「民を恤み」「制を明らかにし」「業を立て」られたのである。その政治は天を承けるから誠があり、身を正すから常道が備わり、賢に任じるから堅固であり、民を恤むから勤め、制を明らかにするから典章が備わり、業を興すから民俗は敦くなる。これが言うところの「政體」の意である、というのである。徳教としての儒教の教誨だけではなく、法制の遵守も政治の理想に含めてその完璧を求めるのは、元帝への批判に認められたように徳教への一邊倒がもたらした國威の弱體化に對する反省に基づくであろうが、それにもまして荀悅に強く意識されていたのは、王自身の執政意識の有り樣であろう。特にその喜怒哀樂の感情は王の威嚴を嚴格化する構成要素とみなされ、それ故に洪範「五行」の「五事」に法って嚴しく陶冶されることを求めたのである。政務の滯りなき進捗とそれに基づく國威の發揚は、先君の治績を教訓として服膺した王者の聖君としての完成度に比例するとの、荀悅自身の皇帝觀を反映させてもいよう。

その後は「治を致すの術は、先に四患を屛け、乃ち五政を崇ぶ」(同上)との、施策上の技法がとりざたされる。以下の經緯を簡潔に追うと、初めに屛けるべき「四患」とは「俗を亂す」『僞』、「法を壞す」『私』、「軌を越える」『放』、「制を敗る」『奢』の四情のことで、それらが否定されるのは、僞・私・放・奢の四情が政治に持ち込まれた場合には、それらは、道義の退廢や禮制・法制の瓦解、ひいては體制そのものの崩壞までも招きかねない混亂の素因として過大視されるからである。逆に崇ぶべき「五政」とは、「農蠶を興し以て生を養」う『養生』、「好悪を審らかにして以て其の俗を正」す『正俗』、「文教を宣ばし以て其の化を章らかにす」る『章化』、「武備を立て以て其の威を秉」

る『秉威』、「賞罰を明らかにして以て其の法を統」べる『統法』のこと。そのうち、「養生」とは農蠶を興して民の財用を豊かにし、安定した生活を保障すること。「正俗」とは風俗を正すこととも讀めるが、「君子の天地を動かし、神明に應じ、萬物を正して王治を成す所以の者は、必ず眞實に本づくのみ」（同上）のごとく眞實を實測した正しい認識を基礎にして政務を主ることであって、それが君主による臣下の考課に導入されるや、「善悪は功罪を要《ただ》し、毀譽は準驗を效《ただ》し、言を聽き事を責め、名を擧げ實を察せば、詐僞以て衆心を蕩かすこと或る無し」との、さながら法家における「形名參同説」のごとく、善悪の判定は成し遂げられた功罪との照合の上で導かれ、毀譽の評價も積み重ねられた實績を準則として定まることになる。かくすることによって、名實一致した臣僚層の職務の遂行が可能となり、僞って民衆を扇動する輩が附けいる隙は生じない、という。

「章化」というのは、禮教と刑政を併用した治民策をいう。情を以て用いられるが故に禮教榮辱が加えられてその情を化す君子と、刑を以て用いられるが故に桎梏鞭朴が加えられて刑に服する小人とは、移ることのない人格上のアンビバレントであるが、民衆の大半はその中間の「中人」にほかならない。彼らに對しては「夫の中人の倫の若きは、則ち刑禮兼ぬるなり。教化の廢せらるれば、中人を推して小人の域に墜し、教化の行はるれば、中人を引きて君子の塗に納る」（同上）のごとく、彼等が可塑性を有した存在であることを十全に辨えて、刑教相用いて君子の塗に教導する政治を心がけよというのである。

「秉威」とは、情況いかんによっては情欲を恣にして反亂を企てる小人に對處するための武備の不可缺を辨え、「安居すれば則ち之を内政に寄せ、有事には則ち之を軍旅に用ゐる」がごとく、民が安居した場合には彼等を内政に寄與せしめ、一朝有事の際には彼等を軍旅に用いる民兵策の推奬である。

「統法」は賞罰の權柄を握る君主の當爲を言う。人主は賞によって善を勸め、罰によって惡を懲らすことはしても、妄りに賞して却って善を妨げ、妄りに罰して却って悪事を横行させてはならない。かくして人主たる者は、「上に在る者能く下の善を爲すを止めず、下の悪を爲すを縱にせざれば、則ち國治まる」のごとく、下民の善事を遂行させ、下民の悪事を防止できれば國は治まる、との提言である。

この後、荀悅は

四患既蠲、五政既立、行之以誠、守之以固、簡而不怠、疎而不失。無爲爲之、使自施之。無事事之、使自交之。不肅而成、不嚴而治、垂拱揖遜、而海內平矣。（同上）

と述べ、四患を蠲《のぞ》き、五政立った後更に「誠を行い」「固く守り」ゆったりとして怠らなければ、政治に遺漏はなく、垂拱揖遜したまま勞せずして治績はなることを豫測し、再起して漢王朝の次代を擔うべき獻帝を勵まそうとする。「海內平かなる」治績が『老子』の「無爲の治」を媒介にして導かれ、その平易が示されるのは、それによって獻帝に懸かる責任の重壓を取り除こうとする配意と見てよい。

『申鑒』が獻帝へ向けた鑑戒集である以上、そこに集められた箴言の數々はまた皇帝の有り樣や皇帝を取り巻く樣々な環境も視角の內に收めることになろうが、そうした時に、特に留意されているのが皇帝と臣民の關係、なかんずく皇帝と臣下のそれであるとみることには、何人の異論もあるまい。

天下國家一體也。君爲元首、臣爲股肱、民爲手足。（政體第一）

というのは、君臣民の三者によって國家が成り立っていることの再確認であり、

或問、致治之要、君乎。曰、兩立哉。非天地不生物。非君臣不成治。首之者、天地也。統之者、君臣也哉。先王之道致訓焉。故亡斯須之間而違道矣。昔有上致聖、由敎戒、因輔弼、欽順四鄰。故檢柙之臣、不虛於側、禮度之典、不曠於目。先哲之言、不輟於耳。非義之道、不宣於心。是邪僻之氣、末由入也矣。……不任所愛、謂之公。[9]

惟義是從、謂之明。(9)

というのは、國政が君主による獨裁によってのみ營まれるのではなく、臣下による誤りなき輔弼を俟って初めて達成され得る道理の言明に外なるまい。

けれども、『申鑒』中、君主と臣下の關係が視座にされた場合、その言述は往々にして君主に向けられた臣下への警戒感を慫慂するのである。雜言上第四の

或問、天子守在四夷、有諸。曰、此外守也。天子之内守在身。曰、何謂也。曰、至尊者、其攻之者衆焉。故便僻御侍攻人主而奪其財。近幸妻妾、攻人主而奪其寵。逸遊技藝、攻人主而奪其志。左右小臣、攻人主而奪其行。不令之臣、攻人主而奪其事。是謂内寇。……八域重驛而獻珍、非寶也。腹心之人、匍匐而獻善、寶之至矣。故明王愼内守、除内寇而重内寶。（雜言上第四）

との提言は、その典型的な例であろう。後漢の朝廷が外戚や宦官の跳梁によって自滅の道を辿った事情からか、臣下の内實は「便僻御侍」「左右小臣」「不令の臣」等のごとく細分されているが、これらの臣下はいずれも朝廷に巣くってその内側から權力を蠶食し、綱紀を蹂躙した者達である。臣下の惡逆をかく見定めた荀悦は、臣下の内寇に對してはその萬全の備えを設けるべきを訴えたのであって、勢いその打開策の一つとして、鑑戒の中でも特に忠臣の登用を唱える結果となった譯である。

そうした意味での忠臣が描き出されるのも、やはり君主との關わりにおいてである。

人主之患、常立於二難之間。在上而國家不治、難也。治國家則必勤身苦思、矯情以從道、難也。有難之難、闇主取之、無難之難、明主居之。大臣之患、常立於二罪之間。在職而不盡忠直之道、罪也。盡忠直之道焉、則必矯上拂下、罪也。有罪之罪、邪臣由之。無罪之罪、忠臣置之。人臣之義、不曰吾君能矣、不我須也、言無補也、而不

盡忠。必竭其誠、明其道、盡其義。斯已而已矣。不已則奉身以退、臣道也。故君臣有異無乖、有怨無憾、有屈無辱。
（雜言上第四）

というのが、良い例であろう。國家を治めることの困難を痛感する君主は、他方道に適った政治を行わなければならない責めによって、自身の意向や感情を抑える痛苦も感受する。明主とはそれを困難とせずに對處し得る者である。同様に、臣下にも職にありながら忠直の道を盡くし得ない罪があり、假に忠直の道を盡くしたにせよ、君主を僞り、配下の臣下を逆らわせる罪に罹ってしまう。忠臣とはそれを罪に至らしめぬ者のことである。人臣の道義は「吾が君は有能であられ、私を必要とはしておられません。私の進言は何の補いにもなりません」といって、忠義を盡くさないわけにはいかないのである。必ずや自身の忠義を盡くしてその道義を明らかにすべきで、君主と臣下の間に、よしんば意見の異なりはあっても乖戾に至らず、蟠りはあっても怨みに至らず、引き下がることはあっても侮辱するまでに至らない、との謂である。臣下の忠義に君主との確執を残しておくのは、

人之言曰、唯其言而莫予違也、則幾於喪國焉。
（雜言上第四）

との認識、すなわち君主の意に迎合したまま異を唱えずに、盲目的に従った場合は、誤りがそのまま行われ、國は亡ぶ結果になるからそれを防ぐということで、臣下の反對＝諫言には、亡國に至らしめぬ豫防的機能が込められているのである。顔を犯して諫め、自身の安寧を顧みない臣下の實直が彼の忠義の證として、荀悅には意識されているのである。そして、そうした臣下の存在こそを、亡國への道を閉ざす方策として絶對視する意識が强力に作用して、『申鑒』における忠義の鑑戒化を進めさせることになったのであろう。

違上順道謂之忠臣。違道順上謂之諛臣。忠所以爲上也。諛所以自爲也。忠臣安於心、諛臣安於身。故在上者、必察乎違順、審乎所爲、愼乎所安。
（同上）

の通りである。

忠臣の顯彰が衰滅間近い後漢の獻帝時になされたのであれば、その行爲は忠義の念を再燃させて傾國の勢いを一時でも繋ぎ止めようとする愛惜の情を含んでいようが、臣下の評價を治世と衰世に分けて描き出そうとする次の如き箴言には、衰滅に際會してなおその衰滅に乘ずる臣下の劣悪を憎む、荀悦の意識を見出すこともできる。

治世之臣、所貴乎順者三。一曰、心順。二曰、職順。三曰、道順。衰世之臣、所貴乎順者三。一曰、體順。二曰、辭順。三曰、事順。治世之順、眞順。衰世之順、生逆也。體苟順則逆節（黄省注、逆節則心不順矣）。辭苟順則逆忠（黄省注、逆忠則職不順）。事苟順則逆道（黄省注、逆道則道不順矣）。（政體第二）

自身の心情・職務・道義に從って政務に當たる治世の臣との比較の上で、衰世の臣が混亂と保身に明け暮れし、その現實の情況に飜弄される姿を臣下の道義の喪失とみなしてこれを糾彈する件である。彼等の沒義を衰世の臣の徴表として提示するのは、後漢の混亂した朝廷に何の忠義も燈し得ずに身の保全を畫した臣僚や太守等の姿をそこに重ね合わせて、あからさまな反感を露わにさせるためでもあろう。けれども、荀悦はその後更に續けて

高下失序則位輕、班級不固則位輕、祿薄卑寵則位輕、官職屢改則位輕、遷轉煩瀆則位輕、黜陟不明則位輕、待臣不以禮則位輕。夫位輕而政重者、未之有也。聖人之大寶曰位。輕則喪吾寶也。（前引後續）

と述べるのである。荀悦の意識は畢竟、衰世の臣を膺懲することよりも、臣下の黜陟を誤って彼等を禮遇しきれず、その權限を貶めて、それが朝廷全體の威信を喪失させてしまった政策上の誤りを糾彈する點に、重きが置かれていよう。臣下への不當評價は否應なしに忠臣の登場を妨げることになる。かく結んだ荀悦は、忠臣の登用を亡國を防ぐ手段として提唱した者であったが、忠臣を忠臣のままに存續せしめぬ朝廷の不當な處遇に對しても、また容認し得るものではなかった。忠臣の存續を臣下の自覺に委ねるだけでなく、皇帝の責任において要請し、そうすることの義務を

皇帝が持すべき鑑戒として位置づけた件である。

結　語

『申鑒』中、荀悅が鑑戒として提示した教訓はまだまだ多い。これまで擧出した例以外、施策面に限ってみても（1）「治國の風」を「治」から「亡」に至る九類に分類し、「上必ず國風を察せよ」と唱えて時々の政情がその九類の孰れに相當するかを檢討する社會分析（政體第一）、（2）「惟れ庶獄を愼んで以て人情を昭らかにす」べき罪刑の愼重論（政體第一）、（3）「聖王は先に民を成し而る後に力を神に致す。民事未だ定まらざれば、郡祀に闕ける有るとも、尤と爲さざるなり」との民事優先の治民策（時事第二）、（4）「博士を備へ、太學を廣めて孔子を祀る」文教政策（時事第二）、（5）「君は欲を專らにするを戒め、臣は利を專らにするを戒む」（雜言上第四）べき君臣の戒、（6）君子は和羹を食して以て其の氣を平らかにし、和聲を聽いて以て其の志を平らかにし、和言を納れて以て其の政を平かにし、和行を履みて以て其の德を平らかにす」（雜言上第四）る君主の自覺等々、種々の提言が鑑戒として盛られている。これに「聖人の貴きを爲す所以の者は才か」（雜言下第五）・「諫を進むると諫を受くると孰れが難きや」（雜言下第五）・「人を知ると自ら知ると孰れが難きや」（雜言下第五）等の君主の資質に關わる提言が加わって、『申鑒』は皇帝たる者の道義も指針する教訓の書としての性格を俄然濃厚にさせることになる。こうした鑑戒化の範圍の擴大は、『漢書』の繁雜を『漢紀』の簡便に書き改める過程で、そこに史評を施した荀悅の歷史意識（もちろん「假るに不直を以てす」るフィクションによって獲得された歷史認識法のことである）が觸發されてなったものである。その意味では、『漢紀』と『申鑒』の著述は互いに連關する一連の作業であって、『漢紀』は『申鑒』を著わすための歷史的資料、『申鑒』はその歴史分析によって抽出された、漢王朝再興後の新たな統治の理念の提示書、ということにもなろう。

そうした中で荀悦が最も意を砕いたのが忠義心の涵養であり、それに基づく綱紀の修復であった。

いったい、自身が仕える漢王朝の落日は、荀悦にとっては耐え難い苦痛であった。にも拘わらず、彼が朝臣として漢の朝廷に留まり續けたのは、主君の獻帝が名目的であるにせよ皇帝として存續し、自身の忠義を——それ故に——放擲することができなかったからである。そうした中で彼に意識されたのは、漢がその統治を擔ってきた前後四〇〇年にわたる盛業であり、それにも拘わらずその衰滅を目の當たりにしなければならなかったのは何故かとの問いかけに解決を與え、自身に生じた疑念を拂拭させることであっただろう。『申鑒』の一書を、そうした營爲を代辯した鑑戒の書として仕上げることは、やはり當然の歸結であったと言わなければなるまい。その場合、荀悦にとって氣づかされた最も重要な事實は、直接に漢を滅ぼしたのは、夷狄等の異民族ではなく漢朝に仕えてその政治を擔ってきた臣僚や太守達であって、彼等は朝廷の不振を見拔くやその補强に努めず、隙を突いて漢の權柄を奪い取り、朝廷に對して反旗を翻した者達であったということである。それはあからさまな忠義の喪失であって、漢王朝の滅亡は擧げて朝臣が忠義の綱紀を保ち續け得なかった點にこそその理由を見出さなければならない事態である。

荀悦は『漢紀』を著わす過程でこうしたことの事實確認を成し遂げたのであり、『漢紀』を書き上げて五年後に鑑戒として獻帝に示すべく、更に『申鑒』を書き上げてこれを獻帝に奉呈したのであった。そうすることは、忠義の意識を改めて漢の朝廷に再燃させることの必要性を獻帝に訴えたものでもあろうが、荀悦にとっては、漢室に殉ぜんとする自身の終焉を忠義の一徹で儀範化しようとする、彼の强い思い入れに適う義擧でもあっただろう。けれども、彼自身その理念を再燃させて漢朝の復興に資する餘生をもはや持ち合わせていなかった。その意味では、『漢紀』と『申鑒』の二著は、漢朝の再生を祈念した漢儒荀悦の遺書であり、漢朝にとっては、次代に繼承されるべき忠義の道標であった、とみなすことも許されよう。

彼の春秋學はこのように結實したのである。

注

（1）本稿では底本として『叢書集成初編本　申鑒』を用い、明、黄省曾注『申鑒』（新編諸子集成續篇『申鑒注校補』孫啓治校補、中華書局出版、二〇一二年）を參照する。また、資料の引用については地の文で示した説明でその內容が理解できるように勉めた。よって、引用文に對し別に書き下し文を備えることはしていないが、『申鑒』については讀みづらいところもあって、書き下し文を添えたところもある。

（2）本稿では、張烈點校『兩漢紀（上）』中華書局、二〇〇二年刊、を用いる。

（3）吉川忠夫氏、「黨錮と學問——特に何休の場合——」「東洋史研究」三五卷三號、後『六朝精神史研究』（同朋舍出版、一九八四年刊）所收、參照。

（4）日原利國氏は、荀悦が獻帝に仕えた荀彧や孔融が曹操の簒奪意欲を咎めて誅殺されたのとは異なって、逆臣の曹操の下に留まったのは彼の儒教精神が當時他と異なるところがあったからと見、その原因を彼の軌範意識の中に見定めようとする。「東方學」第十八輯、一九五九年、後、『漢代思想の研究』研文出版、一九八六年、所收。

（5）陳啓雲氏は『漢紀』が先に建安五年に著わされ、『申鑒』の方はその五年後の建安十年に成った著作であることを力説される。『荀悦與中古儒學』遼寧大學出版社、二〇〇〇年六月刊、一九〇頁。

（6）拙稿「王符の『潛夫論』——社會批判としての儒教——」本書、第九章參考。

（7）この點は汪符の『潛夫論』も同じい。拙稿、注（5）論文、第五節「賢者の認識」參照。

（8）本書第七章「桓譚『新論』の春秋學」、及び本書第八章「王充の思想形成と『春秋』參照。なお、陳啓雲氏は『漢紀』が編年體の史書となっているところに、『漢紀』を『春秋』に比擬しようとする荀悦の強い意欲を讀み取っておられる。陳氏注

（5）研究書、一三七頁以下。

（9）底本は「所」を「不」に作り、「儀」を「公」に作る。孫啓治は『群書治要』本に従って引用文のごとく改められる。注（1）解釋書一四九頁。これに從う。

【附記】

「假以不直」に最初に着目したのは中國の研究者であるが、それが誰か、またどういう議論であったかは現在失念したままで明示できないでいる。それでゆけば、ともかくも「假以不直」に着目したのは、私の知る限り私が二人目ということになろう。けれども、それを荀悅の春秋學の一環として捉えたのは、私が最初であろうと思う。このこと申し添えておきたい。

あとがき

平成二十一年、學位請求論文（唐宋新春秋學の研究）を書き上げて審査を受けて以後、私はおきまりの一仕事終えた後の虛脱感に見舞われていた。その折り、京都で開かれた東方學會の總會に參加した私は、たまたま同席した池田秀三・渡邉義浩兩氏と歡談する機會を得た。歡談と言えば聞こえはいいが、兩氏の私に對する言葉は冷たく、「漢代を去って別に唐宋の時代に入り込むのはけしからん」との口吻である。私は「止めたわけではない。まだ後漢が殘ったままだ。」と抗辯しようとしたが、その言葉が口を衝いて出ることはなかった。そんなことがあって、鳴門に戻って手元の資料や書き溜めた小著をいじくっている內に、「やはり後漢の儒教も纏めなければならない」との思いが湧き起こり、その思いがいや增しに強くなっていったのである。そうして書き上げられたのが本書である。

本書では十篇の論文が收められ、その內既出の論文は二篇であり（第二章「『春秋』傳義の成立――『穀梁傳』に關するその學說史的展開――」は「『春秋穀梁傳』の基礎的研究（一）―成立篇―」（「鳴門教育大學研究紀要（人文・社會科學篇）」一九九二年）からの轉載、第三章「雲夢秦簡『編年記』と『秦記』――秦代春秋學の一斷面――」は「一士卒の秦代――雲夢秦簡『編年記』の記述形式と『秦記』――」（「新しい漢文教育」第十二號、一九九一年）からの轉載）、しかもその二篇とも改修ないし大幅な加筆が施されており、それ以外の八篇はいずれも初出であって、本書の體裁はほぼ世にいうところの「書き下ろし」に近い。或いは、本書は私が後漢の儒教をどのように見ているかを世に示す初めての機會であるかもしれない。そうであれば、本書は先に刊行した私の『秦漢儒教の研究』の姉妹篇とも目されよう。その意味では、本書のタイトルも「後漢の儒教と『春秋』」とすることが相應しかったのかもしれない。けれども、私はそれを敢えて「後漢の儒學」と改めた。儒教經典の解釋學が中心であるから「儒學」が似つかわしいとの思いは勿論あった。けれどもそれ以上に私には、――たわいもないこだわりであるが、――そうしなければならない私なりの理由があったのである。

前漢の儒教が展開する場は、國家權力の構築や治世・統治のための、體制側の權威づけであることが多かったように思う。しかもその場合の儒教は國家權力を威嚴として纏い、權力の嚴酷を徳教の禮貌で裝うもので、王朝權力の構築にも關與したことから、儒者各々の見解は國家の奉ずる儒學すなわち「經學」として奉じられるに止まって、儒者自身の獨創性が儒教の教義に新生面を切り開くことは、前漢末の揚雄を除いてほとんど稀であった。せいぜいそれまで自身が奉じた經書の威嚴を絶大視してこれを墨守しようとするのが關の山であった。それに對して後漢の儒教は儒者自身の獨創性に富んでいる。後漢の儒教は確かに課題は朝廷よりもたらされているが、それに對する解答は儒者個人の問題意識や思索によってなされることが多い。そのようになった直接の原因を尋ねれば、前漢末年の儒者揚雄の活動からの影響は見落としにできまい。揚雄における『太玄』『法言』等の經典の著作は、自身の知見を以て孔子の識見に挑んだ一大奮起の產物ではあったが、けれどもその一大奮起こそは後漢の儒者、なかんずく桓譚や王充に影響し、自身の見識が決して聖人孔子に比して劣るものではないことを自覺させた。そして自身の見解やその創意を他者に示して何ら羞じることのない主體性を獲得させ、彼等の儒教に自己固有の獨創性をもたらすことになった。その他者に示して何ら羞じることのない主體性が、延いては後漢の他の儒者達にも廣まって、自らの見解の確實を信じ、それを自由に語る個性豐かな儒者の登場を促したのではないか。そうであればそうした彼等覺醒された儒者達の活動はその主體的意識の產物であって、これを儒教や經學と呼ぶのには無理があろう。私はその彼等の活躍の地を儒學と呼んで、そこでの彼等の活動がいかなる意義をもつものであったのかを見定めようとしたのである。

また、自らの知見を以て孔子の見識に挑み、孔子に匹敵するか勝ることによって自身の知見の正當を意識し、自身の主體的判斷の正確を期す儒教は、主に桓譚・王充等の春秋學中に多く認められるところから、私は後漢における儒學の展開を特に春秋學との關係で捉えなければならないことの必要性を覺えたのである。

このような意欲を仲立ちとして、本書は構成されている。ただし、執筆の最中、私は幾度と體調不良に見舞われてしまった。この書が出版まで漕ぎ着けられるのかどうか、當初はいささか心配でもあった。幸い、いかほどの病状も現れず、汲古書院社長三井久人氏の配慮、また校正時には汲古書院の小林詔子さんのアシストもあって、そのピンチを無事抜け出すことが出來た。小林さんについてはご自身の病を衝いてのアシストであった。この場を借りて、三井久人氏び小林詔子女史に改めてお禮申し上げます。

平成二十九年十月

齋木　哲郎

索　　引

＊配列は単漢字50音順による。

サ行

タ行

マ行

ヤ行

ラ行

ワ行

Confucianism under the East Han Dynasty and the Spring and Autumn Annals

by

Tetsurō SAIKI

2018

KYUKO-SHOIN

TOKYO

著者略歴

齋木哲郎（さいき　てつろう）

1953年、新潟に生まれる。1982年、大阪大學大學院文學研究科博士課程後期單位取得。京都大學博士（文學）。大阪大學文學部助手、鳴門教育大學講師、助教授を經て、現在鳴門教育大學教授。

著に『東洋の知識人』（共著、朋友書店、1995年）、『蘇轍春秋集解通解稿（全）』『孫復春秋尊王發微通解稿（全）』『陸淳春秋集傳辨疑通解稿（全）』『程伊川春秋傳通解稿及び補遺（全）』『春秋胡氏傳通解稿（上冊）——隱・桓・莊・閔——』（單著、いずれも鳴門教育大學倫理學研究室刊、2000年～2003年）、『秦漢儒教の研究』（汲古書院、2004年）、『馬王堆出土文獻譯注叢書　五行・九主・明君・德聖』（東方書店、2007年）等がある。

後漢の儒學と『春秋』

平成三十年一月二十二日　發行

著　者　齋木哲郎
發行者　三井久人
整版印刷　富士リプロ
發行所　汲古書院
〒102-0072　東京都千代田區飯田橋二-五-四
電　話　〇三（三二六五）九七六四
FAX　〇三（三二二二）一八四五

ISBN978-4-7629-6600-2　C3010

Tetsurō SAIKI ©2018

KYUKO-SHOIN, CO., LTD. TOKYO.

＊本書の一部又は全部及び画像等の無断転載を禁じます。